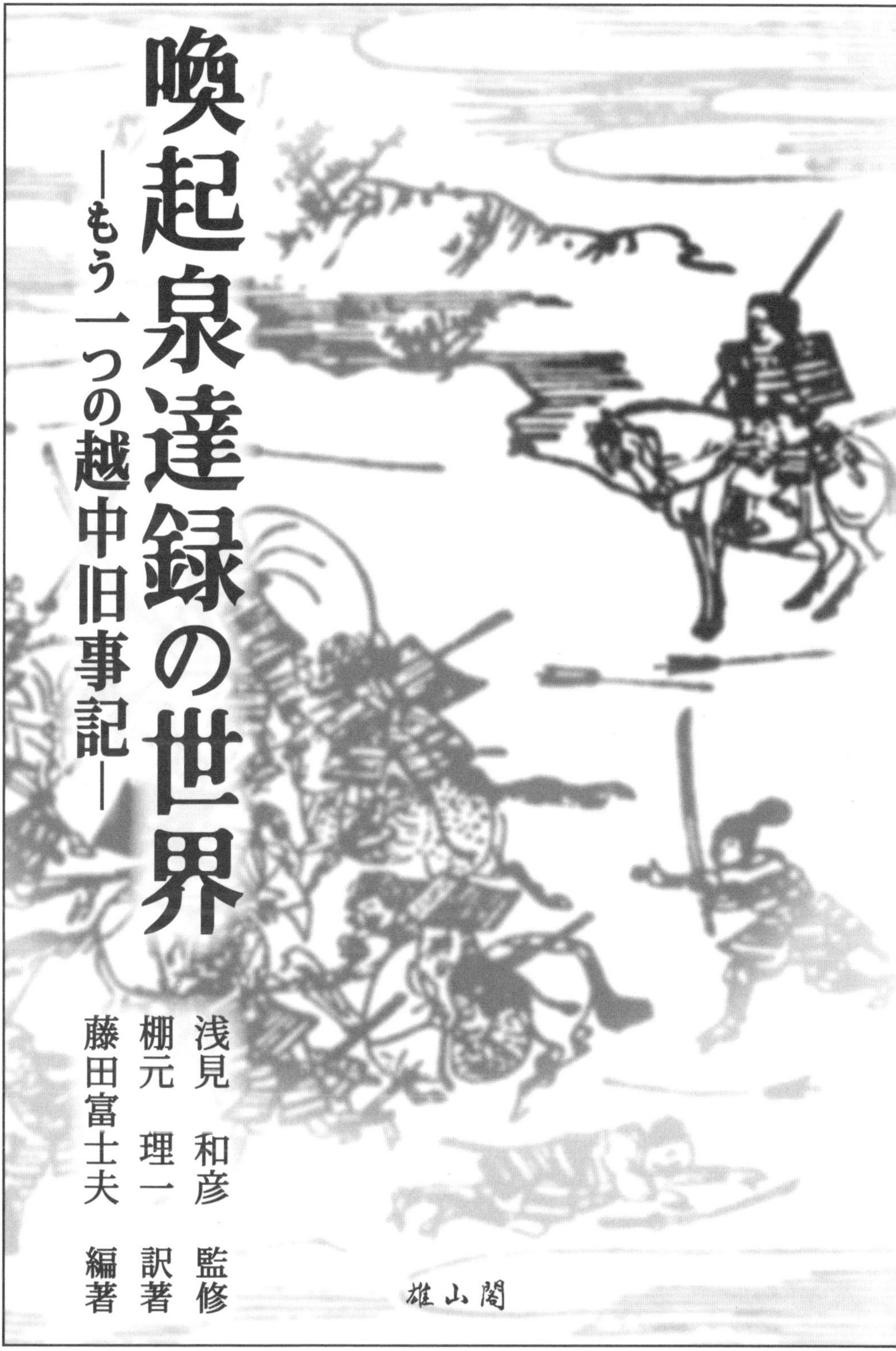

喚起泉達録の世界

—もう一つの越中旧事記—

浅見和彦　監修
棚元理一　訳著
藤田富士夫　編著

雄山閣

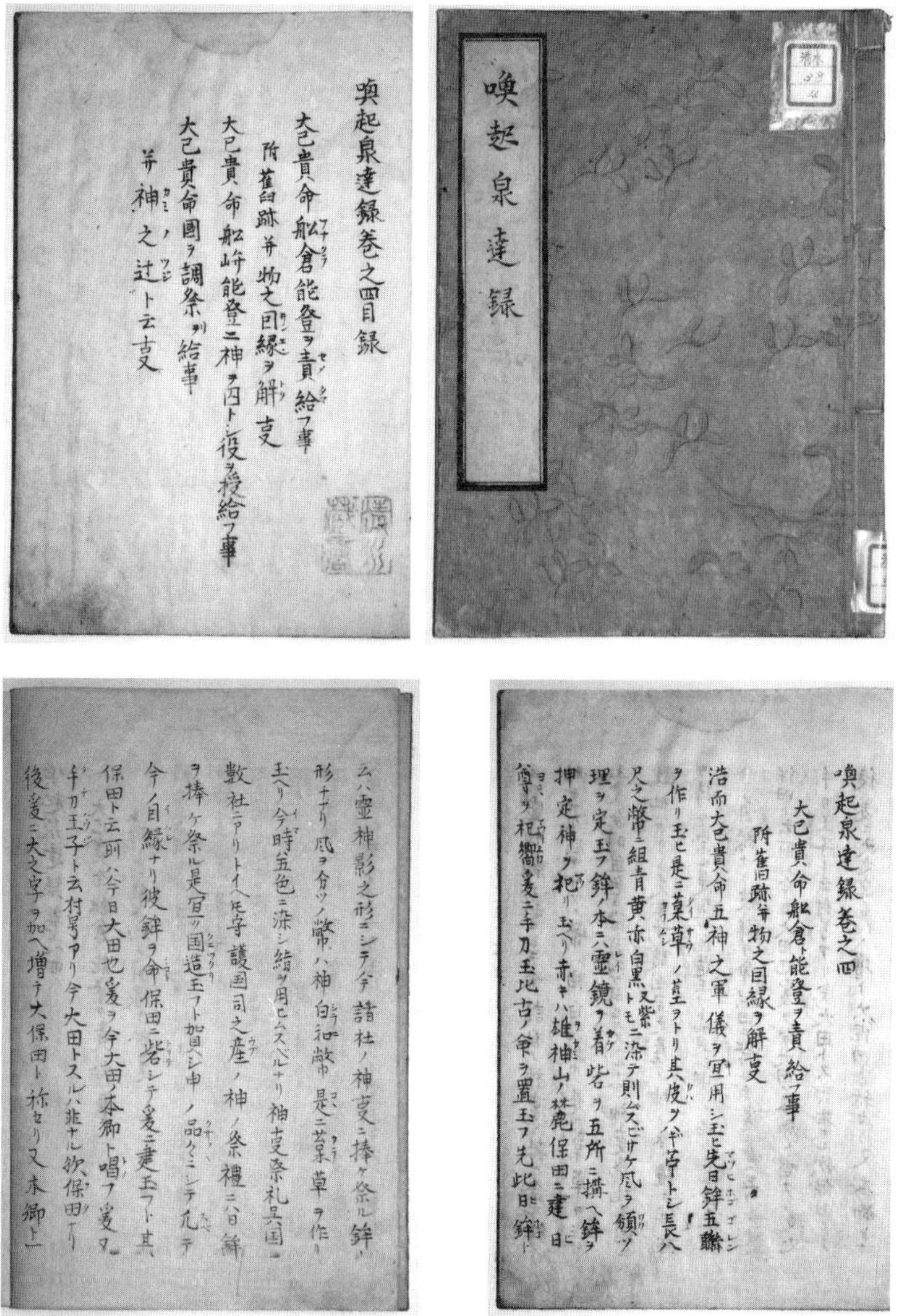

口絵１　喚起泉達録「清水家本」（巻四）の表紙と巻頭部分（高岡市立中央図書館蔵）

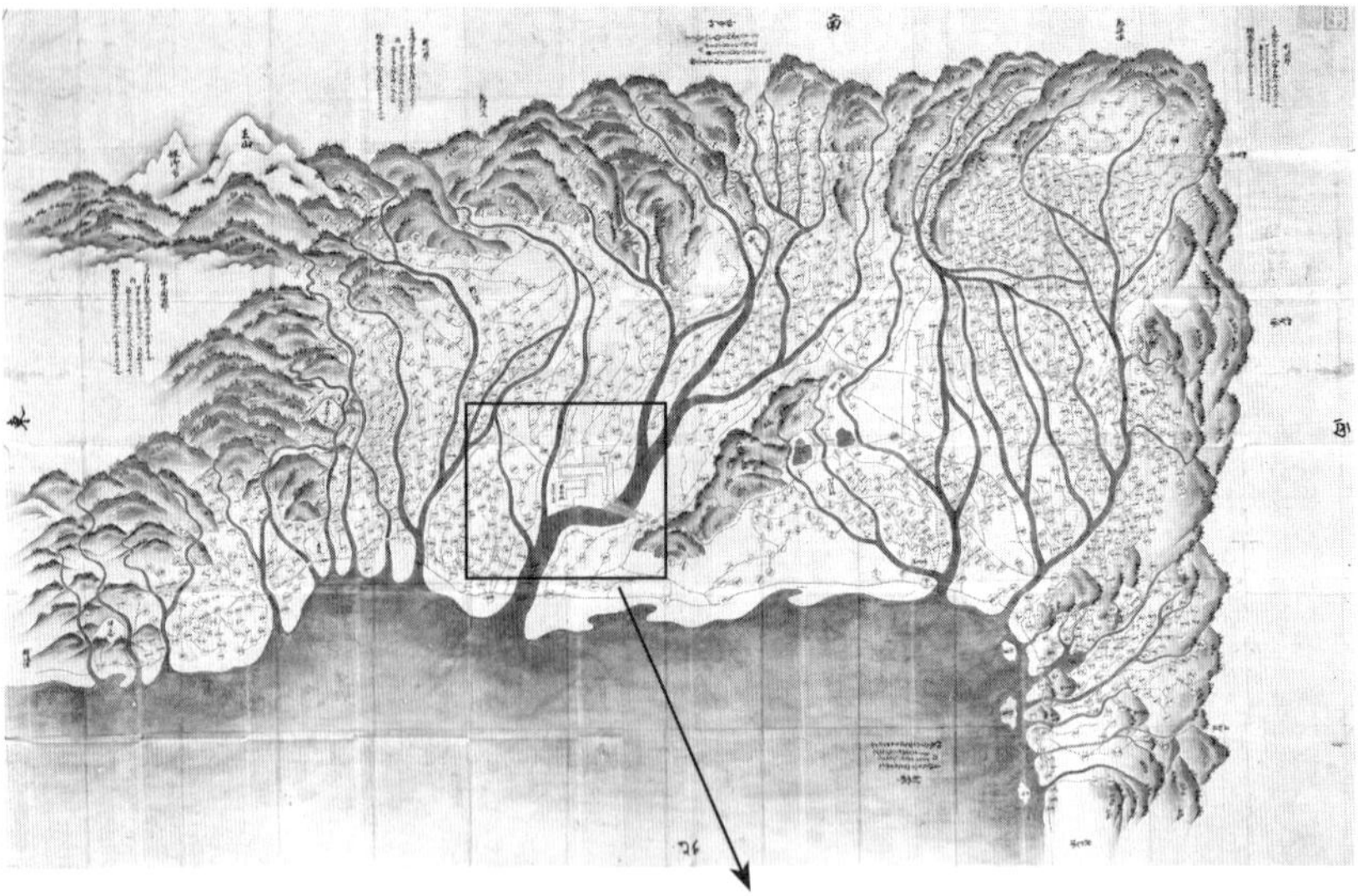

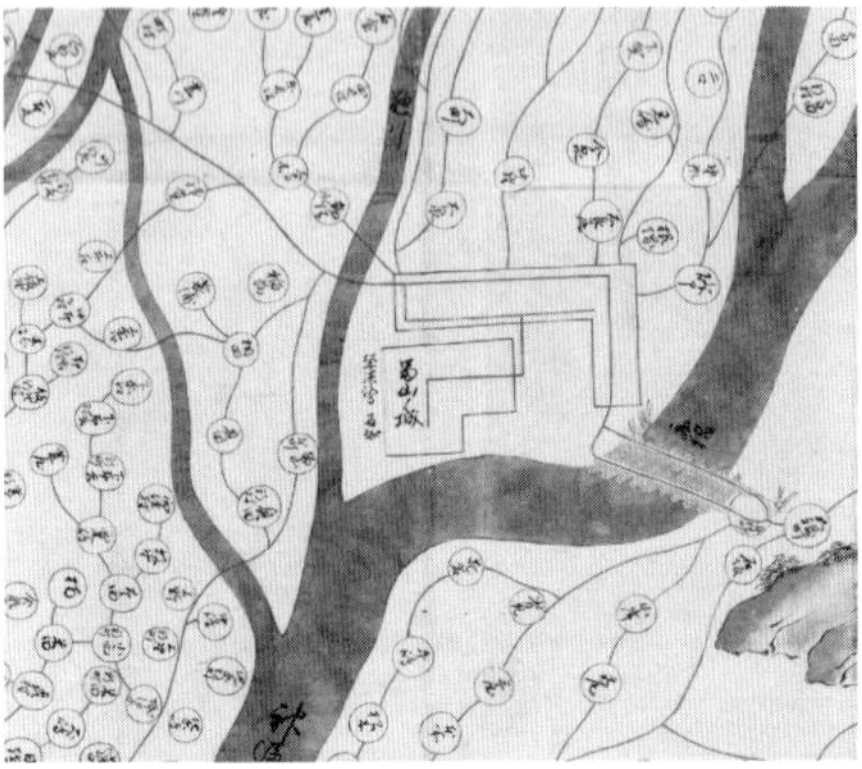

口絵２　『喚起泉達録』の主な舞台

著者、野崎伝助（不詳～ 1731 年）の頃の越中国の地理的世界観─南を上にする─

上：慶長年間（推定）の越中国絵図（229 × 367cm）（東京大学総合図書館蔵）

右下：富山城周辺（部分拡大）

左下：現代の富山県の略地形図（山域は標高 100m 以上を表示した。南を上にする）

序文

越《こし》の国は三つに分かれていた。越前、越中、越後。おおよその地域は今の福井県、石川県、富山県、新潟県にあたると考えられているが、一説によれば、北は秋田県付近まで越の国と呼んでいたといわれている。いずれにしても日本海沿岸の地域で前に海、後に山をひかえ、多くの河川が北流するという地形で共通する。日本海には対馬海流が南から北へと流れ続け、そうした自然条件が越の国の政治、歴史、文化を作り上げてきた。

越の国は古くから伝承に富む国であった。

『古事記』に載る八俣《やまた》の大蛇《おろち》は「高志の八俣のをろち」といわれ、その「高志」は越の国をさす可能性も否定すべきでない。奈良時代後期の僧、泰朝《たいちょう》は「越《こし》の大徳《だいとく》」とよばれ、その伝承は越の国一帯に点在する。平安後期の説話集『今昔物語集』には能登半島の鉄の生産、佐渡の産金、能登鳳至《ふげし》郡の津波、七ツ島、舳倉島との往来など、越の国、日本海にまつわる話が数多くおさめられている。越の国は説話の宝庫であった。

江戸時代の富山藩の野崎伝助は越中に旧記のないことを無念に思い、自ら起草を思いたった。国内を歩き回り、伝えられている伝承や説話を採録し、一書にまとめた。『喚起泉達録』十五巻である。伝助は享保一六年（一七三一）に没するが、伝助の孫の野崎雅明によってその業績は引き継がれ、やがて『肯搆泉達録』という続編が完成される。

この二つの『泉達録』は越中国に伝えられていた伝承を広く集め、蒐戴し、その資料的価値は高い。姉倉比咩《あねくらひめ》と能登比咩《のとひめ》の夫《つま》争いの話、大若子命《おおわくごのみこと》による阿彦峅《あびこたけし》征伐の話、阿彦峅の姉、支那夜叉の鬼神の如き戦いの話など、他書にはあまり見られない興味深い話があまた載る。

しかし、そうした貴重な文献資料であるにもかかわらず、一般に通読することもなかなか難しかった。そのため研究も遅れ気味であった。そんな中、今般、棚元理一氏、藤田富士夫氏をはじめ、たくさんの方々のご協力により、本書を刊行することができた。本書をもって『喚起泉達録』の理解がいっそうすすみ、越の国の歴史と伝承の豊穣さが明らかになればうれしい限りである。

成蹊大学名誉教授　浅見和彦

平成二五年一二月三日

喚起泉達録の世界　目次

第三部　意義と研究

第四部　文献資料編

第五部 現代語訳喚起泉達録

第一部　喚起泉達録の世界

1. 越中旧事記としての『喚起泉達録』

棚元　理一

一．渡来人　能登と越中

喚起泉達録（以下『喚起』と略す）の古代伝承は、能登の神々や渡来神を数多く記している。能登半島は日本海に突出し、朝鮮半島南部を船出して対馬暖流に乗れば容易に能登半島や沖の舳倉島にたどり着ける。ちなみに舳倉島に式内社・奥津比咩神社（祭神・田心姫命）、輪島市に重蔵神社・別称辺津比咩神社（祭神・田心姫命）、穴水市には辺津比咩神社（祭神・田心姫命、市杵島姫命、湍津姫命）などがある。なお、辺津比咩神社の旧社地は七ツ島・大島であったともいう。奥津→辺津という神社配置は、朝鮮半島から九州への「海ツ道」・宗像神社沖津宮（祭神・田心姫神）→中津宮（祭神・湍津姫神）→辺津宮（祭神・市杵島姫神）と酷似する。朝鮮半島から能登半島への航路「海ツ道」があったと思われる。

紀元前二世紀頃、朝鮮半島南部に連合体国家「馬韓」「辰韓」「弁韓」の三国が建国された（三韓時代）。三韓時代は、日本古代史に大きな関わりをもっている。

辰韓国は、穀物と稲を育て養蚕を生業としていた。頭は扁平短頭で、風俗は、倭人に似ていたという。辰韓十二ヶ国のうち「斯盧《しら》国」は、強力な軍事力をもって次第に周辺諸国を併合し領土を拡張していった。紀元前五七年頃「王権国家」となり、後に「新羅《しらぎ》」と称した。なお、「斯盧国」には鉄が産出しなかったが、「新羅」時代に弁韓国領の一部を併合し鉄資源を獲得した。

新羅地方との交流の歴史は古く、「新羅」建国神話にも倭人が登場している。「能登」はその地形的条件から、大陸や朝鮮半島の先進文化を直接に吸収していたようである。

渡来人は在地豪族達に稲作をはじめ土木技術や鉄器の製造技術をもたらし、能登の津々浦々に定住した。彼等の中には都怒我阿羅斯等などに総称された武将達のように母国の抗争を避け新天地を求めて来た者や、越中の神社に伝わる高麗神・高来神・白髭神等も能登に来た斯盧国・新羅・任那や高句麗などからの渡来人などがいたであろう。都怒我阿羅斯等が正史に登場するのは『日本書紀』垂仁天皇二年である。しかし「布勢神と日置神の戦い」や姉倉比売事件は弥生時代後期から古墳時代前期の伝承であり、能登・越中での渡来人の歴史は随分古い。能登には渡来人や郷将を祭る神社が多い。太古の昔に渡来人達のもたらした遺産を、能登の誇りとしていたことが窺える。

『喚起』が渡来人とするのは阿彦討伐時の賊将・唐土渤海の鄭霍、徐章のみだが、出雲勢布勢神と戦う日置神を助けた八心大市彦命や姉倉比売事件の後に越中の豪族となった加夫刀彦や阿彦討伐の美麻奈彦などはみな渡来人の後裔である。

『出雲風土記』「神門ノ都・古志ノ郷由来」・「狭結ノ駅由来」に、伊弉奈弥命の時、日淵川を利用して池を築いた。古志の国の人達が来て堤を作った。古志の国人「佐与布」が来て住んでいたなどの記述がある。また、『記紀』「須佐之男命ノ高志ノ八俣ノ遠呂智退治物語」は、毎年やってくる「古志の八俣の遠呂智」を須佐之男命が出雲国肥ノ川で退治し霊剣を得たと記す。この伝承は、「古志国」から土木技術者や製鉄者集団が毎年出雲国に来ていたことを暗示している。「出雲」が未だ統一前の地域豪族支配だった頃の記述であろう。

出雲国内統一を成し遂げた大己貴命は、「辰韓」中で台頭しつつあった「斯盧国」との交流を深め、少彦名命とともに軍事力の強化や中国大陸伝来の最新思想（陰陽五行説）や大陸文化を吸収していった。このことは、「新羅」「出雲」双方の出土遺物の類似性からも窺える。

大己貴命は充実した国力を背景に、三韓との重要交易品の勾玉・翡翠・瑪瑙をはじめ、絹織物や鉄鋼を産出する「古志国」を直接支配するようになった。なお、「古志国」中「越中国」支配は「姉倉比売事件」によって完結した。

ところで、能登半島珠洲岬から富山湾越しに立山連峰が遠望できる。縄文時代から越中と能登には富山湾を囲む交流圏があったのだろう。能登に定住した渡来人達の次なる移住先は平野部に恵まれた越中であった。

二．越中国と四郡の始まり

『喚起』は「国の姿が現れた時、或いは潮が遠ざかって原野が出来た時、先ず神々山神・海神が鎮座し、後に人民が来て村々になった」と記す。東に聳える立山の峰々は、太古の昔から「神鎮まる山・神のうしはく山」として越ノ国の人々が敬い崇めた霊山であり、山神（地主神・稚日女尊）を祀る雄山神社は古代祭祀地・磐座《いわくら》か。南に伊豆部山の山神（地主神・大日孁尊）を祀る久目神社。西に利波山の山神（地主神・木花開姫命）を祀る比売神社。東方遥かに海ノ神事勝国勝長狭命を祀る見遠岸神社がある。

『喚起』は見遠岸神社から雄山神社～久目神社～比売神社に囲まれた地域が越中国であると記す。地主神は大和朝廷成立後の謚号である。太古の山は荒振る神や祖霊の鎮まる所であった。

稲作農耕の普及

稲作が広まると山神・海神の他に開拓神や地方農耕神が加わり、水神と山神の婚姻など「越中の神々」が登場してきた。新たな神々とは、砺波平野（郡）の神・味知荊波姫命、射水平野（郡）の神・天射水幡生彦命、婦負丘陵（郡）の碎田稗（稚）産霊命、罔象女命（碎田姫？）、中新川郡の神・石勢彦命、大野玉額西湊姫命、倉稲ノ魂命、八心大市彦命等々である。『喚起』は当時の稲作地は布施川、片貝川、早月川、白岩川、上市川、井田川、小矢部川流域などの低湿地だったと記す。

なお、伝承「日置神と布勢神抗争の事」は越中の豪族が結束して外部勢力である出雲勢（出雲系布勢神）と戦ったことを語り継いだものであろう。[1]

・関連神社略史

神社	『喚起』の記載	その他の記載	備考
①雄山神社〔式内一座・並小〕	祭神・天手力雄命。四末社・随神一九座あり。	『越中国式内等旧社記』祭神・立山之神霊　今称小山明神、立山権現。鎮座地・岩峅村。	
②比売神社〔式内一座・並小〕	地主神は比売神社の木花開姫命。山を高勢山、利波山という。	『越中国式内等旧社記』祭神・田心姫命　鎮座地・宮島郷中村。	比売神社社跡伝承地・福光町岩木。
③荊波社〔式内一座・並小〕	砺波平野を司る神は須蘇未山の味知荊波姫命。砺波社又は荊波社という。末社あり。	『越中国式内等旧社記』祭神・利波氏祖彦刺肩別命　今称白山権現。鎮座地・宮島郷矢波村。	荊波社には四論社がある、『喚起』の荊波社は小矢部川流域丘陵地に鎮座する福光町岩木の荊波神社であろう。
④射水神社〔式内一座・大二〕	射水平野を司る神は二上山の天射水幡生彦命　十二末社あり。	『越中国式内等旧社記』祭神・天二上命。別名天村雲命。鎮座地・二上嶺上　二上神社	
⑤椙原神社〔式内一座・並小〕	婦負郡を司る神は碎田穉産霊命。黒田村の椙原神社に鎮座。	『越中国式内等旧社記』祭神記載なし。	元祭神は大己貴命か。杉原神社。井田川中流右岸黒田村に鎮座する杉原神社。
⑥稚杉原神社	稚杉原神社に鎮座する罔象女命は碎田穉霊美命と夫婦神である。六末社あり。	『越中国式内等旧社記』祭神・大己貴命、饒速日命。鎮座地・楡原保田屋村。	井田川中流右岸田屋村に鎮座する杉原神社である。この神社と黒田杉原神社は二・五㎞しか離れていない。『喚起』が記すように密接な関係があったことが窺える。

⑦日置神社〔式内一座・並小〕	新川郡を司る神は石勢彦命。日置神社に鎮座。	『越中国式内等旧社記』祭神・大山守命、別称沖御前　鎮座地・入部郷日置村。	『喚起』の日置神社は白岩川左岸高台にある立山町日中《にっちゅう》日置神社であろう。また元磯浦・大浦（滑川市大浦）から日置村に移ったとも記す。
⑧布勢神社〔式内一座・並小〕	下新川郡を司る神は倉稲ノ魂命。布勢神社に鎮座。	『越中国式内等旧社記』祭神記載なし。	布勢保の布勢河と片貝河の川中島にあったが、社地が流失し芦峅寺の若宮にある。元は布施川右岸朴谷に鎮座。
⑨八心大市比古神社〔式内一座・並小〕	三日市野を司る神は八心大市彦命。這槻彦命は早月神社に鎮座。	『越中国神社志料』祭神・大年神、大山祇命、大市姫神、由緒任那国人都怒賀阿羅斯止の子孫大市首。	式内一座・並小。旧社地嘉例村は布施川上流にある。

三．出雲大貴己命の越中平定（姉倉比売事件）

(1) 姉倉比売事件の発端

『喚起』には「事件発端部分」が欠けているが、『清水本』巻之四の冒頭に「浩而大己貴命…云々」とあり、原本にはあったと思われる。以下『肯搆』巻之一「船倉神と能登神闘争の事」から補足する。

越中船倉山の神・姉倉比売と能登補益山の神・伊須流支彦は陰陽の神であった。伊須流支彦が姉倉比売を遠ざけ、能登杣木山の神・能登比咩と陰陽を契ったので、姉倉比売が嫉み能登比咩を攻めた。布倉山の神・布倉比売が姉倉比売を援けた。能登比咩は姉倉比売の手強さに怒り、大軍を率いて激しく戦った。能登加夫刀山の神・加夫刀彦が能登比咩を援け、射水郡宇波山に出陣し能登比咩に武器を送った。闘争は長く続いて止まず、大己貴命は高皇産霊尊の命により急ぎ越中へきて手刀王彦、綊子《おさこ》比売命、貞治命、伊勢彦命、釜生彦命等の神胤達（五神胤）を集め、「姉倉比売が能登比咩を〝後妻討ち〟して大乱になった。吾は勅命を奉《う》けて討伐する。神孫達も吾と力を一つにして手柄を立てよ」と宣《の》べた。命は先ず伊須流支彦・姉倉比売・能登比咩に和解を勧めたが、従わなかったので軍議を開き、討伐することにした。

（2）出雲大己貴命の越中平定　『喚起』清水本巻之四

かくて、大己貴命は五神胤と軍議を開いた。先ず日鉾を五組作り、「莽草《たいそう》」から皮を剥ぎ「苧《からむし》」にして八尺の幣に結び付け、青・黄・赤・白・黒（紫か）に染めて結び下げ、神意を伝え戦いの意義を述べた。鉾に霊鏡を架け、五か所に築いた砦に戦勝祈願に使った鉾を押立て神を祭った。命は倭国神を祭り神意を占う戦勝祈願法に依らず、陰陽五行説に従って戦勝を祈願したという。朝鮮半島の斯盧国から伝来した新戦法を使ったのだろう。攻め終わった後、日鉾を砦跡に「一社之神」として祭った。平定後、大己貴命は神代《かしろ》之山の瑪瑙之石上に玉の翳を高く蓋《ささ》せ、その下に着座した。常随の五神胤や諸々の神孫達は国が治まったことを祝った。命は「天尊の詔を奉じて〝越ノ国造《くにつこ》〟となってここに天降《いた》り〝船倉能登之闘諍〟を鎮め今や国は平穏になった。これ皆、諸神達がよろしく我を護り役を勧めてくれたからである。」と述べ、新思想「陰陽五行説」を説き聞かせて自身の偉大さを誇示した。命は、尚一層国を鎮めようと石室に翳を祀った。能登生玉比古神社であり、祭神は大己貴命である。

・首領達

①姉倉比売：急滝川、虫谷川の水源船倉山を崇め、裾野を西流する熊野川左岸一帯の女酋長。船倉山頂からは急滝川の低地一帯を見下せる。機織りに長じていた。

②伊須流支彦：能登と越中の国境・石動山に住む神。渡来神か。東側は海岸まで丘陵で稲作適地が少なく、西側は広大な邑知潟があり稲作適地が多かった。

③能登比咩：邑知潟の北側丘陵杣木山（眉丈山）を崇めた倭国神。邑知潟に面して稲作適地が多かった。機織りに長じていた。

④布倉比売：栃津川の水源布倉山（尖山）を崇め、栃津川、白岩川流域一帯の女酋長。布倉山は鉄を産出した。
⑤加夫刀彦：能登に住む渡来神。「坤軸を鑪《たたら》とし隕鉄石を鎔かし海に淪《しずめ》給ふ」と記す（誇大表現、布倉山の鉄と対比）。
・越の神胤：雄山の手刀王彦命→手力雄命の御孫。綟子姫命→姉倉比売の一族。篠山（長沢）の貞治命→国勝長狭の末流。伊勢彦命→姉倉比売の一族。釜生《かまなり》彦命→布倉比売の一族。
・軍議の推定地：『喚起』巻之四に、「神ガ辻」はこの時神々が集まって軍議を開いた所で石壇があると記す。檀山神社［祭神・大己貴命、月読命[2]］
・五組の日鉾：赤鉾・方位南・朱雀。白鉾・方位西・白虎。黒紫鉾・方位北・玄武。黄鉾・方位中央・黄竜。青鉾・方位東・蒼竜。
・日鉾と神社
①赤鉾：手刀王彦命は雄神山の麓・保田に砦を構え、赤鉾を押立て、日尊（天照皇大神）を祀り迎えた。命は日鉾を捧げて姉倉比売を打ち破り、鉾を一社之神に祭った。場所・熊野川右岸牧田村水無《すいぼ》[3]神社。
②白鉾：船倉山の麓榾野に白鉾を押立て、月夜見尊を祀り迎え、砦には姉倉比売の一族綟子姫命を置き姉倉比売の退路を防いだ。鉾を十一尋を穿って埋め、一社之神に祭った。場所・月尊《つきよみ》宮。祭神・月夜見神、綟子姫命。
③紫《くろ》鉾：碼碯《めのう》山の麓に紫鉾を押立て、天穂日命を祀り迎え、砦には布倉比売の一族釜生彦を置いた。鉾を雨神、幣を風神の二社之神に祭った。この二社を雨ノ宮・風ノ宮と称《とな》えている。場所・桑山[4]山頂にあった火宮社が風雨ノ宮。
④黄鉾：闇《くら》野松田之江に虹の浮橋を渡し、その上に黄鉾を押立て、大己貴命が自ら狼煙をあげ海を遥かに照らして諸神孫達を集めた。ここには級長津彦命《しながつひこのみこと》・少童命《わだつみのみこと》を祀り迎えて本陣を置いた。鉾を一社之神に祭った。場所・中田の火宮。[5] 火宮には大己貴命、級長津彦命、少童命の三神を祀る。

⑤青鉾：萩ノ下野に砦を築き、(6)青鉾を押立て、火神《ほのかみ》・軻遇突知命《かくつちのみこと》を祀り、砦に貞治命と姉倉比売の一族伊勢彦命を置いた。代わる代わる日鉾を捧げ、(7)貞治命は神馬に乗って野を、伊勢彦命は神牛に乗って山を駆け巡り、(8)後に鉾を一社之神と祭った。場所・萩野下村・加茂神社。

・関連神社略史

神社	『肯搆』の記載	その他の記載	備考
①船倉・婦倉比賣神社	『肯搆』祭神・姉倉比売命。能登比咩と嫉妬事件を起こし、大己貴命により小竹野へ流罪となる。	『越中志徴』祭神・婦倉姫神、船倉明神、別称船倉権現。能登石動山権現と爭の事あり、舟倉権現礫を打給うゆへ（以下省略）。石動山の権現とは陰陽の神にて、嫉妬にて礫を打給うという。 『富山県神社誌』祭神・姉倉比賣神。大己貴命の制裁を享け小竹野で亡くなったが、生前をしのび比売の出生地舟倉山に祭った。垂仁天皇の御代、大若子命が阿彦討伐後姉倉比姫の神徳を称え、斎殿を改造した。鎮座地・上新川郡大沢野町舟倉。	
②大竹野・婦倉比賣神社〔式内一座・並小〕		『富山県神社誌』祭神・姉倉比売神、天照皇大神、大己貴命、武御名方主命。	
③能登比咩神社〔式内一座・並小〕	『肯搆』能登比咩は杣木山の神。伊須流伎彦に近付き、姉倉比売と嫉妬事件を起こした。捕らえられ海浜に晒された。	『石川県神社誌』祭神・能登比咩神、沼名木入比売命他九神合祀。機織の神。崇神天皇の皇女沼名木入姫命もこの郷で機織の業を教えた。鎮座地・鹿島郡鹿西町能登部下。	

④伊須流支比古神社〔式内一座・並小〕	『肯搆』伊須流彦は補益山の神。姉倉比売と夫婦神だった。能登比咩に近付き姉倉比売と嫉妬事件を起こした。捕らえられ能登比咩とともに海浜に晒された。	『能登国式内等旧社記』祭神記載なし、神霊は石動山に鎮座。	
⑤加夫刀彦比古神社〔式内一座・並小〕	『肯搆』加夫刀彦は加夫刀山の神。能登比咩に味方した。罰として山を崩し、海を埋め立て住まわせられる。海上の見張番を命じられる。	『能登国式内等旧社記』祭神・都怒我阿羅斯等別称阿曽良明神。鎮座地・鳳至郡穴水町甲。	
⑥能登比古神社〔式内一座・式外〕		『能登志徴』祭神・能登彦兄宮又は上宮。能登比咩神と能登比古神は兄妹であり、気多大明神（大己貴命）の後裔。越中国姉倉比売は能登比古の姉神ともいう。	鎮座地・鹿島郡鹿西町能登部上。
⑦鍬山火宮神社		『越中国式内等旧社記』祭神鍬山火宮明神、鍬山火宮権現、鍬山不動。	鎮座地・砺波郡石黒郷川合田村鍬山嶺上。

（3）姉倉比売事件について

『喚起』は事件を姉倉比売と能登比咩の嫉妬が原因とする。しかし、能登には姉倉比売事件に関わる伝承はなく、また姉倉比売の一族中伊勢彦命・綟子姫命や布倉比売の一族釜生彦命が大貴己命に味方している。これらの事から能登の豪族達が能登比咩を扇動し、姉倉比売の領地横領を企んだ地域紛争だったと見るのが妥当であろう。越中の首領の中には能登の首領達に所縁を持つ者が多く、姉倉比売と能登比咩の関係もそれを示している。事件では奥能登の加夫刀彦が能登比咩を援けた。奥能登は平地が少なく、農耕適地が多い越中への進出を企てていたと思われる。出雲大己貴命は〝姉倉比売の後妻討ち鎮定〟と称して地域紛争に介入し、越中を平定したのであろう。『喚起』は高皇産霊神の命によって派遣されたと記すが疑わしい。また、この事件は『魏志倭人伝』が記す「倭国ノ大乱」の越中版だったのかもしれない。出雲の越中支配は大彦命の越中平定時に登場した郷将達の経歴からみて、約一世紀から一世紀半程度と思われる。命の越中支配は諸豪族や国人に好意的に受け入れられ、「越中を造り賜いし大己貴命」と称え命を祭神と崇める神社が多い。

四．神武天皇即位頃の越中

越中にも神々の子孫が大勢いた。手力雄命の孫・手力王比古の末孫に手刀摺彦《たちずりひこ》（手摺彦《てずりひこ》）・手刀椎摺彦《たちしいずりひこ》（椎摺彦）兄弟。姉倉比売の一族・伊勢比古。布倉比売の一族・釜生比古。国勝長狭の末流・宮崎天児。新川には日置神の子孫と、布勢比古の末孫・布勢阿彦等々。人々は全て山辺に住み、中でも阿彦は神武天皇より以前に三代を経ていたという。

神武天皇御在位四年甲子の年、帝は甲良人麿を越之地へ下し、帝自ら「忠孝《まめつかえ》」二字の榜《ふだ》を書き、これを民に教えよと勅宣された。当国の諸民達は急ぎ高梨野《たかりや》の裏知《うち》山に高い石檀を築き、葦茅の仮屋を造って勅使を待っていた。人麿は飛騨国を越えて当国に着いた。この伝承はプレ大和王権・饒速日尊の出雲圏侵出と重なっているのかも知れない。

五．大彦命の越中平定

三世紀前半、崇神天皇の御代、大彦命が越中を平定した。大彦命の北陸道征伐に関わる伝承は加賀や能登は少なく越中婦負郡周辺に集中している。また、「緒浜の浜ノ子」のような特異な伝承もある。

大彦命は若狭国・緒濱で笥富貴《けぶき》・飯富貴《いいぶき》夫婦（後に神階を賜わり若狭国一之宮の祭神となる）から越中の情勢を聞き、濱子十人を伴い海路越中へ下向し、伊頭部《いづべ》山の麓・椙野に御座所を置いた。命は手刀摺彦と椎摺彦を呼び寄せ、宣命を伝えて郷将に任じ、人民を農耕に励ませるように命じた。椎摺彦は保田に帰り堡を築き、椙野・荒地山（『越中風土記』・

越中ノ荒血山）に手刀摺彦を置き副将とし、地下（命の兵卒）や濱子達を郷将とした。阿彦峅国主も命の威勢を恐れ、従わざるをえなかった。命は越中の豪族達を威圧し大きな戦火を交ずに平定し、三年間滞在した後に帰洛した。命の越中滞在期間は短く豪族たちの勢力を温存させた。

大彦命の帰洛後、手刀摺彦が太田郷卯辰山の堡障に住み、四郡を治めた。手刀摺彦や手刀椎摺彦は、郷将らを励まし開拓を進め、耕地面積は六万餘頃（約七万町歩）に拡大した。手刀摺彦を「国主《くにぬし》」として崇めたという。(8) 当時の稲作農耕は黒部川、常願寺、庄川などの扇状地と射水平野や氷見地方の低湿地を除く多くの地域で行われていた。田野が開け新しい郷が生まれ、郷造りに功績あった者を各々郷将に登用した。室生彦《むろなりひこ》・山室《やまむろ》郷、豊生《とよなり》彦・三室《みむろ》郷、八千《やち》彦（釜生彦の後裔）・砺波郡糸岡郷、吉田久美《くみ》彦と津地幸比古《つちさちひこ》・加積郷等。この他に十五郷、七庄保があった。

新貢租「弓弭ノ調、手末ノ調」(9)

崇神天皇は、全国統一を契機に新しい貢租「弓弭ノ調、手末ノ調」を定めた。新租実施のため越中の澤古舅、大路根老翁や大和化先進地・能登から富寄舅、甲良彦舅、雄瀬古、玉椎老翁、潔石高住舅、美麻奈彦等の優れた人材が卯辰山に集まって来た（八神胤）(10)。新租は人頭税で実施には定住化と戸口調査が必要であった。しかし、定住化や戸口調査は在地豪族達には勢力を削ぐものと受け止められ、不満は次第に親大和郷将に向けられるようになってきた。手刀摺彦は卯辰山の堡を中軸に八神胤達を各要衝地（越之十二城）(11)に配置し監視を強めた。

・関連神社略史

神社	『喚起』または『肯搆』の記載	その他の記載	備考
①能登生国玉比古神社〔式内一座・並小〕	『喚起』大貴己命が越中平定後、一層国を鎮めようと石室に翳を祀った。祭神は大己貴命である。	『石川県神社誌』祭神・大己貴命、素戔鳴神、奇稲田姫神、事代主神ほか四神。崇神天皇が当社の祭神を分霊し、羽咋郡竹津浦に気多神社とした。崇神天皇の御宇大彦命が神宝を奉る。鎮座地・七尾市所口町。	
②速星神社〔式内一座・並小〕	『肯搆』大彦命の陣所のあった所。	『越中国式内等旧社記』鎮座地・婦負郡宮河郷見角村。 『富山県神社誌』祭神・五百箇磐石命、表筒男命、中筒男命、底筒男命。垂仁天皇の時当国に暴徒起り皇子に命じて討伐させた。皇子この地に居庁跡。大彦命のことであろう。鎮座地・婦負郡婦中町御門。	
③鵜坂神社〔式内一座・並小〕	『肯搆』大彦命が勧請。	『富山県神社誌』祭神・游母陀流神、詞志古泥神、鵜坂妻比咩神、鵜坂姉比咩神。大彦命勧請　鎮座地・婦負郡婦中町鵜坂。	昔、この地域一帯を杉野といい神通川の川沿地であった。
④杉原神社〔式内一座・並小〕	『喚起』稚杉原神社に鎮座する罔象女命は碎田穉産美命と夫婦神である。六末社あり。 『肯搆』大彦命の陣所杉野の近くにあった。	『富山県神社誌』祭神・杉原神。崇神天皇一〇年創立。大彦命、伊豆部山麓杉野の内裏村にあって所々に堡を築く。鎮座地・婦負郡八尾町田屋。	前出・稚杉原神社。
⑤杉原神社	『肯搆』大彦命が緒浜から連れてきた舟子の末裔。	『富山県神社誌』祭神・邊津那藝佐彦命、邊津甲斐辨羅神、大己貴命。鎮座地・婦負郡婦中町浜ノ子。	

<table>
<tr><td>⑥八幡宮</td><td>『肯搆』大彦命が緒浜から連れてきた舟子の末裔。</td><td>『富山県神社誌』祭神・譽田別尊、息長定姫命、玉依比賣命、武内宿禰。吉倉八幡宮は、昔婦負郡浜ノ子村より移った。崇神天皇の御代大彦命京より若狭に出て同地で浜ノ子（舟子）を従え、海路富山湾より婦負郡一帯を鎮定した。浜ノ子達は大彦命と別れ、この地に土着し鎮守として祀った。鎮座地・富山市吉倉。</td><td></td></tr>
<tr><td>⑦日宮社</td><td>『喚起』大彦命の越中平定後「十二之城」が造られた。甲良彦舅が守った辻城。</td><td>『越中志徵』日宮城跡。日宮、火宮ともいう。鎮座地・射水郡橋下条村下条</td><td rowspan="2">日宮社は笹山に鎮座していた雨宮社、山王社、八幡社の三社を合祀。山王社の祭神は甲良彦舅神、大山咋命。崇神天皇一四年大彦命の時、甲良彦舅を日宮に置く。勧請年月不詳。鎮座地字・笹山。日宮社山王社と荒川神社の伝承は、手刀摺彦が行った「越之十二城」を裏付ける貴重な資料である。</td></tr>
<tr><td>⑧荒川神社</td><td>『喚起』美麻奈彦は「越之十二城」辰城の堡将美麻奈彦神に因んで辰城（荘）神社の祭神となった。神社の御正体は土を鶏子形につくねた物を三寸程の千茅《ちがや》で編んだ菰で包み、米俵のように結び包んだ土俵を二個合わせて括り、封を付けて檜の箱に納め紐で括ってあった。箱書に「封橡樟視国造侯美麻奈」と記されていた。</td><td>『富山県神社明細帳』祭神・天照皇大神、大山咋命。旧鎮座地・荒川村橋基。</td></tr>
</table>

六、阿彦国主

布勢比古命の末裔・阿彦は「国主」であった。この称号は出雲統治時代の功績によるものであろう。大己貴命の越中平定時には後詰として新川地区を取り纏めていたと思われる。(12)

『喚起』では布勢比古命や東条彦を凶賊とせず、阿彦や子の阿彦峅のみを人民を虐げた凶暴者と記す。その背景には、大和王権（以下・大和と略す）の越中進出が活発になり、「定住稲作」が次第に浸透して出雲系統治が陰り始めていたことがある。阿彦は安寧天皇九年に百六十余歳で死んだ。後を継いだ阿彦峅は親大和豪族・椎摺彦らを追放して領内を引き締め、雄山神の聖地に城（中地山）を築き、威勢を誇示していた。新租実施後、大和化を進める郷将達に不満を抱く在地豪族達は、続々と出雲系「国主」阿彦峅の下に集まってきた。『喚起』は阿彦や阿彦峅達を相貌魁偉で仙術に優れ人民を虐げた凶暴者とするが、大和側からみた凶賊表現にすぎない。新支配に従う者は「良民」であり、反抗する被支配者は「凶賊」であるが、被支配者には支配を強める大和こそが「凶賊・押領者」であった。阿彦峅は奢り、「国主」復権を図って兵力の強化を進めた。『喚起』には「阿彦峅の姉・支那夜叉が嫁先の越後国黒姫山から子・支那太郎とともに戻ってきた」と記すが、越後豪族からの支援があったのかも知れない。阿彦峅は強大な武力を背景に領地を略奪して混乱状態に陥れ、また阿彦峅の横暴を押さえない統治者への不信から親大和郷将の郷民中にも逃散する者もいて、親大和郷将の領域は美麻奈彦の辰城と甲良彦舅の辻城の領内だけになってしまったという。越中の東部をほぼ掌握した阿彦峅はさらに西部をも略奪しようと企み、浅ノ谷・枯山に堅固な砦[13]を築き、近辺の山野を押領し始めた。

阿彦峅の暴虐に激怒した甲良彦舅は、枯山砦に先制攻撃をかけた。賊徒等の犬攻めや落石攻めなどの激しい抵抗を突破し賊将を討ち取ったが火攻めにされ、阿彦峅や大谷狗を取り逃し、砦を破れず、美麻奈彦の救援を得て辻城へ帰った。甲良彦舅の苦戦を知った手刀摺彦は「阿彦峅は帝を軽んじ神を恐れない。他の政道があるとは何事か（大和を侵略者と見做し国主時代への復帰をめざす動きをさす）。凶賊阿彦峅を殺さないでおくものか」と述べ、帝に官軍を下して凶賊追討を願うこととし、畔田早稲比古《くろだはやみひこ》を都へ派遣した。

七．大若子命の越中下行

垂仁天皇八十一年正月中頃、帝は大若子命に凶賊阿彦討伐の詔と「標ノ劍」を賜った。命は同年二月都を立ち、「難波ノ浦」から海上を馳せて同四月「越路ノ濱」（越前国・笥飯《けい》ノ濱）に到着した。「笥飯ノ濱」では婦負郡南杉山郷将・佐留太舅が出迎え、能登加志波良比古の後胤・近藤老翁等とともに同五月一日の暁に越中石瀬之磯に到着した。命は大竹野の仮屋で手刀摺彦兄弟を始め郷将三将から凶賊・阿彦峅の行状を聞いた。

（1）阿彦討伐

命は大竹野に本陣に置き、甲良彦舅と佐留太舅に岩峅之堡攻めを命じた。両将は保柵に迫り激しく攻め立てたが、突然水攻めにあい空しく帰還した。命は親征を決意し、帝から賜った標劍を帯び未明に大竹野を発ち、熊野川を遡り堡内に攻め込んだ。突然、雲霞のごとく群がる雑兵達の抵抗や水攻めにあい、堡攻めは失敗した。命達は賊将・鬚莿坊に追われ、南に逃げて姉倉比売の旧跡・伊豆辺りの高い所「三嶋野」(14)に辿り着いた。賊達は命を取り囲み一斉に火を放った。火が命の傍ら近くまで燃え進んだ時、命の標劍が自ら抜けて傍らの草を薙払い危機を脱した。劍の光は冷風を起こして賊に向かって吹き、賊徒は火に燔かれ或いは劍に切り裂かれ、一人残らず死んでしまった(15)（伝承・焼野草薙ノ御劍由来）。命は兵達を纏め、黄昏頃に焼野を発ち、大竹野へよくやく辿り着いた。

（2）姉倉比売の神託

阿彦征伐は二度の惨敗によって行き詰まり、戦意も失われつつあった。この時、姉倉比売の神託があった。　神託は「凶賊征伐のために命が下向された事を恭なく思っている。しかし、命が自ら陣頭に立っても賊の僅かの妖術に脅かされ、諸将も欺かれ戦意を失っているようである。これでは勝てない。賊の妖術に打ち勝つ術がある。昔は古之大己貴命越中平定を知っている。大己貴命は日鉾を捧げ、白和幣・青和幣を四カ所に分けて祀ったのでその後は雲霧の汚れを受けなかった。命も大己貴命のように白和幣を高く捧げ祭れば、妖術には決して欺かれない」と告げた。古代では祭祀が重んじられたにも拘らず、大若子命は討伐を急ぐあまり越中の祭祀を軽視していた。これでは戦意も失われる。神託はこのことを諭した。命は苦戦を通して越中では「大己貴命が作った国」「阿彦峅は国主」「大和は押領者」と見做されていることも知った。「三嶋野」での体験は戦術を転換する契機となったのかも知れない。命は大和が大己貴命の作った国の継承者であることを国人に認めさせる必要があることに気付いた。

（3）神を祭り軍団を再編

命は神託に従い陣所の東西南北の四か所に宮を造り、宮には大己貴命のように日鉾と白和幣青和幣を捧げ、大己貴命を祀る北方の社には特別に斎庭を造り玉台を設けた。また、西方の社に姉倉比売神、東方の社に出雲系軍神武御名方命、南方の社には皇祖天照皇大神を祀った。[16] 命は大己貴命の御前で天神地祇《てんじんちぎ》に凶賊討伐の祈願を行った。祭典の後、八節ノ竹に千幡姫が織り、姉倉比売が献じた八搆布を結付けて御幡《のぼりばた》を作り、[17] 竿先には四神霊の依代白和幣青和幣をかざした。また、新たに八尋の日鉾を諸将に与え、討伐軍を再編成した。命は大和を出雲の正当な継承者として認めさせ、越中・能登の郷将達を取り纏めた。

（4）阿彦討伐再開

①枯山之堡攻め　命は陣容を整え、幡を掲げて大竹野を出発した。途中、一舎[18]を経て枯山之堡に攻め寄せた。一舎の場所は櫛田神社のある大沢山であろう。阿彦峅や賊徒達は岩峅を目指して逃げ去ったので、城柵を焼き払って凱旋し、その夜は全軍とともに甲良彦の辻城に宿泊した。

②岩峅之堡を攻め落す　翌朝、辻城を出発した諸将は、命の前後左右を守りながら白幡をなびかせ、賊将阿彦峅達の岩峅堡に向かって進んだ。大岩川を渡って高野という所に陣を取り、泊野まで進んだ。佐留太、近藤の両将は間道から城柵に辿りつき火を放った。鄭霍、徐章、支那太郎等は討ち取られ、大谷狗は生け捕られた。側近を失った賊将

阿彦峅は残卒を従えて打って出たが、遂に討ち死した。賊将支那夜叉や強狗良は見付からなかった。命は城柵を焼き払い勝鬨をあげた。

（5）大若子命の戦後処理　大竹神社建立

命は姉倉比売の神徳を末長く顕彰するため「姉倉比売の旧跡」に大竹神社を造営し、神社には姉倉比売を祀った姉倉荒御魂神社と白旗を祀った八幡神社及び地主神大国主命の二神の三座を合わせ祀り、船倉にある「姉倉比売の旧跡」にも社殿を造営した。[19] 造営は阿曇神名[20]が中心となって進め、畔田早稲彦は遷宮の儀式を執り行った。式典に参列した大勢の越中諸将に並んで能登の諸将もいた。彼等はいずれも阿彦峅征伐に参戦した武将達であろう。命の裔の伊呂具を呼び「此地に残り我に代りて若宮と名乗り子孫に伝えてこの神社に奉仕せよ」と言い渡した。『喚起』には、「遷宮の儀式には加志河室生彦、五十嵐豊生彦、富崎長岡彦、吉田久美彦、津地幸彦、手刀摺彦、手刀推摺彦、小浜早見彦、天猿太舅、国勝澤古舅、珠洲近藤老翁、加夫刀甲良彦舅、釜生富崎舅、諸岡雄瀬古、玉生玉堆老翁、潔石高住舅、椎奈豆美彦、加夫津阿良彦、鳳至久志彦、鳳至波自加弥彦、郡家鉄生彦《こうけのかねなりひこ》老翁、幡生大路根老翁、速川美麻奈彦等が参加した。束帯姿の命の出御があったので儀式が始められた。神輿の御幸を拝観しようと見物衆が満ち溢れ、行列は唐土天子の格式に準じ警蹕《けいひつ》をならして行われた」と記す。

命は越中国の護神の宮に祀るべき神として大竹野の北方神通川沿いの地に八千矛ノ神を祀る越中一宮を造営した。この宮は北ノ神社と呼ばれ、後に「気多神社」の語源となった。気多神社には必ず八千矛ノ神大己貴命が祀られている。

（6）美麻奈彦を国造に封ず

命は帰洛に先立ち、才能が他に優れる美麻奈彦に越中の祠社を司らせ国造に封じ、農業並びに戸口簿帳は手刀摺彦兄弟が携わることにした。

垂仁天皇八四年の夏六月初め大若子命は帝都へ帰還した。命は、越の凶賊阿彦退治の経過と姉倉比売神の神託によって「手長白旗」を作り、凶賊を滅ぼしたことや「標劔」の霊験、堡将郷将達の忠戦を漏らさず天皇に奏上した。天皇の叡慮《えいりょ》はなはだうるわしく、命が初めて幡を掲げて凶賊を退治したことに因んで大若子を改めて大幡主の名を賜った。後に伊勢神宮内の「大間社」の祭神になることを許され、「標劔」は大間社と同じく「草薙社」の祭神とされた。また、十二堡将や軍功の面々を労い賜い皆に「神位」を授けられた。また、若宮伊呂具に「姉倉比売神社」の祭司を命じ、御戸代田官弊の宣旨を賜った。

・関連神社略史

神社	『喚起』または『肯搆』の記載	その他の記載	備考
①加志波良比古神社〔式内一座・並小〕	『喚起』加志波良彦の後裔近藤という者が舟子を出して大若子を岩瀬湊へ案内し、阿彦討伐に参加。	『石川県神社誌』祭神・加志波良比古神、伊加志穂比古神。崇神天皇の御代に創建。鎮座地・珠洲市柏。	
②須須神社〔式内一座・並小〕	『肯搆』珠須の近藤という者が舟子を出して大若子命を岩瀬湊へ案内した。	『石川県神社誌』祭神・瓊瓊杵尊、美穂須須美命、木花咲耶姫命、他。須須大明神又は三崎権現。東北鬼門、日本海の守護神。崇神天皇の御代、山伏山・鈴ケ嶽の山頂に創建。鎮座地・珠洲市三崎寺家ッ部。	
③伊豆社	『喚起』姉倉比売が大竹野に流罪になった後、溝織姫が「伊豆森」という所にいて舟倉を司った。今、大森村に旧跡がある。	『富山県神社明細帳』祭神・磐長比売神、建御名方命、天照大御神。	
④櫛田神社〔式内一座・並小〕	『喚起』大若子命は本陣出発後、ここで野営し枯山堡攻めに向かう。	『越中国式内等旧記』祭神・大若子命　別称櫛田明神、櫛田明神宮　鎮座地・射水郡櫛田庄櫛田村。	

⑤神明宮		『富山県神社誌』祭神・天照皇大神、豊受大神　元住吉社。大若子命、阿彦征伐の時、神の教えにより八搆布と八節の竹を求めていたとき住吉の白髪の翁がこれを献じた。鎮座地・富山市住吉。	
⑥波自加弥神社			鳳至波白加弥彦。鳳至は河北の誤りか。延式内社。鎮座地・四坊高坂村。
⑦郡家神社			郡家鉄生彦老翁。延式内社。鎮座地・三池村。
⑧諸岡比古神社〔式内一座・並小〕	『喚起』諸岡彦の末裔・諸岡雄瀬古が阿彦討伐に参加。	『能登国式内等旧記』祭神・銕河明神、別称金河宮。由緒近郷百餘村の惣社。往古、羽咋郡界櫛比庄諸岡村にあり。鎮座地・鳳至郡門前町道下。	
⑨美麻奈比古神社〔式内一座・並小〕	『肯搆・喚起』美麻奈彦の末裔速川美麻奈彦が阿彦討伐に参加。	『能登国式内等旧記』鎮座地未詳	
⑩八幡宮	『喚起』大若子命は本陣の北方に越中の護神・一宮を建立。	『富山県神社誌』祭神・天照皇大神、豊受大神、大幡主命、譽田別命、息長足比賣命、玉依姫命。垂仁天皇八四年、皇子大若子（後に大幡主命）越の凶賊阿彦平定を終え「八幡《やわた》の宮」を造営。住民命を慕いこの宮に命を祀る。聖武天皇一国一社創立の時、譽田別命、息長足比賣命、玉依姫命を合祀し、一国一社八幡宮となる。鎮座地・富山市八幡。	

（7）「阿彦ノ乱」の年代

『喚起』『肯搆』は「阿彦ノ乱」を垂仁天皇八一年から八四年までの事とし、乱の遠因となった大彦命の越中平定を崇神天皇一〇年と記す。「阿彦ノ乱」は大彦命の越中平定後大和化を急ぎ過ぎたため、在地豪族が離反し布勢阿彦が首領となって起こした事件である。この乱に活躍した堡将郷将達の多くは大彦命の越中平定に協力した者達であり、舅や老翁と敬われた老将達であった。大彦命の越中平定と阿彦ノ乱は、時間的にみて数十年の隔たりに過ぎなかったのではなかろうか。

大若子命は垂仁天皇から大幡主命の称号を賜り、その後神宮に社地を寄進し、垂仁天皇二五年に伊勢神宮が伊勢五十鈴河上宮に鎮座した時、初代大神主に任じられ度會《わたらい》神主の祖となった。命が『倭姫命世記』に記されるのは垂仁天皇一四年が最初であり「国造大若子命。度會神主遠祖神。一名大幡主命」と添書きがある。その後も命の名は度々登場しているが、垂仁天皇二五年以後は大幡主命とのみ記す。阿彦討伐後、天皇から伊勢神宮に仕えるように命じられ、伊勢神宮内「大間社」の神を許されのは垂仁天皇一四年頃のことであろう。「八一年大若子命」は誤りであり、阿彦討伐に越中への下向は、垂仁天皇一〇年頃三世紀中頃になる。『喚起』が垂仁天皇一一年を誤って「八一年」と記し、そのまま『肯搆』に引き継がれたのであろう。古い文献や諸神社由緒では「阿彦ノ乱」を垂仁天皇の御代の事件としている。なお『肯搆』には阿彦の事を『日本紀神代巻講述鈔』から知ったと記すが『喚起』の記述は同書が著される以前のものである。阿彦ノ乱は『延喜十四年、度會神主氏解申進氏新撰本系帳』（九一四年）などの諸文献や『喚起』が記すとおり事実であり、起こるべくして起った事件であった。(21)

八．大和王権の越中支配

大若子命は美麻奈彦を当国の「国造」として祭事を、農業並びに戸口帳簿の事は手刀揩彦兄弟に司らせた。これにより万事欠ける事なく、田土も広がり凶賊もなく耕作を妨げるものはなかった。その上、美麻奈彦は大若子命の仰せに従い怠らず、民を慈しみ種々の徳儀を教えたので貢を納める秋の収穫も多かった。既に、垂仁天皇から景行天皇の御代に移っていたが、国は静かで農業は全てよく治まっていた。これは美麻奈彦の功績である。しかし、親しかった老族も薨じ、或いは老い衰えて勤めもままならぬ有様になり、美麻奈彦も身を引こうと思ったが、代わって司る者がなかったので引き伸ばしていた。そのおり武内宿祢を北国に下し遣わされる事を伝え聞いた。みな悦んで武内の来るのを今や遅しと待っていた。(22)

（1）武内宿祢　当国の地理視察の事

景行天皇二五年秋七月、武内宿祢を遣わし北陸及び東方諸国の地形を視察させた。宿祢は二八年二月当国に着いた。当国の古老達は、高名な重臣・武内宿祢には日頃から会いたいと願っていたので、皆々威儀を正し途中まで出迎えた。宿祢を新川郡三邊に仮屋を建てて滞在させた。宿祢は人民が志を一つにし、厳しく就業している様子をみて古老達が指導に骨折ったことを褒めた。宿祢は地形の甲乙・婉曲・土地の広狭・土味・水の清濁などを悉く調査し、併せて里人に農耕の指導も行った。滞在すること三年、同朝三〇年に都へ戻った（『日本書紀』「景行天皇二十五年、武内宿祢を北陸及び東方諸国巡視に派遣」)。

（2）藤津彦　勧農の事

宿祢は三男・藤津彦を残し、古老達と農業のことを司らせた。藤津は古老達を遠ざけ、農民を使いよろず指図したので三邊周辺の野辺に稲作の新田が生まれ、里村が出来た。藤津は模範農場「教場」をつくり人民を指導した。「教場」では日出から日没まで休みなく農耕に従事させた。人々は仕事に倦み病になり、或いは熱病や浮腫になってみんな死んでしまった。藤津は驚き、午から未の刻までを昼休み（俗称）にしたという。藤津彦は新川郡高野郷に仕み仲哀天皇の御代に三邊で死んだ。(23)

（3）仲哀天皇・角鹿之行宮の事

景行天皇、成務天皇両朝を経て、仲哀天皇の御代になった。天皇は諸国を巡見され、越前国角鹿に行宮を置き「笥飯ノ宮」と称した。天皇は後に三韓退治の時に築紫で崩御された。応神天皇の御代になって越前の角鹿に所祭《いつきまつ》られ、気比大明神と崇め奉った。天皇は三韓御退治に当たり、三韓に味方する越後の凶賊鷙伏の残党や東夷を退治してから朝鮮へ出発された。天皇が越後へ出発され凶徒を退治して越中に帰られたのは、角鹿出発から数えて二十九日目であったという。『日本書紀』には越後の凶賊征伐の記述はない。仲哀天皇が越前ノ行宮に御座《ましまし》た時、越中の百姓が奉った太夫川の太魚が天皇によって「爵ノ鱸魚」と名付けられ、越中名物になった。

（4）南方当国ニ来ル事

①「**南方ノ大牧書**」　履仲天皇は諸国へ文筆に優れた者を派遣して国の詳細を書き記させた。当国へは「南方《なんぽう》」を派遣した。南方は武弟ノ命（藤津彦の別号）の弟で、三邊等の伯父にあたる。新川郡牧谷という所に住み、国中の事々を伺い記した。山には暎山芳木、海には魚亀菜草、陸には川沢叢林、里村田畠、庶民の家屋或いは賢哲愚夫、豪貴鄙賎及び牛馬鶏犬の類に至るまで悉くを記して天皇に奉った。この書を『南方ノ大牧』といった（『日本書紀』「履仲天皇四年に始めて諸国に国史《ふみひと》を置く。言事《ことわざ》を記して国内の情勢を報告させた」）。

②**荷崎《のざき》祭の事**　南方は郷中他郷の老若に君臣父子の間には深い恩義があり、恩に報いることを説き、先祖の恵みを祭って恩に報いるべきであると教えた。祭事は誰もが待ち望んでいたので早速実施された。荷崎祭（四天施祭《しだほどこし》・斎事祭《いみし》ともいう）の起源である。(24)

③**立山・金剛堂山詣での事**　南方は委文を連れて立山に分登《わけのぼ》り、山の事をつぶさに語り、一国大観の霊山であると教え、また金剛堂山に登り、金剛霊廟で国境の謂れと大己貴命が国を興し各々がその恩沢を蒙っていることを説き、四十二日後に家に戻った。

④立山霊廟や手力王霊廟を祭る事　南方は「大己貴命がこの国を造られた時は手力雄命の後裔・手力王彦が人民を導き、続いて手力王彦の後裔・手力摺彦兄弟が教え、続いて藤津武弟が欠けた事柄を教えたので国土は美しく定まった。手力王彦がこれらの功績の始りである事を語り継ごうと思う。手力王の霊廟を本郷に崇め祭り藤津武弟社を同所に添宮にする。後世、教えを受けようと思えばこの社に来て誓願したらよい。手力王彦は立山の護り神であり手力王彦は当国の万神の司職である。今申したことを必ず違えてはならない」とつぶさに教えた。(26)

⑤司職《しどり》を委文に譲る事　南方は「王命を奉じ、ひたすら勤めの忙しさを庶民に教えようと思っていた。まだ勤め半ばなれど老い衰えて心が行き届き難い。よって司職を委文に譲る」と言い聞かせた。語り終わった南方は東に向かって立ち、白雲一叢がたなびき迎える中、手に雲雀《ひばり》（雉の誤記か）を取り静かに乗り去った。委文は郷民に薦めて両社を崇め祭った。郷民等は南方の霊廟をも祭ろうと言うので、本郷の両社の地に崇め祭った。南方の別名を武国命といったので、「武国ノ神社」と称した。なお、委文の事跡についての記述はない。(27)

註

（1）『出雲風土記』に記す大己貴命の祖父・八束水臣津野命の「国引き物語」で「最後に引き寄せた高志ノ都都ノ御崎」と関連がなかろうか。

（2）昔、境内から大きな壇石を掘り出したという言い伝えがある。

（3）牧田村は対岸に姉倉比売領内を流れる急滝川や虫谷川の河口がある。手刀王彦は牧田に布陣し急滝川沿いに攻めたのであろう。

（4）桑山周辺は碼碯の産地。大己貴命は、碼碯産地を獲得するため姉倉比売事件平定後に桑山攻めを行ったのだろう。大己貴命は船倉山を攻め、後この地に本陣を移し、伊須流支彦や能登比咩を攻めて能登珠洲湊から越中岩瀬湊までの交易路を支配した。

（5）松田之江火宮は旦保ノ日宮といい松太枝神社に合祀。

（6）大己貴命は、岩瀬湊と背後地の豊かな農耕地を支配するため萩ノ下野に砦を築いたのだろう。平定後、伊勢彦命は加茂神社の祭司となり、同族姉倉比売はこの地内大竹野に流される。

（7）鉾に祀り迎えたという天照皇大神・月夜見尊・天穂日命・級長津彦命・少童命・火神軻遇突知命など神々は後世の付会かも知れない。

（8）牛乗りとは倉垣荘総社・加茂神社の春祭・加茂祭の牛乗式を通称牛潰しといい、流鏑馬・通称「やんさんま」も同様に古代から伝わる独自の行事としている。『喚起』は、加茂神社の牛乗り・馬乗りを祭礼の要《かなめ》とし、貞治命と伊勢彦命が激しく戦ったことを世に伝える行事と記す。牛潰しは大己貴命が影響を受けていた斯盧国の生贄儀礼「牛馬殺し」を倭風に変え、大己貴命礼賛行事として受け継がれたのだろう。

（9）『古事記』は、此の御代に全国統一と弭調、手末調制度を定めたとし、その年代や朝鮮半島への進出は記していない。調役「弭調、手末調」の実施は、正史に残る大事業だったのであろう。大彦命の諸国平定から程なく強行された新貢租は、大和王権に恭順だった在地豪族達の不満をつのらせた。垂仁天皇の越国阿彦の反乱や景行天皇時の熊襲・東国反乱伝承はその顕れであろう。

（10）八神胤：越中豪族　澤古舅《さわこじい》・国勝長挟の末孫貞治命の玄孫。潔石高住舅《しらいしたかずみ》・石勢彦命の末裔。大路根《おおろね》老翁・天射水幡生比古命の九世孫。富寄《とみざき》舅・釜生彦の末裔。能登豪族　甲良彦《こうらひこ》舅・加夫刀彦の遠孫。雄瀬彦《おぜひこ》・諸岡比古の末裔。美麻奈彦《みまなひこ》・鳳至郡の帰化人豪族。玉椎老翁《たましいろうう》・能登生国玉比古神社の末裔か。

（11）越之十二城：卯・東城　国勝澤古舅　角間城。辰・辰城　萩城　美麻奈彦。午・熟城厚根城　富寄舅。未申・辻城日宮城　甲良彦舅。酉末・滝城、白滝城、富崎城玉椎老翁。亥午・安住城　安田城　潔石高住舅。巳戌子丑寅申は四郡の外か不明。

（12）『喚起』は出雲統治時代の功績を削消。参考『喚起』清水本巻四・後詰依頼伝承。

（13）枯山堡：『喚起』は砺波郡浅野谷の城跡「鬼カ城」に当たるとする。城跡は浅谷と安川の堺・父倉山中にあり、急勾配な山と複雑に入り組む深い谷に囲まれ、山越しに砺波平野を遠望できる。地元に阿彦伝承はない。

（14）三嶋野・嶋姫之森：姉倉比売事件の後、大己貴命は船倉山の神姉倉比売を大竹野に遷し、伊豆三島溝樴姫命を「舟倉ノ宮《ふるみや》」に移し姉倉比売の旧地・船倉三野を治めさせた。その地を三島野といい「宮」のあった所を「嶋姫之森」あるいは「伊豆森《いずのもり》」という。今、大森村の社はその旧地である。八木山台地の末端傾斜地中腹伊豆社辺りか。

（15）焼山：船倉山の麓に広がる台地の内、神通川寄りの高台。八木山ともいう。舟倉山に陣取った賊将大天狗と大若子命の率いる美麻奈彦、澤古舅、大路根老翁、佐留太舅等の一隊が激戦を重ねた。大天狗の陣地から猛火攻めの手が打たれた。風は山から吹き下ろし、命達は逃げ場を失った。命は垂仁帝から賜った霊剣を抜き丈なす草をなぎ払い地に伏し、一心に神を祈った。すると風向きが俄かに変わり大天狗のいる舟倉山に向かって燃え進んだ。命の一隊はようやく小竹野の本陣に辿り着くことができた。山は燃え続け、焼け尽くして暫くは草木も生えなかった。人呼んで焼山といい後に八木山と書くようになった（『大沢野町誌』）。

（16）祭祀地の跡：御陣所跡は若宮山・標高二八・八m。武御名方命が鎮座された社地は諏訪社、大己貴命が鎮座された社地は田中社、天照皇大神の社地は神明社に神社名を変えて残った。姉倉比売神社へ合祀は諏訪社・明応年間、田中社・享保五年、神明社は明治九年である。

（17）八幡宮伝承：鎮座地　砺波市高波（元西宮森村）　祭神誉田別尊、垂仁天皇大若子命、姉倉比売命。西宮森村は庄川扇状地の末端部にあり糸岡郷に属す。伝承によると、大若子命が凱旋の途中この地に祠を建て八鉾の幡を納めたという。

（18）一舎：古い兵法では、軍兵の移動は一日に一舎三〇里とされていた。一里は現在の四〇五mに相当し、三〇里は一万二千百五十mである。野営したことをいう。

(19) 姉倉比売と蝶の説話：姉倉比売を顕彰したのは大若子命である。以後、姉倉比売の神託・神徳をたたえ、機織りを広めた美貌で心優しい女神と称える等々の説話が造られた。舟倉へ生還できなかった姉倉比売の心情を仮託して作られた追悼物語である。素地は大竹野に「この祠に祀られているのは、大己貴命が国造りをした時、能登比咩に嫉妬の罪を犯し大竹野へ流された舟倉山の神姉倉比売である」という伝承があったからだろう。

(20) 神名・神奈とも記す。伊弉諾尊・伊弉册尊の御子大綿津見神の後胤、安曇連《あずみのむらじ》・阿曇連という。安曇氏は海人として全国に散在していた。神名は大竹野に近い住吉の地に住んでいた安曇氏の一族であろう。

(21)『倭姫命世記』には垂仁天皇十四年乙巳。（伊勢神宮）伊勢国桑名野代宮に遷幸。四年齋し奉る。時に国造大若子命。度會神主遠祖神。一名大幡主命相い参じ御共を仕え奉る。

(22) 命の帰洛後、越中が在地有力郷将の統治から大和の直接統治に移り変わる過程を越中側から見た伝承記録である。但し、当時の越中行政中心所在地は記されていない。

(23) 四世紀前半頃、越中の農民が貢租達成のために酷使されていたことや、祭礼の日時まで制限されていたことを示す貴重な記述である。このような過酷な政策は在地有力郷将には出来ず、大和の直接統治に移り変わらざるを得なかったのであろう。

(24) 南方は諸国に派遣された国史に相応しく、人民が大和に服従・隷属するよう指導した事を窺わせる。人民に服従・隷属を強いるものであったろう。二夜三日間の荷崎祭も服従を前提として許された祭り行事てあった。気儘に祭礼を行えなかった郷民にとって荷崎祭は、何はともあれ楽しい祭行事であったのだろう。

(25) 太田本郷・刀尾神社創建にかかわる伝承記述。その昔、岩峅・雄山神社に鎮座する天手力雄命の御孫・手力王彦の末孫手力摺彦兄弟が活躍した地・保田（太田本郷）を顕彰し、一社を創建した記述。この記述は、『喚起』編纂時に流布していた「大宝元年佐伯有頼建立」説に対する反論のようでもある。

(26) 南方がいう立山信仰は、国の始まりから神の鎮まる所としてきた立山連峰（伊弉諾尊）国を墾いた神・手力雄命、大己貴命の国造りに協力した手力雄命の後裔・手力王彦、大和に協力した手力王彦の後裔・手力搯彦兄弟等の功績を顕彰することにあったと思われる。その象徴が「一国大観の霊山」立山であった。

(27) 委文『喚起』、出生其所を知らず。甲良彦舅の孫とも記す。

2.『喚起泉達録』とその後の展開

棚元　理一

一．はじめに

『喚起泉達録』（以下『喚起』と略す）は二七〇年前・享保一四年～一五年（一七二九～三〇）頃、富山藩士・野崎伝助[1]が越中の伝承や伝説を初めて纏めた著書である。当時は日本古来の精神を古典の中から見出そうとする「国学」が栄えた。『先代旧事本紀』や偽書『大成経』などが流布し、『記紀』の記述を再確認しようとする時代であった。「風土記」と呼ばれる郷土史本が各地で作成されるようになったのもその一つである。和銅年間に編纂された『風土記』を「古風土記」といい、江戸時代に作られたものを「新風土記」という。「国学」の振興は信仰の世界にも変革をもたらした。本地垂迹説が覆り「仏主神従」から「神主仏従」に逆転した時代であった。特に唯一神道宗家・京都吉田神社神官吉田家が幕府の神道方に任じられてからは、神社境内から仏教色を取り除く傾向が強まった。このことが後の「明治ノ排仏棄釈」に繋がる。古い神社は元の祭神に復活し、比較的新しい神社は仏教色の祭神を棄て仏の化身されていた神々を祭神に戻した。今日の神社にはこの時代に祭神を変更したものが多い。

『喚起』著述の動機について、序文に「今太平の世に生まれて故事を思うことがない。また、わざわざ故事を詮索し乱世の苦しみを語り伝えようともしないので由緒ある旧跡などを壊してしまうことが多い。他邦他国の事柄は書籍にも記され見ることが出来るが、身近にある当越中国に関する旧記は未だ見たことがない。しかし、今まで言い伝えられてきた事柄は数多くある。これらの言い伝えを我一人が空しく聞き果てるのは本意ではない。惜しむべき事である」と記す。

伝助は語り部・父老と会ったことが動機となって著作したと記す。伝助が会ったという「父老」とは、何者なのだろうか。多くの物語本に見られるように伝助が自説を「父老」に仮託して記したとする見方には疑問がある。「父老」は、仏者を日本古来の伝統の破壊者とみなし物語の端々で「両部習合ノ者」・「浮屠」などと非難している。また誇大とも思える「語り口」は神徳を顕彰宣伝する者の癖であろう。北陸道諸国を巡回し各地の古代伝承地を見聞きしていた「伊勢ノ御師」ではなかろうか。伝助が他国・越前緒濱や角鹿等の伝承までも知っていたとは思えない。

当時、伊勢神宮では全国に「伊勢ノ御師」を派遣して伊勢神宮信仰の普及に取り組んでいた。これが後に「おかげ参り・お伊勢参り」という爆発的流行を生むことに繋がった。御師達は、『神道五部書』（「天照坐伊勢二所皇太神宮御鎮座次第記」「伊勢二所皇太神宮御鎮座伝記」「豊受皇太神鎮座本記」「造伊勢二所皇太神宮宝基本記」「倭姫命世記」）や『日本紀神代巻講述鈔』等々を携えて全国を巡り歩いた。彼等は伊勢神宮の神徳を顕彰宣伝するかたわら、諸国巡回中に知った情報や伝承を語り伝えた。中には他国の伝承知識を、巡回先の伝承に巧みに混ぜ合わせながら、言葉巧みに布教に励んだ者もいたことであろう。富山県内にも伊勢神宮系の神を祭神とする神明社が多い、彼等が残した遺産である。『喚起』には、明らかに御師から得たと思われる記述がある。例えば、父老が物語った「地神の初め天照皇太神より八十三万五千九百九十二年目の庚午正月朔日に玉依姫から神日本磐余彦尊が生まれた。即ち神武帝である」や「越中でも四郡に八十三万年有余の昔から鎮座していた神々の子孫がいて…」（『喚起』巻五《日向国に都定る頃当国に居住人在りと云事》）などは、『倭姫命世記』中「鵜草葺不合尊（神武帝の父）天下を治らすこと十三万七千八百九十二年」の引用である。

『喚起』では「父老」が語った伝承を記した後、必ず伝助の見解を執拗なまでに記す。伝助には実直ではあるが、一面「父老」の語る伝承に自説を書き加えずにはおれない性格があったようで、後世の付会伝承までをも書き記す。

拙訳では、「父老」が語った部分を《本文》とし、伝助が補足説明した付帯伝承部分を《注釈》とした。《注釈》では、伝助は少なくとも次のような書籍を参考にしていたことが分かる。

『立山小縁起』岩峅寺雄山神社蔵本
「巻一……越中国の始まり・四郡名の起源」に『立山小縁起』中の大己貴命・勝妙・雄山・叔羅などを引用。
陰陽五行説の書『陰陽応象大論』
「巻四……船倉神と能登神の闘争」中に一部をそのまま引用。
『延喜本系帳』
「父老」が語った「草薙之御劒」について、日本武尊の草薙之劒と大若子命の草薙之劒の違いを地元伝承と伊勢神宮の旧記を調べ二つの劒は別劒であると記す。
巻七「大若子命岩峅攻メノ事並ニ草薙之御劒ノ事」

現存する『喚起』の章構成は次の通りである。

巻一「越中国の始まり・四郡名の起源・越中の名所由来」
巻四「船倉神と能登神の闘争」
巻五「神武帝の頃、越中国にいた首領達・大彦命が越中下向した事」
巻十「大彦命帰京後の大和王権化施策・阿彦が反乱に突き進んだ事」
巻七「大若子命の兇賊阿彦討伐の事」
巻八「兇賊阿彦討伐後、戦後処理の事」
巻十一「美麻奈彦が国造に任じられ事・景行二十五年、武内宿祢の越中見察・仲哀帝角鹿行宮の事・越中の名物・太夫川爵鱸を奉った事・履仲帝の頃、南方が越中へ来て国中之品を調べた事」

『喚起』は主に富山藩領内の古代伝承を記すが、記述内容は同じ富山湾に面する越中・能登の密接な関係や大和王権までに及ぶ。また大和王権化される以前に能登・越中・越前などの「越ノ国・高志国」は大己貴命が統治する勢力圏内にあったことや、後に大和王権の侵入によって起った抗争や制圧後の大和化への過程をも窺える。

伝助が二七〇年前、『記紀』に縛られず越中側に視点を置いて古代伝承を書き残した。今日、このような古代伝説・伝承は残っていない。三〇〇年前の越中古代伝説・伝承を初めて纏め上げた功績は高く評価しなくてはならない。序文の通り、旧記を持たぬ越中を憂い伝承を書き残そうとした著者の心意気が窺われる。『喚起』は越中郷土史の原典であり、「古風土記」に匹敵する「新越中風土記」である。

二　『越中風土記』と『喚起泉達録』

『出雲風土記』は出雲人の伝承である。越中や能登には出雲の大己貴命に関わる伝承があり、祭神に崇めている神社も多い。『越中風土記』はあったのだろうか。「越前風土記」や「越後風土記」の逸文はあるが、『越中風土記』に関わるものは見当たらない。『喚起』では「父老」が「『越中風土記』を見たが今は焼失してない」と語り、『肯搆』には「倶利伽羅不動寺の客僧・東光坊が『越中風土記』を持っていたが今はない。」と記す。

『越中資料叢書』(2) 越中旧事記(二四五頁)に「『風土記』云、荒血山越中ゑっちう」という記述がある。「風土記云、荒血山越中ゑっちう」は、『越中風土記』に大彦命の越中平定に関する記述があったことを表わす。拡大解釈すれば『喚起』が記す古代越中伝承の多くは『越中風土記』に記載されていたことに繋がる。伝助が生きた頃の越中古代伝承は『越中風土記』を踏まえ後世の付会伝承も加わって語り伝えられていたのだろう。

『風土記』は、『日本書紀』編纂途中の和銅六年(七一三)に編纂命令が出されている。『風土記』には大和朝廷の祖・天津神系神話に迎合した『前期風土記』と、国津神系神話や民俗神を取入れた地理誌『後期風土記』の二系列があるという。『喚起』の古代伝承記述は次のように天津神系神々によって展開されており、また、『前期風土記』的記述もある。これらの事から『越中風土記』は『前期風土記』型であったと考えられる。なお、『越中風土記』の編纂は、当時『越国』での行政区画変動を勘案すれば養老年間になろう。

（1）『喚起』に登場する神々

①越中国の始まり	『喚起』巻一
・天津神　稚日女尊、伊弉諾尊、手力雄命、大日孁尊、埴山姫命、稚産霊尊、木花開姫命、事勝国勝長狭、豊玉姫命、玉依姫命	
・地方神・豪族・渡来神なし	
②倭国大乱の頃	『喚起』巻四
・天津神　高皇産霊尊、大己貴命、級長津彦命、少童命、火神軻遇突知命、稚日女尊、溝樴姫命、雄山神（手力雄命）、手刀王彦（手力雄命の孫）、月夜見尊、天穂日命、貞治命（事勝国勝長狭の末孫）	
・地方神・豪族　姉倉比売、布倉比売、能登比咩、綟子比売、能登比古、伊勢比古、釜生比古	
・渡来神　加夫刀比古、伊須流支比古	
③倭国大乱前後	『喚起』巻五・十・七・八・十一
・天津神　罔象女命、倉稲魂命、事勝長狭、神武帝、綏靖帝、安寧帝、崇神帝、大彦命、大若子命、佐留太舅（猿田彦命の末孫）、神奈老翁（住吉神の末裔）、宮崎天児（事勝国勝長狭の末孫）、手刀摺彦・椎摺彦（手刀王彦の末孫）、布勢彦（倉稲魂命の末孫）、布勢東条彦（布勢彦の末孫）、阿彦岎（布勢東条彦の孫）、信農夜叉（布勢東条彦の孫）	
・地方神・豪族　味知荊波姫ノ命、天射水幡生彦命、碎田稗（稚）産霊命、這槻彦命、大野玉額西湊姫命、大谷狗・強狗良	
・渡来神　八心大市彦命　石勢比古命　美麻奈彦	

（2）『喚起』にある『前期風土記』的記述

巻八・姉倉神を祭る事

・越後の山鳽叢鷙蛸伏鹵看《やまてのむらしせぶしおみ》などという賊が起って国を乱した。即位前の神武帝が当国へ下向し、北臺《ほくや》に陣を構えた。賊は帝の威勢を聞き、武器を捨て山海の貢物を奉った。

巻十一・武内宿祢当国へ来リ地理見察ノ事

・景行帝二五年の秋七月、武内宿祢が北陸及び東方諸国の地形を視察した。

巻十一・仲哀帝・角鹿之行宮の事

・仲哀帝が角鹿之行宮にいた時、越後の賊・鷙伏の残党が東夷、或いは三韓などに誘われて不穏な動きがあった。

巻十一・越中名物太夫川爵鱸之事・千和喜葡萄の事

・仲哀帝が越前ノ行宮にいた時、当国の屯倉子《みくらご》・民達が種々の貢物を捧げた。

巻十一・越中名物太夫川爵　鱸之事・鱸魚ノ宮伝承

・仲哀帝が三韓御退治に先立ち、越後の凶賊を討ち角鹿に凱旋した。越後からの帰途砺波山の麓「二十九《ひづめ》日村」に数日滞在した時、百姓が川魚を貢物として献上した。村名の由来は、帝が角鹿を発ち二十九日目に帰って来た事による。

巻十一・南方当国ニ来リ国中之品ヲ書記スル事

・履仲帝は諸国へ文筆に優れた者を派遣して国の詳細を書き記させた。当国へは「南方《なんぼう》」という者が派遣された。

三、『喚起泉達録』その後の展開（『三州奇談』）

『喚起』が世に出て約二〇数年を経た宝暦・明和（一七五一～七二）の頃、加賀藩金沢竪町の俳諧師・堀麦水が『三州奇談』を著した。この著書は、同門俳人・水巻亭楚雀が語り伝えていた加越能三州の奇談物語を麦水が纏め記したものである。

『三州奇談』の中に「富山の城中に『旧集録』といふ有。町に『先達録』と云有。何れも富山の事跡を書たる書也」とある。なお、書中に『喚起』巻之四・船倉神と能登神の闘争に関連する伝承「妬気成霊」等を記す。『喚起』は富山城下では『旧集録』といい、金沢では『先達録』といっていたのであろう。

四．『喚起泉達録』その後の展開（『越登賀三州志』）

考証史学成立以前の書籍『喚起』を、考証史学の立場から検証したのは富田景周《とみたかげちか》であり、(3)著書『越登賀三州志』である。著述の動機について『越登賀三州志』「古墟考・叙」で次のように記す。「本邦古昔の城は、王侯世々の安泰のために築いたものでなく専ら山河の険を恃んで築き防衛の要とし、また急事には幾つもの城と連携出来るよう精密に配置された。しかし、今はただ古城と言うのみである。我が三州の城墟でも古くは七・八百年、近きは二百年を経て、稜谷変わり遺跡十中八・九は亡失している。また、太平の今では遺跡が残っていても農耕のために開墾され、去年あった大きな林丘も今年は一杯の土を残すのみ。このようでは、古城の規模や戦略的価値が分からなくなってしまう。これを憂いこの書を編んだ」。

『越登賀三州志』は、寛政一三年（一八〇一）・享和元年（一八〇一）に完成。文化二年（一八〇五）及び文化九年に藩主へ献上後幕府にも進献された。『越登賀三州志』は『藩撰地誌』となり、地方史を体系的に取りまとめた史書の嚆矢となった。

『越登賀三州志』は、藩主・前田侯を称える「健襄餘考」、三州の通史「来因概覧」、三州の城跡『古墟考」の三部巻構成であり、越中に係わる巻は「来因概覧」「古墟考」の二部巻である。景周は「古墟考」越中国巻で『喚起』を次のように考証している。

①『喚起』巻十中、十二城関係
・「今石動」…景周按泉達録、此の城を太古熟城・厚根城など云ふ。唐突無稽の説なり。
・「安川鬼ケ城」　鬼城と呼ぶ由来不詳。　……泉達録、中立種々恠説。不足論。
・「日宮」　愚按泉達録に、太古辻城と云ふ。崇神十餘年大彦命の時、甲良彦舅を置く。後世その城跡に築きて日宮城と云ふと。此事無古書可徴者。不可信。
・「安田」　泉達録、謂之安住城。
・「松倉・鹿熊」　泉達録於此事立　不足取。
・「天神山」　古え之が萩城と云ふこと泉達録に載す。妄誕（嘘・偽り）亡論。
『喚起』巻七中、大若子命の兇賊阿彦攻め関係
・「中地山」……泉達録に孟浪（とりとめのない）説を挙ぐ。今擯（退ける）して不取。
②『喚起』巻八中、美麻奈彦・荒川神社関係
・「新庄」　愚按泉達録に轡田豊前戦書の写しに、辰城に作るとなす者可擬。
③『喚起』巻四中、越後の山鵜叢鶖蛸伏鹵看などという賊関連
・無稽の説にて神武記に嘗てこの事をのせず。

『喚起』の古代伝承には、大和王権が越中を統治する以前に別系の統治体制があり、また大彦命の北陸道遠征後旧勢力・阿彦が反乱を起し大若子命が討伐したと記す。しかし、阿彦の反乱は『記紀』になく、『記紀』重視の史観から有りえないことであった。景周は『喚起』が記す古代越中の伝承記述を全く取り上げず、「唐突無稽の説・妄誕亡論」などと酷評している。加えて、三州の碩学・儒者を自負する上級武士・周景には、支藩・富山藩の六人扶持・足軽頭である野崎伝助は軽輩に過ぎず、その著書をも軽視したのであろう。

五.『喚起泉達録』その後の展開（『肯搆泉達録』）

『喚起』が世に出て約八〇年後、野崎伝助の孫・野崎雅明が文化一三年（一八一六）一〇月『肯搆泉達録』(4)（以下『肯搆』と略す）を著した。文体は『喚起』に類似しているが、古代史関係のうち数章を削除している。このことが後に、『肯搆』を「一応の史書」と評価し、『喚起』を荒唐無稽の伝説集と見做す遠因となった。

著述の動機について序文に、「祖父・蘇金は、「父老」が伝え説く物語を我が州太古以還の事跡として『喚起』を著わした。歳月久しく、今や祖父の書は散逸し、半分ほどになってしまった。これを憂い、改めて群書を調べ旧聞を捜し求めて記した」と記す。しかし、本当の動機は、一〇年前の加賀金沢藩『藩撰地誌』・『越登賀三州志』にあったと思われる。支藩富山藩でも『越登賀三州志』に準じた『藩撰地誌』編纂を進め、雅明がその任にあたった。『肯搆』も『越登賀三州志』を真似て藩主・前田家を顕彰した「健襄餘考」的記述や、越中国に係わる「来因概覧」「古墟考」などを別巻としている。

『肯搆』は『喚起』古代伝承記述の中から景周が「唐突無稽の説・妄誕亡論」と酷評した巻章を削除し、固有伝承「船倉神と能登神闘争の事」及び「大若子命、阿彦を征伐する事」などを要約し一巻内に取り纏めている。削らざるをえなかったのであろう。中近世伝承では『喚起』の記述は余り記さず、雅明の再調査に據って記す。

ところで、今日も『喚起』の写本は一部を除き、大部分が残っている。祖父の書の散逸云々は表向きの理由にすぎない。『肯搆』完成の翌年野崎雅明が没し、その一一年後の文政一一年に富田景周が病没した。

註

（1）野崎伝助　生年不詳～享保一六年（一七三一）没。号名・蘇金。宝永四年（一七〇七）御手先足軽、その後御買手役や

御前物書役等を経て宝永一〇年には足軽小頭となり、江戸表勤務と藩主御附役を勤めた。物書役の素地は師事した藩医・岡田仲山によって培われ、『記紀』や『地方伝承』に通じていたことも窺える。

（2）『越中資料叢書（復刻版）』歴史図書社、一九七一年。「越中ノ荒血山」とは、婦負郡八尾町荒地山のことである。『喚起』に崇神天皇の時、越国へ下向した大彦命が伊頭部山の麓椙野に御座所を定め、越中平定後伊頭部山の麓の荒地山に郷将・手刀椎摺彦を置いたとある。

（3）富田景周　加賀金沢藩士、延享元年（一七四四）～文政一一年（一八二八）没。禄高二千五百石の上級武士、小松城番や御算用場奉行・能州御預地方奉行などを歴任。景周は経史に通じ、公務の余暇を『記紀』の年紀を重視した越・能・加三国を舞台とした通史の編纂に注いだ。編纂方法は、中国の『歴史通鑑』などのように編年体の通史とした。

（4）野崎雅明　富山藩士・宝暦七年（一七五七）～文化一三年（一八一六）没。号名・克卿。野崎伝助の子・伊太夫雅伯の長子。幼時より漢学を修め文章を能し地方史の研究を好んだ。寛政五年、藩校・広徳館の助教となり後に学正となった。文化二年（一八〇五）一二月、与外組格。

第二部　思想と時代

1．『喚起泉達録』と説話伝承

浅見　和彦

一．野崎伝助と野崎雅明

富山藩士野崎伝助（?～一七三一）は越中に旧記のないことを無念に思い、越中国に伝わる伝承や歴史を蒐集、『喚起泉達録』十五巻を著す。その正確な成立年は残念ながら確定できない。伝助の没年、享保一六年（一七三一）以前の成立と考えるしかないのだが、その内容については越中の古代はもちろん、中世、近世にいたるまでの伝承、説話、異聞の類いを広く蒐載しており、内容的にはきわめて高い価値を持っているといってよい。

伝助の孫にあたる野崎雅明（一七五七～一八一六）は祖父の偉業を承け、文化一二年（一八一五）、『肯構泉達録』を完成する。二つの『泉達録』は内容を重なり合わせながらも、記述面においては異なる部分も多く、両書は相補いながら、越中の歴史、伝承を集成しているといってよい。そのなかには他書には見えない独自なものも多く、注目させられる。それらをつぶさに検討していくと、『喚起泉達録』は近世の越中に生まれた作品であるが、こと近世、越中に限らない、広範囲の伝承の姿を見せてくれているのではないかと思われる。その検討作業の手始めとして、『喚起泉達録』の阿彦峅《あびこたけし》伝説を中心に考察していきたいと思う。

二．阿彦峅の暴虐

『喚起泉達録』によれば、崇神天皇十年の秋、大彦命を北陸道の七ケ国に遣わしたという。

浩《かく》テ帝都ハ即人皇第十代崇神天皇御宇ニ至レリ。御即位ヨリ十年ニ当ル癸巳ノ秋九月、天皇詔《みことのり》マシ〱《まし》四人ノ命ヲ東西南北ノ国ニ頒《わかち》ツカハサレ、国々ヲ治メサシム。是ヲ四道将軍ト云リ。日本将軍之始メナリト云リ。北陸道七ケ国へハ大彦命下向坐《ましまし》タリ。（清水本・巻五（以下、典拠名のないものは『喚起泉達録』））

いわゆる四道将軍である。記載される内容は『古事記』『日本書紀』とも共通するよく知られた伝承であるが、以下は『喚起泉達録』（以下『喚起』と略す）の独自記事である。それによれば、大彦命は若狭国の「緒浜《をはま》」で笥富貴《けぶき》、飯富貴《いいぶき》という老夫婦の援助を受け、越中に至り、手摺彦《たすりひこ》、椎摺彦を召し呼び、「郷将」に任じた。また阿彦峅も呼んだところ、峅は大彦命の威光を恐れて、命令に従ったという。大彦命は三年間、越中に滞在し、その後、帰洛した。

しかし、問題はこの後であった。大彦命帰洛ののち、世間に恐れる者がなくなった阿彦峅は「奢侈」に走り始めた。『喚起』によれば、阿彦峅は、

己ガ勇ニ誇《ほこり》、人ヲ蔑《あなどり》、大彦命帰洛ノ後ハ、世ニ恐ル者ナシト、身ヲ懶惰ニナシテ、奢侈日夜ニ募《つのり》、朝暮荒酒色テ、暫クモ農業ヲ不顧、適《たまに》モ是ヲ諫ントスル者アレバ、眼ヲイカラシ、即時《たちまち》ニ打殺、仮ニモ己ニ乖《そむ》ク者ハ、扯拆捨《ひきさきすつる》ユへ、人皆怖《わ》ハナ、キ、欲心熾盛ノ凶賊較《くらぶ》ルニ人ナク、本《もと》ヨリ敵スルニ及バザレバ、猛意ノ族ト云レシモ、カレガ強気ニ攔《さえぎら》レ、今ハ嗟《なげき》ノ裡ヲ見テ、佞媚《おもねりこび》ルヲ所全トセリ。（桂本・巻十）

阿彦峅の「奢侈」と「懶惰」な生活はとどまるところがなかった。日夜、酒色に溺れ、いささかも農業に心を向けることもなく、それを諫む者あれば、たちまち打ち殺し、引き裂き、放り捨てたというのである。誰一人としてとめる者はいない。それどころか、阿彦峅の猛威の前に佞《おも》ねり、媚びる者ばかりであったのだ。そのため阿彦峅は、

何事モ彼ガ云侭《まま》ナレバ、世ニ我有テ、人無《なし》ト、擘ヲ張、弥《いよいよ》嗜レ酒、只殺伐ヲ明暮ノ弄ビ物トナシケルハ、身毛堅《よだつ》バカリ也。（桂本・巻十）

ますます荒耽《こうたん》の生活にどっぷりとつかり、殺伐とすることを遊興の第一としていたというのである。その生活ぶり、荒れぶりは昔話「大江山酒呑童子」とそっくりといってよい。しかし、そんな惨酷な物語であるにもかかわらず、『喚

起』の著者、野崎伝助の筆には迫力がある。

奢侈日夜に募《つの》り、朝暮酒色に荒れて、暫くも農業を顧みず、たまにも是を諫めんとする者あれば、眼をいからし、たちまちに打ち殺し、かりにも己《おのれ》に乖《そむ》く者は扯《ひ》き拆《さ》き捨つるゆえ…（桂本を訓読）

と対句仕立ての美文で阿彦峅の暴虐を活写する。その表現力、描写力たるやなかなかのものである。

三　支那夜叉と支那太郎、母子の悪行

阿彦峅には姉がいた。支那夜叉《しなやしゃ》と呼ばれていた。彼女の姿は身の丈《たけ》七尺（約二・一m）におよび、底知れない大力、顔面は真白で、目は三角に裂け上がっている。唇は赤く、長さ二寸（約六㎝）の石のような白い歯が並ぶ。黒い髪は十二mを超える長さ。彼女が怒り狂う時は顔面には紫の筋が走り、髪は空へと吹き上がり、左右に分かれて、黒雲のように広がる。眼は閃光を発し、雷光の如く光る。彼女の姿を一度でも見た者は地に倒れ込み、二度と見たくないというのであった。物の命を断つことを常として、足のうしろにある爪で蛇を捕らえ裂き、それをいつも食べていたという。

彼女はかつて黒姫山の邵天義《しょうてんぎ》という者に嫁ぎ、支那太郎という男児をもうけていた。この子も酷薄なること母に似て、幼少より大力で、熊を「爬《つか》」んでねじり殺し、猪を捕らえて踏みつぶし、生きとし生ける物、片端から殺し回っていたというのである。[1] ある時、父の邵天義がそのあまりの乱暴さをとがめたところ、逆に母と子は父を殺害しようとさえしたのだった。これを察知した父は母子を追放、黒姫山から追い出した。それゆえ、支那夜叉と支那太郎は阿彦峅の許に戻り、そこで一緒に暮らすようになったのであった。

この支那太郎は、十二、三歳のころより、「魔術」に通じ、雲を起こし、雷を生じ、鉄火を降らすという妖物となっていた。太郎はおのれは、

雲中ニ在テ、虚空ヲ飛行シ、人ノ財宝、衣類ヲハギトリ、可《べき》レ取《とる》モノナキ者ハ恐ルヲ己ガ興ニナシ、俄ニ雷ヲ響カセテ、劫《おびやかす》ヲバ業トセリ。（桂本・巻十）

という有様であった。支那太郎は空を飛び、人の財宝・衣類を奪い取り、取るべき物がない連中には、突然、雷鳴を鳴り響かせて驚かせ、人が慌てふためくを見て楽しんでいたというのである。

太郎の悪行はこれにとどまらない。

或時ハ異婦女ノ姿ト化、娘子共ハ云ニ及ズ、人ノ婦モ向引《かどはかし》、偸《ぬすみ》来ツテ、峅《たけし》ガ酒ノ伽トナス。若モ悪敷《あしき》ト云アレバ、忽ニ引裂テ、朱ニ塗ルヲ、其マ、ノ座敷ノ花ト興ヲナシ、阿彦ガ足《たら》ン悪行ハ、童ガ補テ薦《すすめ》タリ（桂本・巻十）

支那太郎はある時には婦女の姿に我が身を変じ、娘はもちろん、人の妻を拐《かどわ》かし、だまし連れて来て、叔父阿彦峅の酒席に侍らしたというのである。もし気にそまないことがあれば、たちどころにその婦女を裂き殺し、朱の血で座敷が染まれば、花の興といってもて遊んだ。阿彦峅の悪行の足りないところを支那太郎がこれを補い、悪行を押し進めたというのである。

四　御伽草子『酒呑童子』との類似

こうした太郎の惨酷な振舞いには類例がある。室町時代から江戸時代にかけて流布した御伽草子の中の一篇『酒呑《しゅてん》童子《どうじ》』には類似の記述が多く見られる。昔話「大江山酒呑童子」については阿彦峅の荒酒荒淫が酒呑童子のそれと相似ると前にふれたが、この御伽草子『酒呑童子』は昔話「大江山酒呑童子」の原話にあたる。

御伽草子によると、酒呑童子は「丹波国大江山（今の京都府福知山市大江町）」に居住する鬼であった。酒呑童子は「飛行自在の力」を持ち、毎夜、京市街に出没し、

近国、他国の者までも数をも知らず取りて行く。都の内にて取る人は、見目《みめ》良き女房の十七、八を頭として、こ

れをもあまた取りて行く。（酒呑童子）

という、横暴きわまりない行状であった。連れ去ってきた女たちを酒呑童子は、

愛して置き、その後は、身の内よりも血をしぼり、酒と名づけて血をば呑み、肴と名づけてししむらを、削ぎ食はるる

ことを日常としていたのだった。

こうした酒呑童子を退治せんがために朝廷から派遣された源頼光一行は山伏姿に変装し、酒呑童子の居城に入り込む。刺客とも知らず、酒呑童子は頼光らを接待し、酒宴をひらく。

童子申しけるやうは「肴はなきか」とありければ、「承る」と申して、今切りたるとおぼしくて、腕《かいな》と股と板に据ゑ、童子が前に置きにける。童子この由見るよりも「それこしらえて参らせよ」。「承る」とて立つところを、頼光はご覧じて「それがし、こしらへたまはらん」と、腰の差添《さしぞへ》するりと抜き、ししむら四五寸押し切りて、舌打ちしてこそまゐりけり。（酒呑童子）

「酒菜《さかな》はないか」という童子の言葉に並べられたのは、たった今切ったとおぼしき女の「腕と股」（第1図参照）であった。頼光は童子を欺くため、刀を抜き、自ら調理し、舌鼓を打って食べたと

第1図　源頼光、酒呑童子の前で女の足を料理する（御伽草子『酒呑童子』より）

いうのである。

『酒呑童子』の物語の中でもっとも残酷な場面で、御伽草子というものが決して幼童向けの物語などではなかったことがよくわかる。女をさらい、酒席に侍らせ、無用となれば、血を絞り、肉を食う。この酒呑童子の振舞いと『喚起』の阿彦峅と支那太郎の行動は近似する。阿彦峅は明け暮れ酒色をこととし、甥の支那太郎は「虚空ヲ飛行」して女を奪い、「峅ガ酒色ノ伽」をさせ、気に入らなければ、女を引き裂いて、朱の血で染まるのも「座敷の花」といっても て興じていたのだ。『喚起』によれば、阿彦峅の悪行をさらに補完したのが支那太郎の悪行というわけで、物語上は二人の別人格として描き分けられているが、事実上、一人の人物の行動と見ても問題はないだろう。御伽草子『酒呑童子』においても酒呑童子配下の茨木童子は、「女の姿に様をかへ」て都市中を歩き回っていたとある。支那太郎も「異婦女ノ姿ト化」して女たちを掠奪していた。両作品には同工と指摘しうる個所が随所にある。

五．支那夜叉の激闘

このように考えてくると、阿彦峅・支那太郎の叔父・甥には異界にあって人間界をおびやかす悪鬼神の様相に通じるところが多い。おそらくこれは越中に言い伝えられていた阿彦峅伝承と酒呑童子伝説のような鬼神伝承が接触し、それを野崎伝助が『喚起』に書き留めたのであろう。しかし、巷間に流布していた阿彦峅伝承がそのまま『喚起』におさめられたというわけでもないだろう。なぜならば『喚起』の文体は口頭伝承から直接取り入れられたものではなく。いったん、どこかの段階で書承の段階をくぐりぬけてきているか、さもなくば著者野崎伝助の手によって、今のようなかたちに書き改められたのではないかと思われるからである。前にも見たように、野崎伝助の表現力、文筆力を考えると後者の可能性もかなり高いのではなかろうか。『喚起』という作品は越中の古伝承を種にして、様々な伝説の要素を取り入れ、文字に定着していった作品ではないかと思われるのである。

もう一つの例として、阿彦峅の姉、支那太郎の母、支那夜叉について見てみよう。

大彦命の帰洛後、阿彦峅の暴悪は激しさを増し、越中の国から都へ救援の要請があった。大若子命《おおわくごのみこと》に阿彦峅平定の勅令が下り、標劔《みしるし》を授かって難波の浦を出発した。時に垂仁天皇八十一年の春のことであった。(2) 同四月下旬には越路に到着、笥飯《けい》浜（気比）に上陸、その後再び海路をとり、能登半島を迂回し、越中国に入った。大若子命は早速、阿彦一党がたてこもる岩峅（現、立山町岩峅）の堡を攻める。下知を受けたのは甲良彦舅、佐留太舅らの武将である。

一方、堡内からも支那夜叉、支那太郎、それに阿彦峅の腹臣、強狗良、走天狗らが猛反撃を試みる。

爰《ここ》ニハ支那夜叉、支那太郎、強狗良、守居タル故、賊徒ヲ率走リ出、爰ヲ千度《せんど》ト防ギケリ。（桂本・巻十三）

支那夜叉らは兵を率い、ここを先途《せんど》と防戦する。

中ニモ支那夜叉、尋《ひろ》ナル髪ヲ八方ニ吹乱シ、一丈余リノ樫ノ棒ヲ手元軽ゲニ打振テ、向者ヲ幸ニ微塵セズト云事ナシ。佳人等是ニ膽《きも》ヲケシ、敢テ近付者モナシ。甲良此ヲ見テ、「悪キ女メ、己《おのれ》逃サジ」ト鉾ヲ捻テ飛蒐《かか》ル。夜叉モ得タリト棒ヲ交、火花ヲ散シテ戦シガ、甲良勝ツテ、突伏シニ、鉾先シナンデ身ニ不レ通。甲良怒テ打ケルニ、夜叉ガ髪、風ヲ渦マキ、甲良ガ顔ヲ蔽カクス。其隙ニ夜叉起直リ、棒延テ打ントス。（桂本・巻十三）

支那夜叉の奮戦は凄まじかった。十二mにも及ぶ長い髪を風に吹きまかせ、三mに余る樫の棒を振り回し、あたる者を幸いとばかりに木端《こっぱ》微塵に打ち砕いてしまう。人はこれを恐れて近付こうとする者もいない。甲良彦はこれを見て「憎い女だ。逃がしはしない」といって、鉾をふりかざし飛びかかる。夜叉も「おう」といって樫棒で応戦。火花を散らす戦いであった。甲良彦が勝った。鉾でもって夜叉の体を突く。しかし鉾は突きぬけない。怒った甲良彦が鉾で打ちかかろうとすると、夜叉の髪が風で渦まき、甲良彦の顔を覆い隠した。その隙に夜叉は起き上がり、樫棒で甲良彦を打ちのめそうとしたのであった。

支那夜叉と甲良彦との壮絶な一騎打ち。『喚起』の中でも有数の激しい戦闘場面である。夜叉は樫棒、甲良彦は鉾。

一瞬、窮地に立たされた夜叉はその長い髪で救われた。風に巻かれた彼女の黒髪は全天に広がり、敵の顔にまとわりつき、方向を見失わせたのである。この情景は何やら現代の劇画の描写にも通じる。『喚起』は江戸時代の作品ではあるが、その文章にははるか後代の劇漫画を先取りするようなものがあるのはとても興味深い。

死闘は続く。支那夜叉の反撃で危機に陥った甲良彦を救ったのは佐留太舅あった。甲良彦のもとへ駆けつけ、持っていた銅の鉾で支那夜叉を突くと、鉾は彼女の高股を突き通した。佐留太舅がとどめの一撃を加えようとしたところ、今度は阿彦峅の勇将強狗良が加勢した。両者激しく討ち合う隙に負傷した支那夜叉は退却、強狗良も引き上げる。佐留太舅は逃げる強狗良目がけて鉾を投げつけると背中に当たり、強狗良は肩から腰まで引き裂かれ、ついに絶命してしまったというのである。

『平家物語』や『太平記』など軍記物語あるいは戦記物語といわれる名作は数多い。そうした名作の数々を較べても、『喚起』の描写は迫力に富み、臨場感にあふれる。『喚起』の中でも名場面の一つである。

六．女性兵士の伝統

強狗良は壮絶な戦死、支那夜叉も負傷、支那太郎も退却と戦闘は大若子命側の勝利に終わった。しかし負けたといっても阿彦側の反撃には命を賭けた必死さがあった。なかでも支那夜叉の奮戦には目を見張るものがある。支那夜叉は「女騎」または「女大将」と呼ばれる女性兵士である。日本の戦争史の中で女性が兵士として活躍する例は必ずしも多くはない。しかし例がないわけではなく、最も有名なところをいえば、『平家物語』における巴御前《ともえごぜん》であろう。

巴は色白く髪長く、容顔まことにすぐれたり。ありがたき強弓《つよゆみ》、精兵《せいびょう》、馬の上、徒歩立《かちだ》ち、打ち物持っては鬼にも神にもあはうどいふ一人当千の兵者《つはもの》也。究竟《くつきやう》の荒馬乗り、悪所落とし、いくさといへば札《さね》良き鎧着せ、大太刀、強弓《つよゆみ》持たせて、まづ一方の大将にはむけられれり。（平家物語・巻九）

巴は容顔美麗に長い髪。強弓を引き、大太刀を振い、荒馬を乗りこなす「一人当千の兵者」であった。常に一方の大将を引き受け、主君（夫）の義仲最後の戦いまで随行していた。最期を観念した義仲は女と一緒の討死を恥じ、巴に退去を命じる。巴はいやがるが、やむなく命令に従う。巴は義仲の面前で最後の戦いを見せようと思い、相手をさがす。向こうから大力で名の知れた武蔵国の恩田八郎師重という屈強の武将の一団がやってきた。

巴その中へかけ入、恩田の八郎に押し並べてむずととッて引き落し、我が乗つたる鞍の前輪に押しつけて、ちッともはたらかさず、頸《くび》ねぢきッて捨ててンげり。（平家物語・巻九）

巴は八郎の馬に体当たり、八郎をつかんで馬より引きずり落とし、そのまま自分の鞍に押しつけて、八郎の首をねじ切って捨ててしまったというのである。驚くべき大力、怪力の女であったのである。

巴についてはいささかその実像に不明なことも多く、ややその実在を疑問視する意見もないわけではないが、ほぼ同時代、巴のような女騎、女大将は歴史記録や絵巻（絵参照）の中に登場してくる。

源平の動乱は終息したものの、鎌倉幕府に対立、親平家の立場で抵抗を試みる者もあった。建仁元年（一二〇一）、越後国中條（新潟県北蒲原郡）で起こった城小太郎資盛の反乱もその一つである。鎮圧にやってきた幕府軍に対し、城一族の抵抗は激しかった。なかでも資盛の叔母にあたる板額御前《はんがくごぜん》の奮戦は凄まじかった。彼女は百発百中の剛弓引き、合戦の日、板額は、

童形のごとく髪を上げしめ、腹巻を着し、矢倉の上に居て、襲ひ到るの輩を射る。これに中《あた》る者、死せずといふことなし。（吾妻鏡・建仁元・五・一四）

板額御前は櫓の上から敵をねらいうち、ことごとく射殺した。板額の頑強な抵抗に手こずった幕府軍は城の裏山に回り、背後から板額を狙撃した。放たれた矢は板額にあたり、彼女は両股を射ぬかれてしまった。城一族の反抗もこれで終わり、両太股に傷を負った板額御前は生け虜《ど》られ、鎌倉に連行、その姿は二代将軍源頼家らが見物するところ

となったというのである。『吾妻鏡』は鎌倉幕府の公式記録、この時代、「女騎」「女大将」と呼ばれる女性兵士がたしかに存在していたという証拠である。(3)

七．幸若舞の弥陀夜叉女

室町時代後期ごろ幸若舞《こうわかまい》（曲舞《くせまい》とも）という芸能が流行した。戦国武将や徳川家康らに愛好、保護され、しばしば上演された。とりわけ有名なのは織田信長が桶狭間への出陣に際し、「敦盛」の一節、

人間五十年、化天《けてん》のうちをくらぶれば、夢幻のごとくなり

を舞ったことであろう。

幸若舞の一つに「信田《しだ》」という曲がある。主人公の信田小太郎は平将門の子孫で霞が浦近辺に領地を持っていたが、姉聟の小山《おやま》行重に横領されてしまう。小太郎はいたし方なく、一家の旧臣浮島太夫の許に身を寄せる。それを知った小山は浮島を攻める。浮島は一族をあげて、信田小太郎を守ろうとする。戦いは激しく、浮島太夫、子の太郎を始め大奮戦する。浮島太夫の妻は櫓の上に駆け上がり、子らの戦いを叱咤する。一族の奮闘ぶりにじっとしていられなくなったのか、妻は自ら参戦することを決断する。

被《かつ》いだ衣《きぬ》をさつと下《おろ》せば、下は武者に出て立つたり。紅の袴の下に膝鎧《ひざよろひ》に脛当《すねあて》し、萌黄匂《もえぎにおひ》の鎧着、丈なる髪を唐《から》輪《わ》に据ゑ、太夫が好みし黄楊《つげ》の棒を「しばし貸せ」とて打ち担《かた》げ、追手の木戸を開かせ、堀の端側《はばた》に駒を据ゑ、大音声上げて名乗るやう、「いかにや、小山の人々、我をば誰と思ふらん。陽成院より三代、津の頼光に五代也。渡辺党の大将軍、弥陀の源次が娘に、弥陀夜叉女《みだやしやによ》とは自らなり。年積つて五十六、二つとなき命をば信田の御寮に奉るぞ。我と思はん人々、駈けよ。手並見せん」（幸若舞・信田）

といって、甲をかぶり、敵陣へと突入していったのだった。

妻の名は弥陀夜叉女。当年五十六歳。櫓の上では衣を被《かず》いていたものの、いざ出陣となれば、さっと引き脱ぎ、紅の袴に膝鎧に脛当、萌黄匂の鎧を着込む完璧な武者姿。丈にあまる長い髪は唐輪に編み上げ、黄楊の棒を手に把って、敵陣目がけて突入していったのである（第２図参照）。

　棒を使ふ兵法に、芝薙《しばなぎ》、石突《いしづき》、払打《はらひうち》、木の葉返し、水車。馬、人嫌はず打ち伏する。長刀使ふ兵法に、波の腰切り、稲妻切り、車返し、遣る刀（幸若舞・信田）

と縦横の戦いを展開する。最後は夫婦二人となり、「互ひに刀を抜き持って、刺し違へ」て死んでいったのだった。

　女性が参加する戦いを「女戦《おんないくさ》」とよんでいたらしい。この弥陀夜叉女も巴御前も板額御前も、そして阿彦峅の姉の支那夜叉も堂々とした女戦を演じてみせたのだった。ややもすれば類のない異例なことと思われてしまうが、「女騎」「女大将」とよばれる女性兵士の戦闘参加は数少ないが、確かに存在していたのである。『喚起』に蒐載された支那夜叉の女戦は必ずしも希有なことではなかったのである。

　考えてみれば、幸若舞の発生地は越前国丹生郡西田中村（現、福井県丹生郡越前町）。そこにいた幸若大夫一派が同地を中心に室町末頃、さかんに活躍したことから、幸若舞という通称を得るようになった。野崎伝助とこの幸若舞との接触は知られていないが、何かの折に幸若舞を見物、あるいは詞章を読んだ可能性はないのだろうか。野崎伝助は阿彦峅伝説を取りまとめるにあたり、幸若舞

第２図　浮島太夫の妻（右端）、完全武装で戦いにのぞむ（幸若舞『信田』より）

の一部を参考にしたのかも知れない。支那夜叉に弥陀夜叉女、支那太郎に信田小太郎、と人物の名も近い。一般的な名前ゆえ、これをもって『喚起』と幸若舞の影響関係を即断することは無論できないが、一応、頭の中にはとどめておいてよいことかも知れない。

野崎伝助は、越中の古代の伝承を記述するにあたって、巷間に語り伝えられている伝承や物語を取り込んだ。その一つが御伽草子『酒呑童子』のような物語であるし、また幸若舞「信田」に見られるような女戦の物語などを参照しながら、『喚起泉達録』を完成したのではないかと思われるのである。

註

（1）室町時代の御伽草子『弁慶物語』によれば、弁慶は母の胎内に三年あって生まれてきたため、髪は長く、歯は出そろい、目は猫の目のようだったため、山中に捨てられる。七日後、人が様子を見にいったところ、山中で思いのままに「遊び狂」っていたという。足柄山の金太郎伝説で金太郎が熊など動物と遊んでいたというのも同じで、支那太郎と共通する。

（2）棚元理一『「喚起泉達録」に見る越中古代史』（桂書房　二〇〇三年）は、これを垂仁天皇一〇年頃のことと推定している。

（3）このあたりの問題については、小著『東国文学史序説』（岩波書店、二〇一二年）第二章第六節「女の大力―東国女の系譜」でいささかふれた。

2.『喚起泉達録』著者の思想

鈴木　景二

一．はじめに

一九七四年に刊行された『肯搆泉達録』[1]（以下『肯搆』と略す）の解題を書かれた廣瀬誠氏は、『肯搆』に比べると「『喚起』のほうは荒唐無稽の伝説の集積である。伝説といっても、ほんとうの伝説つまり民間の伝承でなくて、物好きの架空創作である」と評している。この評価のためだけではないかもしれないが、『喚起泉達録』（以下『喚起』と略す）はその後、省みられることがなかったようである。しかし二〇〇三年に至って、越中資料集成の一冊として一九一八年以来の再刊が果たされた[2]。

その新版本は、正しい史料を提供するため、底本を出来るかぎり忠実に翻刻しようという編者の意思によって、多くの異体字が作字されるとともに、底本がそうであるように、句読点も返り点も一切打たれなかった。それは、確かに一つの見識である。だが、見開き両頁全面に隙間なく詰め込まれた漢字とカタカナを追って、みずから区切りをつけて読んでいかなくてはならないということは、結果として本書を通読しようという読者に対して大きな関門となったのではないだろうか。そう感じたわたくしが、曲がりなりにも通覧を果たしたのは、その翻刻本の序文の「荒唐無稽と一蹴されること莫れ。紛れなく越中国ならびに越中人の過去の一コマであり、そこには現在に脈絡を保つ歴史・伝承があり、さらには未来への黙示だってあるかも知れない」というフレーズに惹かれたからであった。

しかし、本書の変幻自在の文章は、一覧しただけではとても理解できるものではなかった。以下に述べるのは、その通覧の過程で気付いたいくつかの事項についての感想に過ぎないが、本書の史料的性格について考える一助ともなれば幸いである。

二　著者の述作態度

本書にしばしば見られる合戦についての記述が、具体的に書名をあげていなくても、『平家物語』を初めとする軍記物をもとにして作られたものであろうことは、内容はもちろん、「…業報とは言いながら、悲しかりしことども也」（一九頁上段、以下すべて註2より）というような文体からも明らかである。源平合戦の一幕として周知されている倶利伽羅合戦の火牛の計も、本書のなかでは戦国時代の新川郡の物語とされている（三三頁上段）。同様のことはあちこちに見られる。京都の東山の将軍塚についての話（一九頁上段）、河内の源氏の渡辺惣官についての事柄（二八頁上段）も、やはり越中を舞台とする話に作られている。こうした著名な物語の改変のほか、諺の「出る杭は打たれる」の起源を各願寺の境界争いとする（六〇頁上段）など、著者はさまざまな事物をことごとく越中の出来事にしている。

そのほか、畑山義則なる人物の重臣を「畑山ノ八臣」とする（三五頁上段）のは、『八犬伝』もしくは近世加賀藩の老職「八家」からの連想であろうし、大若子命の迎えにでたという「越ノ中五」の佐留太舅というのは（一四二頁下段）、江戸時代に立山登山者のガイドを務めた「仲語」および記紀神話の猿田彦から思いついたのであろう。あらゆる知識を総動員したといった感じである。

以上のように、本書には著名な話の翻案がいたるところに見られ、多くの読者もすぐにそれと気付くにちがいない。そしておそらく本書の著者も、それを十分に承知の上で作文したのであろう。

このような内容から、著者述作の態度をうかがい知ることができよう。翻刻者序文の記述とは異なり、『喚起』の著者は事実としての歴史を書き残すことは意図していなかったのではないだろうか。彼は身近な材料や知識を駆使して、みずから歴史話を創作することを楽しんでいたようにすら感じられるのである。

三　述作の素材

話の素材はさまざまであるが、興味深いのは、近世に各地で発行されていたガイドブックが使われているらしいことである。草薙剣をめぐっての議論が展開されるところでは「道ノ記」が傍証とされている（一五〇頁）。書名からみて、東海道についての道中案内記の類であろう。またそうしたガイドブックを傍証に用いているところに、著者の素朴さがうかがえるであろう。

越前と近江の国境、椿坂峠の雪崩除けの仏を基にしたらしい記述（三九頁上段）も、恐らくは現地で発行された縁起利益譚についての刷り物などを参照したのであろう。かつてわたくしは、椿坂峠付近において豪雪の吹雪のため遭難した富山の売薬商の遭難碑について調べたことがある。(3)それに関連して、中河内の寺院の過去帳に近世の越中人の遭難記録があることを知った。本書に椿坂の雪崩のことが取り込まれていることは、その材料が著者の手許にあったことに加えて、雪崩の恐ろしさが越中の人にも共有されていたことを示しているのかもしれない。

いまひとつ興味を惹くのは、「花封じ」についてのくだり（一一八頁下段）である。木曽義仲と東国勢との合戦があった近江打出の浜を越中に設定し、花という白拍子の物語をそこで展開させたのは、本書通例の手法であるが、著者はその「花」という白拍子の名前から連想が浮かんだのであろう、「花封じ」という手紙の封の仕方についての説明が続いていく。「されば今遠方へ遣わすべき用状を粥封じにせり、是、花が仕出したる事の由にて、則ち『花封じ』と云へるなり、状を粥封じにすることは、傾城の仕出せしことと云へるは、さぞ此の事をや云ふなるべし」。先の諺の場合もそうであるが、著者は一つの事項を作文すると、その単語ひとつから次々と連想が湧くタイプの人であったらしい。それにしても、手紙の封の仕方の由来まで想起するのは、著者の博識を物語るのであろう。しかしこれも、恐らくは近世の傾城関係の出版物に出典があるのではないだろうか。

四．著者の思想

著者はどのような思想の持ち主であろうか。本書にはその片鱗が見えている。「是を三州に持参し徳川家忠に参らせて身を頼み、よろしく奉公すべし」（三六頁上段）という記述はその一つである。徳川家忠という名は著者の創作であろうが、おそらく家康と秀忠の名を合成したものであろう。幕末から明治以降を思わせるような自由さを感じさせる。そしてよりいっそう著者の思想を示すのは、凶賊の阿彦峅《あびこたけし》の姉として、人間ではない「支那夜叉」とその子「支那太郎」が設定されていることである（九六頁下段）。「支那」の呼称は江戸時代中期から使用されるようであり、著者はその呼称を用いたのであるが、それが異形の悪者に充てられている点は、著者の中国に対する蔑視の意識を物語っている。

他方、神仏習合への憎悪も見られる（一七五頁上段）。さらに、草薙剣をヤマトタケル以前、垂仁天皇が大若子命へ越の凶賊を平定させるために授けたとし、それを論証しようとする態度（一五〇頁下段）なども、著者の国粋主義的な思想を物語るであろう。

五．むすび

本書を通読した印象は、古老の聞き書きで成り立っているというようなものではなく、著者の国粋主義的、越中中心主義に基づいて、あらゆる情報、知識を総動員して創られたものということである。いろいろな話の舞台を越中に設定するという思いは、著者が置かれた状況へのコンプレックスの裏返しと見られる。しかし彼は、その越中の文明化の根元を地域社会自体の力による発展として創造することができなかった。越中が地元の英雄によって開発されたとすることなく、大和朝廷から派遣された神によって平定されたとし、草薙剣をやや強引にその象徴として設定をした彼は、国粋主義的なヤマト中心の歴史観を越えることができなかったようである。本書の内容は、近世後半以降の越中の知識人の思考形態という点において「紛れなく越中国ならびに越中人の過去の一コマ」であったと思う。
本書の写本は文化十三年（一八一六）にはすでに散失しており、著者の孫のもとにすらなかったという。それがなぜ後世になって出現したのかということも、大きな問題であろう。『肯搆』と『喚起』の前後関係も再確認が必要である。

註

（1）『肯搆泉達録』ＫＮＢ興産、一九七四年
（2）「喚起泉達録・越中奇談集」『越中資料集成11』、桂書房、二〇〇三年
（3）鈴木景二「北国街道近江路に残る売薬商遭難碑」『富山史壇』第一五五号、越中史壇会、二〇〇八年

3．『喚起泉達録』の成立事情

米原　寛

一．『喚起泉達録』登場の時代的背景

（1）時代的背景

『喚起泉達録』は、享保のころに富山藩士野崎伝助が撰述した「歴史書」である（享保十六年までに書き終えたと考えられる）。後世、この『喚起泉達録』は、後に野崎伝助の孫野崎雅明の著した『肯構泉達録』（文化十二年に成立）に比して「史書としての価値は皆無である」（『喚起泉達録・越中奇談集越中資料集成11』解題）と評価されている。また、富山県立図書館刊行「富山県郷土資料総目録第二集」に注解された『喚起泉達録』の項に、「文化八年成立、民間伝説というより著者の架空創作とみるべき」とも記されている。いわゆる、「史書」とは呼べない「奇談集」であるというのである。

確かに『喚起泉達録』は、明確な史実や史料を明示せず、著者の知識と「聞書」がない交ぜになって記述されており、今様の歴史学からみれば「いわゆる歴史書」としての体裁を有していない。

今でこそ史料に基づき史実を検証して記されたものが歴史書であると認識されているが、こうした認識は、一般的には、恐らく明治以降、歴史学が学問として定着してからのことであろう。

ところで、『喚起泉達録』が著された江戸時代中期、享保のころには、地方において、「いわゆる歴史書」というものが著述されていたであろうか。江戸時代における本格的な「歴史書」としては、明暦三年（一六五七）に水戸藩主徳川光圀の命により編纂が開始され、明治三九年（一九〇六）に完成した『大日本史』がある。その他に歴史書とい

うべきものにはわずか『愚管抄』とともに我が国の史論の先駆的著述といわれている新井白石の『読史余論』があるだけである。加賀藩においても、歴史書というべきものは、日置謙が『石川県史』の緒言で、「江戸時代には、わずかに、前田綱紀が蒐集した史料尊経閣本、森田柿園（平次）の編纂した史料集（「汲古録」・「続汲古北徴録」・「北徴遺文」・「温故古文抄」・「温故集録」・「加藩國初遺文」・「加越能古文叢」「松雲公遺稿古文類纂」）や富田景周の『越登賀三州志』（四五巻）があるに過ぎない」と記している。明治以降、加賀藩に関する歴史編纂事業が試みられ、昭和四年に完成した史料集『加賀藩史料』をもとに、昭和一三年に日置謙の手により『石川県史』が編纂された。また、富山藩においては、明治二三年に編纂された『前田氏家乗』に基づき『編年躰富山の歴史』が著され、ようやく加賀・越中の地に歴史書なるものが生まれたのである。しかし、これらの「歴史書」は為政者側からのものであり、一般庶民の息づかいを伝えるものでは決してない。

一方、公の立場ではなく、私的な興味関心の対象としての市井の伝承や伝説等を通しても〝一般庶民の生き様〟を伝えるものは見られない時代であった。『喚起泉達録』の成立の経緯を記した巻頭の「越中旧事ヲ尋問事」に「越中には読むに価するような旧記のないことを残念に思い、自らその起草を思い立ち、富山藩領内の伝承や歴史を採録して『聞書』としたのである」と記しているのである。

越中においては、民間の手になるものとして、『喚起泉達録』の他、安永九年（一七八〇）に宮永正運によって著述された『越の下草』、文化一二年（一八一五）に野崎雅明によって著述された『肯搆泉達録』などがある。この『肯搆泉達録』は後に「最初の越中通史として高く評価される」といわれている。

江戸時代の中頃、歴史的な著述事情は、『咄随筆』（享保のころ、加賀藩士森田昌盛筆）・『三州奇談』（堀麦水）など奇事談奇談・怪談の筆録が主であったようである。『越の下草』や『肯搆泉達録』においても奇談・異聞の記載が少なくない。そのような意味では、野崎伝助の「聞書」に多くの奇談や異聞が含まれているとしても、その当時の歴史的制約からして致し方のないことである。

一方、『喚起泉達録』の内容は、歴史事象については越中の古記録から、民間伝承については「父老からの聞書」がない交ぜになって記述されているがゆえに、「歴史書としての価値が認められない」との評価を生むことになったのであろう。

ところで、当初、野崎伝助の意図した「越中ノ旧記」とはどのようなものであったのであろうか。

江戸時代に越中において、いわゆる「旧記」といわれる歴史古記録には、「越中に関する最古の記録」書といわれる『越中舊事記』（古田本、江戸末期の写本）を始め、『越中古實記』（文化七歳午八月書之）・（「明和三歳婦負郡新川郡野積谷御納所并品々役十銀小物成留帳　附里人談　戌五月改」・『越中國舊記』（享保廿年閏三月十五日書上ル　「御領旧記写」（享保二十年）・『越中國旧記』（巻二か）（「享保二十年閏三月十五日　書上之写」）、（朱書きで「右は里人談ともなつく」と記している）・『越中古事記』附録「砺波郡名所旧跡」・衆裁亭随筆『越中舊記』などを見ることができる。『越中古實記』・『越中古記録』にはいずれも「里人談」とも記されているところから、『喚起泉達録』のみならず、大方の古記録にも、奇談の類が含まれていたものと推察できる。なお、『越中舊事記』の記述は、後の『越中資料』巻一・巻二に多く引用され、その史実性が高いことが窺われる。但し流布本が五種あり、古いものは江戸末期の写本が遺されている。『越中古實記』も流布本が四種類ある。また、『越中國舊記』の巻末に「以上は越中旧事記と称する三冊ものに似ると雖とも彼に比して紀（記）事少し、然れども彼に無きもの二、三項を記載す」と朱書きで記されている。なお、これら古記録の記述は、大凡、村ごとに記述された形が一般的であり、通史的に記述されていることはほとんどない。

（2）起草の発意

『喚起泉達録』という書名は、野崎伝助の漢学・詩歌の師である岡田仲山の命名であると序文に当たる「越中旧事ヲ尋問事」に記している。「喚起」とは「呼び起こす、注意を喚起する」、「泉達」とはいきわたるとの意である。すなわち、伝助は啓蒙のため越中の旧事（歴史）をまとめるべく筆を執ったというのである。伝助は、『喚起泉達録』の序文に当たる「越中旧事ヲ尋問事」において

　他邦他国ノ事様ハ書ニモ有ハ見ルコト有レトモ、近ク當国ノ舊記未見書、只言傳タル事繁多ナリ、吾独空ク聞果サン事本意ナシ、可惜コトノ一也、哀聞者無シ哉ト潜然トシテ愁ヘリ、在於爰人而願クハ愚能持聞スベシ、當国之旧事ヲ物語玉ヘト頻ニ望ム

と記している。

先述したとおり、享保年間（一七一六〜一七三五）は、いまだ、民間においてはいわゆる「歴史もの」に関心を有すること自体、格別のことであり、まして「當国ノ舊記」「當国之旧事」なる「歴史書」の編纂を発意することはまさしく「希有」なことであったに違いない。その意味では、後世の批判・評価は甘んじて受けながら、「歴史書」編纂の機運を起こした点において野崎伝助の『喚起泉達録』及び『越中舊記抜書一覧』の編纂は実に意義あるものであった。

二、『喚起泉達録』について

（1）資料蒐集と『泉達録』

野崎伝助の『泉達録』

伝助が蒐集した地域に伝わる伝承・説話に関する資料の量は、「私曰、此聞書スル所コレ迄二十巻ニ及、猶語ル所□（ママ）熟聞アリ、仍問、老父退テ猶物語ル」と記しているように、一巻に収載された情報量はどれほどか分からないが、ともあれ「二十巻」に及ぶという。また、「老父」から「熟聞」して蒐集した地域に伝わる伝承や説話以外に参考とした文献に、神話の故事に関して度々引用した『日本記』（『日本書紀』か）、南北朝期の越中の武将桃井氏に関しての『太平記』・『北国太平記』や『信長記』（『信長公記』か）を引合いに出している。この他「海中ノ朱山ハコンロン（昆

嵛）ノ西ナリト山海経ニ書リ、日本へハ肥前ノ国へイタリ来マシマセシ也トアリ、尤不詳ト也、解テ語ルコト秘ル事アル歟ナリ」とあるように、『山海経』にも求めている。また、越中に関するものとして、伝助が聞書きをした「父老」の語りの元は『越中風土記』であるという。

父老ノ云リ、何ニ有ト問ニ、越中風土記ニ書ルヲ見、風土記今ハ焼亡シテ無シト云リ、皆父老ノ云ルヲ書之

この『越中風土記』は、当時既に焼亡しているという。

このほか、自ら現地を採訪して書き写して蒐集した地域に伝わる伝承・説話などを「二十巻」の資料集にまとめている。巻二・巻七・巻十二の内題には「泉達録　越中之旧記黒瀬村　日宮一巻其第二目訖録」「越中之旧記長澤村之賦　泉達録　各願寺一巻其第十一目録」などと記している。また、若林家には、『泉達録　上・中・下』に『泉達録上之巻　貞治古　六治古事跡』の四冊が伝えられている。この『泉達録』とは、若林家に伝えられている『喚起泉達録』六冊とは別のものである。伝助は自ら著した資料集に『泉達録』と名付けたのであろう。なお、「黒瀬村」・「長澤村之賦」のなかには「日宮一巻其第二目訖録」、「各願寺一巻其第七之目録」・「各願寺一巻其第十二目録」が含まれていると考えられる。

伝助は資料採訪のため各願寺を訪れている。このことは、宝暦年中（一七五一〜一七六三）に住職弘祐の記した文書に野崎伝助の名が登場する。

（略）先年当御家中之住人野崎傳助ト申仁所持之抄ニ各願寺始中終之趣共御座候由ニ而、山上山王権現之縁記右之抄ヲ以書写シ綴リ描寺所持仕居申候（略）

また（略）先年当府之住人野崎傳助与申仁山王之由来を書綴リ候（略）

この折りに採録されたのが『泉達録』下之巻に収載されている「北叡山各願寺開基之事」である。但し『喚起泉達録』には載せられていない。『泉達録』にあるが『喚起泉達録』にはないということは、『喚起泉達録』は『泉達録』のう

ちから伝助が「撰叙」して編纂されたものであることは明らかである。

若林家本『泉達録』について

次に若林家本『泉達録』の内容である。若林家本『泉達録』の外題には次のように記されている。

「長澤村　　第五号（各願寺）
　六冶古　　泉達録
　事　蹟
　　婦負郡古里村大字長澤村
　　　　若林重信」

若林家に伝存する四冊の『泉達録』は、『泉達録　上』・『泉達録　中』・『泉達録　下』の三巻、及び『泉達録　上之巻　貞治古　六冶古事跡』からなり、いずれも、若林家の由緒を記した「六冶古の事跡」が記されている。中之巻は「喚起泉達録　巻十一」、下之巻は「喚起泉達録　巻十二」のうち五項目が同文である。しかし、上之巻の全て（三項目）及び下之巻の二項目（一、北叡山各願山開基之事、一、越宮御所跡并三位長者松森ガ居所事の二項目」）は、何故か『喚起泉達録』には収載されていない。

また、廣徳館蔵書には『喚起泉達録抜書』と記されているが、実際には、「一、甲良人麿ニ字㮈ヲ捧都ノ觸ニ當國ニ下向之事、一、槐村之縁之事并薗宮越中御下向之事、一、神武天御宸筆ニ字㮈神ニ祭事并八幡村八幡宮事」の項目は『喚起泉達録』には収載されていないのである。おそらくは廣徳館蔵書は「抜書」ではなく資料集『泉達録』の一部であろう。なお、「婦負郡長沢村若林某由来書上」（前田文書、富山県立図書館蔵）には九代藩主利幹の頃の廣徳館には『泉達録』という書物があったと記しているという。

以上から『泉達録』とは、『喚起泉達録』とは別の存在であり、野崎伝助の蒐集した二十巻の資料集成であったことが窺えるのである。

（２）『喚起泉達録』の概要について

『喚起泉達録』の伝存の種類

現在、管見できる『喚起泉達録』は、A．『喚起泉達録・越中奇談集』（越中資料集成11、二〇〇三年、桂書房）に収載されたもの、B．『越中資料　全　喚起泉達録』（大正七年（一九一八）刊、中田書店）に収載されたものの二種類がある。Aは、富山市婦中町若林家に伝存する十一巻（十五巻中四巻欠）、Bは、『富山県郷土資料総目録　1』の資料解題に「婦負郡長澤村若林家の伝本を底本とした由」とあることから、いずれも富山市婦中町若林家に伝存するものである。このほか、『喚起泉達録』は、若林家本以外に、富山藩十村内山家に伝存したという『喚起泉達録』、黒瀬村の宮田家に伝存したという『喚起泉達録』があるという。黒瀬村に伝わったという『喚起泉達録』は、「蜷川の郷土史」の黒瀬の項に「当地の旧家宮田氏に、桑名某が嘉永四年に写しとった古書が伝えられている」、また、「その内容は『泉達録』と全く同じである」とも記している。この記述は宮田家本『喚起泉達録』の存在を窺わせるものであるが、宮田家本・内山家本ともに現在確認できない。

『喚起泉達録』の内容

Aは、神代から戦国時代までの事項が伝聞採録の形で記述され、「巻十五」の末尾に「喚起泉達録巻之十五大尾」とあり、巻之全十五巻にまとめられているものである（但し巻之三、巻之四、巻之五、巻之六の四巻分が欠落している）。また、BとAを突き合わせると、BはAに比して、Aの巻之一の一項目、巻之十一の三項目、巻之十三及び巻之十四は全項目、巻之十五は三項目の部分が欠落している。特に巻之十三・十四は神代、「大若子命」や「佐留太身命」に関する項目が大幅に欠落している。しかしBは巻之一から巻之十一の十一巻が連続した形で収載されており、Bの書写の際に意図的に割愛されたとも考えられるが、如何にも不自然である。

『喚起泉達録』Aによって内容構成をみると、上古の神話（巻之一に収載された越中之国其洲之形ト云事、越中之国其国之形地ト云事、巻之十の手刀摺彦や阿彦峅に係る神話、巻之十三の大若子命に係る神話、巻十五武内宿祢、仲哀天皇、南方に係る神話）、次いで越中の布市村・黒瀬村・長沢村・鵜坂村などの地方伝承、桃井氏・蜷川氏など中世の武将伝承が組み込まれた伝説、鵜坂宮・各願寺・最勝寺牛頭社などの寺社由来などである。なお、異例と思えるのは、巻之十一から巻之十三に収載されている十九項目に及ぶ長澤村若林家草創の伝承とされている六治子（古）伝承である。

なお、野崎雅明編纂の『肯搆泉達録』と『喚起泉達録』（十五巻本）を比較すると、『肯搆泉達録』が『喚起泉達録』から直接的に引用している項目は、巻之一から巻之五（永禄八年まで）において十五項目、『越中舊記抜書一覧』からは八項目である。巻之六、戦国末期以降、巻之十二（前田利次富山城入城まで）については『肯搆泉達録』独自の歴史記述である。

『喚起泉達録』の記述形式

『喚起泉達録』の記述形式は、『喚起泉達録』A・B共に、事項の内容を示す表題、次いで「聞書」本文、本文末尾に補足や自己の見解などを附記している。また、本文中にも（一）歴史的故事、（二）地域の風聞、（三）地誌、（四）人物などについて、二行取りの割注で注記し、該博な知識の蘊蓄を傾けている。Aにおいてはこうした註書は全体で八十三箇所に及んでいる

一例をあげると、

「大僧正順慶飛越堺ヲ定鵜坂ノ奥之院ヲ窮ル事」の項の文末に、「右ニ曰常楽寺院僧都見随ハ當時三田村ニアル常楽寺之古ヘナリ此寺中比越之高野山ト迄称セシコト有尚末ニ具ナリ」と記している。

「聞書」本文は、基本的には「マズハキキ書ナレハ、人ノ物語レルヲキキシママニ爰ニ写シ侍ヘル」「右所ニ語ルママニ記ス、日宮ノ旧事ヲ云ントシテ、先桃井ヲ引カサセレハ、旧事語ルニツキザル故、添テ聞ノミヲ云リ、併桃井

ノ事軍書等ニ見ト爰ニ書ケルニ不足ナル事多マタ（ママ）スギタルアリ、去トモ他ヲ用テ改ソロエテ記ニハナシ、只所ニ傳シ咄ヲ書記スレバナリ」とあるように、基本的には「人ノ物語レルヲキキシママニ爰ニ写」し記述したものであるが、本文のあとに、自説には「私曰」、他説には「父老亦私ニ曰」「一説ニ曰」「聞傳タルママ爰ニ聞書セリ」の記述に始まる、一段下げて小さな書体で注記や自らの見解を述べている。この解説には、本文中の意味不明な事柄や曖昧な説を補う意図を窺うことができるとともに、野崎伝助の「聞書」に対する強い思いを窺うことができる。また、各書物からの引用は「一書ニ曰」「道記ナトニモ見タリ」などの記述である。こうした記述は全体で三十二箇所に見ることができる。

このように記述内容を見ると、決して単なる「聞書」の羅列にとどまってはいないことが窺える。

さらに、また、伝助はこの『喚起泉達録』を編纂するに当たって、自らの知識を駆使しても納得のいかない事柄については、「爰ニ有モイカカシ」と記しており、彼の撰述に対する真摯な姿勢が窺える。一例を挙げるに、「各願寺ノ院代権僧都恵春」の項目について、「此僧専称寺カ古也トイヘトモ爰可疑ハ吉祥院専称寺良恵ト云有是ハ今ノ専称寺ノ古ナルコト鷹寺ノ下ニテ委細ニ見エタリ然ハ恵春ハ外ナリ此僧ノ寺跡不知ルナリ」と記している。この注釈によると、権僧都恵春とは専称寺のかつての住職であるというが、疑わしい。専称寺の住職は専良といい、恵春とは別の僧であると指摘しているのである。

なお、『喚起泉達録』に付された本文末の注記については、『喚起泉達録・越中奇談集』（越中資料集成11）の解題によると、「この註記は若林家の『喚起泉達録』だけに見られるもので、他の写本にはない」と記している。しかし、Bも同様な体裁を採っており、「他の写本」とは何を指しているのだろうか。

（3）若林家本『喚起泉達録』について

若林家には、『喚起泉達録』十五巻のうち四巻欠落し、十一巻と『越中旧記抜書一覧』・『泉達録』四冊が伝存している。『喚起泉達録』十五巻の表紙は次のように記載されている。

①「喚起泉達録　天児堂　若林氏
　　従巻之一　至巻之二」

②「貳号　天児堂　若林氏
　　喚起泉達録　従巻之七　至巻之八」

③「六号　天児堂　若林氏
　　喚起泉達録　従巻之九　至巻之十」

④「五号　天児堂　若林氏
　　喚起泉達録　従巻之十　至巻之十二」

⑤「参号　天児堂　若林氏
　　喚起泉達録　従巻之十参　至巻之十四」

⑥「四号　天児堂　若林氏
　　喚起泉達録　十五・十六巻　」

この①から⑥の標題は、若林家の当主若林重信が整理のために付したものである。なお、「天児堂」とは、文化八年の若林家由緒書に「六冶古夫婦之中ニ男子出生仕、其名ヲ長澤六郎与申候、此六郎百姓ヲ止侍等相成、天児六郎忠證与申候」と記されていることから、若林家の初代長澤六郎の名に由来するものである。

『喚起泉達録』は、大正四年初秋、中田書店によって編纂された『越中資料　全』の第二巻に収載され、序文に「婦負郡長澤村若林家の宝十家本を底本とした由、表紙に『越中史料喚起泉達録』とある。また、緒言に、「今此の玉稿を神功皇后補佐の忠臣国勝長狭の後裔にして、今日まで四五代家系連綿たる婦負郡長澤村若林家に保存されありしは、豈に准か之を寶とせざるものあらんや」と記され、この『喚起泉達録』は、若林家に伝わる貴重な書であるという。

若林家本『喚起泉達録』には、本文中の注釈、本文後の解説文が付されている。

『喚起泉達録・越中奇談集』（越中資料集成11）の解題によると、「この註記は若林家の『喚起泉達録』だけに見られるもので、他の写本にはない」と記している。また、黒瀬村の宮田家本は、『蜷川の郷土史』に「内容は、泉達録と全く同じである」との記事を載せていることを紹介している。また、「『蜷川の郷土史』編纂当事の資料の中に古書の写真がある。その写真は若林宰家『喚起泉達録』巻一と巻二に該当するものであるが、若林宰家本にある注記はみられない」とも記している。「内容は、泉達録と全く同じである」という記述、また、富山藩校廣徳館蔵の「喚起泉達録抜書」は『喚起泉達録』ではなく、「泉達録」であることから、おそらく、宮田本は、『喚起泉達録』ではなく、『泉達録』であることも推察できる。しかし、この宮田本、あるいは黒瀬の古書の存在については確認する必要があろう。

ともあれ、先述の前田文書の「婦負郡長沢村若林某由来書上」に野崎氏と若林家との間に関わりがあることを窺わせている。野崎伝助の編纂（撰述）した『喚起泉達録』は、注釈・解説を付したものが完成本であり、若林家に遺されたものであろう。

三　『越中舊記抜書一覧』について

野崎伝助は、『喚起泉達録』十五巻とは別に『越中舊記抜書一覧』を編んでいる。冒頭において「本書フ或ハ補ヒ彼ト是ト見合、其中ヲ抜出シ、或ハ書ノママニ写ス所モ有、又変替シテ記ス所モアリ、或ハ此ト彼ト繋所少俚言（俚諺か）ノ私ヲ交ヘタル所モアリ未潤色之」と記している。すなわち、『越中舊記』の様々な歴史事象を突き合わせ、その中から理に叶うと判断したものを抜き出し、書のままに引用し、或いはまた書き替えて記すものである。その内容は、越中国司大伴家持の事跡から筆を起こし、越中の国人、特に石黒氏に及び、鎌倉時代末の越中守護名越氏の事跡、そして南北朝時代に活躍した桃井直常の活動、その後の室町時代の武門争乱の歴史に多くの頁を割いている。なお、記述については、延暦を昌歴、永正を大平とするなど書き間違いはあるものの、年号や歴史記述は概ね正確である。

ところで享保期に野崎伝助が「抜書」したという『越中舊記』とは一体どのような書を指すのであろうか。越中における歴史書としては非常に優れた「歴史書」と言わざるをえない。先述した『越中舊事記』を始め、『越中古實記』・『越中國舊記』・『越中古記録』・『越中古事記』・『越中舊記』などのレベルを超えているのである。もし、『旧記』が歴史書としての著作であるとすれば、それは『喚起泉達録』の本文ではなく、巻末に附記されている『越中舊記抜書一覧』が相当すると考えられる。

野崎伝助が本来的に著述することを念願していた『旧記』、彼の言葉による一つの「越中ノ旧記」とは、極力、上古の神話・寺社由来・武将伝承を除去し、時系列的に記述したこの『越中舊記抜書一覧』ではなかっただろうか。『喚起泉達録』は、後世、荒唐無稽とか、出典不明なるがゆえに「史書としての価値は皆無である」と酷評されているが、享保期という時代的制約を考えれば、野崎伝助が多くの「聞書」を撰述した『越中舊記抜書一覧』は、まぎれもなく、当時の「歴史書」なのである。

四.『喚起泉達録』における割註及び補足解説等の例示

(1) 歴史的故事について

・桂ノ木カケニ御身ヲカクシテヲハシマシケリ：此事ヲ日本記云、時彦火々出見尊就其樹下徒倚彷徨良久有一美人排

闔而遂以玉鋺来當汲水トアリ

・**桂木ノ蔭ニ人アリト見ヘケリ**：此事ヲ日本記曰豊玉姫之侍者以玉瓶ヲ汲水終不能満俯視井中則倒映人送之顔因以仰観有一廉神倚於桂樹トアリト書リ

・**御形モコトニ閑雅ニテ非常之人見奉リ、御名ヲ名乗ヲハシマセトアリシ程ニ**：此事ヲ日本記ニ曰、豊玉彦遣人問、曰客是誰者何以至トアリト書リ

・**二人ノ姫宮驚カセタマイ**：爰ノコトヲ日本記ニ曰、我天孫地神四代火火出見尊我事也トアリト書リ

（2）地域の風聞について

・**日宮太神宮**：此宮當時ノ人日宮権現ト称ヘリ、往昔ハ太神ト称セシカドモ、神道両部繁昌ナルニ及テ太神宮ヲ権現ト称セ替シナリ

（3）人物について

・**佐原十右衛門**：此十右衛門ハ、今、天正寺村ニ住スル百姓ナリ、此者ノ古ヘト云リ

・**姪婿松永丹波**：松永ハ元飛州ノ侍ナリ、越ニ来、黒川ノ日宮ノ神主トナレルナリ

・**釣鐘谷住湯尾右衛門員方《かずまさ》**：員方ハ當時山田村ニ住ル湯之右衛門ガ先祖也ト云リ

・**打出一宿ノ長ヲ濱名兵庫ト云リ**：當時、此兵庫カ跡、今ニ続在テ百姓ナリ、濱名兵左衛門也ト云、爰ニ一説有ヲ聞ケリ、打出今ノ兵左衛門ハ佐々成政ノ家人佐々平左衛門カ弟宮内カ末ナリトモ云、愚詳不聞、

・**恵林院殿裳山トソ申奉ル**：義材、後ハ義植ト申シ、天文四年四月贈従一位太政大臣嶋公方ト申奉ルハ此将軍ノ御事ナリ

・**此越中ノ椎名氏**：先祖ヲ不知、追テ可尋之長録寛正年中迄此姓名ヲ見ス、疑ラクハ国侍ニテ足利ノ御時代家ヲ起セシ人ナルベシ

・**越後ノ上杉輝虎入道謙信ノ父ナリ**：輝虎公前ハ景虎ト申、上杉モ前ハ長尾也、輝ノ字ハ将軍義輝公ヨリ賜ル、上杉ハ管領憲政ヨリ譲ラル

（4）地誌について

・**越中五箇妾川**：今ハ庄川ト文字作レリ

・**庄内本庄三箇**：當時云、中老田村東老田村黒川此ノ三所ヲ本庄三ケト云リ、黒川古ヘハ黒郷ト云リ、近キ比ヨリ黒川ト云ヘリ、當時又改テ黒郷ト云フ

・**布ケ市《ヌカシ》**：今時云フ布市村也

・**當所茨木《イハラキ》**：茨木イマハ城生ト云

・**海禅寺ト云真言ヘ納タル也**：海禅寺、今岩瀬ニアリ、古ヘハ放生津近クニアリ、放生津ヘン迄岩瀬野ト云、仍岩瀬海禅寺ト云、後岩瀬ニ越タリ、今ニ住ス、今ノ寺再構ノ寺也、古ヘノ寺ニハアラス、尚本文記

・**澤口住**：此澤口ト云所ハ當時有沢村ノ西羽根村ト云リ、昔ハ有沢ノ沢口ト云ケル由ナリ

・**美嶌之磯**：滑川京田ノ辺ヲサシテ、美嶌ト云リ、名所ニハ非ズ

・**越中宮嶽ニ鎮座マシマシテ宮嶽明神トモ塩土老明神トモ崇奉ルナリ**：宮嶽、今ハ宮崎ト書、明神ノ社宮崎山ノ北ノ范林ノ中ニ有、麓ヨリモ見ユル、是塩ヲ守タマフ神也、

・**瓏湊ト云リ**：能生、今ハ越後ナリ、往昔ハ越路ト迄ニテ国一ツト云コトナシ、仍越中ノ神事ヲ云ニ、西ヨリ云ハ、押テ西ノ言ニナリ、東ヨリ云ハ又東ノサタニ付リ、昔ノサタハ就中越後越中ワケテ云ルハ少シ皆一国ノサタニ見ル也、瓏湊篭止トモアリ、今ハ小泊リト書リ、如此文字之書替リタルニ所謂モアリヤ、其コトハ未聞ハ具ニハ不知也

・**今時云打出村迠ハ六度南ヘ逃上リタリト云リ**：右ニ云ル、打出村ヨリ六度南ヘ上リタル也、岩瀬ノ森今ハ沖中トナレリ、岩瀬四度南ヘ逃上リタル也、海禅寺ト云寺今アリ、是モ古ヘハ打出ニアリ、打出燕野ヘ出タル故東ヘノキタリ、

近年又西へ少上リテ寺造リ

また、時には自説を次のように展開している。一例を挙げれば、

・**安田城ト号《とな》ヘリ**：或人曰、安田城セキ正シク今アル所平地ナリ、平城ナル事眼前タリ、古へ平城ト号タル歟、安住ヲへイトイエル不審シ、安住城ト云ハ、古への藤井城ヲ築改、今富山ノ金城ヲ云リ、安住ヲヘイノ称イカガナリ、若ハ保内ノ城ナレバヤス住トモイハバ保住ニモアルベシ、尚古老ニ問明ムベシヤ、安田城平地故山城ニ非ト云ヘトモ、平山城ト云地取有トナレバ不知ヲ、猥ニ述カタシ、又若ハ中比ニモ保住ト云ルヲ覚タル有テ保ト心ツカス所ノ安田ナルニカハリ、安住ト書タル歟、平ト安住ハ用カタシ、古へ平城ト号タルナレハ平字尤ナリ、是ヲ今見ヒラ地ノ城ニ又カカハリ安住トナシタルカイツレ後世ノ誤リナルベシ、又安田ニ山城ノ跡慥ニナシ、ヒラ城ノアトアリ、去トモ年久キ昔ナレハ是モ叵知、安田山ヨリ近年往々ニ古銭入タル瓶ナトホリ出セル事アリ、古へ城ナカリシトモキハメテ云カタシ、マズハキキ書ナレハ人ノ物語レルヲキキシママニ爰ニ写シ侍ヘル

・**是マテハ何ユエノ臨幸ニテヲハシマスソト聞マイラセシヨリ御痛ハシク候フナリト仰ケレバ**：此コトヲ日本記曰、問曰、天神ノ孫何以辱臨乎ト云リト書リ、臨ノ字爰ニハイデマストモヨメリトアリト書、文臨幸ノ字ニ註シテ臨幸ノ字天子ノミユキヲ云

・**其名ヲ赤女ト申候**：此赤女ト云魚ニツキ種々ノ異説有テ決シカタシ、赤鯛ト云モノゾ也、又黒鯛ト云魚ソトモ也、又名吉ト云魚也トモアリ、併赤鯛ト云魚ナリト云説ハ多分也、今神前ニ鯛ヲ備テ祭事ナシ、鯖ヲ備此所謂ナリト云トモ、猶具ナル事ヲ不知、又ハ鯛ハ右ノ謂ヲ以餌ヲ呑事ナラサル故石虫ト云虫ヲ一月ニ一ツ宛只ノドニフクミテ呑込事不成トナリ、石虫ハ蝉ニ似タルトナリ

・**桃井播磨守道常之事**：右所ニ語ルママニ記ス、日ノ宮旧事ヲ云ントシテ先桃井ヲ引カサレハ旧事語ルニツキザル故添テ聞ノミヲ云リ併桃井ノ事軍書等ニ見ト爰ニ書ケルニ不足ナルコト多マタスギタルアリ、去トモ他ヲ用テ改ソロエテ記

ニハナシ只所ニ傳シ咄ヲ書記スレバナリ

・**日宮領千石之論旨ヲ成下サル**：黒瀬宮ノ腰村ニ當時神明之宮アリ、カカル論旨ヲ、後桑名良道取集一社ニ祭レリ、則堂上坦ニ石櫃ニ納テ神躰トス

・**辰城ト定テ辰ノ方陽気人ヲ育シ立登ル理ヲ叶シ助クル所ナリト爰ニ速玉美麻彦ヲ置玉フ此所後々人モ爰ニ城ヲキツキテ萩城ト云ナリ**：私曰、萩城ハ泊リ宿ノ東ナル山ノ上ニ其城セキアルナリ、此辰城ハ今アリ、新庄新川城ナリ、新川城ノ主轡田豊前守カ戦状ヲ写タル書アリ、其文中ニ辰城ト書リ、尤今所ヲ新庄ト云、辰城ヲ書カヘタル歟ナリ

4．『喚起泉達録』にみえる古代関係史料

木本　秀樹

一．はじめに

『喚起泉達録』（以下、『喚起』と略す）には、『古事記』や『日本書紀』を踏まえた記述が数多く登場するとともに、「古風土記」としての性格を有していると感じさせる内容が随所に窺われる。また五行や陰陽思想、律令条文、『先代旧事本紀』や『延喜式』、六国史など古代における思想や史料を随所に織り込み、その多彩な内容には目を見張るものがある。

また作者野崎伝助が撰述した時点ですでに散逸したり、途絶えてしまった史料や伝承の存在を暗に窺い知るなど、読み進めていくと実に興味の尽きぬものがある。さらには、現存する諸国の『風土記』の内容を想起させるとともに、古老の口伝等を近世後期の段階でこのように記録したことは、『古事記』の成立をはじめとする、こうした書籍の原形態や「語り」の在り方を彷彿とさせるものでもあろう。[1]

もとより、この記録の全てを古代社会の実態に深淵を求め得ることはできないものの、何らかの裏付けや謂われをもって記録に残されたり、伝承されてきたことや古代史料を援用することの背景を考える機会になるものと思われ、その様子を探る手だてとしたいと考えている。

二．巻之五「槐村之縁ノ事　併薗宮越中御下向之事」について

『清水本』巻之五には、「槐村之縁ノ事　併薗宮越中御下向之事」（付随伝承2）という一章がある。薗宮は天武天皇

皇子舎人親王の第二皇子とあり、兄弟に大炊王（のちの淳仁天皇、淡路廃帝）などがいる。他の史書から舎人親王に薗宮という皇子を確認することはできないものの、この中には興味ある説話を掲載しており、一見冗長に失するかもしれないがその要約を以下に挙げ、今後の端緒としたい。

（略）この薗宮は、御年七年になっても言語が出来ず風格もなかった。陰陽博士が占って、「遥か北国の地に内山という所があり、そこに十囲に余る槐木が一株ある。この槐木は薗宮が昔一度人間界に御降臨されここに葬られ、墓の印に槐木を植えた。その槐木は今数囲に成長しているが、薗宮は帝の皇子にうまれたものの、このことを知らない。彼の土地の人民も昔を知らず、ご恩を忘れて廟を穢し槐木一本と侮っている。このことが今皇子に報い、吃になられた。皇子が御幸して槐木を探せば、その木の下で言語が出来るようになるだろう」と奏上した。これによって帝は皇子を越之地へ赴かせた。（略）〔皇子が〕彼方此方と槐を尋ね巡ると、数囲に及ぶ槐が一株あった。これかと怪しみ御輿を寄せると宮は突然「まみ」と言った。お供の人々は悦び、「これぞ、槐にて候」と声を上げた。それより宮は言語を滞らせなくなった。[2]（略）

この説話には内山大夫が宮の供となったり、神武天皇が派遣したとする甲良人麿の墓所の存在、そして槐木の存する高梨野や「まみ」から馬見、そして駒見の地の由来などもこれに続いて記されている。ところで、この説話の初元的モティーフになったと思われるものが、次の『日本書紀』垂仁天皇二十三年条にみえる（以下、諸史料は書き下し文とする）。

二十三年の秋九月丙寅朔丁卯に、群卿に詔して曰はく、「譽津別王は是生年既に三十、八掬髯鬚むすまでに、猶泣つること兒の如し。常に言はざること、何由ぞ。因りて有司せて議れ」とのたまふ。

冬十月乙丑朔壬申に、天皇、大殿の前に立ちたまへり。譽津別皇子侍り。時に鳴鵠有りて、大虚をとび度る。皇子仰ぎて鵠を観して曰はく、「是何物ぞ」とのたまふ。天皇、則ち皇子の鵠を見て言ふこと得たりと知しめして喜びたまふ。左右に詔して曰はく、「誰か能く是の鳥を捕へて献らむ」とのたまふ。是に、鳥取造の祖天湯河板譽奏して言さく、「臣、必ず捕へて献らむ」とまうす。則ち天皇、湯河板譽板譽、此をば拕儺と云ふ。に詔して曰はく、「汝是の鳥を献らば、必ず敦く賞せむ」とのたまふ。時に湯河板譽、遠く鵠の飛びし方を望みて、追ひ尋みて出雲に詣りて、捕獲へつ。或る曰はく、「但馬国に得つ」といふ。

十一月甲午朔乙未に、湯河板譽、鵠を献る。譽津別命、是の鵠を弄びて、遂に言語ふこと得つ。是に由りて、敦く湯河板譽に賞す。即ち姓を賜ひて鳥取造と曰ふ。因りて亦鳥取部・鳥養部・譽津部を定む。

この中で登場人物や背景は異なるものの、言語不明瞭な天皇の皇子が本復したことで相共通するものがある。

一方、『古事記』中巻　垂仁天皇段では次のようになっている。

然るに是の御子、八拳鬚心の前に至るまで真事登波受、此の三字は音を以ゐよ、故、今高往く鵠の音を聞きて、始めて阿芸登比阿より下の四字は音を以ゐよ、為たまひき、爾に山辺の大鶙此は人の名なり、を遣はして、其の鳥を取らしめたまひき、故、是の人　其の鵠を追ひ尋ねて、木国より針間国に到り、亦追ひて稲羽国に越え、即ち旦波国、多遅麻国に到り、東の方に追ひ廻りて、近淡海国に到り、乃ち三野国に越え、尾張国より伝ひて科野国に追ひ、遂に高志国に追ひ到りて、和那美の水門に網を張りて、其の鳥を取りて持ち上りて献りき、故、其の水門を号けて和那美の水門と謂ふなり、亦其の鳥を見たまはは、物言はむと思ほせしに、思ほすが如くに言ひたまふ事勿かりき

この中で皇子の不明瞭な言語を治癒するために、鵠を探すことでは共通しているものの、後者では捕まえたところが高志国であり、また皇子に鵠を見せても遂に治らなかった点において、前者と相違していることが指摘されることである。

もとより、『喚起』第二巻に登場する姉倉比売の後妻打ち譚の背景として、中世末から近世初頭にかけての内山家

や牛ヶ首用水開削事業の諸問題を舟倉・小竹両姉倉比売神社に転じて生み出された説話譚としてとらえること、(3)また小佐波御前山と舟倉御前山を神体とした古代的信仰形態と中世の石動山信仰との相克から発展した地域信仰間の対立を古代の神々に擬して創世記神話に転化したとする見解が見受けられる。(4)つまり、越中国を舞台にしながらも、古代神話を援用して中世の地域社会像を描こうとした配慮がここから読み取れるとするものである。その他、古代史料を踏まえて中世的世界を構想していこうとする姿勢を各章の随所に感じ取ることが可能である。

『喚起』にみられるこうした古代史像が中・近世社会の直接的な投影であるとする見解を支持するものであるが、一方においてどのような古代史料に基づいてこうした構想に立ち至ったのかを一考してみることも、当時の歴史認識や視点、史料集攬の在り方を垣間見ることにもなるものと想起したからにほかならない。

以上のように考えると、皇子の治療の手段として槐木と鵠の違いがあるものの、『清水本』の記述内容は直接的、あるいは伝承等を踏まえながらも、こうした記紀両者の記事を何らかのものとして取り入れて作成された感があると思わざるを得ない。

鵠（白鳥）のもつ性格についてはかつて論じたことがあるが、(5)それではここにみえる槐木には、はたして如何なる意味をもたせようとしているのであろうか。ここで想起されるのは、『三国志　魏　高柔伝』にみえる槐木に纏わる謂われについてである。この中で、「古者、政刑に疑はしき有るときは、輒ち槐棘の下に議す、今より後、朝に疑義及び刑獄の大事有るときは、宜しく數々以て三公に咨訪すべし、」とあり、周代に三公九卿の宮廷に槐棘を植樹して、その下で訟を聴いたことに由来することである。

さらに『日本書紀』景行天皇四十年是歳条において、日本武尊が亡くなってその亡骸が白鳥となって国中を飛び回り、降りたところに陵を造った記事があることから、先の鵠のことと白鳥、そして『清水本』にみえる墓の印に槐木を植えたことが似せて符合する感がある。言わば、各地を巡行して墓所や槐木を植えた「聖域」にようやくたどり着き、一定の目的を達成してストーリーを結んでいることになる。ある意味において、手の込んだ造作がなされていると感じざるを得ないのである。

一方、この地域の有力層となった神官嵯峨氏や内山家にも、これに類する家伝のあることが知られるが、諸史料を駆使してその起源伝承を古代における鳥取部の行動に由来するとする宝賀寿男氏の見解もまた窺うことができる。[6] こうした伝承等の起源を辿る中で、漢籍も踏まえながら当時の史書に対する姿勢や学問的水準、背景となる歴史像なども垣間見ることができるものと想定されるが、事象や語彙等をさらに深く追究していくことを通して、改めて問題を提起したいと考えている。

三.「越中舊記抜書一覧」にみえる大伴家持関係史料

『喚起』解説では、原著の散逸によりその全容を窺うことはできないものの、若林宰家所蔵写本がもっとも整い、最終巻表紙には「十五・十六巻」とし、第十五巻終わりに「巻之十五　大尾」の後に「越中舊記抜書一覧」(以下、「抜書一覧」と略す)が続くことから、久保尚文氏はこの一覧が第十六巻に相当するものと捉えている。[7]

「抜書一覧」には、(補足等の項目は省いて)大別して八項目の内容があるものの、「大伴家持」以降はすべて中世分である。本項では次に掲げる家持関係記事の部分三か所の内容から、その典拠に当たることを主とし、『抜書一覧』の作成過程を知る一助としたい。

(一)「天平十八年閏七月　中納言家持卿越中ノ国守ニ任セラレ當國ニ下向トカヤ(略)」

家持が越中守に任じられたのは、『続日本紀』天平十八年六月壬寅条にみられるものの、『万葉集』巻十七(三九二七題詞)には、「大伴宿祢家持、閏七月を以て、越中国守に任ぜられ、即ち七月を以て任所に赴く」とある。

この年の閏月は九月であるから、七月とする『万葉集』には、錯簡ないしは後の編纂の過程で何らかの誤用があったものと考えられているが、いずれにしても、この記載の引用史料を副次的な手を経ながらも『万葉集』と想定することができるのではなかろうか。さらに、「越中国守」も国史上、一般的な官職名としては、「越中守」とすべきところをこの表記をもつ『万葉集』を引用したものと想定される(8)（なお、平安期には、「国守」「国介」といった表現が数々見受けられる。こうした諸史料の影響も排除されるものではなく、『万葉集』の編纂過程とも関わるものと考えている）。

次に、「中納言家持卿」についてであるが、家持自身のこうした表現は平安期の私撰集をはじめ歌集などに数々みられるものであるが、中納言に任じられた記事が『続日本紀』延暦二年七月癸巳条にみられ、同四年八月庚寅条に「中納言従三位兼行春宮大夫陸奥按察使鎮守府将軍」で薨じている。また「家持卿」（傍点筆者）とあるなど、令規定に照らして明らかに後世の引用であろう。

（二）「天平元年巳ニ出生シタマヘハ此国ヘ下向シ玉フハ御年十八歳ノトキナルヘシ（略）」

「大伴系図」の家持の経歴には薨年六八歳としているが、「伴氏系図」では五七歳とする。また、『公卿補任』宝亀十一年条には「天平元年巳生」とあり、これから延暦四年（七八五）八月の薨年に計算すると五七歳となる。ところが、『公卿補任』天応元年条にはこの年に「六十四歳」とあることから換算すると、薨年は六八歳となるのである。

しかしながら、天平一〇年には家持が内舎人任官にあることを考えると、この時点において令規定からして二一歳と想定され、家持の越中国赴任時における年齢には諸説伴うものの、どちらかと言えば後者の方が妥当であろうか。いずれにしても家持の生年に関しては、諸説あることから本論においてその詳細は述べないが、ここでは次に挙げる五七歳を薨年とする関係史料に依拠して、「抜書一覧」を記述したことが想定されることを記すに留めたい。

（三）「昌暦五年八月ニ薨シ玉ヘハ御年五十七ナルヘシ（略）」

「昌暦五年八月」は、延暦四年八月の誤りであることは言うまでもない。また「御年五十七」は、（二）の史料に基づくものと考えられること、前述の通りである。このように典拠史料の誤りや誤記などから、「抜書一覧」の成立過程の一端を窺い知ることも可能ではないかと考え、一見迂遠な事柄ではあるものの、その確認を試みてみた。

四．おわりに

ところで『喚起』にはわずかな表現ではあるが、鮭、能登鯖、綾、漆、綿、横刀といった産品が確認される。これらは、『延喜式』や木簡をはじめ、古代の諸史料に当時の越中国の貢納品等としてみられるものである。これらすべてのものをすぐに古代にまで遡って論じようとは思わないものの、一見して何気ない表現ながら、こうしたものが特産として時代の変遷過程の中で近世後期まで伝えられてきたことは、背景として興味の尽きぬものを感じるのである。

また、大（太）夫川の爵の艫の説話もきわめて象徴的な内容を含むものである。[9] 改めて、『喚起』のもつ行間に潜む歴史像の抽出を図る中で、中世史さらにはそれ以前の越中社会の有り様を探る手だてとして深く考えていく必要があることを痛感するものである。すでに指摘されている通り、『喚起』が古代における記紀を中心にして構成されていることは言を俟たないものの、今後原文の裏付けとなる諸史料の字句からも個々の説話等を追究することを試みたいと考えている。[10]

註

（1）『喚起』に関する書誌学的研究には、既刊のものがいくつも見受けられ、その紹介もなされていることでもあり、本論で逐一取り上げることは略させていただくと共に、註書も関係するものに絞って挙げた。なお書名に関しては、成瀬哲生「『喚起泉達録』『肯搆泉達録』書名小考」（『山梨大学教育学部研究報告』第四八号、一九九七年）等、参照されたい。

（2）引用は、本書『喚起泉達録の世界』「第五部　現代語訳　喚起泉達録」（棚元理一訳・校注）に依る。

（3）久保尚文「姉倉比売神社祭祀圏と牛ヶ首用水開削―泉達録神話世界の形成」（『越中富山　山野川湊の中世史』所収、桂書房、

二〇〇八年）なお、同「船峅山帝龍寺と延暦寺山訴」（『越中中世史の研究』所収、桂書房、一九八三年）では、船峅山帝龍寺の山門帰属の問題について触れられているので、参照されたい。

（4）古川知明「小佐波御前山周辺の修験寺院遺跡について」（『富山市考古資料館紀要』第二五号、二〇〇六年）。

（5）木本秀樹「「立山開山縁起」と放鷹」（『越中古代社会の研究』所収、高志書院、二〇〇二年）。

（6）宝賀寿男「越中の白鳥伝承」（『越と出雲の夜明け―日本海沿岸地域の創世史―』所収、法令出版、二〇〇九年）。

（7）久保文「『喚起泉達録』にみる越中中世史理解」（本書九一頁）を参照のこと。本書の掲載に当たり、事前にご教示を得た。

（8）木本秀樹「越中守大伴宿祢家持と『万葉集』」（註5前掲書）。

（9）木本秀樹「『喚起泉達録』にみえる太夫川考」（『富山市日本海文化研究所紀要』二三号、二〇一〇年）。

（10）『喚起』にみえる構成要素を探るとき、如何なる史料をもとに（あるいは二次的に）作成されたかを窺い知ることは、当時の学問的水準を推し量る上で必要なことと考える。またその背景に残る個々の事象の中に看過し得ないものも窺われ、後考を期すこととしたい。

5．『喚起泉達録』にみる越中中世史理解

久保　尚文

一．「越中旧記抜書一覧」—野崎伝助の地域史学習

『喚起泉達録』（「越中資料集成11」京田良志編、以下『喚起』と略称。その縮約版的性格の『肯搆泉達録』を著者野崎伝助の孫野崎雅明が著している。以下、『泉達録』と記した場合は喚起・肯搆の両本共通を意味する）解説によれば、野崎伝助の原著は散逸している感があるが、富山市長沢の若林宰家所蔵写本が最も整っている。その最終巻表紙は「十五・十六巻」とするが、第十五巻の終りに「巻之十五　大尾」とあり、その後に「越中旧記抜書一覧」が続き、末尾に「野崎伝助選述」と記される。「抜書一覧」に「巻之十六」の表記はないが、内容は越中中世史概説であり、「武内宿禰伝承編」である第十五巻とは明らかに別である。また冒頭で「本書ヲ或ハ補ヒ、彼ト是ト見合、其中ヲ抜出シ」といい、全十五巻の補論と位置づけられており、独立した内容の一巻として編まれている。したがってそれが第十六巻に相当するとみて差し支えない。

『喚起』第十六巻の記載方法を尊重して「抜書一覧」の項目内容を以下に列挙する。

①越中守大伴家持、②越中石黒氏の動静、付保元・平治の乱と平氏政権、③砺波山合戦、付越中の国侍、④欠、⑤越中守護名越家伝、付a北条高時滅亡・中先代の乱、付b名越時兼蜂起、⑥桃井直常の越中下向、付a南朝との関係、付b足利政権、付c桃井滅亡、⑦越中守護斯波家、付a桃井討伐、付b斯波氏頼の松倉城討伐、付c鎌倉府、付d関東結城合戦、付e応仁の乱、⑧椎名・長尾・能登畠山の鼎立、付a椎名と長尾、付b明応の政変と越中公方足利義材、付c椎名氏と近江浅井氏、付d越後長尾氏、付e長尾為景、付f能登畠山氏、付g能登長氏、付h長氏の動静、付i神

保氏、付j上杉謙信、付k椎名・神保角逐状況、付l信玄と越中、付m謙信と越中、付n川中島合戦、付o謙信・信玄と北陸、付p謙信の永禄二年越中出征、付q織田信長と越中、付r飛騨江馬氏と越中、付s椎名氏の武田方帰属、以上。

注「付」とした部分について『喚起泉達録』は○印と△印に区別し、先に○印記事、さらに補足的に△印記事を載せている。しかしここでは区別しなかった。さらに文中には細字での補足記事を載せるが、それについては明示を省いた。

『喚起』編者の伝助がどのような書物を手にしていたのか、「抜書一覧」を何時書いたのかは不明である。全編の最後に付され、補論扱いのようだが、必ずしも最後に加筆・執筆されたとはいえない。内容は、たとえば後に富田景周が金沢で編纂した『越登賀三州志』の冒頭に置いた「鞬嚢余考」に相当し、史料考証の成果に基づいた客観的歴史像構築の態度で執筆している。それは現代の歴史認識[1]と差異があるにせよ、地域史を客観的に概観しようとする通史叙述の態度をうかがわせている。また『喚起』が十五巻を費やして執筆する個別記述のフレーム確定の役割を帯びている。仮に実際の執筆時期は遅かったとしても、伝助は早い時期から通史を学習して歴史認識の整理に取組んでいたのであろう。

こうした第十六巻「抜書一覧」は『喚起』全体に客観性を付与する意図で執筆されている。それに対して、先立つ全十五巻は個別事項を扱う各論編の性格を帯びており、多少とも主観的に記述されている。こうしたことからみて伝助は個別事項の記述に先立ち、あるいは平行して、ある程度の客観的な地域史の構想を持とうと務め、その成果をコンパクトな形で第十六巻に編み、そうした学習により培われた歴史認識に立って全十五巻の編纂に取り組んだと考えられる。ただし富山藩の伝助の取り組みは、「天下の書府」といわれた加賀藩における景周らに比べて一世紀ほど早い地域史の概括的考察である。史料収集も不十分な状況下で、考証史学として成熟していない段階の歴史調査報告と評することができる。よって曖昧模糊とした記述が多くみられるのはやむをえないところであろう。

なお参考までに、この第十六巻に先立って置かれている『喚起』十五冊の各論編の編成は、前記の若林本の欠落を他本により補うと、次のようであったと考えられる。

一巻：総記・黒瀬村旧記・桃井氏伝承、二巻：黒瀬村旧記・薗宮伝承、三巻：大己貴命越中下向、四巻：姉峅姫伝説、五巻：甲良人麿伝説・槐村旧記、六巻：不明、七巻：各願寺一巻・長沢村旧記、八巻：伊勢新九郎伝承、九巻：蜷川氏伝承・最勝寺旧記、十巻：手刀摺彦伝説・阿彦討伐、十一巻：六治古伝説・長沢村旧記、十二巻：六治古伝説・長沢村旧記、十三巻：大若子命伝説・阿彦討伐、十四巻：大若子命伝説・小竹野旧記、十五巻：武内宿禰伝説、以上である。三・四・五巻は若林本では欠落しているが、清水本で補える。

以上の『喚起』第十五巻までと比較すると、第十六巻「抜書一覧」の内容は、①の大伴家持記事を除けばすべて中世関係記事である。一方、全十五巻の編成は、三巻・四巻および十巻以後がほぼ神話伝承編であり、欠落した六巻を除いた一・二・五・七・八・九の全六冊が各地域伝承を盛り込みつつ記された歴史編であり、中世史編である。ところがこの六冊の記述は、実は「抜書一覧」の記述内容とほとんど重複していない。そのことから著者野崎伝助が、個別的な伝承を扱った各論と全体性を重視する概論としての「抜書一覧」との整合性を考慮し、慎重に『喚起』執筆に取組もうとした姿勢を窺える。伝承叙述にとどまらない客観性を担保した地域史編纂の意図をもっていたと考えられるのだが、それを達成しえたかどうかが問題である。第十六巻の概論と大きな落差のある各論の考証態度の検証にこそ『喚起』研究の課題が残されている。ここでは私がまだ解明の手がかりを得ていない槐村記事関係の第二・五巻を除く、他の中世史各編を検討する。

なお神話伝承編である第四巻にも中世的視点からの検討を必要とする箇所がある。それは姉倉比売の後妻打ち譚であり、石動山信仰と舟倉山・小佐波御前山信仰との間の対立抗争を描いている。従来この舟倉の姉倉比売神話は、呉羽丘陵北西部の小竹の姉倉比売神社に転じつつ、越中の創生期神話と称されてきた。それについて私は一七世紀初頭にかけて進められた牛ケ首用水開削事業に関わって登場した、中世末〜近世初頭の地域社会状況を投影した説話譚だと考え、先に別稿を報告した。(2) 同用水事業は、呉羽丘陵東部域を水源とし、丘陵北部を切断開削して西部域にまで引水し、四万石の新開を得た。その工事過程でたまたま蜆が森遺跡を発見した。そこで事業完成祝賀の祭事に際し、脚色されて姉倉比売譚が生まれ出たと考えたのである。

この船倉の姉倉比売の後妻打ち譚に関して、周辺の中世城館について考古学的手法により検討した古川知明が次の視角を示している。「小佐波御前山と舟倉御前山を神体山とする古代山岳信仰形態が、当初姉倉比売神と結びついて有力な式内社としての地位を確立したものを引き継ぎ、神仏習合を経て以後帝龍寺が台頭し、中世期に小佐波御前山を中心とした地域的山岳修験の行場と道場を整備していった」ことを前提に、中世段階の「石動山信仰対舟倉御前山(小佐波御前山)信仰という地域信仰間の宗教紛争」を反映し、「古代の神々の姿を借用して創生期神話に転化した」というのである。(3)

さらに小佐波御前山の山稜部以南斜面部の字名がすべて「白山割」であることなどから、白山信仰の影響が強く及んだ事態を想定し、その「中心的位置にあった帝龍寺が白山信仰下に組み込まれたのは一五世紀前半頃」だったが、結果的に真言系修験勢力に敗れたとする。そして『泉達録』の「姉倉比売神が最後に敗残して流刑」という顛末に象徴的に描かれていると推測している。具体的抗争事件は明示されていないが、刺激的見解である。

一四世紀末から一五世紀初頭にかけての頃に、広範に修験寺院の帰属をめぐって両宗間で「取り合い」があったと指摘される。(4) 右の小佐波御前山、帝龍寺をめぐる動静もその一例とみなすことができる。そしてこの事例のような物語に対する分析視角を持つことにより、一般には越中の古代的神話を扱った書物とみなされる『喚起』の記述なかに中世を読み取ることが可能だと思う。

二．『喚起泉達録』巻之一—桃井氏伝承

「抜書一覧」での鎌倉幕府倒壊、越中守護家の滅亡、名越時兼の蜂起・討伐認識は、現在とさほど違わない。史料追加を欠き、『太平記』に依拠するだけで、研究は滞っている。(5)

『喚起』に大きく扱われている桃井直常は、南北朝内乱後期にさしかかった観応の擾乱期の越中守護であった足利一族出身の武将である。将軍家は足利尊氏方と弟で執政の直義方に分裂抗争し、直常は直義方の中心人物であった。しかし「抜書一覧」では観応の擾乱段階の直常に対する将軍尊氏・義詮父子の討伐認識は乏しい。ただし第二次世界大戦以前の南北朝正潤論争に縛られた硬直した認識登場以前での認識であり、むしろ現状との差異は小さい。

とはいえ巻之一「桃井播磨守直常之事」で、桃井氏が鎌倉中期「建長年中ノ比ヨリ越中国新川一郡ノ領主」とする認識で書かれている。直常は南北朝期の入国者であるが、鎌倉期以来の越中最大規模の国衙在庁官人系国人だった太田氏(6)と一体化した動きを示したので、誤認されたのであろう。それに留意して巻之一を読めば、国衙領太田保地域の南北朝期の状況がむしろ具体的に受け止められる。ことに旧大山町福沢地区の牧野東薬寺の遺跡解明(7)や旧富山市布市興国寺に関わった桃井氏の動静関係記事はとかく無視されてきたが、あらためて貴重な歴史情報として再検討の俎上に載せられてよいと考えている。

ただし『泉達録』は安易に用いてよい史料ではなく、慎重に歴史考証する必要がある。桃井直常を支えた太田氏は、敗れて自らの歴史を語る手立てをもたない。だが桃井討伐問題は厳しい室町幕府方による類例のない所領没収・闕所地処分に曝された。(8)その観点から朧げだが太田氏の様相を推測できる。ただ断片的であるため、太田氏・桃井氏の姿と活動舞台の太田保の状況を検証する必要がある。また東薬寺は先掲小佐波御前山所縁であり、重視しなければならない。いずれも遡及は容易ではなく、ここでの検討は控える。

三．『喚起泉達録』巻之二・巻之七―真宗寺院の太田保進出と騒乱

越中一向一揆の展開研究は、笠原一男・井上鋭夫・北西弘の三冊の『一向一揆の研究』、および新行紀一の文明一三年（一四八一）および永正三年（一五〇六）一向一揆の研究に始まり、金龍静の『富山県史』通史編論稿および『一向一揆論』で進展し、真宗門末の新川方面への勢力圏拡大状況は浅香年木『小松本覚寺史』（『北陸真宗教団史論』）や金龍教英の『越中念仏者の歩み』収録稿で明らかにされた。

さて、浅香は「本覚寺下金屋乗珍」、五箇山本覚寺門徒・友坂金乗坊に注目した。そして金乗坊らは「越中平野の中央部に突き出した呉羽丘陵の東麓にあって、神通川支流の井田川を臨む位置を占め（中略）、いずれも呉東地区へ勢力を浸透させるための橋頭堡の役割を帯びていた」と喝破している。それを裏付けるように、『喚起』巻之七に「各願寺知行所大衆僉儀之事并金乗坊之事」の項があり、従来の一向一揆研究で省みられなかった記事がみられる。越中一向一揆の活動が活発化していた当時、一向宗に反感を抱く楡原法華の檀那であった畠山義元が、稲野村郷士の荒川権之右衛門と平内の兄弟に、一向宗側の中心人物金乗坊の殺害を依頼した。十一月八日、金乗坊が黒瀬右近を訪ねて未明に雪道を帰る際に、赤田道場への間で待ち伏せられて殺されたという事件内容である。

この事件を『喚起』は文明一四年のこととする。しかし金乗坊の本寺である本覚寺の越中での活動開始は永正三年一向一揆問題以降であり、五箇山での展開が永正末年、呉羽丘陵部への展開はそれ以後、太田保への進出はほぼ享禄四年（一五三一）段階である。太田保では領主の細川管領家方と結んだ本願寺の坊官下間実英が本覚寺方の勢力拡大を支援し、本覚寺とその末寺金乗坊方一向衆勢は太田保地域で拡大した。このように太田保での金乗坊の活動や道場形成はむしろ天文（一五三二～）以降である。『肯搆泉達録』は元亀元年（一五七〇）と改めており、それが正しいかあるいは時期的に近い(9)。

そこで関係人物を踏まえて事件発生の時期を考える。楡原法華の檀那とは、一五世紀末の能登守護畠山義元ではなく、一六世紀第三四半期の畠山悳祐（義続）・義綱父子である。[10] 悳祐父子は永禄九年（一五六六）に七尾城を追われ、さらに永禄一一年の復帰軍事作戦に失敗したが、その段階で生じた事態が楡原籠城事件に投影されたのであろう。[11] 畠山父子の楡原城潜伏を証明する文書や、陣門流法華宗楡原上行寺方の金乗坊襲撃と殺害を確認する文書は現存しないが、伝承を時代状況のなかで考察すると、元亀元年はそうした事件が発生しうる状況だったことが知られ、[12] 一向衆金乗坊と陣門流法華宗の対抗抗争関係も、大筋で史実が反映されていると思われる。

すなわち永禄一一年、越中の神保長職家中は、上杉謙信の指示に基づいて畠山父子の帰国作戦を推進したが、失敗した。それを受けて七月に神保家中は分裂した。猶子として二上山守山城にいた神保氏張が、畠山父子を追放した七尾城の長続連方に加わった。こうして抗争状況が強まっていったが、翌永禄一二年一〇月になると、長職を擁する増山城の小島職鎮が守山城麓の高岡西条方面を襲撃した。[13]

小矢部川左岸の同地の上流部は越中一向一揆方の拠点地域でもある。越中においてはそれまで半世紀近く、勝興寺を中心とする与力集団越中衆よりなる越中真宗教団・一向衆勢の自制のもとに一向一揆蜂起はなく、[14] 静穏な政治状況を保ってきた。しかし職鎮の襲撃は一向一揆方を刺激した。越中衆指導部や金沢御堂衆を中心とする加賀一向一揆方指導部は職鎮およびその背後にいる謙信を本願寺門徒にとっての法敵として排除すべきだと指弾した。よって翌永禄一三年つまり元亀元年には一向一揆に蜂起指令が出される状況となった。本願寺・一向一揆と連携した武田信玄の采配の下で、永禄末～元亀年間（一五七〇年前後）の神通川流域、現富山市南部地域においても不穏な状況が広まった。『泉達録』金乗坊殺害事件はまさにその元亀元年に発生していたのであり、歴史的事実とすれば事件拡大の呼び水になった可能性が高い。

元亀三年になると北陸一向一揆勢は大挙して富山城を占拠した。当時、上杉方の在番衆は新庄城に詰めていたが、[15]

富山城がどのような状況にあったのかは不明である。同年夏、加賀一向一揆衆が大挙して越中に入り、現射水市日宮城の神保家臣団を追い、神通川を渡って富山城を占拠した。従来はこうした一向一揆の動きを、上杉方に対する加賀一向一揆勢の軍事行動の視点からのみ扱ってきた。だが新庄城に対するためとはいえ、なぜ富山城に入ったのかということについては問題にされずにいた。しかし金乗坊問題などを踏まえれば、当然地元の太田一向一揆勢が富山城に入っており、それへの加勢として加賀一向一揆が動いて越中に入国し、富山城に詰めたに相違ないのである。

そこで金乗坊の経歴を今一度みると、その本寺である本覚寺とは通称和田本覚寺であり、本願寺蓮如所縁の越前国吉崎坊留守職に任じた本願寺有数の由緒寺院である。同寺は越前朝倉氏によって在所を追われて越中方面への進出をはかり、享禄四年の本願寺錯乱（大小一揆）の際には藤島超勝寺とともに門末を率いて小一揆派を追った有力寺院であった。したがってその末寺である金乗坊は、天文年間には本覚寺の手足となって越中太田保への進出の尖兵の役割を果たしたといえる。こうした本願寺との関係が濃く高い宗内格式をもち、それゆえに動員力のある本覚寺・金乗坊こそが太田保一向一揆の組織者であったといってよいだろう。金乗坊とは現富山市中市光明寺である。

さて元亀三年、こうした一向一揆方の攻勢に対して越後より謙信は再度進軍して一揆勢に対し、富山城に対する包囲網を構築した。越後国の三条本成寺を本寺とする法華宗陣門流である楡原上行寺壇徒である城尾城斎藤氏[16]らも、こうした富山城一向一揆に対する包囲網の一角に加わっていたとみいてよいだろう。そうした軍事状況の進展過程として『泉達録』の記事をみるならば、そこに伝えられる金乗坊殺害事件が太田保一向一揆衆の蜂起を呼び起こす要因となったことが受け入れられ、本覚寺や金乗坊などに率いられた一向一揆衆が富山城を占拠する契機となったことが納得される。

ところで金乗坊殺害事件の記事中に赤田道場が記されている。中世前期以来、有力国人を育んできた太田保や蜷川村などの地区の中心地は布市であり、東の常願寺川方面と西の神通川の間を結ぶ東西南北の交通の分岐点であった。

ことに南の山地からの道は、一六世紀に入るころに開発が進んだ鉱産物運送を鼬川や荒川の水路を経て湊に運ぶ通路であり[17]、その布市地区に隣接し、浄土宗で本願を意味する「閼伽陀」に由来した地名の赤田[18]には諸宗寺院が進出していたであろう。永正初期（一五〇四～）に在地系の有力真宗寺院極性寺などの道場もあり、同一〇年台に本願寺と近い血縁関係の高木場坊（勝興寺）が進出をはかるに及んで、在地の門徒末寺の獲得をめぐる競合状態が危惧される状況をみせた。そこで永正一五年（一五一八）頃、山科本願寺の実如宗主は紛争発生を怖れ、赤田や打出進出を目指していた高木場坊に新坊建立停止を命じ、在地紛争の発生を未然に避けようとした[19]。

このように太田保の中心地域には、すでに永正期より在地性をもって活動する真宗寺院・道場が成立していた。だが本覚寺系金乗坊などが進出して門徒や末寺は本覚寺下に属する与力衆としての地域編成に組み込まれ、一揆衆の軍事に対応可能な状況にあった。その指揮権を掌握していたのは本覚寺だけでなく、詳記を省くが超勝寺方も同様であり[20]、北陸の一向一揆衆は超・本両寺の下に組織化されて以後の戦乱に処す状況にあった。そうした本願寺・一向一揆衆の勢力拡大と地域編成の状況を踏まえると、『泉達録』が伝える金乗坊殺害事件記事は、他宗派を護持する周辺地域の国人・土豪層との紛争の発火を意味し、意味は小さいものではなく、一国を巻き込む危険性を帯びていたといえる。

この地域の寺院群は、真宗寺院をみるだけでも江戸時代にかけてかなり入れ代わり[21]、溯ってこの地の中世の寺院設立状況を知ることは容易でない。しかし真宗化が進む中世末期以前においては、古くからの真言宗寺院や中世後期に国人・土豪と結びついて創建された曹洞宗寺院が主流であった[22]。そうした寺院などを中心とした村落の様相については史料を欠いている。しかし用水路等の自然地形を復元しつつ『喚起』などの伝承の舞台として調査考察することで、今後多面的なさまざまな事象が浮揚すると期待される。

現代のわれわれには、『喚起』は容易に理解しがたい地域伝承の世界を展開しているようである。しかし同書成立期においては、そこで描写されていることは地域住民にとって多少とも理解された内容であり、そこを舞台とした地域史であったはずである。物語の復元を心がける際にわれわれが取り組まなければならないことはまことに多い。

四．おわりに

歴史を物語るという行為は、地域に起こった様々な出来事を語り手の個性というフィルターを通して後世に伝えようとすることであろう。『喚起泉達録』という大きな物語には実に様々なエピソードが織り込まれている。その一つ一つを解きほぐしていくことが求められている。けれどもそれはあまりにも膨大な物語群であり、ここで取り上げ得たのは、『泉達録』の中世記事取り扱い方法についての私見と、『喚起』の重要な舞台である太田地域において発生したエピソードの一端についての考察にすぎない。ただその結果として、今までたんに荒唐無稽な書物として無視されてきた『喚起』あるいは『肯搆泉達録』が、まがりなりにも地域の歴史を伝えている書物であったことを再確認できたと思う。

すでに本稿の紙数は尽きたが、残された問題はあまりにも多い。ことに蜷川氏およびその菩提寺である同地の最勝寺史に関わる部分は、野崎伝助がこの『喚起』を執筆する主要因だったと思える。さらに蜷川氏に関連付けて、関東の北条氏について物語る。それは西明寺入道北条時頼の回国伝承に関わる鎌倉北条氏の部分と小田原北条氏の双方にまたがっている。そのことへの関心こそが伝助の『喚起』執筆の素地であり、その解明を課題として第二稿を準備した。[23]その他中世関連に山口悦子氏の私家版「越中の「薗の宮」」中間報告や拙稿第三稿[24]があり、『喚起』中世史叙述の検討は徐々に進んでいる。

京田良志編の『喚起』刊行と棚元理一著『「喚起泉達録」に見る越中古代史』の出版以来、『喚起』研究は活性化した。多くは「神話」部分への関心であり、『喚起』研究の原点というべき中世社会史の視点からの考察が手付かずのまま残されている。地域への伊勢神道書流布の視点からの検討や、越中における神明社展開の視点からの『喚起』成立検証も同様である。『大島町史』編纂事業以来、棚元氏より長年ご指導を賜り、藤田富士夫・野村剛両氏との研究会立ち上げに加えていただき、『喚起』清水家本翻刻文などの大きな学恩を頂戴した。何らお応えできず忸怩たる思いを抱いてきたが、右課題報告の達成が学恩に報いることになるであろう。それを記して深甚よりの感謝の意に代えさせていただき、小稿を閉じる。

註

(1) 越中中世史認識の現状は、不十分だが拙稿「越中中世史の概況」（『越中富山 山野川湊の中世史』桂書房、二〇〇八年）を参照されたい。

(2) 拙稿「姉倉比売神社祭祀圏と牛ケ首用水開削―泉達録神話世界の形成―」註1拙著。

(3) 「小佐波御前山周辺の修験寺院遺跡について」（『富山市考古資料館紀要』二五号、二〇〇六年）。なお一五世紀前半の船倉帝龍寺の天台・真言間での帰属の揺れについては拙稿「船峅山帝龍寺と延暦寺山訴」（『越中中世史の研究』桂書房、一九八三年）、帝龍寺本尊の正安二年（一二九九）安置千手観音菩薩像の白山所縁の十一面観音像改作説は長島勝正らの『帝龍寺と船峅の文化』（船峅観光と文化の会、一九六二年）参照。

(4) 酒向伸行「大威徳明王信仰の形成と山門」『山椒太夫伝説の研究』（名著出版、一九九二年）参照。

(5) 『氷見市史』通史編中世で越中南北朝史を再検討。

(6) 福田豊彦・海老名尚「『六条八幡宮造営注文』について」（『国立歴史民俗博物館研究報告』45、一九九二年）。なお拙稿「越中の陣門流法華宗の歴史」・「細川管領家領越中国太田保をめぐる諸問題」（註1拙著）参照。

(7) 伊集守道「東薬寺信徒の分布状況とその内部構造―過去帳を素材に―」（『大山の歴史と民俗』一一号、二〇〇八年）古川知明・伊集「医王山東薬寺の文化四年銘宝篋印塔下の埋納礫石経の調査」（『富山市考古資料館紀要』二七号、二〇〇八年）

（8）拙稿「南北朝期越中政治史の特質」（『富山史壇』九一号、一九八六年）・「桃井直常をめぐる諸問題」（『北陸史学』三六号、一九八七年）。（付記、本稿初稿を提出後の二年余の間に、『喚起』の舞台となった太田保や主要人物桃井氏について、「越中太田保と管領細川高国」（『富山史壇』一六二号、二〇一〇年）、「姉小路氏の飛騨と桃井氏の越中の交渉」（『応永飛騨の乱六百年』姉小路家・廣瀬家特別事業実行委員会、二〇一一年）を報告し、飛越交通路についての再検討を提唱）

（9）金乗坊記事は『肯搆泉達録』巻之六記事と『喚起』記事はほぼ同内容。拙稿「太田保における一向宗勢力」（『大山の歴史』（富山県）大山町、一九九〇年）、二章三節参照。

（10）能登七尾と陣門流法華宗の関係は印勝寺の存在より知られる。城尾城斎藤氏と畠山氏の関係は不詳だが、今後の検討課題である。（付記、初稿提示後に長谷川信春作本顕寺本尊曼荼羅図が公開された。それを「金山谷本顕寺本尊安置と椎名康胤」（『富山史壇』一六〇号、二〇〇九年）で検討し、城尾斎藤氏と能登畠山氏の関係の新理解を提示）

（11）拙稿「法華宗の発展」（『細入村史 通史編』（富山県）細入村、一九八七年）、ただしその後理解に多少の変化を加えている。註6拙稿参照。

（12）拙稿「太田保一向一揆を探る」（『大山の歴史と民俗』一二号、二〇〇九年）、「小島職鎮と寺島職定」（『富山市日本海文化研究所報』四二号、二〇〇九年）、「信長参候人神保氏張の登場」（『二上山研究』六号、二〇〇九年）、また富山城をめぐる一向一揆方と上杉方の抗争については『富山市史』通史での高岡徹稿、『富山県史』通史編での金龍教英稿に詳細に紹介。さらに拙稿「越中一向一揆と太田保」（富山仏教学会『我聞如是』一一号、二〇一二年）を報告。

（13）高岡市石堤長光寺文書の一〇月一九日付け勝興寺顕栄書状（『富山県史』史料編中世一六八七号）。従来は永禄一一年と扱ってきたが、一二年とすべきである。連動して二月二五日付け下間証念書状は永禄一三年。

（14）長尾為景の加賀一向一揆方との講和は大永三年三月であり、以来久しく和議体制が続いた。註6拙稿参照。

（15）上杉方の在番制については高岡徹「戦国期における上杉氏の越中在番体制とその展開」（小菅衛也編『金銀山史の研究』

高志書院、二〇〇〇年）参照。
（16）拙稿「越中の陣門流法華宗の歴史」（註1拙著）参照。
（17）拙稿「室町期の太田保」（註9『大山の歴史』）参照。
（18）赤田に現存する浄土宗閼伽田寺はその名残か。なお『蜷川之郷土史』や拙稿「越中の浄土宗寺院の成立をめぐる諸問題」（『越中における中世信仰史の展開（増補）』桂書房、一九九一年）参照。
（19）拙稿「越中一向一揆と浄土系教団の組織化について」北西弘先生還暦記念会編『中世社会と一向一揆』吉川弘文館、一九八五年。
（20）井上鋭夫『一向一揆の研究』（吉川弘文館、一九六九年）第四章、なお金龍静「越中一向一揆考」『一向一揆論』吉川弘文館、二〇〇四年、金龍教英「越中における講の成立とその後の推移」『越中念仏者の歩み』参照。
（21）拙稿「浄土信仰の広がりと一向一揆」（註9『大山の歴史』）
（22）拙稿「太田保における曹洞禅定着の意義」（註1拙著）参照。
（23）「『喚起泉達録』にみる越中中世史理解（二）―伊勢新九郎と蜷川氏栄の伝承」発表の機を得ず、私家版配布。
（24）「老翁論からみた『喚起泉達録』―事勝国勝長狭（塩土老翁）その他―」『富山史壇』一五九号、二〇〇九年。

6．江戸時代中期の富山城―野崎伝助が生きた時代を中心に―

坂森　幹浩

一．はじめに

『喚起泉達録』の著者である野崎伝助は、一七世紀後半から一八世紀前半―富山藩主でいえば第二代正甫から第四代利隆の頃―を生きた人物である。当時の富山藩は、これまでにも論じられているように、借財が大きな問題となっていたが、伝助は、そのような時期に富山藩に仕えていた。履歴[1]を見ると、御前物書役など、第三代利興の側近くに仕えていたようである。従って、伝助の職場は、主として富山城であったといえるが、現在では、勤務の実際などを知ることはできない。では、仕えていた間、伝助は城内でどのような景色を見ていたのだろうか。

江戸時代の富山城研究は、富山城址公園整備に伴う埋蔵文化財調査[2]が進展し、また平成一七年に富山市郷土博物館が富山城の歴史に関する専門館としてリニューアルオープンしたこと[3]もあり、近年盛んになりつつある。

その成果のポイントは、次の二点にまとめることができる。一つ目は、慶長期（一五九六～一六一四）と寛文期（一六六一～一六七二）以後の富山城には構造的に大きな変更があったこと[4]、二つ目は、千歳御殿の整備を中心とする江戸時代後期の様相（第1図）が明らかになったこと[5]、である。

しかし、寛文及び延宝度の整備が完了して以後―江戸時代中期の富山城の姿に関しては、絵図などの資料が少ないため、近年にいたるまで看過されてきた感が強い[6]。

今回、伝助が生きた時代、第二代藩主正甫から第四代藩主利隆期の頃、政務の場としての性格を強めていた富山城の姿を通して、富山藩を取り巻く状勢の一端を紹介したい。

二　第二代藩主正甫と富山城整備の転換点

富山藩第二代藩主前田正甫は、初代藩主であった父利次の後をうけ、延宝二年（一六七四）に家督を相続した。正甫は、富山を代表する伝統産業である売薬業の発展のきっかけを作ったとされる人物である。

利次は加賀藩からの分藩当初、幕府より婦負郡百塚に新城を築くことを許されており、新城完成までの仮城として、本藩領内にあった富山城を借用していた。しかし、百塚新城の造営は、難工事により一〇万両もの費用が予想されることから断念し、万治三年（一六六〇）、本藩との間で領地を交換し、富山町とその周辺を自領とした上で、富山城を正式な居城とすることとしたのである。そして翌寛文元年に、幕府から許可を得て整備を開始した。[7]

その許可の内容について、[8]普請（＝土木）と作事（＝建築）に分けて記すと、以下の通りである。

（一）普請　①土橋から懸橋への変更、②崩壊した石垣四ヶ所の積み直し、③外堀東西南三ヶ所の拡張、④東之出丸の拡張、⑤内堀三ヶ所の浚渫

（二）作事　①天守、②櫓三ヶ所、③二階門三ヶ所、④冠木門七ヶ所、⑤木戸七ヶ所、⑥塀（本丸・二之丸・西之丸・三之丸の土塁上）

一方、正甫は、延宝五年に、富山城の整備について幕府に願いを出し許可を得ている。[9]内容を見ると、寛文度と重なる部分が見られることから、この願いは、全く新規のものではなく、改めて出し直された、あるいは追加という性格が強い。では、正甫が襲封した時、富山城はどこまで整備が進んでいたのだろうか。このことについて、寛文度と延宝度の幕府への願いの違いから見てみよう。

普請の面では、延宝度では①、③、⑤の記載がないことから整備が完了していたと見られ、また②についても、三ヶ

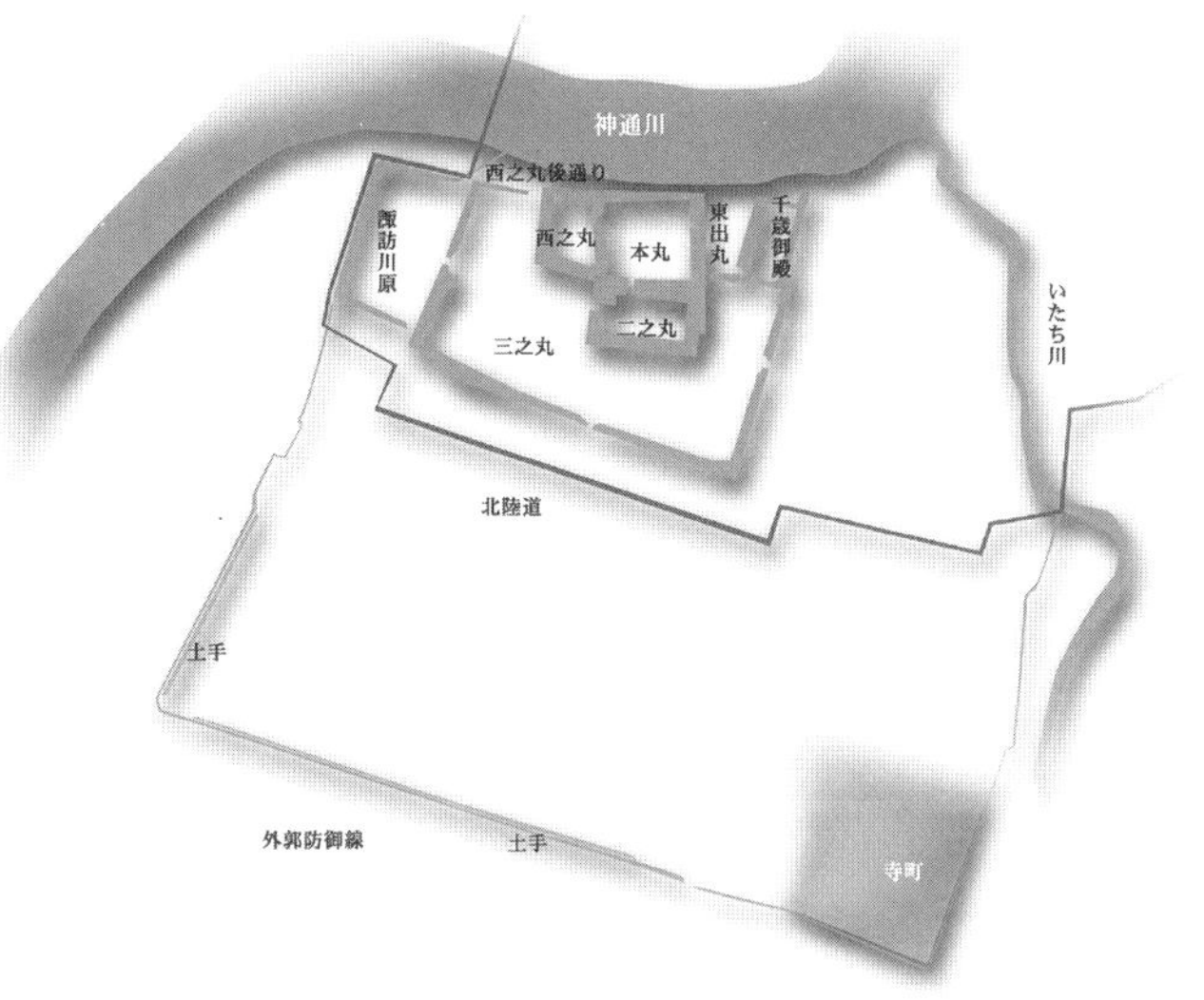

第１図　江戸時代後期の富山城概念図（富山市郷土博物館提供）

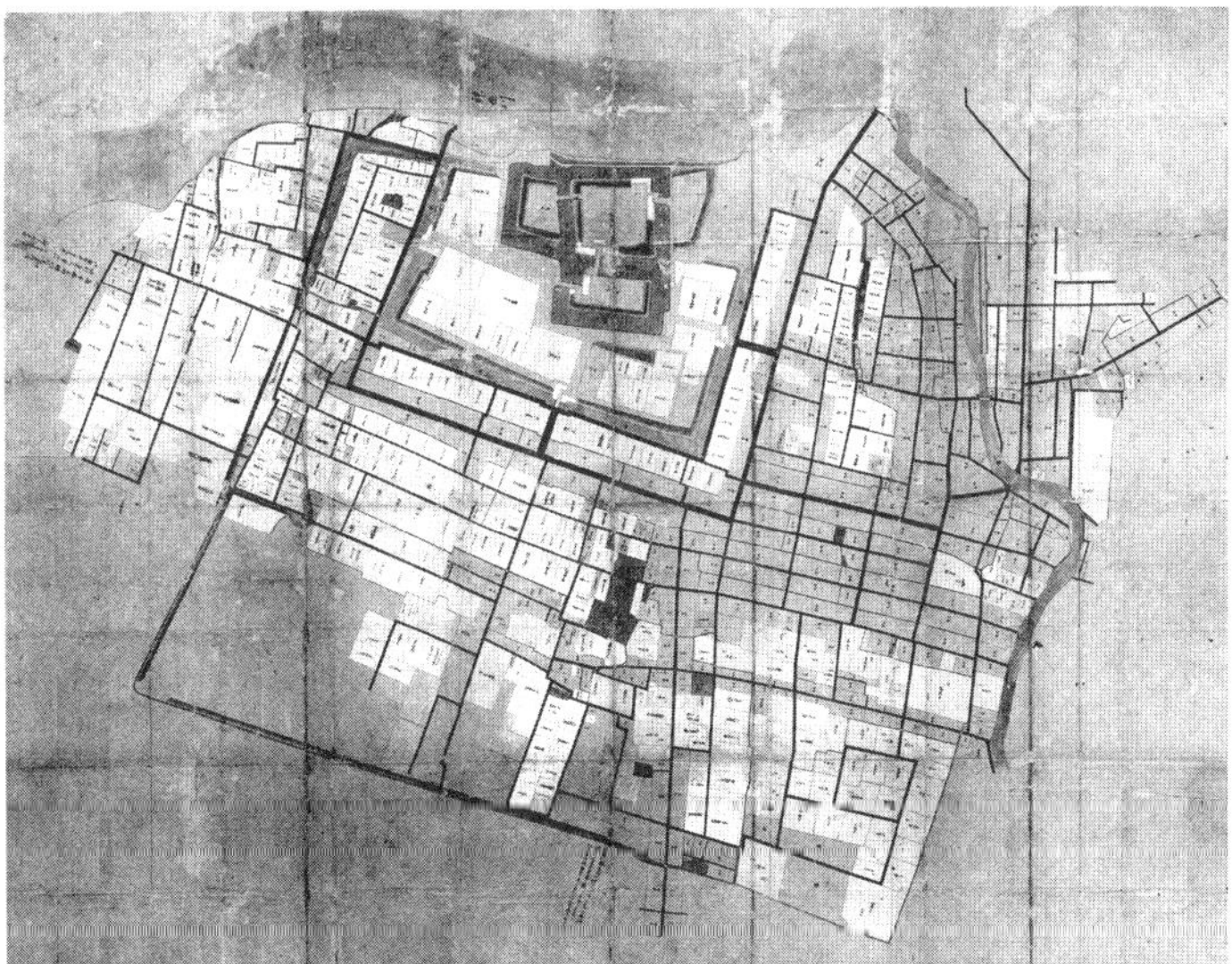

第２図　万治年間富山旧市街図（個人蔵、富山県立図書館寄託）

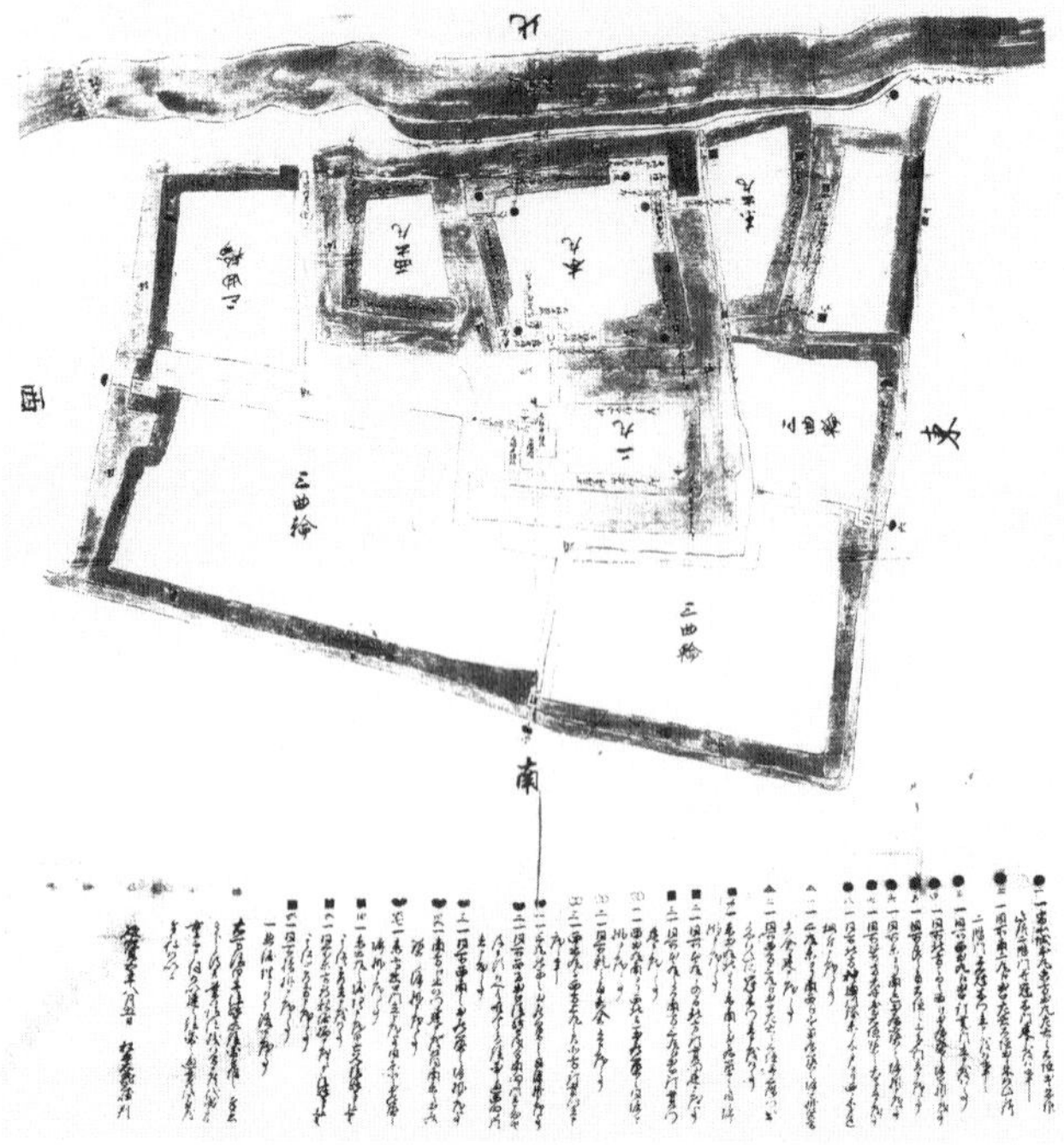

第３図 越中国富山城絵図（富山県立図書館蔵）

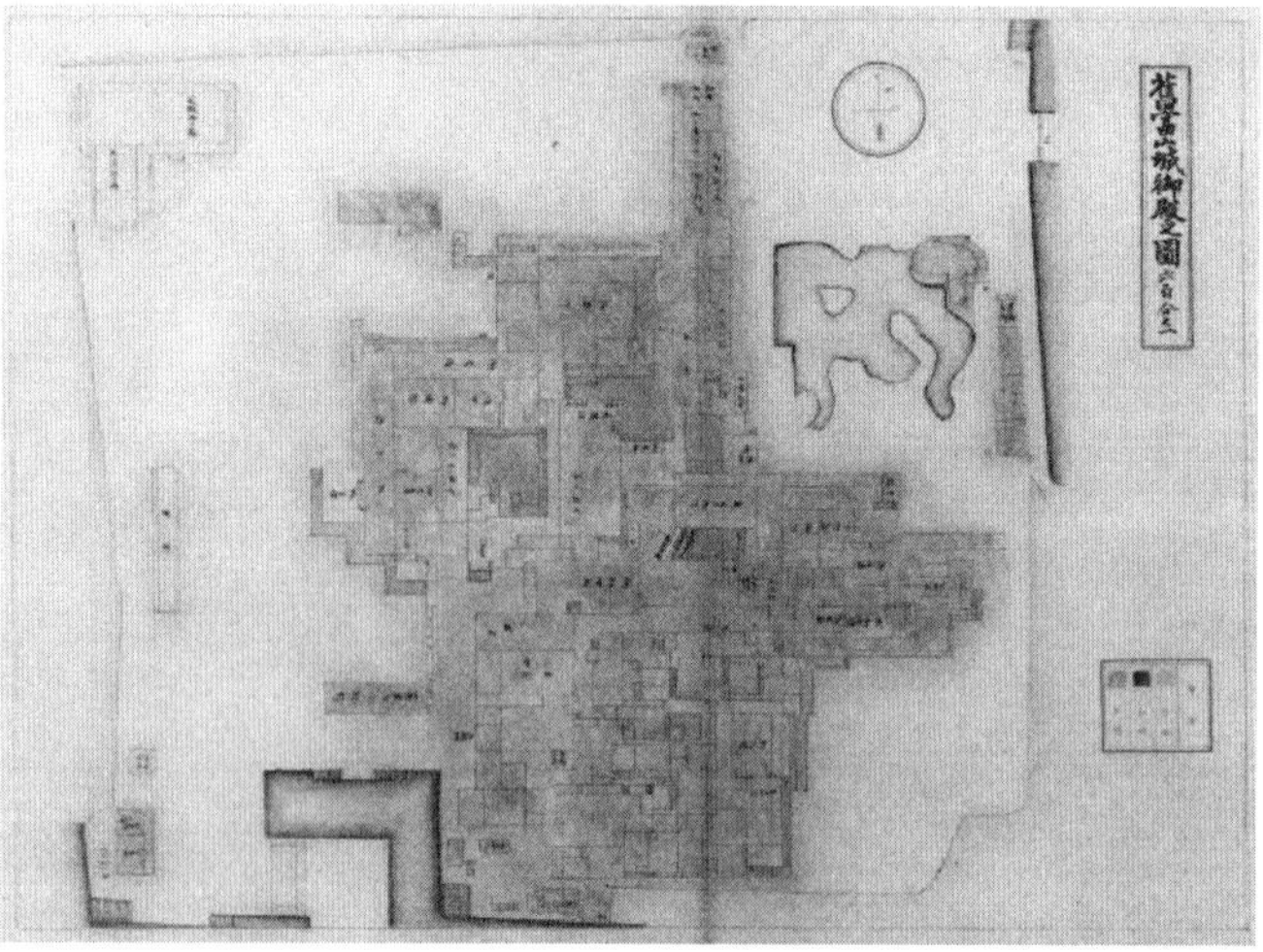

第４図 旧富山城御殿之図（富山県立図書館蔵）

所まで完成していたようである。作事の面では、③について一ヶ所だけが完成していた。従って、正甫の襲封時、幕府から許可を受けていた内容については、石垣のほか、内堀・外堀の改修が完了しており、建築の面では、二之丸の二階櫓門が完成していたといえよう。

また、城内にはこのほかに、本丸御殿[10]をはじめ、三之丸には赤蔵、腰掛、馬場もあった。このうち本丸御殿については、借城時より居所があったと思われ、またその後も、寛文一二年（一六七二）に書院が完成していること[11]から見て、逐次、増改築していったのであろう。

なお、寛文度の整備では、城下町を囲む外郭防御線として、四ツ谷川の開削も比較的早い時期に行われたと見られる。[12]これらの整備により、富山城と城下の基本的な範囲が確定されたのである（第２図）。

以上のように、寛文度の整備では普請が先に進んだと見られるが、一方では東之出丸の拡張をはじめ、土塁でさえも改修を完了させることができなかったようである。また、天守、櫓、櫓門など建物の建設についても、次代の正甫に持ち越されることとなった。

正甫が襲封まもない延宝三年、三之丸が火災の被害に遭い、[13]南と西の枡形門、大腰掛、赤蔵が焼失している。このこともあり、延宝度の整備が行なわれることになったと考えられる。この整備について願いの内容を見ると、東之出丸の拡張は断念されており、利次期と比べて普請計画を縮小している。恐らく、普請については土塁の改修完了と一部の堀の改修に止め、作事を進める考えだったと見られるが、実際には、ほぼ門の建設に止まったようである。これについては、宝暦一一年四月の「御巡見上使一巻覚書」[14]に、「一　御本丸天守并角矢倉之儀被相尋候ハヽ、無之旨可相答事」との記載があり、また、その他の史料からも、天守や隅櫓の存在を窺わせる記録が見出せないことから、天守や隅櫓が建設されなかったことは確実である。[15]

では、なぜ正甫も天守や櫓の建設などには手を付けることはなかったのであろうか。この点については、富山藩の累積債務に注意を払わねばならないだろう。借財は、すでに初代藩主利次の頃からあり、加賀藩への返済残が銀六九〇貫八二〇匁あったとされている。さらに第二代正甫の延宝年間（一六七三～一六八一）になると、加賀藩やそれ以外からの借財が金一万両、銀六〇二二貫八二〇匁に達していた。[16] この累積債務が、富山城の整備にも影響を与えたことが十分考えられる。

しかし、その一方で正甫は、これまでの富山城整備とは異なる造営を始めるのである。元禄三年（一六九〇）、城下の諸口に柵門を設置[17]したのは、城下町整備の一環と考えられるが、相前後して川端之亭についての記事も見え始める。川端之亭は、城内の西之丸後通りに営まれた、納涼など憩いのための小亭で、単に御亭などとも呼ばれたようである。建てられた年代は明確ではないが、天和三年（一六八三）頃より記録に見え始める。[18] この建物は神通川に面しており、正甫は、花火の見物や、吉野屋慶寿のような親しい者を呼ぶなど、プライベートな場として用いていた。

その後も正甫は、城内に「芳心」と名付けた小亭[19]や持仏堂[20]の建築、また三之丸内の西之御屋敷における庭園築造[21]などを行っており、さらに城外では、大規模な回遊式庭園である磯部御庭[22]を造営している。これらは、前代までとは異なる、いわば自らの考え―個性、あるいは趣味―に基づく造営といってよいであろう。[23] ただし正甫は、これらの造営を重ねる一方で、家臣に対しては、元禄年間（一六八八～一七〇四）以降も借知を繰り返し申し渡しているほか、[24] さらには暇下し（解雇）を行っていること[25]も事実である。

延宝度の整備以降、富山城は天守や隅櫓など、城郭らしい建築を伴わない、いわば広大な屋敷のような城として、幕末まで富山町の中心に在り続けることとなった。ただしそこには、一たび事が起こった場合でも、堀や石垣、土塁さえ備わっていれば、建物は仮設の柵門や板塀などで対応できるという、割り切った考えが正甫にはあったとも考えられよう。

このように、元禄年間初頭という時期は、前代からの富山城修営について一区切りをつけるとともに、正甫によって新たな造営が行なわれ始めた転換点であったといえるのである。

三．第三代藩主利興による正甫期の清算

第三代藩主利興は、父正甫の死去を受け、宝永三年（一七〇六）に家督を相続した。では、その頃の富山城はどのような姿であったのだろうか。縄張は、ほぼ延宝度の願いに描かれた状況と同様と考えられる。また建物について、資料によって確認できるものは次の通りである。

（本　丸）本丸御殿、鉄門、搦手門、露地御門、馬廻番所、土蔵（呉服・馬具など）、腰掛、御番所（射手組など）
（二之丸）二階櫓門、時鐘所、御番所
（西之丸）土蔵
（三之丸）西之御屋敷、西・南・東之升形門、赤蔵、薪蔵、腰掛、馬場[26]
（東之出丸）御中屋敷、埋門、槻門、御裏御門
（西之丸後通り）川端之御亭
（場所不明）金・銀・書物・鉄砲・武具などの土蔵

さて、利興は襲封すると、二度にわたり、計八四名もの家臣への暇下しを行った[27]。これは、当時の富山藩にとって大きな問題となっていた借財に対する解決策の一つとしてである。

先にも触れたように、借財の返済は正甫期に済んでいたわけではなく、これら前代からの累積債務が、利興期以降の富山藩にとって重圧となっていた。このため、経費節減策として、正甫期にあった御旅家の廃止[28]や磯部御庭の廃絶[29]も行われている。利興の治世は、正甫期が残した負の遺産を清算することから始まったのである。

努力の甲斐もあってか、前代からの家臣に対する借知は、宝永六年（一七〇九）に解くことができた。しかし、そ

れをあざ笑うかのように、神通川の洪水や旱魃（同年）、そして不作（正徳三年〔一七一三〕）が重なっていき、また同年には、幕府から増上寺の修営を命じられたことで、藩財政はさらに痛んでいった。

富山城に関しても、宝永四年には大風により、屋根廻りや塀等に大きな被害を受け[30]、そして正徳四年（一七一四）には、本丸御殿が小姓部屋からの失火により焼失してしまったのである[31]。

富山における藩主居所を失うという事態が起こったにもかかわらず、利興は本丸御殿を再建することができなかった。『聖廟通夜物語』には、「富山御本丸御屋形焼失者、利興公御代江戸御留守之内、正徳年中二月トカ小児性部屋より焼上り申由、富山ニおゐて西之升形之内、赤蔵の方の屋敷ニ被遊御住居揚屋敷と唱申よし」との記事がある。「西之升形之内、赤蔵の方の屋敷」とは、西之御屋敷のことを指しており[32]、利興は、ここを居所として転用したのである。従来は、本丸御殿の焼失後、利興が中之御屋敷を造営し、藩主居所としたと考えられてきた。しかし、

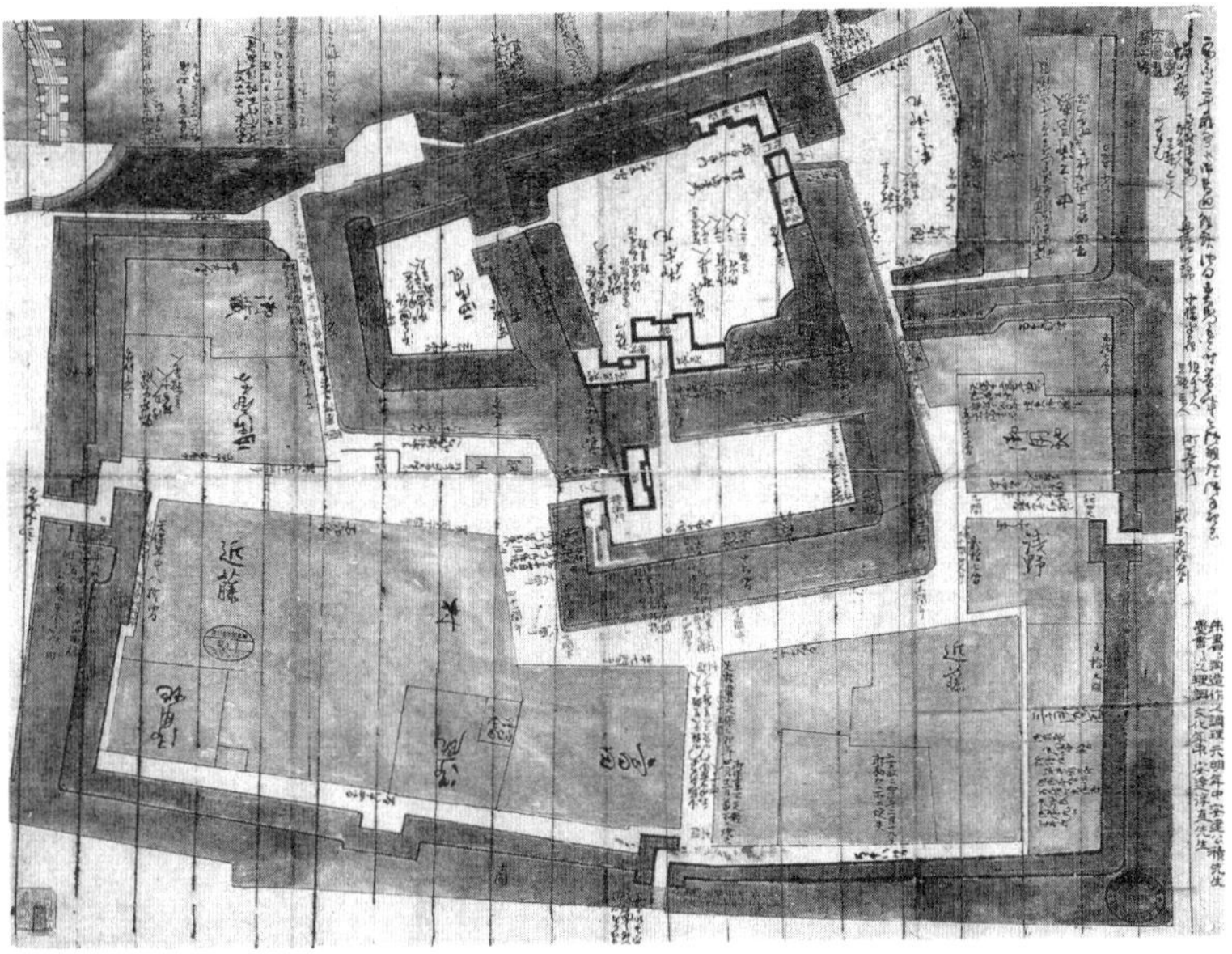

第５図 富山城図　天明－安政（富山県立図書館蔵）

諸史料にも享保一〇年（一七二五）にならないと中之御屋敷の記事が見られないことから、この『聖廟通夜物語』の記載は信頼してよいと考える。

西之御屋敷が、いつ、どのような目的で造営されたかは明確ではない。正甫期の元禄一四年（一七〇一）には庭園の造営が行われているが[33]、その際、松原野より大石を曳き出すなど、かなりの手間がかかったらしく、無役の家臣から人夫を差し出させている。完成後は、しばしば花見が行われており、その後、利興期にも同様の記録が見られる[34]。

また、揚屋敷となってからも資料は残っておらず、その具体的な姿は明らかではない。「万治年間富山旧市街図」（第2図）を見ると、御蔵屋敷（赤蔵）南側に生田四郎兵衛と入江権兵衛の屋敷があり、この二軒の敷地が西之御屋敷＝揚屋敷に相当する。ただし、図からも見て取れるように、敷地の大きさは本丸のほぼ半分程度しかなく、また庭園も営まれていたことから、藩主居所としては、焼失した本丸御殿よりも狭隘なものであったと想像される。それにもかかわらず、本丸御殿再建を行っていないのは、やはり、財政の悪化によって余裕がなかったためであろう[35]。利興は累積債務に縛られ、父正甫のような独自性を発揮できなかったと言わざるを得ないのである。

なお、利興代の末期、享保八年（一七二三）には、石垣の崩壊も起きている。「仝（利興）御代享保八癸卯年正月十一日御城御本丸北ノ石垣崩レ十七八間斗堀江沈ム[36]」とあり、寛文度の整備から六〇年余りが経過し、石垣が老朽化していたと考えられる。財政難の藩にとっては、城の維持だけでも大きな負担となったことであろう。

最後に、利興期の問題として大手の位置について取り上げたい。現在、富山市内に大手町の町名があり、南之枡形門が大手であった名残りを伝えている。だが、寛文度の整備以前、西之枡形門が大手であったことは、「越中国富山古城絵図」によっても明らかである。この位置の変更について古川知明氏は、大手が南之枡形門に移されたのは寛文度の整備の際とした[37]。しかし利次期から、果して南之枡形門が大手であったのだろうか。富山城の「大手」を記した文献は極めて少ないが、そのいくつかを見てみると、「大手土橋」と記されている[38]。「万治年間富山旧市街図」（第2図）

を見ると、西之枡形門前は明らかに土橋であるが、南之枡形門前は不明瞭ではあるが架橋と見られる。さらに「寛文六年十月御調理富山絵図」[39]では、南之枡形門前は明らかに架橋となっているのである。このことから、先ほどの「大手土橋」とは、西之枡形門を指していると解釈してよいだろう。一方、南之枡形門が大手であることを示した資料としては、宝暦元年の「当御帰城之節船橋より御道筋之義西ノ升形御門通平吹町旅籠町通大手より御着城之筈ニ候（下略）」[40]という記事が最も遡るものではないだろうか。従って、南之枡形門が大手とされた時期は、明確ではないものの第三代利興の頃まで下がり、その理由としては、揚屋敷が藩主居所となったことが関係するかも知れないのである。

四．第四代藩主利隆と中之御屋敷の造営

第四代藩主利隆は、享保九年（一七二四）七月に襲封すると、同年九月と翌一〇年一月の二度にわたって、近臣や精勤の家臣などに対し加増や新知の給付を行った。[41]

利隆は、なぜこの時期に利興期とは対照的な施策を行ったのだろうか。利隆については、『前田氏家乗』に記された「公ノ政治タルヤ仁慈以テ臣民ヲ悦服セシムルニ在リ故ニ忠勤ノ功アル士ニハ秩禄ヲ増加シ毫モ吝ムコトナシ」という評価[42]が、現在でも引用されるようである。藩内では、利興期末期の享保九年四月には、下行扶持米の支給が遅配となるなど、再び家臣の疲弊度は増していた。[43]このような状況に危機を感じていた利隆は、家臣に対して、「毫モ吝ムコト」なく加増を行うことによって「仁慈」を示し、藩主として求心力を高めようとしたと考えられる。

このことは、新たな藩主居所―中之御屋敷の造営にも通じると思われる。利隆は、相続後の享保九年一〇月に富山に還っている。『聖廟通夜物語』には、「利隆公御家督御入部後、東之出丸槻門之内、中之御屋敷御普請出来被遊御住居候」とあり、還城後ほどなくして完成したようである。また同書には、「（正甫）御家督後、御母公泰寿院様、三之曲輪東之出丸槻門の内御中屋敷ニ被成御座候由」と記されている。中之御屋敷が営まれる以前、この場所には、正甫

の生母泰寿院の居所である御中屋敷があり、これが中之御屋敷の前身となった。御中屋敷は、揚屋敷と異なり敷地に余裕があったと見られ、利隆は、その建物を利用しつつ、新たに増築することで、藩主居所としての体裁を整えたと考えられる。[44]

中之御屋敷に関する絵図等は見出されておらず、具体的な姿は明らかではない。しかし、後年の史料になるが、中之御屋敷が焼失した天保二年（一八三一）の火災の記録には、「御涼所」と称された建物や「御裏役所」が付属し、また土蔵等もあったことが記されている。[45]また、同じく時期は下るものの、他の史料からも、「御裏御馬場」、「御的場（御涼所ニ在之御的場也）」、「御裏御稽古所」などの施設も確認される。[46]これらが全て利隆期に整備されたとは言えないものの、藩主の居所として庭園なども付属した御殿であったと推測される。[47]

利隆は、転用した御殿で急場を凌いだ利興とは異なり、中之御屋敷を造営することで、藩主として新たな権威の場作りを行う意図があったと考えられよう。その上で、財政再建を目指し、流通機構の整備など新たな産業政策を推進していったのである。[48]しかし、「享保、元文ノ間、不熟連年、為メニ貧民多シト云フ」[49]と記されるように災厄も重なり、藩の財政はさらに窮迫してしまい、根本的な解決を図ることはできなかった。

その後も城内では、利隆の子女の居所として、三之丸内に東之御屋敷[50]が営まれているが、この屋敷は役所ないしは家臣の屋敷だった建物の転用と思われる。中之御屋敷の造営の後、富山城では、天保二年の大火後の修営まで目立った造営は見られなくなるのである。

五．おわりに

今回、野崎伝助が生きた時代―藩主居所が本丸御殿から揚屋敷、そして中之御屋敷へと移り変わっていった頃―の富山城の姿を概観することで、当時の富山藩が直面していた問題の一端を見てきた。富山城は、富山藩最大の軍事拠点であり、なおかつ政務の中枢であった。従って、その様相を明らかにすることは、藩政の動向を知る上で決して無駄なことではなく、極めて政治的な事柄と直結しているといってよいだろう。

最後に、江戸時代の富山城研究についての今後の課題として、次の点を挙げておきたい。それは、富山城図の考察がいまだ十分にはなされていないことである。現在残されている図については編年が確定しておらず、また、個々の城図が何を目的として描かれたのかという点についても十分検証されているとは言いがたい。比較的よく使用される「富山城図　天明－安政」（第5図）についても、ようやく近年になって作成目的の一端が明らかになったばかりなのである。(51)

今後、文献資料や絵図資料を集成し、また、考古学の成果と総合的に検討することによって、江戸時代の富山城の様相が明らかになるだろう。

註

（1）高瀬保編『富山藩士由緒書』五一〇野崎伊太夫の項、桂書房、一九八七年

（2）富山市教育委員会『富山城跡試掘確認調査報告書（「富山市埋蔵文化財調査報告」一三七・八・一九・二四）』同委員会、二〇〇四年。その他、富山市埋蔵文化財センター「平成一七年度富山城跡調査現地説明会資料」など。

（3）『富山市郷土博物館常設展示図録　富山城ものがたり』同館編刊、二〇〇五年

（4）古川知明「近世富山城の縄張りについて」『富山史壇』一四九号、越中史壇会、二〇〇六年、同「慶長期富山城と城下町構造」『富山史壇』一五〇号、越中史壇会、二〇〇六年、同「慶長期富山城内郭の系譜―越中における聚楽第型城郭の成立と展開―」『富山史壇』一五三号、越中史壇会、二〇〇七年、古川知明・小川幹太「富山城下町絵図の変遷と発掘調査による検証」『富山史壇』一五五号、越中史壇会、二〇〇八年など。その他、富山市埋蔵文化財センターホームページ「富山城研究コーナー」を参照。なお、これまでの富山城の研究史については、古川第一論文にまとめられている。

（5）坂森幹浩「千歳御殿造営に見る江戸時代後期の富山城（越中史壇会平成一九年度研究発表大会発表）」『富山史壇』一五四号、越中史壇会、二〇〇八年に要旨を掲載。富山市郷土博物館『再現 千歳御殿』同館、二〇〇七年。

（6）この時期の富山城については、大類伸監修『日本城郭事典』（秋田書店、一九七〇年）などの事典類や、『富山市史　通史上巻　近世編』第一章第二節　富山藩の分藩と財政（富山市、一九八八年）を除けば、塩照夫「富山城」（『日本城郭史研究叢書第五巻　金沢城と前田氏領内の諸城』〔名著出版、一九八五年〕所収）、あるいは吉田純一「富山城」（『復元大系日本の城第三巻北信越』〔ぎょうせい、一九九二年〕所収）が挙げられるぐらいである。しかし、それらの論考については、絵図についての考察が不足し、特に天守や櫓などの建物について誤謬も見られ、内容に不満の多いものである。

（7）従来、利次による寛文度の整備は、前田利長による慶長度の縄張を引き継いだもので、火災や廃城によって荒廃した富山城を再整備したものという理解であった。しかし、古川知明氏は、埋蔵文化財調査の成果に、「越中国富山古城絵図」（金沢市立玉川図書館蔵）や「万治年間富山旧市街図」（第2図）の検証結果を加え、以下のように推論した（註4論文）。

（一）内郭部分（本丸・二之丸・西之丸）は、神通川の氾濫の影響により被害を受けたため、曲輪の規模を縮小した上で、軸線の移動を含む大幅な位置の変更を行った。

（二）外郭部分（三之丸）についても、外堀の拡張や三ヶ所の枡形などの改修を行った。

また、この整備は、幕府からの許可にはない内容を含むものであり、防備強化が目的であったとしている。この結論は、従来の限られた文献資料と絵図資料によった研究に対し、大きな一石を投じるものとなった。

（8）「富山侯家譜」（金沢市立玉川図書館蔵）、『重訂越登賀三州志』（石川県図書館協会刊、一九七三年）のほか、『富山様御家譜』、「富山侯御家譜」（富山県立図書館蔵）など参照。

（9）「越中国富山城絵図（延宝五・一六七七年）」（第3図）による。この絵図は、正甫による延宝度の普請について幕府に願いを出した際の控えと考えられる。資料名は「絵図」となっているが、本来は願書が主たるものであり、絵図部分はいわば添付されたものである。

（10）利次が造営した本丸御殿の平面図には、「利興公御代富山御本丸御絵図」（富山県立図書館蔵）など複数点が確認される。それらはいずれも、建物のうち表部分など公的に使用された部分を中心に描いた部分図である。なお、『前田氏家乗』（富山県立図書館蔵）の付図である「旧富山城御殿之図」（第4図）は、御殿建物の全体をおさめるとともに、池や築山などのある庭園も描かれている。

（11）『随筆』（富山県立図書館蔵、前田文書）同年四月一日条。

（12）寛文三年（一六六三）頃に描かれたと考えられている「万治年間富山旧市街図」（第2図）からは、富山城と城下が、西と北は神通川、東はいたち川、南は四ツ谷川を外郭防御線とし、南東部には寺町（現、梅沢町）を配置して守りを固めていたことを見て取ることができる。特に、四ツ谷川沿いには土塁も築かれていたようである。なお、「越中国富山古城絵図」には四ツ谷川が描かれていないことから、外郭防御線の整備は、利次が富山城を正式な居城とした後に行われたものであろう。また同図には、城下町の南方から外堀に流れ込む小河川が描かれており、四ツ谷川は、この小河川を付け替えたものと見られている（国香正稔「富山市内の微地形調査」『巡検研究』第三号、富山巡検研究会、一九九五年）。

（13）『随筆』延宝三年閏三月二九日条。

（14）富山県立図書館蔵。『富山県史』史料編Ⅴ近世下一三八。

（15）「万治年間富山旧市街図」の本丸部分を見ると、南東隅に天守台が確認できる。天守に関しては、石垣は築かれなかったものの、盛土による土台の造成は行われたと考えられる。この部分は、後年製作された城図にも名残りが見られる。埋蔵文化財調査の結果については、富山市埋蔵文化財センターホームページ「富山城研究コーナー」参照。

（16）『富山県史』通史編Ⅲ近世上　第三章第六節三、藩借財の累増と財政防衛（富山県、一九八二年）。坂井誠一『富山藩加賀文藩十万石の運命』第九章　藩借財の累増（巧玄出版、一九七四年）等。

（17）稲荷町、愛宕新町、東岩瀬口、大泉口、中野口、千石町、長柄町の七ヶ所に柵門を設置した。特に、富山町の町端である稲荷町、愛宕新町の両街道口は、非常に備え番所を伴うものであった。『随筆』同年四月五日条～五月一二日条参照。

（18）『富山市史』（富山市、一九〇九年）、「有坂吉野屋慶寿旧記」（富山県立図書館蔵）等。なお川端之亭は、その後も本丸北亭などの名で記録されており、慶応年間（一八六五～一八六八）に描かれたと考えられる富山城最後の絵図「越中国富山城主前田利同城囲之図」（富山市郷土博物館蔵）でも確認できる。

（19）『富山市史』（富山市、一九〇九年）の元禄九年一月一〇日条に、「新タニ一ノ亭ヲ築キ芳心ト名ヅケ、其蒐集シタル古銭ヲ秘蔵ス」とある。

（20）坂森幹浩「お殿様とお仏壇―富山藩第二代藩主前田正甫の持仏堂建立」『お殿様とお寺―富山前田家ゆかりの寺々』富山市郷土博物館、二〇一一年所収。

（21）第二項参照。

（22）磯部御庭は、正甫が元禄一五年（一七〇二）に、城外の磯部村に造営したと伝えられる庭園である。その規模は明確ではないが、城から御庭に至る道筋には東海道の名所を写し、園内には富士を模した築山を築き、また琵琶湖に見立てた池を設けた回遊式の庭園であったと伝えられている（「前田旧記雑聞」（『越中史料』巻二所収）等参照）。なお、磯部御庭を描いたとされる「磯部御庭園之真景図」がある（『富山藩の文化　学・芸・美―彩られた江戸期の富山』富山市郷土博物館、二〇〇二年に複製を掲載）。

（23）正甫期には、城外に設けた施設として、明神之御亭、糠塚之御亭の名も散見される（『随筆』）。このほか、領内の各所に御旅屋が設けられていた。「聖廟通夜物語」（富山県立図書館蔵、前田文書）には、「正甫公御代、羽根村・塩村・安養坊・百塚・西岩瀬等之所々ニ御旅屋有之由、其上富山より右所々直新道被仰付候由」とあり、湯村にもあったことが確認される（『随筆』）。また正甫は、建物ではないが、延宝六年に遊船を造り神通川に浮かべたという（『前田氏家乗』巻ノ二（正甫））。

なお幕末期の「越中国富山城主前田利同城囲之図」には、西之丸後通りに御船蔵が描かれている。
(24)『随筆』元禄一〇年一一月三日条、同一六年四月八日条、宝永元年一一月九日条。
(25)『随筆』元禄一六年一月二六日条。
(26)三之丸には、分藩当初より家臣の屋敷があった。しかし、その後次第に整理され、江戸時代後期には、ほぼ家老屋敷に限られるようになった。
(27)『随筆』宝永三年八月二七日条。同年一〇月一日条。
(28)宝永三年一〇月の暇下しの面々の中に、安養坊御旅家番の清兵衛、岩瀬御旅家番の太郎兵衛、八助の名が見られ、二ヶ所の御旅家はこの時廃止されたものであろう。他の御旅家についても、恐らく、それまでには廃止されていたと思われる。
(29)磯部御庭が、「正甫薨去ノ後荒廃ニ属シ」(『富山市史』延宝八年条、一九〇九年)たとされているのは、このような庭園を維持していく余裕がなかったためであろう。
(30)『随筆』同年八月一九日条。
(31)『随筆』同年二月七日条。『聖廟通夜物語』参照。なお、御殿焼失以降の本丸内の様子については、断片的に残る記録から類推するしかない。享保一四(一七二九)年の山王祭礼の折、神輿や曳山が本丸内の御白洲に引き入れられ、利隆が石垣に上がって行事の様子を見物したことが記されている(『神社古事抜書』)。恐らく、本丸御殿の跡地は広場になっており、その一角に白洲があったのだろう。また、天保二(一八三一)年の大火の記録には「又西之丸・御本丸・中之御屋敷・御涼所・御裏役所都而建物不残焼たりける」、あるいは「一此度御城内等類焼之ヶ所」、「一　三之御丸・二之丸・御本丸・西之丸之内、役所・土蔵建物不残」(『天保二年四月　富山町火災書上』)と記されている。恐らく、土蔵や番所などは存在していたようである。
(32)「富山城図　天明―安政」(第5図)参照。
(33)『随筆』同年五月二日条など。

(34)『随筆』宝永元年三月九日条など。
(35)時代は下るが、宝暦一一年（一七六一）の『御巡見上使一巻覚書』（富山県立図書館蔵、『富山県史』史料編Ⅴ・近世下一三八）に、「一　御城焼失以後、御普請出来候哉と被相尋候ハヽ、跡々より御不勝ニ付而未致出来候、少々宛御用意御座候由承申由可答事」とある。また、これとほぼ同内容の記述が、寛政元年（一七八九）の『廻国巡見留』（『富山県史』史料編Ⅴ・近世下一九六）にもある。
(36)「利興公御代富山御本丸御絵図」（富山県立図書館蔵）。
(37)註4古川第一論文。
(38)『随筆』天和三年一二月二九日条。宝永五年「利興様御代御条数書」など。
(39)富山県立図書館蔵。
(40)『町吟味所御触留』同年八月八日条。
(41)『随筆』享保九年九月六日条、同一〇年一月四日条。
(42)巻ノ四。
(43)『随筆』同月九日条。家臣に対しても代替わりごとに減知が行われるなど、家中の疲弊は進んでいたと考えられる。家老の富田家を例に見ると、分藩時の当主である直治は、八千六百三十石を与えられていた。しかし、次代の直之（寛文六年没）は六千五百石に減知され、さらに二代後の尚明（享保一二年隠居）が元禄六（一六九三）年に家督相続した際には三千五百石が借知され三千石となった。これがその後の知行高となって幕末まで引き継がれていくのである（『富山藩士由緒書』一、富田下総の項参照）。このように、富田家は三分の一近くに知行が減少してしまっている。なお、利興期における富山藩の危機的状況については、浦畑奈津子「享保年間　富山藩の危機―藩主前田利興隠居一件と一門・親族大名」（『富山史壇』一六二号、越中史壇会、二〇一〇年）参照。

(44)東之出丸東側の堀の普請については、寛文度において願いを出しているが、延宝度の整備の際に取り下げている。しかし、江戸時代後期の富山城図には、東之出丸と中之御屋敷の間に堀が存在（第5図）しており、恐らく、中之御屋敷造営時に造られたと考えられる。なお当時の記録に、中之御屋敷を東之出丸としているものが多い理由は、このように東之出丸東側の堀が後から造られたことに起因していると考えられる。

(45)「天保二年四月　富山町火災書上」（富山県史）。

(46)『諸芸雑志』一〔巻之壱〕、同書七〔巻之四上〕、同書一二〔巻之八〕など。

(47)中之御屋敷は、天保二年の大火によって焼失するまで、藩主居所として用いられた。その後、嘉永二年（一八四九）には、中之御屋敷を再建する形で千歳御殿が造営されている。千歳御殿に関する近年の成果としては註5のほか、岡田悟・飯淵康一・永井康雄「富山城東出丸千歳御殿の平面構成と使われ方について―嘉永2年から安政2年まで―」（『日本建築学会計画系論文集第六二二号、二〇〇七年）がある。

(48)『富山市史　通史上巻』近世編第四章第二節　諸産業の発展と町人の活躍（富山市、一九八七年）

(49)『前田氏家乗』巻ノ四。

(50)これ以前、利興期にも藩主子女の居所として、三之丸外の外総曲輪に南之御屋敷が設けられている。「一南之御屋敷に御座被成候御連枝方又千代殿又吉殿と可申旨御寄合所より被　仰渡候旨頭より申通之事」（『随筆』宝永五（一七〇八）年五月十四日条）。

(51)浦畑奈津子「「富山城図」に見る飛州騒動」富山市郷土博物館「富山城図の変遷」展示解説シート、二〇〇六年

7.『喚起泉達録』創作の背景

藤田　富士夫

一．喚起泉達録の文体

伝助の執筆態度　『喚起泉達録』は、富山藩士野崎傳助（号蘇金、不明～享保一六年（一七三一））によって撰述された。書き出しは、「ある古老が言うには…」で始まる。古老は、傳助（以下、伝助）と出会い、「ようやく気心を通ずる人に逢うことができた」と感嘆し、古の盛衰を語り始めたとある。「筆のおもむくまま前後を繕わず傍らで聞いた事を一言の加減もなく唯そのままに残らず書留めた次第である」と記す。

伝助は、記述にあたって「古老からの聞書」の形式を採用したものと思われる。本文は片仮名交じりの楷書体で書かれている。「古老が言う」ところを、「前後を繕わず」「書留めた」と記すが、聞書であれば無意識的にも表される会話調や口語文としての文体がほとんど見受けられない。ときおり思いだしたかのように、「私曰く」や「老父が物語るには」が挿入されてはいるものの聞書の文体からはほど遠い。作者が、執筆に没頭する中で「序」で設定した話者聴者を忘却して〝記述体〟に陥っているきらいが見受けられる。すなわち、古老の登場は執筆上の便法の一つとすることができよう。

伝助は古老の昔物語に依拠して「歴史物語」を執筆するといった物語の採録者ではなかったようだ。むしろ現地主義を重んじていたと思われる。「野崎伝助が越中旧記〈聞書〉採録のために富山藩内を訪ね歩いた足跡の一つが婦中町長沢各願寺《かくがんじ》に残されている。宝暦年中（一七五一～六四）に住職弘裕の書いた文書に野崎伝助の名が記されている」このことは伝助の行動的実証的な性格を示していよう。[1] それは縄文前期の蜆《しじみ》ケ森貝塚（富山市）のことを記したくだりに顕著にうかがえる。「北ダイノ山ニスヾメノ宮トイフアリマタスヾメノ森トモ云モリノ中ニ小キ社アリ世人ノ流傅ニワ皆昔蜆貝舟ニツミ来リシニ此舟鳶トナリシヲ宮屋シキトシタリコノ鳶舟ノ形ニテ今モ此森ノ中ニハシヾミ貝ノカラ多アリト云フ」と紹介した後に、伝助は、「ナル程流デンニタガハズ土ヲ掘バ舟ノナリニシシヾミ貝ノ空アルナリ」と記している。(2)

ここは仮に、古老が流伝を語ったとする読み解きは成立するかもしれないが、かかる「流伝」をさらに古老が土を掘って確かめたとするのは混み入り過ぎたレトリックである。ここは直截に、「土を掘って流伝を確かめた」のは伝助自身の観察に基づいていると見るべきであろう。流伝を実証した行動は伝助自身の知的興奮となって、つい「ナル程…」といった自身による〝感動詞〟を用いての表現を書いてしまったのであろう。

なお、「流伝を確かめるために土を掘る」行為は素朴ではあるが近世における実証主義的な思想の表出を示している。この記述は越中における発掘調査の嚆矢としても有意である。

『喚起泉達録』の記述には古老を登場させて荒唐無稽な話を自在に語らせ、それを自問自答を繰り返しながら結論に導くといった文体が顕著である。このことが本書を読みづらく、そして内容を煩雑にしている。実は、このような個所にこそ作者伝助が眼前にある課題に向き合い、いかに合理的説明が可能かについて苦慮している姿がある。兎にも角にも自らが取材で感じ設定した課題を苦慮しながら〝説明〟しようとしていると思われる。古老からの聞書というのはレトリック上のことであろう。伝助自身の踏査によって収録した故事や伝承の記述にあたって、多くの人からの資料提供を「古老」という言葉で表現したものと思われる。

翁問対形式による叙述　ここで想起されるのは平安時代後期に成立した歴史物語『大鏡』に発する対話体・伝聞体による一連の独創的な記述法である。若い侍が二人の老翁から昔語りを聞く『大鏡』、老仙人に由縁する昔話を筆録した『水鏡』、文学好きの女性が老尼の昔話を聞く『増鏡』、百五〇歳を超えた老婆から昔話を聞く『今鏡』、神代の塩土翁《しおつちのおきな》が語る長物語を書きとめた『秋津島物語』などがある。

かかる文体はミヤコ人による書き手によって成立したと出来るが、一方で地域文化へも及んでいる。

中世の播磨の地誌に『峰相記《みねあいき》』がある。江戸時代前期、延宝二年（一六七四）に広峯神社（姫路市）の神官・谷主税による写本が残っている。原本の成立期は南北朝初期と推測されている。作者は不明だが、恐らくは僧侶であったとみられている。本書は、鶏足寺《けいそくじ》に参詣した作者が、そこで旧知の老僧に出会い、すすめられるままに一宿し老僧の語る物語を書きとどめるといった体裁をとっている。『峰相記』の総合的研究を進めた神栄赳郷は、「筆者は本書の叙述に、平安時代後期の『大鏡』が老翁ら三人の昔語りを記録するという設定をして以来、定型化した物語歴史風の体裁をとっている」、「この老僧が著者そのものに相当し、また著者の分身であると考えていいと思う」と説いている。(3)これらは、いずれも冒頭部で人知を越えた老人を紹介するところから始まる。

一方、江戸時代には翁問対《おきなもんどう》の形式による叙述が少ないながらも認められる。柳沢昌紀は、『信長記』と『太閤記』の中にかかる形式のあるのを指摘している。その一書『信長記』は江戸前期、慶長九年（一六〇四）に成立したとされ巻十五末尾の「信長公早世之評」に「或老人曰」と記されている。この老人について、柳沢は「異体ナル翁」と書かれていることに注目し、「人知を越えた存在としての仏神性が、微少ではあるが、感じられる」と説いている。(4)

ただし、『喚起泉達録』では序文にあたる冒頭部から古老が登場する。その文体は、『大鏡』などを想起させるものである。すなわち『喚起泉達録』は、近世に行われた翁問対の叙述世界にあるとはいえ、文体においては古代末に確立した『大鏡』に発する歴史物語の記述法を意識しているとできよう。(5)すなわち『喚起泉達録』は、かかる文学の叙述形式を意識しての、越中に関わる地誌・旧記版とできそうである。次に、著述姿勢の具体を見ておきたい。

二・『喚起泉達録』著述の具体

大若子命による阿彦征伐譚　ここでは、大若子命《おおわくごのみこと》による阿彦征伐譚を取り上げて論じたい。『喚起泉達録』（『清水本』巻之五・巻之七、『桂本』〔註1〕巻之十・巻之十三・巻之十四）を貫いているのは大若子命による越の阿彦征伐である。概要はおおよそ次のようなものである。

《神武天皇の時代やそれ以前、越中国には阿彦《あびこ》国主がいて人々を兇行支配していた。阿彦は、第三代安寧天皇九年に百六十余歳で亡くなった。阿彦国主には男女の二子があり、女子を支那夜叉《しなやしゃ》、男子を阿彦峅《あびこたけし》という。阿彦峅は、第十代崇神天皇による四道将軍派遣によって大彦が越中国に滞在していた間はおとなしく「忠勤」していた。大彦は、かつてただ一人阿彦国主を恐れなかった手力主比古の末孫・椎摺彦《しいすりひこ》と手摺彦《たすりひこ》（手力摺彦）の兄弟に国造りを託し、彼らは安田城など十二堡陣（城）を築き、農業生産に励み穏やかな国造りを始めた。

ところが阿彦峅は、大彦が帰洛した後は、朝夕酒色に荒れ、殺戮に明け暮れる凶賊と化した。この間、姉の支那夜叉は越後国の黒姫山の邵天義《しょうてんぎ》に嫁ぎ一人の男子、支那太郎を生んだ。支那夜叉、支那太郎の母子は残酷凶悪な性格で、それを諫めようとした父をも殺そうと企てた。これを察知した邵天義によって母子は黒姫山を追い出され、阿彦峅の所に身を寄せた。阿彦峅に悪行凶暴な支那夜叉、支那太郎が加わり、またたく間に争乱の世となった。手摺彦等が築いた十二堡陣は次々と阿彦峅によって破られていった。手摺彦は最後の頼みとする甲良彦《こうらひこ》が戦いに敗れたと聞き、帝都へ使者を派遣して凶賊の追討を乞うた。

時は、垂仁天皇八十一年のことであった。天皇は大若子命に、凶賊阿彦峅追討を勅命し、「標ノ剣」を下賜した。大若子命は、猿田彦命の後胤にあたる佐留太舅《さるたのじい》の案内で越前の海から能登の珠洲を経て海路越中岩瀬の浜へ着き、大竹野で手力摺彦兄弟や十二堡陣の将や郷の人々の出迎えを受けた。「岩峅之堡《いわくらのほ》」を拠点とした阿彦峅の激しい抵抗が続き追討は難航した。火攻めにもあい危うい場面もあったが、身に帯びていた標劍が自ら抜け出て傍らの草を薙ぎ払い危機を脱することができた。それは「草薙《くさなぎ》ノ劍」とも称え奉られた。

戦況が動いたのは、大若子命が大竹野の宮に留まる姉倉姫から賜った軍旗「手長白旗」を掲げ諸将に配って凶賊を攻めたことに始まる。大若子命は三年間戦い、ようやく阿彦峅とその一族を滅ぼすことができた。垂仁天皇八十四年夏六月、めでたく帰洛した大若子に天皇は、命が幡を初めて作ってその幡を掲げて賊を滅ぼした功績を称え、大若子命を改め大幡主命の称号を与えた。更に神号を賜り大間社に祭られ、御劍も大間杜と一緒に草薙社に祭られた》

伝助の記述の原点

『喚起泉達録』〈大若子命、阿彦を征伐する事〉の一節は、様々な歴史知識を駆使して書かれている。読み進めていくとあたかも蓄音機の針のように論旨が横に飛び、読者を混乱させる。けれどもその骨格はあくまでも、大和の大若子命の地方凶賊の討伐にある。かかる物語の検討はすでに、本書刊行の代表者である棚元理一によって仔細に行われているが、[6] ここでは少しばかり角度を変えて考えてみたい。

さて、大若子命と越国凶賊阿彦の記述は、伊勢の豊受大神宮（外宮）の祠官である度會《わたらい》氏の系図に見られる。[7]

系図の撰述は徳治二年（一三〇七）～延慶二年（一三〇九）の間とされている。それによれば、度會氏は天御中主《あめのみなかぬし》尊《みこと》に発する。大若子命は櫛眞乳魂尊、天曾巳多知命、天牟羅雲命、天日別命など多くの尊命を経、彦久良為命の子として記されている。つまり天牟羅雲命《あめのむらくものみこと》七世孫で「度會神主遠祖」、すなわち伊勢神宮外宮神主の最初に位置付けられているのが大若子命なのである。

系図注記（尻付）によれば、「〈一名大幡主命《おおはたぬしのみこと》〉〈大神主〉右命巻向玉紀宮御宇天皇御世仕奉支尓時越國荒振凶賊阿彦在天不従皇化取平仁罷止詔天標劔賜遣支即幡上罷行取平天返事白時天皇歡給天大幡主名加給支（下略）」とある。「巻向玉紀宮」は纏向珠城宮《まきむくのたまきのみや》のことを云い、そこでの治下を行ったのは第十一代の「垂仁天皇」である。垂仁天皇は皇女の倭姫命《やまとひめのみこと》に天照大神を伊勢国に祭らせるなど祭祀を整備したことでも知られている。

『伊勢国風土記』（逸文）の「安佐賀社」（参考）には、阿佐賀山の荒悪ぶる神の為行を、倭姫命、中臣の大鹿嶋命・伊勢の大若子命・忌部の玉櫛命を遣りて、天皇に奏聞さしめき。天皇、詔りたまひしく、「其の國は、大若子命の先祖、天日別命の平けし山なり。大若子命、其の神を祭り平して、倭姫命を五十鈴の宮に入れ奉れ」とのりたまひて（下略）」とある。(8)

田中卓は、この記述に従い、倭姫命の配下の随伴者にこれらの人物がいて、行手に蟠踞する〝荒悪神〟を平定したとする古伝は、これを認めてよいであろうとする。(9) その正否を判断する能力はもたないが、傾聴すべき説と思われる。

系図の記述は、近世初期の神道家である出口（度会）延佳が寛文十二年（一六七二）に刊行した『日本書紀神代講述抄』（巻之三）によってより仔細に語られる。ここに「標劔」（草薙劍）の記述の一部を引用してみよう。

「此所謂草薙劍也とは、古しへより劍を草薙といひ

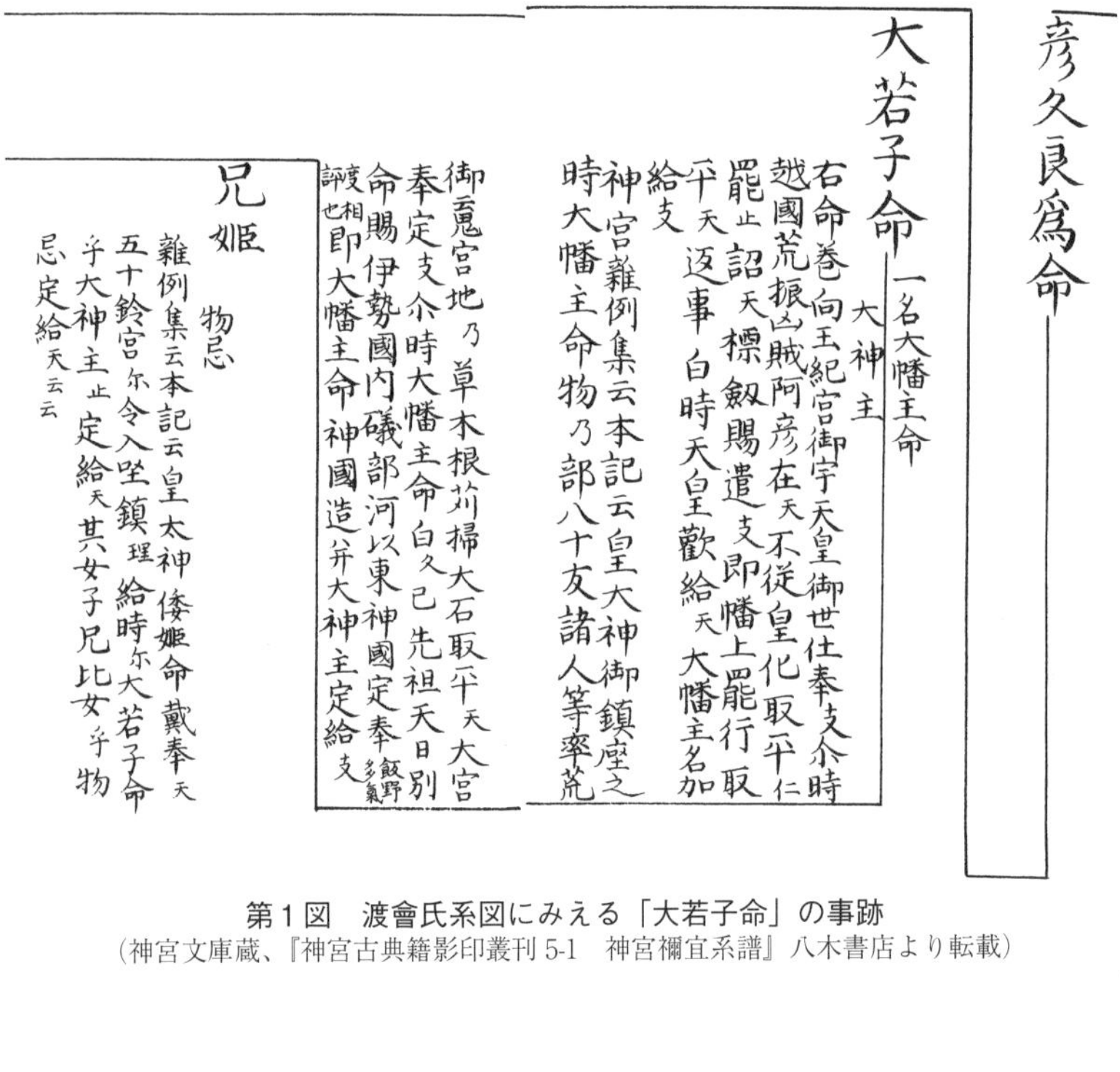
彦久良爲命
大若子命　一名大幡主命
大神主
右命巻向玉紀宮御宇天皇御世仕奉支尓時越國荒振凶賊阿彦在天不従皇化取平仁罷止詔天標劔賜遣支即幡上罷行取平天返事白時天皇歡給天大幡主名加給支
神宮雜例集云本記云皇大神御鎮座之時大幡主命物乃部八十友諸人等率荒御竈宮地乃草木根苅掃大石取平天大宮奉定支尓時大幡主命白久己先祖天日別命賜伊勢國内礒部河以東神國定奉飯野多氣度相評也即大幡主命神國造并大神主定給支
兄
姫　物忌
雜例集云本記云皇太神倭姫命戴奉天五十鈴宮尓令入坐鎮理給時尓大若子命乎大神主止定給天其女子兄比女乎物忌定給天云云

第１図　渡會氏系図にみえる「大若子命」の事跡
（神宮文庫蔵、『神宮古典籍影印叢刊 5-1　神宮禰宜系譜』八木書店より転載）

たるにや。一書の説には、日本武皇子より名づけたるのよしに侍り。神宮におゐて草奈伎社といふは、日本武皇子より以前垂仁の御宇に、越國凶賊阿彦といふ者を、平らげに罷れと、大若子命にみことのりして、標剣を賜ふ。すなわち幡をあげて退治せしかば、大幡主と名を賜ひ、大間社と祝ふ。其標劍も大間社と一所に、草薙社と祝へり。しからば草薙は劍の事にして、上古よりの名とせると。又日本武皇子東夷征伐の時、駿河の野にて、凶賊火を放て皇子を焼奉んとせし時、劍自抽《ぬき》て傍らの草を薙攘《はら》ふ。これによりて名づけて草薙といふとの両説なりとぞ」

とある。[10]

この内容は前述した『喚起泉達録』の阿彦討伐譚の概要とそっくりである。『喚起泉達録』の方が後出なので倣っていることは明瞭である。より仔細に見ると伝助は、巻之七〈注釈・「草薙の御劍」由来の事〉で、次のように記している。「日本武皇子より名づけたるのよしに侍り。(下略)」と、以下の文をここでは省略したが『日本書紀神代講述抄』をそのまま引用している。そして、「一書の説には」と原典を伏せ、草薙は標劍のこととする説を紹介し、「この説から見ると当国の流伝に合う」と説いている。[11] ここでは逐一類似箇所を指摘する余裕はないが、『喚起泉達録』の阿彦征伐譚の論旨は、出口延佳の『日本書紀神代講述抄』に沿って書かれていることは間違いない。古老の話としての記述法を採るが、最終的には『講述抄』の論旨を越中国の風土に適合させた解釈を落としどころとしている。

阿彦伝承の広がり　直木孝次郎は日本古代(平安前期まで)のウヂ、カバネに見えるアヒコ(阿比古、阿毗古、阿弭古など)史料を三五例集成し、「阿比古を称する氏族は、大化前代を遡るかなり古い時代に皇室と深い関係を持ち、畿内を中心として栄えた豪族であるらしい」、「官職としての阿比古が制定され、機能を発揮した時期は…(中略)…四世紀代に遡りうるかもしれないが、五世紀を中心に考えるのが穏当だろう」と説いている。一方で、豊受大神宮禰宜補任次第の史料が、大幡主命(大若子命)の事績を、「越國荒振凶賊阿彦在天不従皇化(下略)」と記すのを、筑紫国造磐井の乱を念頭に置いて解釈している。「奈良朝には吾孫をウヂとするものが越前国坂井郡にいた」とあり、越国凶賊の

阿彦のそれは「アヒコを氏姓とする土着の豪族が越前のあたりで朝廷に反抗した」事蹟の伝説化したものと説いている。(12)

直木は、越国荒振凶賊阿彦の伝説は〝越前国〟辺りの事蹟とみている。史料が示すアヒコ分布範囲からすれば、それは認められるところである。一方で、『喚起泉達録』が阿彦の本拠地を越中（今の富山県）と記し、また大若子命（＝大幡主命）を祭神とする神社が当地域を中心に散見できる。史書から抜け落ちた伝承の分布とできよう。棚元理一は、富山市住吉の神明社・八幡の八幡宮・布目の神明宮、富山県射水市大門町の櫛田神社、石川県金沢市久安の御馬神社、同小松市（能美郡）吉竹町の幡津神社にそれを見出している。その広がりは、『喚起泉達録』が描く舞台とほぼ重なっている。(13)

一方、かかる伝承は新潟県にも広がっている。佐渡市（旧、加茂郡大倉村）の式内社、大幡神社の祭神は大股王命であるが、神社名からしても本来は大幡主命であるとされ、また天明から寛政年間（一七八九～一八〇〇）に藤沢子山によって編まれた史書『佐渡志』では、垂仁天皇の御時に「北狄」を平らげた功によって大若子命から大幡主命へと改名されたとある。(14)

上越市の式内社・居多《こた》神社の境内地には慶応三年以前に大間神社一座があったが現在では残っていない。大間神社一座には大若子命が垂仁天皇の時代に「越後国」の凶賊阿彦を退治したとする社伝があったとされる。(15)また式内社・伊夜比古《いやひこ》神社の古伝に「「頸城郡」に阿彦という者ありて、王命に背く、大幡主命勅賜り征伐す」（『北越雑記』所収）とある。(16)

越後（新潟県）での阿彦は、その本拠地が「越後國」、「頸城郡」とあって、固有の土地と密接に結びついている。それは、垂仁期のことで、凶賊は阿彦、征伐した大若子命が「標劍」と「幡」で表象されるといった定型化した基本構造を有している。しかもそれらの伝承は式内社のいくつかに定見的に散在している。

つまり阿彦伝承は、越前東半部～越中、越後にかけて濃厚に分布しているのである。それが大若子命（大幡主命）を祭神とする神社で定型的に見られるのは、元となる伝承が伊勢神道の北陸伝播に伴って成された可能性を示唆する。とすれば自ずから大若子命と凶賊阿彦譚の成立は、直木孝次郎がアヒコのカバネ制定の時期とする「五世紀」ではなく、それをはるか下り、度会伊勢神道が成立して以降に想定されるものとなろう。つまり、ここではカバネ制によるアヒコ分布と、伊勢神道の広がりによるアヒコ分布の二層があると想定するのである。

支那夜叉と支那太郎の名称　阿彦峅の姉・支那夜叉とその子・支那太郎は、度会伊勢神道関係書には出てこない。それは『喚起泉達録』固有の名である。本貫地は、「岩峅之堡」と書かれているので、同様の地名を残す富山県中新川郡立山町岩峅寺《いわくらじ》辺りに想定できよう。岩峅寺には延喜式内社の雄山《おやま》神社がある。雄山神社は立山山頂の峰本社、芦峅寺《あしくらじ》の中宮祈願殿、そして岩峅寺の前立社壇の三位一体で成っていて、立山信仰の主体を成す。『喚起泉達録』は、前立社壇の近域に凶賊が蟠踞《ばんきょ》していたと説いている。雄山神社の祭神は、天手力雄命《たぢからをのみこと》と伊邪那伎命《いざなぎのみこと》である。阿彦峅討伐で活躍するのが、手力主比古（天手力雄命に通ずる）の末孫とされる椎摺彦と手摺彦（手力摺彦）である。深読みにすぎるかもしれないが阿彦峅討伐は、実は立山神が大和の大若子命勢力の加勢を得て、他の地域豪族を降していく平定譚と見ることも可能である。婉曲に描かれてはいるものの、雄山神社祭神の在地性が説かれ、その称賛が基底にあるともできそうである。

第２図　雄山神社（岩峅寺）のたたずまい

伝助は、凶賊名を「支那夜叉」や「支那太郎」としている。そのヒントを雄山神社の「風神祭祝詞」から得た可能性があるかもしれない。それは「懸巻毛畏伎志那都比古命志那都比賣命乃御前爾　恐美恐美毛白久……」といったものである。[17]ここに志那比古命《しなつひこ》（＝級長津比古神）と志那比賣命（＝級長津姫神）とが見える。

鎌倉時代中期（文永・弘安期）に成立した『倭姫命世記』には、「風神〈一名は志那都比古神。広瀬・龍田は同じ神也〉」と記されている。[18]そこでは比古神だけが記されている。一方、雄山神社では「風神祭祝詞」が示すように、かつては比古神と比売神の両神が奏上されていた。いずれにしろ両神は、今日の諸祭にあっては、ともに風の神や水難除祈願祭などの祈願対象神とされている。[19]

一般に威力のある神になればなるほど、それを丁寧に慰撫しなければ災いをなすとされている。神を慰撫するとは慎みのある祭祀行為を指す。風神である支那比賣命においても同じである。風神は、祭祀がおろそかであれば、荒々しさを発揮する。伝助は、そのイメージから、「支那夜叉」を創生したものと思われる。また、その子である支那太郎は、長男としての命名であろう。[20]

さて、『喚起泉達録』の登場人物の名は、〝支那〟の命名で見たように、時として伝助が取材で入手した歴史人物からヒントを得ている可能性がある。加えてもう一例紹介しておこう。手摺彦が阿彦峅との戦いで最後の頼みとした武将に「甲良彦」がいる。そのモデルは富山市愛宕の盛池山乗光寺《じょうこうじ》（浄土真宗西本願寺派）の寺伝にうかがえる。同寺は永正八年（一五一一）主願の開基と伝え、「主願の俗名は内山十郎左衛門尉元重にして、第四十二代文武天皇の随臣の公家、甲良人麿の嫡流内山大臣人麿の末裔なり。もと駒見ノ庄（富山市田刈屋）十六ケ村の領主なりしが出家して真言密家の行者となり（下略）」とある。愛宕町に今も所在する「桃の井」を伝助は取材し『喚起泉達録』に記述している。乗光寺は、富山城主から現在地を寺領として賜っている。富山藩士である野崎伝助が、乗光寺の寺伝から、「甲良」の名を借用した可能性が大きいと推考される。

三．おわりに

『喚起泉達録』は、内容に荒唐無稽な箇所が見られることから一般に史書としての価値は皆無であるとも評される。確かに、論旨や話題が飛躍したり知識の羅列や多くの脚色があったりする。今日の歴史知識からすれば、時代錯誤も目立つ。

一方ここに「大若子命の阿彦征伐譚」で見たように、その骨格は伊勢神道に通じた出口（度会）延佳が著した『日本書紀神代講述抄』の記述に忠実であることが知られるのである。伝助は伊勢神道が説く大若子命の越国凶賊征伐譚を、越中国に残る様々な事象から跡付けしようと試みたのではなかろうか。このような執筆態度は今日の歴史研究手法からみれば演繹的方法とできよう。かかる姿勢で、現地を訪れ古記や古伝承を精力的選択的に拾い集め、演繹的推理を駆使して執筆に没頭したかのようである。執筆の過程で、自らの推理や情報をあまねく吐露したいといったこみ上がる衝動そのままに筆を走らせたものと思われる。このことが、本書の理解を困難なものとしているのであろう。

今日の「歴史文芸家」が実地に取材し、そこで得られた伝説や史料から生き生きと地域物語を語るように、伝助は、実によく藩内を調査している。行動範囲は広く富山藩や加賀藩の領域に及んでいる。現代の地理で言えば、富山県域と能登半島一帯をくまなく踏査している。そこに記された事象には、少なくとも伝助の生きた江戸時代中期の古跡情報や古伝が含まれているであろう。

ここに、はからずも伝助を今日の「歴史文芸家」に比したが作品としては荒削りの感が強い。取材した素材や自らの思いを未整理のまま放り込んでしまっている。けれども、その粗さが幸いして本書には江戸時代の思想の一端をうかがう素材がいくつも眠っている。本書は文学テクストとして俎上にある。江戸時代の好事家による荒唐無稽な書と見るか、それとも砂中に金を見いだすかは本書と向き合う姿勢如何にあると思われる。

註

（1）資料集成編集委員会編「解題・喚起泉達録」『喚起泉達録　越中奇談集　越中資料集成11』桂書房、二〇〇三年・四六九頁
（2）註1前掲書・一六三頁
（3）神栄赳郷『播磨の地誌　峰相記の研究』郷土志社、一九八四年・一二一頁
（4）柳沢昌紀「甫庵『信長記』の異文反古と『太閤記』」『江戸文学41　軍記・軍書』ぺりかん社、二〇〇九年・一四頁
（5）けだし『喚起泉達録』にあっては、序文で対話体・伝聞体宣言が行われてはいるが、本記にあっては不徹底で、むしろ記述体へと流れている。『喚起泉達録』は、様々な地誌、故事を熟知する「気心を通ずる人」を登場させている。その語りは舞台重視の視点で展開される。すなわち豊富な地名の知識を背景として語られている。そのこと自体は、筆者自身の文体として採用されたレトリックであったとするのが適切と思われる。
（6）棚元理一『「喚起泉達録」に見る越中古代史』桂書房、二〇〇三年
（7）神宮古典籍影印叢刊編集委員会編『神宮古典籍影印叢刊5－1　神宮禰宜系譜』八木書店、一九八五年・一六七頁・解説六頁
（8）秋本吉郎校注『日本古典文學大系2　風土記』岩波書店、一九八九年版・四三七頁
（9）田中卓「神宮の創祀」『田中卓著作集4　伊勢神宮の創祀と発展』国書刊行会、一九八五年・三五頁
（10）神道大系編纂会編『神道大系　論説編七　伊勢神道（下）』神道大系編纂会、一九八二年・二六二〜二六三頁
（11）皇學館大学教授の田中卓は、大若子命が越国の凶賊阿彦征伐に賜った標劍は、後の草薙の劍そのものであると説いている。それは所伝では伊勢神宮（外宮）の摂社草奈支神社に祭られている。世に知られている熱田神宮に奉祭されている神劍は御代器であろうとする。その論旨は多岐にわたっている（田中卓「神宮の創祀」『田中卓著作集4　伊勢神宮の創祀と発展』

国書刊行会、一九八五年・三七～三九頁。同「八岐大蛇退治伝説の史的背景」『田中卓著作集1 神話と史実』国書刊行会、一九八七年・一六一～一六四頁)。

(12) 直木孝次郎「阿比古考」『日本古代国家の構造』青木書店、一九六六年

(13) 註6前掲書・七八～七九頁

(14) 花ヶ崎盛明『越佐の神社―式内社六十三―』新潟日報事業社、二〇〇八年・一三〇～一三一頁

(15) 高橋義彦編『越佐史料　巻二』名著出版、一九七一年・二七頁に大間社と社伝の記述がある。花ヶ前盛明「174 五智六丁目 居多神社」『上越市史　別編3　寺社資料一』上越市、二〇〇一年・四〇四頁に大間神社の記述がある。

(16) 高橋義彦編『越佐史料　巻二』名著出版、二七頁・二〇六頁。今日、彌彦神社（新潟県弥彦村）の境内社の一つに「（摂社）草薙神社」がある。

(17) 高瀬重雄校注「雄山神社祈願殿等年中行事祝詞」『神道大系　神社編三十四　越中・越後・佐渡國』神道人系編纂会、一九八六年・一九三頁

(18) 大隅和雄校注『日本思想大系19　中世神道論』岩波書店、一九七七年・三三頁

(19) 西牟田崇生編著『平成新編　祝詞事典』戎光祥出版・四一一～四三七頁

(20) 富山県域の多くでは皮膚に触ると痛さを感じるイラガのことを「シナンタロウ」と呼んでいる。支那太郎と語感が酷似しているので、その伝承を有する地域の俗称として悪虫であるイラガをシナンタロウと呼ぶようになったのかもしれない。イラガは新潟県ではシバムシ、福井県ではイラムシなどと地域呼称が多彩であり、シナンタロウと呼ぶのは富山県の射水、新川地域を主としている。あるいは、もともとシナンタロウの呼称があって、それから支那太郎が類推されたとも考えられる。

第三部　意義と研究

1. 喚起泉達録の中の大国主神

瀧音　能之

一. 問題の所在

大国主神は、日本神話の中で重要な位置をしめる神として知られている。『古事記』や『日本書紀』の神話、いわゆる記・紀神話において、高天原における天照大神に対して、地上の主宰神としての役割を果たしている。自らはスサノオ神の末裔としての出自をもち、国作りから国譲りを経て、杵築大社（出雲大社）に鎮座したと記されている。

現在でも出雲大社の祭神として、多くの人々の信仰を集めている。このことは、大国主神が現代においてもなお、「生きている」ということを意味していよう。言葉をかえるならば、記・紀神話をはじめとする古代の史料によって知られる大国主神が時を経て現代でもその役割を果たしているといえるのである。

したがって、わたしたちは古代の大国主神の性格が現代でも保持されていると単純に思いがちである。逆にいうと、現代の大国主神の姿が古代からのものであるかのような錯覚に陥ることがあるのではなかろうか、ということである。たとえば、現在、大国主神というと、「ダイコクさま」という名称で親しまれ縁結びの神として有名である。しかし、この「ダイコク様」という呼び名は、大黒天との習合の結果できた呼称であり、少なくとも記・紀が成立した八世紀初めにはこうしたことはみられない。また、縁結びの神としての性格も記・紀などから積極的に見い出すことはできない。また、記・紀とほぼ同時期にまとめられた『出雲国風土記』をはじめとする諸国の『風土記』の中にもそうした縁結びの性格をうかがうことは難しい。

しかし、現代における大国主神のこうした要素や性格は即席にできたものではないこともたしかであろう。そこには、古代以来の人々の宗教的及び思想的希求があったことをみのがしてはならないであろう。重要なことは、大国主神でいうならば、古代に端を発したものが、その後、どのように人々に認識され、受容されていったかを明かにすることである。つまり、古代の大国主神、中世の大国主神、近世の大国主神、近現代の大国主神といった時間軸を明瞭に意識することが必要不可欠なのである。それと同時に地域の問題も考える必要があろう。同時代であっても地域差があれば、考え方やとらえ方に相違が生じる可能性は十分であるからである。

こうしたことをふまえるならば、『喚起泉達録』がもつ意味の重要性がみえてくるのではなかろうか。富山藩士であった野崎伝助が一八世紀はじめにまとめた『喚起泉達録』は、越中各地の伝承を集め、その歴史を述べたものであるが、こと大国主神についていうならば、江戸時代中期における越中での大国主神観といったもののおおよそを知ることができる重要な文献史料でもある。

以下、近世・越中をキーワードとして、『喚起泉達録』の中にみられる大国主神を検討することにしたい。

二．『喚起泉達録』と大国主神

越中の古代を物語る神話・伝承としては、三つの大きな柱があるとされている。すなわち、ひとつめは越中船倉山の神である姉倉比売と能登杣木山の神である能登比咩との争いであり、ふたつめは崇神天皇の時代に四道将軍の一人として大彦命がやってきて平定したという伝承であり、最後は垂仁天皇の時代に阿彦が起こした反乱を天皇の命によって大若子命が鎮圧したというものである。

これらのうち、大国主神が関わるのは、最初の船倉神と能登神の伝承である。その伝承の概要はというと、船倉山の神である姉倉比売と能登の補益山の神のイスルギヒコは夫婦神であったが、イスルギヒコが能登比咩と深い仲になってしまった。そこで姉倉比売が怒り妬んで能登比咩に戦争をしかけた。この戦争を越中にやってきた大国主神が終わらせ、敗れた姉倉比売は小竹野に流され、布を織って犯した罪を償ったというのである。

ところが、この神話は主として、『肯搆泉達録』に拠っている。『肯搆泉達録』は、『喚起泉達録』の著者である野崎伝助の孫にあたる野崎雅明が文化一二年（一八一五）に著した越中最初の通史であり、全一五巻からなる。雅明は、祖父である伝助の『喚起泉達録』が散逸してしまっていることを惜しんで、それを探し、自らも加筆をおこなって『肯搆泉達録』をまとめたとされる。

いま、『肯搆泉達録』をもとにあらためて問題としている神話についてみるならば、姉倉比売と能登比咩とは各々、神々を味方につけ激しく争ったので戦いは長期にわたり、「怒気、積陰をなす、混々沌々として両儀の光を見ず、四序分たず、蒼生育せず」という状態になってしまった。大地の諸神は困りはて高皇産霊尊にこの状況をつげたところ、高皇産霊尊は驚いて大己貴命すなわち大国主神を越に天降りさせ、闘争の平定を命じた。大己貴命は、ます「越の神胤」である雄山の手刀王比古命、船倉山のオサ子姫命、篠山の貞治命、布倉山の伊勢彦、鳳至山の釜生彦の五神を召集した。大己貴命は、イスルギヒコが色欲にふけったことが争いの原因であるとしてこれを討とうといったが、手刀王比古が話し合いをすすめたので大己貴命もこれを認めた。そこで、姉倉比売・イスルギヒコ・能登比咩に和解するように迫ったがききいれられなかったので、大己貴命は軍議を開き討伐することになった。

以上が、『肯搆泉達録』のみに記されている神話であり、このあとの展開については『喚起泉達録』にも記載がみられる。しかし、『喚起泉達録』には散逸した部分が多く、いまだにその全体像をつかむにはいたっていない。たとえば、近年、越中資料集成の中の一冊として地元の桂書房から刊行された『喚起泉達録・越中奇談集』をみても、『喚起泉達録』一五巻のうち巻一、巻二のあとは巻七となっている。つまり、この「桂本」の場合、巻三から巻六までは欠損となっているわけである。そして、本稿でとりあげようとしている船倉神と能登神の闘争とそれを平定した大己貴命の神話は巻四になっている。したがって、従来、この部分は欠損部分であったため、『肯搆泉達録』に頼るはかなかっ

たのであるが、近年、「清水本」が発見され巻四をみることが可能になった。その巻四の目録をみると、

大己貴命船倉能登ヲ責給フ事
　附旧跡幷物之因縁ヲ解事
大己貴命船倉能登ニ神ヲ囚トシ役ヲ授給フ事
大己貴命国ヲ調祭リ給フ事
　・神之辻ト云事

とあり、三節に分けて、大己貴命すなわち大国主神の活躍を描いている。

それぞれの概要をみるならば、はじめの「大己貴命船倉能登ヲ責給フ事」では、大己貴命が招集した五神と軍議を開いたとある。そして、五組の日鉾を作り、それに五色に染めた幣をそれぞれ色別に結びつけた。そして、五神に戦いの意義をのべ、五か所の砦を築いて配置し日鉾を各々、立てて神を祀った。たとえば、赤い鉾は手刀王比古命の砦に立てて「天照大御神」を祀った。同様に、白鉾はオサ子姫が立てて月夜見尊を祀り、黒（紫）鉾は釜生比古が立てて天穂日命を祀り、黄鉾は大己貴命が自ら立てて級長津彦命と少童命を祀り、青鉾は貞治命と伊勢比古命が立てて軻遇突知命を祀ったとある。

次いで、「大己貴命船倉能登ニ神ヲ囚トシ役ヲ授給フ事」では、大己貴命たちがまず姉倉比売を攻めてこれを捕え、そののち伊須流伎比古と能登比咩を攻めてこれを捕え懲らしめた。これによって天地が相和し、国が平穏になったという。

最後の「大己貴命国ヲ調祭リ給フ事」では、戦いに勝利した大己貴命が五神や諸々の神から祝いの言葉を受け、それに対して、自分は天尊の詔を奉じて「越の国造」として天降り、神々の力で闘争を静めることができたと感謝の言葉をのべた。そして、ことごとく国を造り終えてのち、威光を顕す神として鎮座し統治すると告げて越中を去ったと

ある。

以上、大己貴命の動向に焦点を合わせて事件のおおよそを追ってみた。これらをもとに『喚起泉達録』の中の大国主神（大己貴命）について以下、検討を加えてみることにしたい。

三．大己貴命の特徴

『喚起泉達録』の巻四にみえる大己貴命に焦点をあわせて、その動きを追ってみた。そこには古代の大己貴命、とりわけ記・紀神話のなかの大己貴命とはまったく異なった大己貴命像をみることができた。特に、『喚起泉達録』巻四の「大己貴命国ヲ調祭リ給フ事」には、大己貴命について興味をひかれる記述がみられる。

そこで、あらためて巻四の「大己貴命国ヲ調祭リ給フ事」に目をやるならば、まず、大己貴命は船倉・能登の争いが治まったことを祝う諸神に対して、自分は天尊の詔を奉じて越の国造になって天降ったとのべている。ここにいう「天尊」とは、『喚起泉達録』を参考にするならば、高皇産霊尊ということになる。つまり、高皇産霊尊の命をうけて越の国造として天降ったということになる。

この点は、記・紀神話とはまったく異なった記述となっている。第一に大己貴命は、葦原中国の主宰神であり、国神の代表というのが記・紀神話での大己貴命である。しかし、『喚起泉達録』では、あたかも天神のなかの一神であるかのように記されている。また、高天原の主宰神についても留意する必要がある。というのは、『喚起泉達録』では高皇産霊尊が主神としての役割を担っているからである。この点に関しては、記・紀神話をみるといくつかのバリエーションを指摘することができる。『古事記』、『日本書紀』にみられる国譲り神話と天孫降臨神話とにおいて中心的役割を担っている神をまとめたものが表1である。

これをみると少し意外なことに気がつく。というのは、わたしたちは一般に高天原の主宰神というと、アマテラスを想定するのが普通ではなかろうか。しかし、実際には記・紀をみるとアマテラスと同時にタカミムスヒの役割が大きいことが表からもあきらかである。むしろ、表をみるとタカミヒムスヒの方が高天原の主宰神としてのウェイトが高いとさえいえるのではなかろうか。特に、『日本書紀』の本文は、タカミムスヒを高天原の主宰神としており、『喚起泉達録』はこれをふまえているといってよいであろう。

また、その後の大己貴命の動向も興味深い。すなわち、戦勝を祝う諸神が去ったのち、大己貴命はいまだ欠けた所や過ぎたところがあるといい、国作りに着手するのである。その一例として、釜生比古に命じて布倉山の鉄を使って釜をつくらせたりしている。こうしてオオナムチは、ことごとく国作りをおこなったとされている。この点は、記・紀神話にみられる国作り神としての大己貴命の姿を踏襲しているといってよいであろう。

書名／神話名	国譲り神話	天孫降臨神話
『古事記』	アマテラス（タカミムスヒ）	アマテラス・タカミムスヒ
『日本書紀』第九段本文	タカミヒスヒ	タカミヒスヒ
同　第一の書	アマテラス	アマテラス
同　第二の書	天神	タカミヒスヒ・アマテラス
同　第三の書		
同　第四の書		タカミムスヒ
同　第五の書		
同　第六の書	タカミムスヒ	タカミムスヒ
同　第七の書		
同　第八の書		

表１　記・紀における高天原の主宰神

さらにそののち、大己貴命は威光を顕わす神として鎮座し統治すると告げて越中を去ったと記されている。つまり、大己貴命は越中には留まらないが、統治者としての立場はそのまま維持しつづけると宣言していると考えられる。この点に関しては、『喚起泉達録』が完成した江戸時代中期には大己貴命は出雲大社の祭神でそこに鎮座しているということは周知であったろうから、大己貴命を越中に留まらせつづけることは困難であったのであろう。したがって、大己貴命は自分の役割を終えたのちは、越中を去ることになったのであろう。問題なのは、大己貴命が越中を去ったのちも地上の世界を統治するとのべている点である。というのは、記・紀にみられる国譲り神話においては、最終的に大己貴命は地上の世界、すなわち顕界を天孫に譲り、自らは幽界に移り住んでいるからである。そしてこのことは、天孫の地上支配を正統化するために欠かすことのできない要素であり、記・紀にとっても最も重要なポイントのひとつといえる。

しかし、のべたように『喚起泉達録』においては、大己貴命が地上の支配者でありつづけるという形をとっている。この点については、『喚起泉達録』がまとめられた江戸時代という時代の歴史認識が大きく作用しているものと推測される。つまり、幕藩体制を基盤とする江戸幕府の統治下において、日本列島の実質的な支配者は徳川将軍であるという意識が一般化し、それに伴って天皇が支配者であるということの実感が弱まってしまっていると思われる。

四．結語

『喚起泉達録』を素材にして、江戸時代という時代に越中というエリアにおいて、大国主神がどのように認識されているか、ということを検討してきた。もとより十分な検討ができたとはいい難いが、大国主神があきらかにその姿を古代とは変えていることは理解できたかと思う。いまあらためて、その大きな変化をまとめるならば、二点のことがいえるかと思う。そのひとつは、大国主神の天神化である。本来、国神の代表として天神と対するはずの大国主神があたかも天神の一員であるかのような登場をしているのである。この点は、記・紀とは大きく異なっており、まさに『喚起泉達録』の世界といってよいであろう。

ふたつめは、与えられた役割をはたしたあとの大国主神の位置である。記・紀では大国主神は、最終的に顕界を退いて幽界に落ちつくことになっている。しかし、『喚起泉達録』ではみたように、最後まで顕界に留まる形をとっている。この点もまた、記・紀の根本的枠組みから大きくはずれるものといわざるを得ない。

『喚起泉達録』は、このように興味深い大国主神像をわたしたちにみせてくれている。これを単に記・紀を無視したものであり、とるにたらないものと片づけてしまうことは簡単である。しかし、『喚起泉達録』のなかの大国主神像も、その時代、そのエリアにおけるひとつの大国主神像といえるのではなかろうか。もしそうであるならば、そこから、その時代の人々の神に対する考えなり、宗教観を読み取ることができるのではなかろうか。そうした意味でも『喚起泉達録』は大変、興味深い史料といってよいであろう。

註

（1）棚元理一『「喚起泉達録」に見る越中古代史（序文）』桂書房、二〇〇三年。
（2）富山県郷土史会校注『肯搆泉達録』ＫＮＢ興産株式会社、一九七四年・五～一〇頁。
（3）註１参照。
（4）「清水本」の関連部分の閲覧については藤田富士夫氏の御高配を得た。深く感謝申しあげる次第である。

2.『喚起泉達録』の大彦伝説 ―稲荷山鉄剣銘・日本書紀とつがえて―

岡本　健一

一．大彦の復活

戦後、日本神話の神々が教科書から追放されるとともに、伝説の英雄たちもまた、多くが流竄《るざん》の憂き目にあった。崇神天皇の時代、四方（北陸・東山・山陽・山陰の四道）に派遣されたという「四道将軍」は、その典型だろう。大彦命とその子・武渟川別《たけぬなかわわけ》、それに吉備津彦、丹波道主《たにはのみちぬし》の皇族将軍四人は、江戸時代から戦前にかけて、晴れがましくも『日本英雄伝』の類の巻頭を飾ってきた。ところが、戦後は一変して（伝承地はともかく全国的には）ほとんど語られなくなった。ようやく忘却の淵から救いあげられたのは、じつに昭和五三年（一九七八）九月、埼玉《さきたま》稲荷山鉄剣から金象嵌の銘文が発見されたときである。

銘文は「辛亥《しんがい》年七月中記す、乎獲居臣《ヲワケノオミ》」にはじまり、「上祖、名は意富比垝《オホヒコ》」とつづく。この意富比垝が、四道将軍の大彦である。鉄剣銘を記す当代の乎獲居臣は、大彦から数えて八代目の子孫、と名乗り上げたあと、「世々の大王に杖刀人首（近衛隊長）として奉事（お仕え）してきたが、とくに獲加多居鹵《ワカタケル》大王（雄略天皇）が大和の斯鬼《シキ》（朝倉）の宮にいます時、天下の政を輔佐もうしあげた。そこで、この百錬の利刀を作り、仕えたてまつる（奉事の）根源を記すものである」と、高らかに自家の功績を謳い、作刀の動機を刻んだ。

乎獲居臣は八代の系譜のなかで、意富比垝の子孫、おそらく皇族出身（皇別）の身分を誇ったが、じっさい「弖已《テシ》加利獲居《カリワケ》」以下三代にわたって「皇別」をしめすワケ（別）のカバネ（姓）をもっている。

「辛亥年」の年代は、四七一年か五三一年か、長らく議論が分かれて対立した。さいわい、これも鉄剣銘発見二十五周年を記念して開かれた二つのシンポジウム（二〇〇三年秋、埼玉県）を機に、四七一年と決まって落着した。(1) 古墳と遺物、とくに周濠の火山灰（榛名山二ッ岳の火山灰）の年代判定から、導かれたものだった。その結果、意富比垝の活動時期は、「西暦二六〇〜三三〇年の前後」との見方がいっそうつよまった。これは、乎獲居臣より七代前の意富比垝は、四七一年からおおよそ二一〇年前（一代三〇年の場合）〜一四〇年前（一代二〇年の場合）の人物という推計による。

いっぽう、四道将軍を派遣した崇神天皇の時代は、『古事記』に記された天皇の崩年干支（戊寅＝二五八年または三一八年）から、二五〇年前後または三一〇年前後とみられてきた。鉄剣銘の意富比垝の活躍時期は、まさにこの崇神天皇の治世と重なったのだ。

こうして、名前と身分（始祖が皇族）と年代の一致から、意富比垝は、北陸道に派遣された皇族将軍大彦その人をさす可能性が大きくなった。

『日本書紀』編者たちの作り話とみて、戦後の歴史学が追放したはずの大彦。それが、とつぜん目の前に現れ、実在を訴えだしたわけだ。発見当時、古代史家たちは意富比垝を大彦に擬することさえ臆し、固唾を呑んで見守った。そのなかで、敢然と「意富比垝＝大彦」実在説を主唱したのが、文献史家の有坂隆道・田中卓両氏だった。(2)

もちろん、いまなお崇神天皇の崩年干支を疑う人も少なくない。「八代」の系譜も「八継孫」のような類句が古代の金石文にあって、慣用的な吉祥句ともとれ、そのまま信用するわけにはいかないようだ。しかし、八代の系譜にみえる人名を検討すると、四代・多加披次や七代・加差披余の名は、それぞれタカハシ・カシハデと訓むべきで、全体として（大彦を始祖とする）古代の名門豪族七氏——中央の阿倍臣、膳《かしはで》臣、地方の筑紫国造、越国造など——のうち、膳氏（のちの高橋氏）の系図を表したもの、と推定できる。(3) そして、これが確定的だとすれば、鉄剣銘の上祖意富比垝が皇別阿倍・膳氏・越国造らの始祖大彦である可能性も、一段とつよまろう。

稲荷山鉄剣の金文字発見から三三年後の二〇一〇年、初期ヤマト王権の本拠・奈良盆地東南部にある桜井茶臼山古墳（奈良県桜井市、全長二〇〇メートルの前方後円墳）が再発掘され、竪穴式石室から八一面もの銅鏡の破片（三三一片）が見つかった。そのなかには、「正始元年」（二四〇年）銘の三角縁神獣鏡が含まれていた。(4)『魏志倭人伝』によると、前年の景初三年（二三九年）一二月、魏帝が倭の女王・卑弥呼の朝貢に応えて、「親魏倭王」の位と「金印紫綬」「銅鏡百枚」などを贈ると伝えているが、この「正始元年」鏡はその一つ、いわゆる「卑弥呼の鏡」の一枚である公算がつよい。

桜井茶臼山古墳は、大彦の本流・阿倍氏の本貫に近く、かねて大彦その人の奥津城とみる古代史家もあったが、全国最多の銅鏡を出土するに及んで、「被葬者は大彦」とみる研究者がふえた。もしそうなら、大彦は北陸道平定にあたって、「卑弥呼の鏡」を持って下り、各地の豪族たちに分け与えたであろう。このように、大彦ゆかりの鉄剣と銅鏡の出現によって、大彦は伝説上の架空の人物から歴史上の実在の人物になろうとしている。

二　『記紀』の大彦

四道将軍派遣のいきさつを、『日本書紀』は次のように語っている。

崇神天皇の即位後、大物主神の祟りで疫病が流行するが、手あつい神祀りの結果、鎮まった。しかし、辺境では騒動が絶えず、豪族は朝廷に服属しない。そこで、天皇は四道に将軍を遣わし、教化をはかった。北陸方面担当の大彦は一〇年九月、磯城の瑞籬宮《みずがきのみや》（奈良県桜井市）を出発。その直後、和迩坂《わにざか》（天理市）で童謡《わざうた》を口ずさむ少女に出会った。「御間城入彦《みまきいりひこ》はや　己が命を《を》弑《し》せむと　窃《ぬす》まく知らに　姫遊びすも」――御間城入彦（崇神天皇）は、己の命が狙われているのも知らないで、のんびり若い娘と遊んでいるよ。大彦は謎めいた童謡を聞きとがめ、急ぎ瑞籬宮に戻る。天皇の姑《おば》・倭迹迹日百襲姫《やまとととひももそひめ》が霊感するどく「反乱の兆」と見破る。迎撃態勢を整えたところへ、異母弟の武埴安彦《たけはにやすひこ》とその妻・吾田媛《あたひめ》の軍勢が攻めこんで来た。大彦と彦国葺《ひこくにぶく》の鎮圧軍がこれを撃退。泉河（木津川）の北は放《はふ》られた死屍が累々と重なった。羽振苑《はふりその》（祝園《ほうぞの》＝京田辺市）と呼ぶのはこれによる。

一〇月、大彦ら四道将軍はあらためて一斉に出発。翌一一年四月、早々と帰朝、四方平定を報告する。これを受けて、一二年九月、朝廷ははじめて戸籍調査をおこない、課役を科した。「男の弭調《ゆはずのみつぎ》」「女の手末調《たなすえのみつぎ》」である。いまや天神地祇は穏やかになり、風雨は順調、百穀は豊作、家々は満ち足り、天下は太平になった。そこで、国の基をつくった天皇を称えて「御肇国天皇《はつくにしらすすめらみこと》」と申しあげた。

『古事記』も同じ内容ながら、「又、此の御世に、大毘古命《おほびこのみこと》は、高志道に遣し、其の子建沼河別命は、東の方の十二の道に遣して、其のまつろはぬ人等を和《やわ》し平げしめき。又、日子坐王《ひこいます》は、丹波国に遣して、玖賀耳之御笠《くがのみみ》を殺さしめき」と、現地で戦闘のあったことを伝える。大毘古父子は命のままに進み、陸奥国相津で往き遇った。相会したところから、この地を相津という、と地名の由来を説く。もちろん、真の語源は、会津盆地で会津川など四本の川が合流するためだが、(5) 説話の世界では、父子相会にちなむというのも真実だろう。それとともに、「大彦と子孫が各地にさまざまな足跡と貴種を遺した」と説話がふくらむのも、自然のなりゆきだろう。

三 『喚起泉達録』の大彦

四道将軍の活躍の結果、各地の豪族が一気に大和朝廷の「王化」に服した、と『日本書紀』は宣言した。しかし、内実がそうでなかったことは、『書紀』がすぐ後で「出雲の反乱」を伝えていることでも、明らかだろう。北陸でも、大彦が引きあげたあと、王化にたいする反発のバネが働く。『喚起泉達録』(6) が記すとおり、在地勢力の反乱（阿彦の乱）が執拗につづいたことは、想像に難くない。

『喚起泉達録』などによると、大彦は大和の兵士を率いて出発、まず若狭国緒浜（小浜）で後世の「八百比丘尼」

を思わせる長寿の夫婦、笥富貴《けぶき》・飯富貴《いいぶき》から北陸情勢を聴き取った。ついで水先案内の浜子（舟子）十人とともに海路、能登半島を大迂回し、ヤマト王権ゆかりの能登生国玉比古《いくたまびこ》神社に詣でた。越中に入ると、神通川を溯って越中の中心地・婦負《ねい》郡に布陣した。自らは伊頭部《いずべ》山（婦負郡小井波）麓の椙野に御座所を定めたうえ、近くの荒地山と太田郷の中地山に堡を築き、それぞれの郷将として親ヤマト派の椎摺《しいずり》彦と手摺《てずり》彦を置いた。二人は在地勢力のリーダー阿彦《あびこ》国主に抵抗して追放されていたが、これを呼び戻して郷将に任じたものだ。また、農耕に腕をふるった在地の黒牧彦を郷将に抜擢するなど、功績のあった者はつぎつぎ登用し、田畑の開拓を進めた。さらに、現国主の阿彦岭《たけし》も忠勤を誓ったので、走長として処遇した。各地の豪族たちはこれを見て大彦軍に帰順した。大彦は戦わずして越中の無血平定に成功したわけである。

大彦は三年間（『書紀』は数カ月）滞在のあと、地下（兵卒）や浜子をひきつづき越中の地下村・浜子村にとどまらせ、会津を経て大和に帰った。伊頭部山麓の御座所は「南方之内裏」と呼ばれ、いまも内裏村の名に大彦とのゆかりをとどめるという。

大彦は、短期の滞在ながら、現地に子孫を残した。地下や浜子（屯田兵）を含めて、彼らのなかには「大彦の末裔」と名乗る者もいただろう。世界史上にも同じ例がある。紀元前四世紀、古代ギリシアのアレクサンダー大王が東方遠征の途上、各地に王名都市「アレクサンドリア」を造ったり、屯田兵を置いたりして前進していった。中央アジアのゆかりの地キルギスなどには、いまも「アレクサンダーの子孫」と名乗る部族がいるという。

子孫たちは、やがて始祖大彦や中興の祖を氏神として祀った。射水郡作道村の道神社は、大彦と孫彦屋主田心命、後裔道公らが祭神。新川郡大沢野町の布勢神社は、布勢朝臣が氏祖大彦を祀った社。寺院の場合、聖徳太子・行基・弘法大師らの建立と仮託される例が多いが、これらの神社は、いつのころか、子孫と信じる越中びとが建立したものだろう。

四　伝説と史実の間

明治の近代歴史学勃興いらい、長らく伝説は歴史学にとって無益・無用とされてきた。たとえば、国史の久米邦武東大教授は「『太平記』は史学に益なし」(7)と言いきったし、西洋史の坪井九馬三教授も『史学研究法』(8)で、「伝説雑説の類に至りまするといふと、実ににせ物が多いものでありまして、…真正の昔より伝はりました話と申すものは実に僅より無いものであるのです」と述べ、義経伝説の例をあげたうえ、こう断じた。「すべて雑説とはかういふもので、面白いから言ひふらすので、信じていひふらすのではありません。…言葉を換へて申すならば、かういふ風な雑説を真に受ける奴が馬鹿なので、又世間に真に受けるものがあるからとて、やつきとなつて反対する史家は尚ほ更馬鹿でありませう」

文明開化期の啓蒙史学とちがって、現代は様変わりした。ホメロスの伝える古代ギリシア文明の実相が、シュリーマンらによって顕現された。中国古代の伝説の夏王朝も、いまや実在が信じられている。「ハーメルンの笛吹き男」伝説は、中世ドイツにおける東方植民地運動の残映とみられる。日本－中国にまたがる「徐福伝説」にも、国際的な関心が寄せられた。とくに、徐福の一行が漂着したという和歌山県新宮市や佐賀県では、まちおこしのシンボルとして復活した。「徐福公園」が華やかに整備され、大型の学術シンポジウム「徐福」が連年開催され、新銘菓「徐福さん」などを生んだ。

他の四道将軍にも光があたりつつある。吉備に派遣された吉備津彦は、いまも「温羅《うら》伝説」のなかで語り継がれている。吉備津彦が、朝鮮式山城「鬼ヶ城」に立て籠もる鬼「温羅」を退治する話だが、これをもとに桃太郎（吉備津彦）が鬼（温羅）を退治する昔話「桃太郎」が誕生した、ともいわれる。(9)

私も先達の顰みにならって、越前敦賀の「ツヌガアラシト伝説」に潜む史実性について、年来の私見を述べ、伝承研究の意義を強調したい。

『日本書紀』の崇神紀・垂仁紀によると、ツヌガアラシト（都怒我阿羅斯等）は古代朝鮮の大加羅（任那）の王子で、本名をウシキ・アリシチ・カンキという。崇神天皇末年、「額に角ある人」が船に乗って越前・気比の浦に入って来た。牛のような異相からツヌガアラシトと名づけられ、気比の浦も角鹿《ツノガ》とあらためられた。いまの敦賀だ。ツヌガアラシトは崇神・垂仁両天皇につかえたあと、垂仁二年、故国に帰った。天皇は父崇神の名「ミマキイリヒコ」にちなんで、大加羅を任那と改めることを許し、錦織などあまたの贈り物を授けた。ツヌガアラシトは滞在中、倭国の女性を娶って子を生《な》した。それが引田・清水・太市氏の始祖になったという。また、『喚起泉達録』によると、このツヌガアラシトは能登加夫刀比古神社の祭神であり、カブトヒコの祖先だ。

さらに、垂仁紀の分注によると、王子の倭国名はツヌガアラシト。本名のウシキ・アリシチ・カンキは、牛角の王子がやって来たので、「牛来さん」をひびかせたもの。あだ名のソナカシチも朝鮮語の「ソ・ナカ（牛が来た）」の意味という。[10] いずれも「牛相」「牛来」に由来するネーミングだが、朝鮮語に堪能な『日本書紀』の編者や支配階級にとって、洒落た語呂合わせと聞こえたのだろう。

しかし、当時の東アジアとシルクロードの情勢に照らしてみると、それだけにとどまらなかったようだ。私のみるところ、この「額に角ある人」ツヌガアラシトの正体は、ユーラシア全土に広まったアレクサンダー伝説の主人公、すなわち「二本角」と呼ばれたアレクサンダー大王その人なのだ。

六五一年、ササン朝ペルシアが滅びたため、皇太子や遺民が大挙して唐の都長安に亡命し、イランブームを起こすとともに、シナ－イラン融合文化を産んだ。折から斉明朝の古代日本へも、ペルシアの遺民が渡って来た。六五七年、筑紫に漂着した乾豆波斯達阿《かんづはしだちあ》つまり「サマルカンド地方（乾豆）生まれのペルシア（波斯）人ダーラー（達阿）」の一行だ。[11] 結論を先にいえば、このダーラーたちが、先の「アレクサンダー伝説」を斉明天皇の飛鳥朝廷に伝えた。やがて『日本書紀』の編纂がはじまると、編者たちはアレクサンダー伝説をもとにツヌガアラシト伝説をはじめ、神武東征伝説や山幸彦の海宮訪問神話などを創り肉づけした、と考えられるのである。

アレクサンダー大王（前三五六～三二三年）は、周知のとおり、アジア東征（前三三四～三二三年）によって古代ペルシアとインドを版図に収め、各地に王名都市「アレクサンドリア」を建設、東西にまたがるヘレニズム帝国を築く。長い遠征のあと、バビロンに帰還したとたん、熱病にかかって急死する。ところが、伝説上の大王は、英雄不死信仰の例に漏れず、インドから長駆シナに進攻して長安の都を造り、万里の長城も築くわ、中世十字軍の先頭にたってエルサレムの奪還にも貢献するわ、不世出の英雄は、ついに生死と時空を超越して神出鬼没、古今東西の歴史の舞台に降臨するスーパーマンとなったのだ。したがって、大王は風貌も常人と異なり、額に父親アモン神譲りの羊の角が生えていたから、『コーラン』でも「二本角（ズール・カルナイン）」と呼ばれた。「双角王」とも訳される。

アレクサンダー伝説や『プルターク英雄伝』によると、ペルシア攻略の途次、アレクサンダー大王の東征軍は突如、（a）シリアを南下し、エジプトを経てリビア砂漠のオアシスにあるアモン神殿に詣で、戦勝を祈願した。このとき、（b）砂嵐と熱風に襲われて、あわや立ち往生しかけるが、（c）カラスの群が飛んで来て、大王軍をオアシスへ無事導いた。（d）ペルシア帝国の大軍との会戦を前に、アレクサンダーはみずから大王の密使になりすましてダリウス三世と会見、歓迎の宴席からひそかに杯をとって懐に忍びこませ、脱出する。さらに、バビロンに帰還するまでに、（e）「尾ある人」や（f）「アマゾンの女軍」に出会う。[12]

これに対して、日向（宮崎県）を進発した神武天皇の東征伝説でも、同じモチーフが現れる。東征軍（皇軍）は浪速（大阪湾）の奥深く日下《くさか》から上陸して、生駒山越えで大和に攻め入ろうとするが、在地豪族・長髄彦《ながすねひこ》に阻まれて敗退、（a'）ふたたび大阪湾に出て南下し、大きく熊野灘に迂回したうえ、熊野から吉野を経て大和に侵攻する。その途中、（b'）大熊に遭遇して毒気にあてられ、全軍失神するが、高天原から神剣が天下って、息を吹き返す。ついで、

（c'）皇軍が熊野の山中で道に迷ったとき、飛来した八咫烏《やたがらす》の先導で窮地を脱する。（d'）長髄彦との決戦を前に、神武は腹心二人を翁と媼に変装させたうえ、敵の聖地・香久山に忍びこませて、「大和の物実《ものざね》」の埴土を採り、瓶を作って吉野川に浮かべ、戦勝を占う。（e'）皇軍もやはり「尾ある人」に出会ったり、（f'）敵勢の「女軍《めいくさ》」と対峙する。(13)

それればかりではない。山幸彦が海神の宮に下って豊玉姫と結婚し、その子孫が海山の呪力をもって皇位につく、あの「海幸山幸神話」も、アレクサンダー伝説のマレー版にモデルがある、という。(14)

このように、日本神話・伝説とアレクサンダー伝説の間には、重要なモチーフと細部の一致がみられる。そのうえ、ツヌガアラシトと大王の間に、名前の一致があるのだ。本名ウシキ（アリシチカンキ）は大王のアラビア語名「イスカンダール」に、また、あだ名ソナカチシは大王のニックネーム「ズール・カルナイン（二本角）」に、それぞれ対応する。さらに、伝説をもちこんだ時期と人物まで、具体的に斉明朝の渡来波斯人ダーラーとわかる。(15)

アレクサンダーとヘレニズムの研究が格段に進んだ現在、もはや「神武東征伝説やツヌガアラシト伝説は、アレクサンダー伝説を下敷きにした物語」とする私見は、朽ちかけた捨て小舟、顧みる酔狂な人はいないけれど、美術史の分野ではもっと大胆な仮説が現れた。ギリシア神話の英雄ヘラクレスが、シルクロードを通って東伝する間に仏教と習合し、守護神・執金剛神（仁王）に変身した。その証拠に、ヘラクレスのシンボル・棍棒が、仁王の持物・金剛杵に名残をとどめている、というのだ。(16)

ギリシア神話最大の英雄ヘラクレスが、シルクロード経由で日本にやって来たのなら、古今無双の英雄アレクサンダーの伝説が、どうして古代日本に伝わらなかったことがあろうか。まして、語り手のペルシア人が、隣の大唐長安はおろか、飛鳥にまでやって来たのだから。

ひるがえって『喚起泉達録』の場合。江戸時代の編纂の段階で、固有名詞を追加するなど、伝承のリメークはあっただろうが、古代中世の越中の史実と越びとの心意を、深くに蔵していると思われるのである。

いったい、人びとの伝承や記憶がいつまで遡れるのか。民俗学・歴史学でつねに問われる難題だが、神武伝説に関連する興味津々の伝承が、現代の奈良県北西部（奈良市富雄、生駒市）の添御県坐《そうのみあがたにいます》神社に残っている。この一帯の首長の祖先神・武乳速命は、実は神武に立ちはだかった長髄彦で、古老によると、明治以後、祭神から外されたという。そこでは、氏子たちの「先祖は長髄彦に従い、生駒山頂から大きな石を神武の軍兵に向けて投げたものだ」と、昨日のことのように語る古老がいたそうだ。

古代史・文化史家の村井康彦（国際日本文化研究センター名誉教授）は、この伝承を新著『出雲と大和――古代国家の原像をたずねて』で紹介したあと、次のようにコメントする。「これを荒唐無稽の話として退けるのはたやすいが、庶民の記憶を侮ることなかれ。その深層を探ることが歴史を理解する上でいちばん大切なことではなかろうか」と。(17)

村井によると、長髄彦は大和・出雲を中心とする邪馬台国連合の総大将。邪馬台国は卑弥呼の没後まもなく、九州から東征してきた神武の軍勢に滅ぼされたとみる。もし、この年代観（「投石に参加した」という共同幻想の持続時間）が正しいとすると、現代の民俗の記憶・伝承は、ほとんど卑弥呼の時代まで遡りうることになる。卑弥呼の時代に近い大彦の時代の記憶や心意もまた、祭や寄合、縁りの土地で昨日のごとくに語り継ぐ「世々の古老」がいるかぎり、十分に時代を超えて息づき、江戸時代の『喚起泉達録』に至って採録されることもありえたろう。（文中敬称略）

註

（1）埼玉県教育委員会編（岸俊男・田中稔・狩野久執筆）『稲荷山古墳出土鉄剣金象嵌銘概報』同、一九七九年、金井塚良一編『稲荷山古墳の鉄剣を見直す』学生社、二〇〇一年、小川良祐・狩野久・吉村武彦編『ワカタケル大王とその時代』山川出版社、二〇〇三年

（2）発見直後の両氏の解説（新聞報道）と、有坂隆道『古代史を解くカギ』毎日新聞社、一九八二年（のち『古代史を解く鍵』

講談社学術文庫、一九九九年）、田中卓『古代天皇の秘密』太陽企画出版、一九七九年（のち『邪馬台国と稲荷山刀銘――田中卓著作集第三巻』国書刊行会、一九八五年所収）
（3）毎日新聞社編『古事記の証明――ワカタケル大王と太安萬侶』毎日新聞社、一九七九年の拙稿（のち『蓬莱山と扶桑樹』思文閣出版、二〇〇八年所収）、角林文雄「〈大王〉号批判――稲荷山古墳出土鉄剣銘に関連して」『続日本紀研究』二〇三号一九七九年
（4）寺澤薫編『東アジアにおける初期宮都および王墓の考古学的研究』奈良県立橿原考古学研究所、二〇一一年
（5）吉田東伍『大日本地名辞書』第五冊、冨山房、一九二三年〈会津〉の項
（6）以下の記事は、棚元理一訳注『喚起泉達録』により、棚元『「喚起泉達録」に見る越中古代史』を参照した。
（7）久米邦武「太平記は史学に益なし」『史学会雑誌』一八九一年（明治文学全集『明治史論集（二）』筑摩書房、一九七六年）
（8）坪井九馬三『史学研究法』京文社の引用は、一九二六年刊の改訂増補版による。
（9）渡辺金之助『桃太郎の史実』一九三〇年、おかやま桃太郎研究会編『桃太郎は今も元気だ』吉備人出版、二〇〇五年
（10）日本古典文学大系『日本書紀』上、岩波書店、一九六七年の補注（大野晋）による。
（11）井本英一『古代の日本とイラン』学生社、一九八〇年、同『神話と民俗のかたち』東洋書林、二〇〇七年、伊藤義教『ペルシア文化渡来考』岩波書店、一九八〇年。発表当時、松本清張らの支持を集めたが、アカデミズムでは「鬼面、人を驚かす」学説として敬遠された。トカラの位置については、早くから中央アジアをはじめ東南アジア・韓国の済州島、それに薩南諸島のトカラ列島にあてる諸説があったが、中央アジアの吐火羅説は遠すぎる点がネックとされた。しかし、ようやく近年、日本史学界でも支持する研究者が現れた。西本昌弘「飛鳥に来た西域の吐火羅人」『関西大学東西学術研究所紀要』43号、二〇一〇年
（12）河野与一訳『プルターク英雄伝』九　アレクサンドロス、岩波文庫、一九五六年。汎世界的に広まったアレクサンダー

伝説のルーツにあたる親本（古代ギリシアの従軍作家カリステネスの作と仮託される）は早く散逸し、その古形を伝えるアルメニア版とエチオピア版が重宝される。オリエント学の大家E・A・W・バッジらの下記の英訳版を利用した。岡本健一・武田隆伴訳・解説「アレクサンダー伝説」『世界口承文芸研究』第3号 一九八二年は、英訳エチオピア版からの重訳（抄訳）。

Budge,E.A.W.(trans.), *Alexander Book in Ethiopia : The Ethiopic versions Pseudo-Callisthenes*, New York, 1973

Wolohojian,A.M.(trans.), *The Romance of Alexander the Great by Pseudo-Callisthenes, The Armenian version*, New York, 1969

（13）岡本健一・井本英一・金沢良樹『アレクサンダー大王99の謎』サンポウジャーナル、一九七八年の拙論、および「アレクサンダー伝説の東漸」『アジア遊学』一三七号 二〇一〇年など。

（14）西村朝日太郎『馬来編年史研究―スヂャラ・ムラユ』東亜研究所、一九四二年、岡田英弘『倭国の時代』文藝春秋、一九七六年

（15）岡本註13『前掲書』

（16）東京国立博物館・兵庫県立美術館特別展『アレクサンドロス大王と東西文明の交流』図録 二〇〇三年、とくに巻頭解説の田辺勝美「ギリシアから日本へ」、同「執金剛神（像）の起源」『三笠宮殿下米寿記念論集』刀水書房、二〇〇四年所収

（17）村井康彦『出雲と大和』岩波新書、二〇一三年

3．姉倉姫と能登姫の神争い―後妻《うわなり》討ちとその諸相―

内田　正俊

一．姉倉姫の後妻討ち

新しく見つかった『喚起泉達録』の『清水家本』巻四の「大己貴命船倉能登ヲ責給フ事」は、これまで『越中資料集成本』（以下、集成本）巻十三「大若子命白旗ヲ作リ始玉フ事并八将ヲ配リ玉フ事」の中で「第四ノ巻ニ委解セリ」とあるが、伝わっていないとされていた部分と考えられ、『肯搆泉達録』の「船倉神と能登神、闘争の事」の記述より細かく、編集の程度もまだ少ないと考えられる。これは同じく姉倉姫の機織について、北台の蜆の宮について美しく語る『肯搆泉達録』と『集成本』巻十四「神奈老翁神代ヲ説而大竹野之由来ヲ述ル事」の関係と類似する。しかし、姉倉姫と能登姫が争った理由については詳しくない。後妻討ちについては、やはり先ず『肯搆泉達録』を見ることとなる。

『肯搆泉達録』は越中の船倉山の神（姉倉姫）と能登の仙木山の神（能登姫）の争いを、「姉倉比売、能登比売を後妻討ちし」と記す。そしてそもそも悪いのは姉倉姫の夫、能登の補益山の神（伊須流伎比古）が「もとより色に淫するゆゑなり」と大己貴命に言わしめ、次いで陰陽の調和や五行のことなどを引いて、陰陽五行の価値観による争いの原因分析と事態収拾の様子を書く。野崎伝助たちが思った争いの様子を、後掲の関連地名も合わせて、第1図にまとめてみた。しかし、神話の時代の越に、そんな神争いが本当にあったのだろうか。

『肯搆泉達録』　船倉神と能登神、闘争の事

新川郡船倉山の神を姉倉比売と云ひ、能登の補益山の神を伊須流伎比古と云ふ。姉倉比売と陰陽の神なり。ま

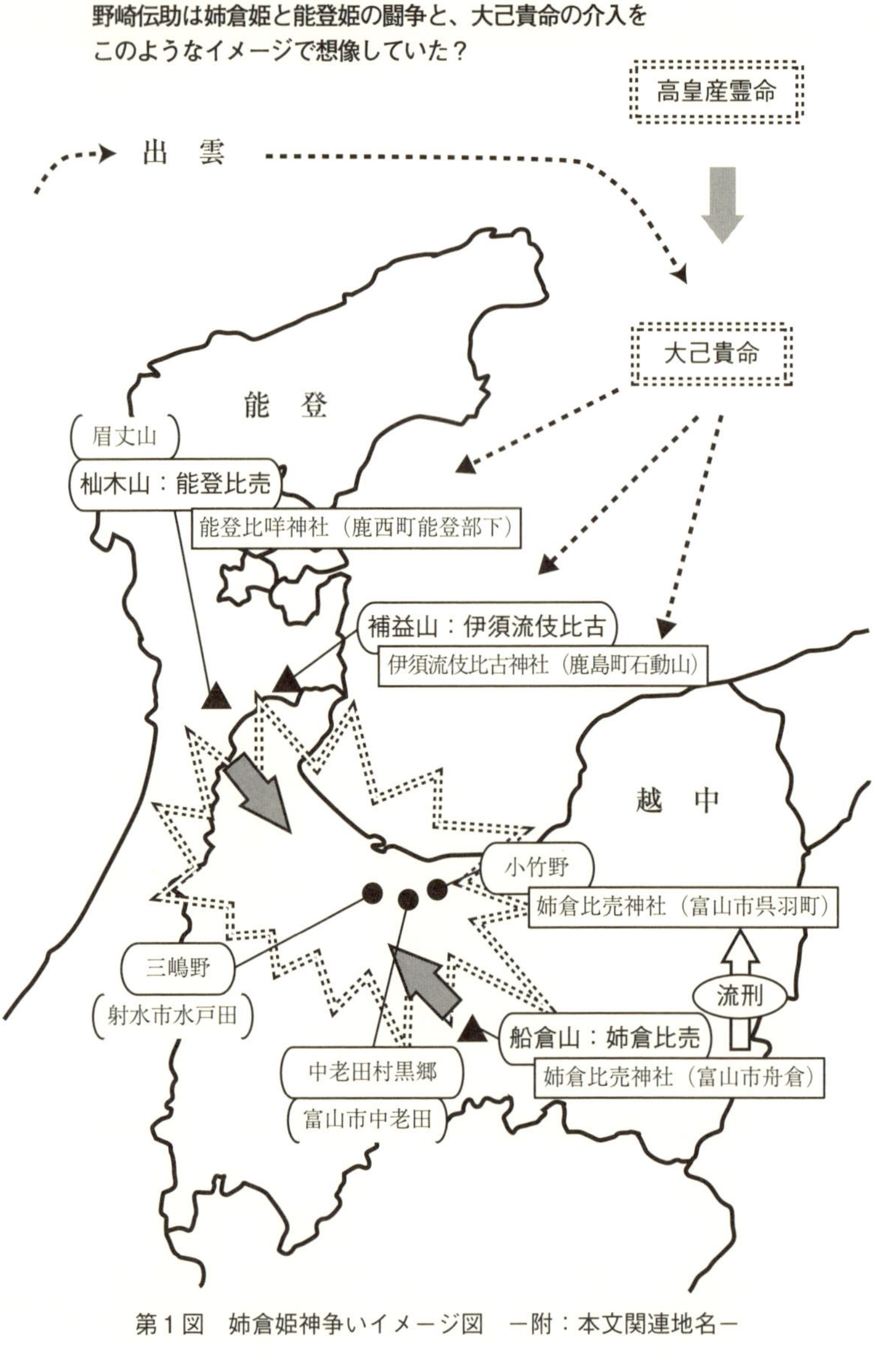

第１図　姉倉姫神争いイメージ図　－附：本文関連地名－

た、能登の仙木山の神を能登比売と云ふ。伊須流伎比古、姉倉比売を遠ざけ、能登比売と陰陽の契浅からざりければ、姉倉比売嫉みたまひ、一山の石を尽し礫して、能登比売を攻め給ふ。（中略）闘争久しうして止まず、怒気、積陰をなし、渾々沌々として両儀の光を見ず、四序分たず、蒼生育せず、故に、天地の諸神これを愁ひ給ひ、高皇産霊命に告げ給ふ。尊驚かせ給ひ、大己貴命に勅し、「闘争を平ぐべし」とありければ、大己貴命、勅をうけ、急ぎ越路に天降り給ふ。（中略）命曰く、「姉倉比売、能登比売を後妻討ちし、両神の怒り、積陰をなし、霄壌に充ち塞る。これ補益の陽神、燮理することあたはざるは、もとより色に淫するゆゑなり。今、我、勅を奉けて討罰す。汝等神孫、我と心力を一にして勲あれ」と宣ひければ、各謹んで命にしたがふ。手刀王比古曰く「教諭の如く、陰神の怒りは陽神の致すところなりといへども、重く陽を誅せば、陰専にしてかへって害あらん。ただ陰陽調和の謀しからん」（中略）。（姉倉姫たちが）服し給はざりければ、遂に軍議し、貞治命をして五個の日鉾を作らしめ、枲を以て八尺の幣を造って五色に染め、五の鉾に垂れ、五行の備を設く。

現在でも鳥取県の高杉神社（西伯郡大山町宮内）では、閏年旧暦九月一五日に「うわなり神事」をユーモラスに行う。三柱の姫神が憑依した打神が、仲が悪いとの所作をした後、萱で作った打杖を持ってぶつかり合うが、すぐに調停役の神官が入って「本妻」の勝ちを宣して収める。社伝には雄略天皇丙辰の年に災いに困った村人が由来の神事を行うと、姫神の怒りが解けて平穏が戻ったのが始まりとある。

男女の争い・嫉妬が神代までさかのぼるのは、至極納得とも思うがさて。

二．神話の「後妻」・后の「嫉妬」

記紀では『古事記』中巻、神武天皇が大和の宇陀で兄宇迦斯を討ったときの戦勝の大饗での歌に「前妻《こなみ》・後妻《うわなり》」が見える。

宇陀の　高城に　鴫罠張る
我が待つや　鴫は障らず
いすくはし　くぢら障る
古那美《こなみ》（前妻）が　肴乞はさば　立柧棱の　実の無けくを　こきしひゑね
宇波那理《うはなり》（後妻）が　肴乞はさば　柃実の多けくを　こきだゑね
ええしやごしや　此は伊能碁布曽
ああしやごしや　此は嘲咲ふぞ

ご馳走を前妻にはちょっとしかやらないが、後妻にはたっぷりとあげよう。ここでの前妻・後妻は単に後先をいう対の言葉で、嫉妬や争いの意味はない。神話の時代にも「後妻打ち」を思うのは、仁徳天皇の后、石之日売命の嫉妬が有名だからであろうが、そこにも「後妻打ち」という言葉はない。

『古事記』下巻　仁徳天皇

其の大后石之日売命、甚多く嫉妬みたまひき。（中略）爾に天皇、吉備の海部直の女、名は黒日売、其の容姿端正《きらきら》しと聞し看して、喚上げて使ひたまひき。然るに其の大后の嫉みを畏みて、本つ国に逃げ下りき。天皇、高臺に坐して、其の黒日売の船出で海に浮かべるを望み瞻て歌曰ひたまひしく、

沖方には　小船連らく　くろざやの　まさづ子吾妹　国へ下らす

（中略）大后是の御歌を聞きて、大く忿りまして、人を大浦に遣はして、追ひ下ろして、歩より追ひ去りたまひき。

石之日売命は吉備の黒日売にひどいことをしているが、石之日売命あるいは出自の葛城氏は妻になった順番に関わらず、氏族の争いの中で相手を排斥したと考えられる。

古代の「後妻打ち」を錯覚する原因は古訓にある。記紀のテキストの一部は、石之日売命の「嫉妬」を「うわなりねたみ」

と読む[1]。その読みは、平安時代の辞書、『新撰字鏡』の「嫌　胡兼反　疑也　支良不又宇波奈利《ウハナリ》」や『類聚名義抄』の「妬ウハナリ」などによるものであろうが、『古事記』原文は読み方を指示していない。石之日売命の行動は相手が後妻だったからとは限らず、読みは単に「ねたみ」で良い。『古事記』神代の須勢理毘売命などに用いられている「嫉妬」も同様で、前妻が後妻を打つ行動が記紀の時代にも定型化されていたと思わせる「うわなりねたみ」の読みは、古訓を遡らせすぎている危惧がある。

三．平安時代「後妻打ち」は「本気の襲撃」

姉倉姫と能登姫の「後妻討ち」を記紀神話の時代まで遡らせるのは、直接には無理な様子だ。では、「後妻打ち」という言葉は、いつの頃からあるものだろう。今よく知られている古い例は、藤原道長の『御堂関白記』長和元年（寛弘九年（一〇一二））二月二五日条の「仍以家業令成日記、是蔵云女方宇波成打（後略）」である。権大納言藤原行成の『権記』寛弘七年二月一八日条と合わせて読むと、大中臣輔親の前妻が何度か後妻を襲撃していることがわかり、古辞書とも併せれば、「後妻打ち」は平安貴族にはお馴染みで、相当な「本気の襲撃」があったと想像される。

四．江戸で評判の「嫐《うわなり》」

時を経て江戸時代初期には、「本気の襲撃」はなくなり、前妻が女友達と後妻を襲うことを「後妻打（討）ち」と称したという。女だけで刃物などの凶器は持たないこと、事前通告し仲裁者を手配すること、襲うのは台所に限ることなどの了解があったという。前妻の鬱憤晴らしである。さらに時代が下がると、その「お約束の襲撃」も実世界では薄くなり、能や歌舞伎の怨霊話や、興味をそそる昔話としての「嫐」が流行し、評判となったという。

『喚起泉達録』は「うわなり」がそのように変わった江戸時代の享保一六年（一七三一）没の野崎伝助編。伝本は姉倉姫の「うわなり打ち」に「嫐」の字も用いている。「嫐」と書けば「歌舞伎十八番」の演目である。歌舞伎の『嫐』、原題『一心五界玉《いっしんごかいのたま》』は、初演は元禄一二年（一六九九）、初代市川團十郎主演で、場所は江戸の中村座であった。初代~四代の團十郎が初演して評判となった演目から、七代目が「歌舞伎十八番」を選んだのは天保三年（一八三二）である。『嫐』の当時の台本は伝わらないが、『源氏物語』と謡曲『葵上』を踏まえた嫉妬事であることは間違いない。角を生やした鬼女（七代目市川團十郎）の照日の神子と、八代目の比叡山の横川の聖が対峙する場面に「嫐うはなり」と刷り込まれた錦絵がある。描いたのは三代目の歌川豊国（国貞：天明六年〔一七八六〕~元治元年〔一八六五〕）という。[2]

　謡曲『葵上』は現在も能の代表演目で室町時代前期、世阿弥の改作という。車争いに敗れた六条御息所の怨霊が、嫉妬に駆られ後妻打ちをして葵上を苦しめるが横川の小聖に調伏される。江戸時代の評判を伝えるものとして、鬼女と聖が向き合う場面をお決まりの構図で描いた絵画資料が複数残っている（狩野柳雪「能之図」など）[3]。

　現実世界の「お約束の後妻打ち」は一種コミカルであり、刃傷沙汰を避けて、怒りを笑いで納めようとする側面があったが、創作世界の「嫐」はミステリアスになり、呪いや殺しでおどろおどろしくなる。「嫐」の言葉はないが、御伽草子（室町時代）から絵草子（江戸時代）と読み継がれた『磯崎』はその典型で、「あらうらめしや」との台詞を吐く前妻が後妻をだまして殺した後、自分も自殺するなど血なまぐさい。

　兵庫県の古湯、有馬温泉では泉源名にも昔話とともに「妬《うわなり》」が現在まで伝わる。[4]

　ある人妻が夫の愛人を殺し自分も温泉に身を沈めた。その後、美しい女性がこの温泉のそばに立つと、湯が激しく煮えくりかえるようになった。あるいは美しく化粧をした女性がそばに立つと、お湯が嫉妬して吹き出した。それで「妬湯」といい「妬神社」が祀られているのだと。

　一方、姉倉姫と能登姫の争いは、「闘争久しうして止まず、怒気、積陰をなし、渾々沌々として両儀の光を見ず」

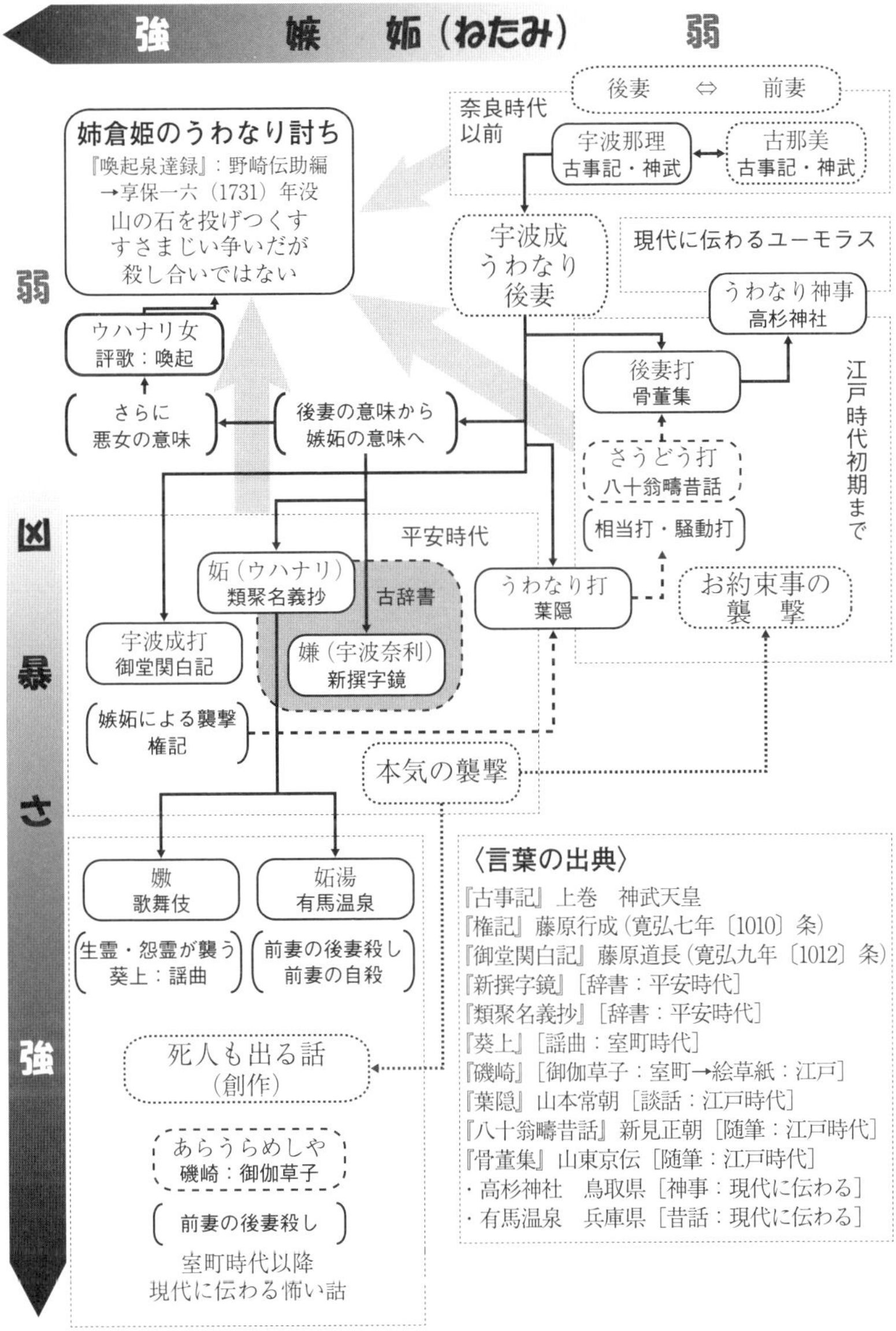
強　嫉　妬（ねたみ）　弱
後妻　⇔　前妻
奈良時代以前
宇波那理
古事記・神武
古那美
古事記・神武
姉倉姫のうわなり討ち
『喚起泉達録』：野崎伝助編
→享保一六（1731）年没
山の石を投げつくす
すさまじい争いだが
殺し合いではない
宇波成
うわなり
後妻
現代に伝わるユーモラス
うわなり神事
高杉神社
弱
ウハナリ女
評歌：喚起
後妻打
骨董集
江戸時代初期まで
さらに
悪女の意味
後妻の意味から
嫉妬の意味へ
さうどう打
八十翁疇昔話
相当打・騒動打
凶
平安時代
妬（ウハナリ）
類聚名義抄
古辞書
うわなり打
葉隠
お約束事の
襲　撃
宇波成打
御堂関白記
嫌（宇波奈利）
新撰字鏡
暴
嫉妬による襲撃
権記
本気の襲撃
さ
嫐
歌舞伎
妬湯
有馬温泉
生霊・怨霊が襲う
葵上：謡曲
前妻の後妻殺し
前妻の自殺
強
死人も出る話
（創作）
あらうらめしや
磯崎：御伽草子
前妻の後妻殺し
室町時代以降
現代に伝わる怖い話
〈言葉の出典〉
『古事記』上巻　神武天皇
『権記』藤原行成（寛弘七年〔1010〕条）
『御堂関白記』藤原道長（寛弘九年〔1012〕条）
『新撰字鏡』［辞書：平安時代］
『類聚名義抄』［辞書：平安時代］
『葵上』［謡曲：室町時代］
『磯崎』［御伽草子：室町→絵草紙：江戸］
『葉隠』山本常朝［談話：江戸時代］
『八十翁疇昔話』新見正朝［随筆：江戸時代］
『骨董集』山東京伝［随筆：江戸時代］
・高杉神社　鳥取県［神事：現代に伝わる］
・有馬温泉　兵庫県［昔話：現代に伝わる］

第２図　うわなり座標

と壮絶だが、血なまぐさくはなく、殺し合いでもない。第2図にここまでの「うわなり」にまつわる言葉ほかを先学に従いつつまとめてみた。嫉妬の度合いと、行為の凶暴さを座標にすると、各時代の言葉がグループ化できる。

野崎伝助の時代には記紀の版本が既にある。『古事記』は寛永二一年（一六四四）、『日本書紀』は寛文九年（一六六九）に普及する版本が出されている。姉倉姫と能登姫の話が、記紀を読み、芝居や昔話の内容・評判も知る伝助かその周辺の創作といわれるのにも一理ある。しかし、享保の創作とするには怪奇と流血の要素＝凶暴さがない。姉倉姫・能登姫の本気の争いに乗じて大己貴命がこの地域を平定したとするも、殺し合いや流血を書かない大筋は、江戸時代の創作のグループではなく、平安時代の本気の襲撃、「宇波成打」のグループに近い。

五．前田家家臣、野崎伝助の視点

前田家が越中国婦負郡の領主となったのは、天正一三年（一五八五）、前田利家が豊臣秀吉の先鋒として佐々成政を降伏させ、嫡子前田利長に砺波・射水・婦負の三郡が与えられたときである。伝助は『喚起泉達録』でその利家や利長を引くときには、「様」をつけたり闕字を施したりするなど丁重に敬意を表す。

「親不知子不知の往来改良」（『集成本』巻十二「天児六郎ガ事」）

親シラス子不知、比丘尼転郷者流、狗戻駒皈、赤岩迫立長趨ナトイフ摂所世人知ノ所也。（中略）此路今ノ如廣成タルハ加越能ノ三国　利家様御領国ト成テ、爰路ヲ開カセタリ。慶長二年ニ　関白秀吉卿御逝去アリ。　利家様天下之御後見タル時、同四年ニ　利家様御逝去マシマス。此節石田治朗少輔三成逆意ノ企アリ。謀斗ヲナシテ利長様ヲ加州ヱ返シ奉ル。　利長様加州ニ被為御座成ニ及テ三成偽テ　利長様御逆心ユヘ御国へ退セタマヘリト披露セル故、　徳川家康卿加州へ発向マシマシ、加州ヲ攻ラルヘキニ窮ル。（中略、芳春院〔利家の妻、利長の母〕を人質に出す話）　親不知駒皈ナドノ難所、此トキ加刕ヨリ切開。糸魚川ヨリ中屋舗迄ノ道、始テ加刕ヨリ切開カセラレタリ。　利長様ノ御慈恩厚ク、今万国ノ往来安穏ナリ。

他方、越中の神々については闕字などせず、敬意表現は利家・利長に及ばない。

「老女が姉倉姫であるとの解説」（『集成本』巻十三「大若子命白旗ヲ作リ始玉フ事并八将ヲ配リ玉フ事」）

此川ノ舟人ナリ云ルハ、本此老女舩峅神社姉峅比咩命ナリ。能登比咩ト、妬怒ノ罪アリ。嫐罪ナリトテ、大己貴命平国ノトキ大竹野ニ流シ移シ、織コトヲシテ顕見蒼生ニ教、罪ヲ償玉ヘトアリシ故、大竹野ニマシマシ、織裁業国ノ人ニ教玉ニシ神ナリ。今モ社小竹村ニアリ。姉峅比咩ノ神社ト申称ル也。能登姫ト争、爰ニ流サレ玉フト云コトハ、第四ノ巻ニ委解セリ。

伝承は愛着する地元で美化されがちだが、伝助の視点は越中ではまだ「他者」で、一定の客観性を保っているとも見える。

『喚起泉達録』内の姉倉姫の「うわなり」に関わる話は、上記以外にも『集成本』十三巻「大若子命岩峅攻之事并草薙之御剱事」の中の三嶋野・三嶋森についての説明などに複数見え、伝助の姉倉姫の取材源も複数あったと推測される。

次ニ嶋姫ノ古森ヲ備ニセシト。（中略）此神、大己貴命平国玉フトキ、舩峅神姉峅比咩命罪ト云コトアツテ、舩峅ヨリ大竹野ニ移玉ヘルトキ、妥ノ地ニ三嶋姫命ヲ祭リ饗ヘサセ玉フ。是ヨリ妥ヲ三嶋野ノ名アリ。其先姉峅比咩命祭リマシタル時ハ、上野下野弥野ト云リ。（中略）三嶋野ト云名所ハ婦負郡水戸田海道ト云所ノヘンナリ（後略）

特に『集成本』巻十「手刀摺彦越之地ヲ司シ尚郷人ヲ定事」の「中老田村黒郷ナリ」で始まる部分は詳しく、姉倉姫の「うわなり」伝承が江戸時代、享保の頃の越中では「評歌」されるほどであり、伝助がそれを陰陽五行で解説しようとしたことがよくわかる。

中老田村黒郷ナリ。（中略）上件三巻ニ大己貴命、舩峅能登ヲ平国ト云トキ題スルニ、軍評定ノ事ト云。爰ニ軍ト語、本船峅能登ハ陽ト蔭ト剋シタルヲ解ノ言ナリ。曰然ラバ陰陽离々スル品ニコソ語ルベキ。（中略）先大己貴神平国トハ、凡大小トナク天地ニ地ト云所ニ残ル所ナシ。荒芒ノ地、今平均ハ大己貴神、作玉フ所ナリ。夫世ニ評歌ト云事アリ。今越中ニ人語テ、船峅ノ神ウハナリ女ヲ討ト歌フ。是人定テ云ニモアラス。先ナル時ナク云、爰ニ有事ナリトス。大己貴命モ不知先ナリトモセン歟。（中略）身ニ受レハ則、身ノ五行万物ニアリ。スベテ曰ク。船峅ノトゴトキノ気ト気ノ剋スル事、古ヘハ同ジ。（中略）是天地開闢ノ事ニシ、則陰陽ノ相別ルルノ初ナリ。（中略）其船峅ノト剋セル陰陽ヲ、其ママニ解シツクサンスルニ、先其事ヲ應象大論ニ陰陽ハ天地ノ道也。

伝助の陰陽の神（夫婦神）や陰陽の調和への関心は、『喚起泉達録』を通して高い。例えば猿田彦命と猿田姫命について、『集成本』巻十三「佐留太男命之迎ニ笥飯浦へ出ル事」で「猨田彦命、猨田媛命、此二神陰陽ノ神ナリ」などと解説している。

前田家で陰陽五行が重んじられたことはよく知られている。例えば金沢城・富山城では、石垣に大きいが薄い鏡石を用いているほか、長方形の陰陽石を縦位置・横位置に意図して用いている。物理的にマイナスな構造を、城の石垣の随所に取り入れることは他家の城ではあまりない。

姉倉姫・能登姫の「神争い」の物語は、前田家のお国入り以前（戦国時代の末）には、既に存在していた越中の伝承を、陰陽五行を重んじる前田家の価値観で記録・解釈したものと考えられる。

六．女神の争いと出雲の介入 ―伝助が収録した伝承―

ではその陰陽五行の価値観を外して、元の伝承を推測するとどんな内容が考えられるだろう。おそらくは、次のようであったと想像できる。

①江戸時代、享保の頃、越中には神通川流域を中心に姉倉姫の古伝承が広く伝わっていた。

②姉倉姫の伝承には、能登姫と激しく闘う女盛りの姿の猛々しいものと、機織や川の渡し守として地元の幸せを願う老婆の姿の柔和なものがあった。

③伝承はその二つの異なる神の姿を、神通川が山から出たところの舟倉と海に近い呉羽丘陵に、どちらが本社ということなく二つの姉倉比売神社がある理由に重ね、姉倉姫は能登姫との争いが原因で大己貴命にとがめられ流罪になったと伝えていた。

伊須流伎彦が姫神の争いの原因とあることも、この三つの内容が前田家お国入り以前からあったことを示すだろう。伊須流伎彦が祀られる石動山は、越中と能登の国境、能登側にあって南の越中側に張り出している。越中と能登の関係が平衡であれば石動山の山頂を通過する尾根線が国境であるのが自然である。一方、石動山の一定の勢力が能登側についたため時の国境になったとすれば、伊須流伎彦が姉倉姫より能登姫を取ったとする話にも合う。

しかし江戸時代、能登は前田本家の領地。越中富山藩、分家の家臣伝助が、両家の領地の神争いを創作することはない。特に伊須流岐比古神社は当時、中世から修験道で栄えた石動山天平寺と一体であった。天平寺は一六世紀の終りに上杉景勝につき、天正一〇年（一五八二）の石動山合戦で前田利家に敗れ全山焼けたが、慶長二年（一五九七）には旧地への衆徒の還住が許された。前田本家、三代藩主の前田利常からは領地や石動山本社の建立などを受け、醍醐寺や仁和寺を経由した京とのつながりを期待されている。伝助に伊須流伎彦の不名誉な話を作ることなどできまい。

越中と能登の神争いが勢力拮抗し、長く激しく闘うも決着を見ず、出雲の神が介入した、あるいは漁夫の利を得たとの筋書きは、近世の創作ではないと考える。

さらに律令時代以降、越中の国府は越中西部、現在の高岡市にあり、神通川水系とは直接関係しない。平安時代以降の「越中国一ノ宮」も同じく高岡市内にある射水神社と気多神社で争われたと『白山記』に伝わる。国府・一宮からは姉倉姫が越中のリーダー格として、能登の能登姫と闘争する構図は出てこない。姉倉姫に越中地域のリーダーを思わせる強い神格のある話は、中世の創作か、律令時代以前から存在した話となろう。

舟倉の姉倉比売神社の近くに旧石器～縄文時代の直坂遺跡が、呉羽の姉倉比売神社の近くに縄文時代の北代遺跡や小竹貝塚・蜆ヶ森貝塚があること等により、姉倉姫と能登姫の争う話の原点を、伝助同様に律令時代のはるか以前、いわゆる神話の時代に想定することもそれほど荒唐無稽ではないとも思われる。

七．越中の国境の変更

律令時代になって五〇年ほどの間に、越中の国境は少なくとも三度変更されている。

ア．『続日本紀』大宝二年（七〇二）三月甲申
分越中国四郡属越後国。

イ．『続日本紀』天平十三年（七四一）十二月丙戌
安房国并上総国。能登国并越中国。

ウ．『続日本紀』天平宝字元年（七五七）五月乙卯
勅曰、頃者、上下諸使、惣附駅家、於理不穏、亦苦駅子。自今已後、宜為依令。其能登、安房、和泉等国依旧分立。


大宝二年のアは、頸城・古志・魚沼・蒲原郡を越後国に渡したもので、おそらくは地域元来の結びつき＝縄文以来のヒスイ文化圏＝奴奈川姫祭祀圏を、律令政権がその理屈で再編したものと以前別稿で考えたが[5]、天平時代のイ・ウと、伊須流伎彦を争う姉倉姫と能登姫の話を重ねると、天平時代までの越中・能登の地域では、地域元来の結びつきと律令政権の地方支配の構造に乖離があったが、天平宝字元年のウに至って、ようやく律令政権の組織が優越し、越中・能登の地域の地方支配が固まったとも推測できる。

『古事記』上巻の八千矛神＝大己貴命の「沼河姫求婚」の話に、姉倉姫と能登姫の争いを大己貴命が治めたとする

話を重ね、出雲大社の神宝に弥生時代の硬玉（ヒスイ）の勾玉があり、越中地域にまで同じく弥生時代の出雲の形の四隅突出型墳丘墓が分布することなどを併せると、縄文以来の越の文化圏に弥生時代以降に出雲から加わった影響が、「うわなり」の話に姿を変えつつ野崎伝助の時代まで伝わっていたと考えることも許されるかもしれない。

註

（1）古典文学大系本『古事記』（初版）、岩波書店、一九五八年など。

（2）国立国会図書館サイト内、デジタル化資料（古典籍資料）にて「歌舞伎十八番　嫐」（http://dl.ndl.go.jp/info:ndljp/pid/1308784）で参照できる。

（3）独立行政法人日本芸術文化振興会サイト内、伝統芸能情報館文化デジタルライブラリー、能楽資料（文献・絵画）にて（http://www2.ntj.jac.go.jp/dglib/）「葵上」で参照できる。

（4）「有馬の昔話」有馬温泉元湯　龍泉閣サイトほか。有馬の妬湯は『和漢三才図会』巻五十七、水類や『摂津名所図会』巻九に見える。間歇泉の吹き上がる様子が名前の由来であろう。山東京伝は草双紙の舞台にしている（「妬湯仇討話」）。

（5）内田正俊「『記紀』編纂時の越から見た奴奈川姫」『日本書紀研究』第二六冊、塙書房、二〇〇五年

主な参考文献

折口信夫「嫉みの話」『折口信夫全集　ノート編　第七巻』中央公論社、一九七一年、初出は一九三七年

藤田富士夫『日本の古代遺遺跡13　富山』保育社、一九八三年

桃裕行「うはなりうち（後妻打ち）考」『桃裕行著作集』四、思文閣出版、一九八八年

由谷裕哉「近世地方霊山縁起の宗教的意味とその背景―能登石動山を例として―」『民俗宗教5』東京堂出版、一九九三年

成清弘和「記紀の嫉妬譚と律令の「七出」について―「皇后」イハノヒメ像の再構築―」『日本書紀研究』第二三冊、塙書房、二〇〇〇年
北野博司「加州金沢城の石垣修築について」『東北芸術工科大学紀要8』二〇〇一年
服部幸雄『市川團十郎代々』講談社、二〇〇二年
棚元理一『「喚起泉達録」に見る越中古代史』桂書房、二〇〇三年
氏家幹人『かたき討ち―復讐の作法―』中公新書、二〇〇七年
大野英子『王塚・千坊山遺跡群―富山平野の弥生墳丘墓と古墳群―』日本の遺跡18、同成社、二〇〇七年

4．喚起泉達録の中の蜃気楼

麻柄　一志

一．はじめに

筆者に与えられた課題は「喚起泉達録の中の蜃気楼」、具体的には『喚起泉達録』に蜃気楼が描かれているかの検討である。特に編者からは『喚起泉達録』巻之一の「越中之国其洲之姿形ト云フ事」の付随伝承にある龍宮は蜃気楼の事であるかの検討を指示されている。[1] 確かに、「蜃気楼の見える街」を標榜している魚津市の観光用図案の蜃気楼は龍宮（城）をイメージしたものが使われており、現在では蜃気楼と龍宮との結び付きは強い。『喚起泉達録』は富山藩士野崎伝助が享保一六年（一七三一）頃までには書き終えたといわれており、まず、江戸時代中期における日本列島および越中において蜃気楼がどのように認識されていたかを検討したい。

二．蜃気楼の記録

蜃気楼に関する最古の記述は、司馬遷編『史記』（漢の武帝の前九七年に完結）の天官書第五にある「海旁蜃気象楼台、広野気成宮闕」といわれており、「海旁の蜃気は、楼台を象り、広野の気は宮闕を成す」と読み下している。[2] こうした記述から漢代には蜃気、楼台の言葉が定着していたと考えられる。白川静の『字通』に拠れば、[3] 蜃は大蛤のことで、『礼記』の月令第六に「孟冬之月、……略……雉入大水為蜃（雉大水に入りて蜃と為る）」とされているように蜃は神秘的なものと考えられていたようだ。また、蜃は海中に住み、毒気を吐く、角と四本足がある蛇にも似た蛟《みずち》という架空の動物のことともいわれている。いずれにせよ古来中国では、蜃の吐く気によって空中に楼台が姿を現すとされている。

その後も中国では『漢書』天文志に「海旁蜃気象楼台」の記載があり、「蜃楼」は唐代以降の漢詩等にも見られ、海市、蜃市なども用いられている。特に著名なものは蘇東坡の『登州海市』（一〇八五年）である。中国では登州が古くから蜃気楼の名所として知られている。また年間の政治的行事や儀式を解説した明代の馮応京の『月令広義』にも「登州海上、春水面霧気結、為楼台城市人畜往来噌雑之状、名曰海市、或曰、即蜃気也」と登州の蜃気楼が記述されている。登州は山東半島の渤海湾岸の地域で、現在でも同地の蓬莱市周辺の海岸には春に日本国内では見られないようなダイナミックな蜃気楼がしばしば出現し、地域住民はもとより多数の観光客も押し寄せ、蓬莱市の重要な観光資源の一つとなっている。

インドでは史記と同時代に成立した『大智度論第六』（漢訳）に「乾闥婆城」の出現の記述が認められ、蜃気楼のことだと考えられている。乾闥婆《ケンダツバ》は梵語で帝釈天に奉待し、香を求めて空を飛び伎楽を奏する神のことで、その乾闥婆が幻で作った城という意味で蜃気楼を乾闥婆城と称したようだ。

中国における『史記』以降の「蜃気象楼台」等の記事が日本列島の知識人に蜃気楼の名称や成因についての解釈に大きな影響を与えている。

三　富山湾の蜃気楼

富山湾の蜃気楼が記載されている文献については、これまで断片的な情報がいくつかの論文等に紹介されているが、(4)文献史学の研究者による集成的な研究はおこなわれていない。以下、管見で知り得た主な文献の検討をおこなう。

列島での蜃気楼についての記載の初見は、永禄七年（一五六四）の長尾輝虎（後の上杉謙信）の魚津での蜃気楼実見の記録である。この記事は元禄一一年（一六九八）に著された駒谷散人の『北越軍談』の中に「是歳五月下旬より六月半に至り、本庄繁長、柿崎景家を魁首として、公越中国に御在馬。此折魚津の海上に於いて貝の城を造るを見るとて、男女老若に市をなす事堵の如し。暑熱の時に属りて、蛤の屯して靄気を立るにてぞ有りける。中華の書に所謂蜃楼是ならん。」と記され、(5) 中国の登州の海市や西域の乾達婆城の類例を説明している。

また、謙信の蜃気楼実見については文化一二年（一八一五）に野崎雅明が書いた『肯搆泉達録』にも「永禄七年五月下旬、魚津の海上に蛤の城を造るを見るとて、男女老若集りて市をなす。これは蛤の気を吐くにこそあれ、中華にも所謂蜃楼これなり。また支那登州の海上に春夏の間にこの気あり。城郭市廛依稀として人馬の往来絡繹たり、土人呼んで海市という。また西域にもこれに類する事あり。旭日出る時、紅暉天に映じて、楼門・宮闕・官人などの出入りするを見る。日輪高く昇れば、すなわち消滅す。これを乾闥婆城といふ。惣じて乾坤の間、陰陽造化のなす所、測り知るべからずといえり。魚津海上の蜃楼、日本には希なる事なりと、この節、輝虎・本庄繁長、柿崎景家を始め諸士、馬を駐めて見るという」と述べている。(6) 明らかに『肯搆泉達録』の蜃楼は『北越軍談』に拠った記載であるが、記事の内容は海市や乾闥婆城にみられるように中国の典籍についての豊富な知識の裏付けによって書かれている。『肯搆泉達録』は周知のとおり、野崎伝助の孫野崎雅明が『喚起泉達録』の散逸を惜しみ、新たに纏めた歴史書であるが、神代から戦国期まで記されている『喚起泉達録』にこの記述はない。

江戸時代中期の天文学書である西川如見の『両儀集説』（正徳四年〈一七一四〉）に「……日本越中魚津ト云ウ所ノ海中ニ夏ノ間ニ蜃楼現ズ、其土民是ヲ喜見城ト号ス、又ハ狐森ト名ヅク、其ノ浦西方ニ向フ、四月ヨリ六月マデノ間ニ、西南ノ風吹クコトアリ、浦人是レヲ日ナタ風ト云フ、其ノ地ニテハ暖気ノ風ナリ、此ノ風吹ク時海上ニ現ズ、或ハ如塀、又ハ樹木ヲ植エタル如ク、或ハ石垣ノ如クニ見エ、其ノ内ニテハ白魔ノ鑓ヲ立タル如クニ見エ、或ハ大ナル森ノ如クニモ見エ、其ノ状一様ニ不定、……」と魚津の蜃気楼を説明している。『両儀集説』には「是れ海中の陽気夏暖気に合つて、水面に発上し、湿熱重蒸せし物也」と従来の蜃（大蛤や蛟）ではなく、科学的に自然現象にその原因を求めた画期的な説明をおこなっている。

明和元年（一七六四）以降に成立したとみられる加越能三州の伝記奇談集である堀麦水の『三州奇談』の邪宗残妖に「彼の邪徒の名士守紋北国へ来り、此魚津に至りて手を打ちて驚き、此地唐の今浦、南洋のウン浦に似たり。必ず海中に蜃ありて珠を産する所なるべし」と古来からその気が楼台を結ぶといわれた蜃の存在を予言していることが記されている。この記述が直接魚津の蜃気楼を指しているわけではないが、魚津で敢えて蜃気楼の発生源である蜃の存在を指摘している点は魚津浦の蜃気楼についての知識があったためであろうか。

明和年間（一七六四～七二）に成立したと考えられている堀麦水の『続三州奇談』に倶梨伽羅山の須小池の蜃気楼を「魚津浦に見なれし喜見城と云ふ物立ちて」と形容し、「蜃気の楼をなすは、此辺海上の常ながら」とこの地では本来は海上に出現すると記している。(7)

百井塘雨の『笈埃随筆』（一七七二～八八）にも海市と題し「我国には北海に多し。中でも越中魚津浦を最上とす。三四月の間、天気のどやかになり、少しも風なきとき、海面に現ず。……中略……尤雨に近きと思う日和には必ず立也。海浜の人は能其立べき日を知て出て見る。土人は狐の森といふ」と気象条件も含めて詳細に述べられている。(8)

近世後期のベストセラー本の一つといわれている橘南谿の『東遊記』は吉村蘭洲の挿図付き（第1図）で、魚津の蜃気楼を詳しく紹介している。(9) 橘南谿が、越中に逗留していたのが一月から二月だったため実際に魚津の蜃気楼を見ていない。しかし、毎年三月末から四月（いずれも旧暦）に数回出現することや、天候が穏やかで風のない日が

第1図　『東遊記』の魚津浦蜃気楼

出現の条件であること、「海上に煙のごとく雲のごとく次第にむすび来たりて、遂には楼台のごとく、或は城郭の如く、人馬往来せるがごときも、歴々然として見ゆ」「初は幕を引けるがごとくなりしが、しばらく見る間に、城郭のごとく、矢倉、高塀ようのものも見え、矢間などのごときものも見えしが、又暫くする間に、松原の如く、絵に書ける天の橋立などのように見えし」と具体的な描写が続き、富山で蜃気楼出現の連絡を受けてもかけつけるまでに消えてしまうなど、現在の魚津の蜃気楼の説明とほぼ一致する記述がおこなわれている。南谿が越中を訪れたのは天明六年（一七八六）でその前年に京都を発ち、日本海を北上している。南谿の遊歴中の記録から写本の『東西遊記』が編まれ、寛政七年（一七九五）に『西遊記』、『東遊記』が相次いで刊行され、その後寛政九年に『東遊記後編』が、翌寛政一〇年に『西遊記後編』が刊行されている。この本によって魚津の蜃気楼が全国的に著名になったことは疑いない。橘南谿は魚津で蜃気楼を見ることができなかったために、挿図の蜃気楼図も当時流行の蜃気楼図の構図に近い。しかし、不思議な妖気の中に楼閣等が描かれているものの、その妖気は蛤からではなく海面から出ている。当時の知識人の一人として良識からであろうか、荒唐無稽の通説を拒否していると見て取れる。

平田篤胤（一七七六～一八四三）の『三神山余考』はおそらく蜃気楼について最も詳細に記述された江戸時代の書物であろう。中国の史書の引用から始まり、国内では東北地方、伊勢、尾張、糸魚川、豊後、周防、江戸およびその周辺の蜃気楼の紹介と併せて橘南谿の『東遊記』を引き、魚津の蜃気楼について詳しく載せている。ただし魚津の蜃気楼に関しては『東遊記』の記述の引用に終始している。ただ、珍しいことに蜃気楼の挿図を多用しており、海市帖や豊後高浜の蜃気楼の図を掲載している。(10) これらの蜃気楼図も絵師が描く蛤の気の中の楼閣ではなく、海面上に浮かぶ不思議な風景となっており、国学者にしては、文献よりも実際の現象の忠実な観察に主眼が置かれたものになっている。

同じく『東遊記』を受けて書かれたものが、越後の柳原保重によって弘化二年（一八四五）に記された『有磯の真砂』である。「橘南谿が東遊記に、越中の国魚津には、年には四五度も蜃楼をむすぶことあり。是は三四月の頃より立ち昇る気の次第に結びて、其中にむかひの山々、あるは寺院などを映してさまざまの形の見るもの也。魚津の地形は海上七八里をへだてて能登の国の山々つられなり。……略……其後越中魚津の人に出あひてまた蜃楼の事をとふにかしこにては喜見城といふ。真に魚津には三四月のあはひ、あるは四五度、多き年には五六度もあることあり。……略……おのれ思ふに、其地形と潮の気によりて、三四月の頃の陽気につれて、海中の気むし昇り霞の如く引きわたしたる中に、山々、寺院など映して、楼閣のごとく見ゆるもの也。魚津には大川なく、潮の気、ことにつよき所也といふ。真水多く交る海には立ち昇る気すくなきがゆえに、物の映ずる事なければ、楼閣を見ることはなし。魚津は潮の気つよきと其地形とによりてなるべし。今記す所、東遊記には其趣似たれども、その話したる人は魚津の船人にて一丁字すら知らぬ人也。はた東遊記といへる名さへ知らねば、話する所は実なる事うたがひなし」と蜃気楼の成因について地形と潮の密度から考察を加えている。(11)

魚津の住人増川屋与八郎の『魚津古今記』(天明八年(一七八八))には当然蜃気楼について詳述されている。「昔ヨリ年々三月中ヨリ四月迄モ此浦ノ沖ニ当リテ岩瀬野水橋等ノ浦続ノ並松ヲカタドリテ蜃楼台ヲ作リ掛見ユル也……又海市ト云ルモ是ナランカ、里諺俗ニ狐ノ森ト云ナリ」と蜃気楼出現の概説に続き「中古松雲院様当所御旅泊ノ折御上覧有テ已来ハ、喜見城ト可唱旨命アリト云伝タリ」と喜見城の名称が松雲院(加賀藩五代藩主前田綱紀(一六四三〜一七二五))が名付けたと伝えている。蜃気楼の現象は「其日、其時、風気ニ随ヒ、眼前喜見城長続ク時ハ、能登山ノ尾崎迄モ作リ掛、浮キ浮キト見ユル也、童ハ其模様ヲ見定テ、彼ハ御城也、天守、矢倉抔ト見モアリ、又童ノ云フ、アレハ橋ノ上ヲ人形ガ馬ニ乗テ行カト見立ルモアリ　又御通リカ続キテ、弓、鉄砲、鑓、長刀、台笠、立傘等に見ル者アリ、何ヲ何トモサタカナラス、暫ノ内ニ移リ替ルコソ希代ノ一ナレ、此景色ヲ適見ニ、他ノ人ハ感絶ヘ只ウラヤ(ム)計」と具体的に記述されている。(12)

十一代加賀藩主前田治脩は参勤交代の帰りに魚津で宿泊し、蜃気楼に遭遇している。寛政九年（一七九七）四月四日に江戸を発った一行は四月一三日に魚津に着き、その日申の上刻（午後四時）岩瀬方面に蜃気楼が現れ、治脩は家来に刻々と変化する蜃気楼を写生させている。六枚組で時間とともに移り変わる風景を写した『喜見城之図』は、従来の蛤などの気から浮かび上がる楼台の想像図ではない初めての実写図である。形が変化するため、非常に描きにくかったことが書き添えられている。『喜見城之図』の現物は金沢市立図書館に保存されており、この図の写が魚津埋没林博物館に展示されている。

この加賀藩主の蜃気楼実見は皆川淇園の『淇園文書』（文化四年〔一八〇七〕）の「記越中魚津浦昼海市事」にも記されており、「越中魚津浦孟夏之月。常現海市。晴日無風。薄雲罩天之日。則必見之。風生則雖見而忽復息。見之之初。常必先起自滑川。滑川去魚津三里。而将見之時。其岸際林木皆化成其物。……」に続き、寛政九年四月一三日に魚津に到着した藩主一行が、未刻に始まり申下刻に止んだ蜃気楼を諸臣とともに見たこと書かれている。さらにその百年前、始祖某公（前田綱紀のことか）が「盖百年前候始祖某公之時。嘗到此見海市。而某公年至八十。是以今公亦喜以為吉徴」と『魚津古今記』の記述に符合する内容である。

十三代藩主前田斉泰は嘉永三年（一八五〇）四月「魚津の浦にて海市をみてよめる」と題し「見るがうらに千代やへぬらん 波間より生帰り生松のむら立」の歌を残している。(13)

加賀藩士富田景周は『三州志来因概覧』（寛政一一年〔一七九九〕）巻一で海市について「魚津ハ三四月ノ間東西ノ風温柔ナル日ハ毎年二三度ニモ及」と蜃気楼出現の気象状況も説明し、本人は寛政九年（一七九七）に滑川で蜃気楼を実見している。(14)

蜃気楼に最も関心をもっていた江戸時代の文化人は菅江真澄（一七五四～一八二九）ではないだろうか。東北地方を中心とした東日本に広く足跡を残した菅江真澄の紀行文・随筆・日記類は現代の歴史学、民俗学さらには考古学にも計り知れない貢献をしている。『けふのせば布』（天明五年〈一七八五〉）、『岩手の山』（天明八年〈一七八八〉）、『雪の秋田根』（享和二年〈一八〇二〉）、『氷魚の村君』（文化七年〈一八一〇〉）などの日記類に北海道・東北各地の蜃気楼を一部は挿図も加えて取り上げている。また、『粉本稿』（天明年間）という写生帳にも岩手県黒沢尻の狐の館（蜃気楼）が描かれている。この中の『けふのせば布』には「（岩手県黒沢尻の）後藤野というひろい野原の雪の上に狐の館が見える。また七戸の三本木平というところには、二月の末に狐の柵がふるという。これは、山市のたつのを、後藤野では狐の館といい、三本木平では狐の柵とよんでいるのである。越の海の海市を、狐の森という類である」と富山湾の蜃気楼が狐の森と呼ばれていることが記されている。(15) 同様の記述は『岩手の山』にも認められ、「越の海では海上にみえて、これを狐の森というのとおなじである」と紹介している。(16)

平戸藩主松浦静山が文政四年（一八二一）から二〇年書き続けた『甲子夜話』続巻六十二に「越中魚津、三四月之交、海上現蜃楼。毎年一二度、若三四度。以天気晴明風斂波静日云。」と魚津の蜃気楼が記されている。実見ではなく、伝聞での記述である。(17)

このほかにも中国の李時珍の著わした「本草綱目」を小野蘭山が文政一二年（一八二九）に日本語に翻訳した『本草綱目啓蒙』の蛟竜の項目の付録に「蜃楼ハ、本邦ニモ多シ。勢州桑名ニテ、キツネノモリト云、奥州津軽ニテ、キツネダチト云、越中魚津浦ニテハ喜見城ト云。」と補注が付け加えられている。また、『魚津古今記』には西川如見の『怪異弁断』（正徳四年〈一七一四〉）と張朱鱗の『龍宮船』（宝暦四年〈一七五三〉）にも魚津浦の蜃気楼のことが記され、「雨降ラントスル時ハ気ヲ吐テ楼台ノ形ヲ顕ハス、丹碧隠々トシテ烟霧ニ似タリ、俗是ヲ蜃楼ト云」と紹介されている。この書名は『龍宮船』であるが、引用箇所からは龍宮への言及はなく、名称が蜃楼ということと楼台が現れることが記されている。また、『越中旧事記』にも生地と魚津の間の沖に「蛤楼台を作る」事が記されている。(18)

漢詩にも魚津の蜃気楼を詠んだものが多い。寛文一二年（一六七二）から正徳元年（一七一一）まで加賀藩に招かれていた儒者の室鳩巣（一六五八～一七三四）の『早発魚津』には「時々蜃気結楼台」が見える[19]。また、加賀藩の儒者沢田宗堅（一六二四～一七〇七）の『寛文紀行』（寛文東行記ともいう。寛文九年三月、藩主前田綱紀の参勤交替に先立ち江戸へ向った時の紀行）に「魚津」と題し、「旦暮件々蜃気構城云」、「碧海現蜃楼」が、また同じく沢田宗堅の『東道紀行』にも魚津と題し、「聞説魚津浦。時々結蜃楼」が見える。また、江戸時代に魚津で盛んだった俳句の題材としても蜃気楼はしばしば取り上げられ、「蜃気楼」「喜見城」「海市」は春の季語になっている。

富山湾（主に魚津）の蜃気楼の記録に現れるその名称と蜃気楼の具体的形状を一覧（表1）にすれば、一七世紀後半以降急激に蜃気楼の記載が増加することがわかる。列島の蜃気楼を語る場合、魚津や越の海が必ずといっていいほど引き合いに出されており、その知名度の高さが窺い知れる。

蜃気楼の名称については、漢籍の素養がある知識人は蜃楼、海市、乾闥婆城など用いているが、地元では狐の森と呼ばれていたようで、その後、藩主綱紀の命名によって喜見城が普及したようである。つまり、各地の知識人にとっては蜃楼、海市であり、地元（加賀藩）の文人にとっては喜見城で蜃気楼を表現する事が多いようである。蜃気楼の具体相については、伝聞等によるものは城（城郭）、楼（楼閣、楼台）等の表現が多いが、地元住人増川屋与八郎の「並松ヲカタドリテ蜃楼台ヲ作リ掛ケ見ユル也」は実際の魚津の蜃気楼を見た事がある者には信憑性の高い表現と思える。

また、これらの文献で蜃気楼が出現する場所として、一部に滑川も登場するが魚津浦が圧倒的に多い。稀に菅江真澄のように「越の海」の表現も認められるが、当時の周知度から魚津浦を指していると考えてよい。明治三三年（一九〇〇）から大正六年（一九一七）までの伏木測候所の調査では、蜃気楼の観測地点として北は生地から西は伏木まで挙げられている。観測回数は魚津が五〇％以上で圧倒的に多く、ついで滑川の二五％弱、生地の一二％余りが続く。回数は少ないものの、伏木、東岩瀬、水橋、石田の地名も蜃気楼の観測地点として登場しているが、入善以北は観測されていない。江戸時代においても蜃気楼の見える範囲は現在観察できる場所を越えるものではない。ただし、明治年間に編纂された森田柿園の『越中志徴』に「岩瀬・水橋辺より、国境なる境浦までも顕る。中でも此魚津浦を最上とす」とされているが、[20]出典が明記されていない。越中志徴の魚津浦、蜃気楼の項目は『東道紀行』、『魚津古今紀』、『其園文書』、『寛文紀行』からの引用がほとんどであるが、境浦で見える蜃気楼の根拠は不明である。

表1　江戸時代における富山湾の蜃気楼記録

年	名称	形状	文献
一六六九	蜃楼	城	寛文紀行
一六九七	蜃楼	城	北越軍談
一七一四	喜見城、狐森	塀、樹木、石垣、森	両儀集説
一七六四―七一	喜見城	楼	続三州奇談
一七七二―八八	海市、狐の森		笈埃随筆
一七八五	狐の森		けふのせば布
一七八八	狐の森		岩手の山
一七八八	蜃楼、喜見城	並松ヲカタドリ	魚津古今記
一七九五	蜃気楼	楼台、城郭、人馬往来、松原	東遊記
一七九七	喜見城		喜見城之図
一七九九	海市、狐ノ森、喜見城		加越能三州志
一八〇七	海市	柱、楼櫓、城墻	淇園文書

一八一五	蜃楼、海市、乾闥婆城	城	肯構泉達録
一八二九	喜見城		本草綱目啓蒙
一八四五	蜃楼、喜見城	山々、寺院、楼閣	有磯の真砂
一八三〇～	蜃楼		甲子夜話

以上のように日本列島では、蜃気楼の認識は江戸時代に始まる。奈良時代に国司として越中に赴任し、国内を広く巡視した大伴家持の万葉集には蜃気楼の記載はなく、室町時代に魚津を通った旅行記等にも蜃気楼の記録はない。ところが江戸時代に入ると、魚津浦の蜃気楼が地元だけでなく、全国的に名所として知られるようになり、様々な文献に登場する。藩政期には、魚津は加賀藩の越中における政治的経済的拠点の一つで、人口も増え、それだけ蜃気楼を目にする人も多くなったことも事実であるが、当時の学問の潮流も見逃せない。

四．江戸時代における蜃気楼の認識

大陸では古くから怪奇現象として、蜃気楼の存在について認識されており、史記を筆頭にさまざまな文献に登場するが、列島では不思議なことに蜃気楼についての記録は、近世まで現われない。蜃気楼と似た現象である不知火は万葉集に筑紫の枕詞として登場し、広く都にまで知られていた。また、承和二年（八三五）没後、弟子の真済によって編まれた空海の『性霊集』に「遠而似水　近無物　走馬流川何処依」「遠くして水に似たれども、近くして水無し、走馬流川いずくにか依らん」と詠んでいる。逃げ水現象を表したものだと解釈されている。また、一四世紀に成立した『太平記』巻第十八の「春宮還御の事付けたり一宮御息所の事」の章に「不思議の者ども波の上に浮かび出て見えたり。まづ、一番に濃き紅着たる仕丁が長持ちを舁きて通ると見えてうち失せね。その次に白葦毛の馬に白鞍置いたるを、舎人八人して引きて通ると見えてうち失せぬ……」[21]とあるのを蜃気楼現象が記載された可能性も指摘されているが、[22]前後の文脈からこの部分は幻想小説的展開となっており、同意しがたい。

近世になると富山湾の蜃気楼で見られたように様々な文献に蜃気楼が登場する。寺島良安の『和漢三才図会』（正徳二年（一七一二））には蜃の項目で中国の『本草綱目』（一五九六年）からの引用で「よく気を吐いて、楼台城郭の状を画き出す。雨が降りそうな天候のときにそれがあらわれ出る。これを蜃気楼という。また海市ともいう」と説明されている。[23]

石川雅望の『ねざめのすさび』も蜃気楼の項目で『本草綱目』からの引用で蜃気楼を『和漢三才図会』と同様に説明している。さらに、蛤の上に楼台を描いた絵図を蜃と蛤とを混同した誤りであることを指摘している。[24]

鳥山石燕『今昔百鬼拾遺』雲（安永一〇年（一七八一））には蜃気楼の項に「楼閣城市の形をなす。これを蜃気楼と名づく。又海市とも云う」と解説し、海中の蛤から海上に楼閣城市が出現する様が描かれている。[25]蜃気楼の絵画の代表的作品（第2図）であるが、実景ではなく漢籍からの知識を絵にしたものである。

江戸時代における魚津以外の蜃気楼の記録は、渥美半島の伊良湖岬（渡辺政香『参河志』天保七年（一八三六））、新潟県糸魚川（橘南谿『東遊記』寛政七年（一七九五））、愛媛県宇和島（岡研水『話兒録』文政一〇年（一八二七））、鹿児島県甑列島（佐藤成裕『中陵漫録』文政九年（一八二六））、三重県四日市、桑名（平田篤胤『三神山余考』、橘南谿『東遊記』、増川屋与八郎『魚津古今記』、『東海道名所図絵』寛政九年（一七九〇）など多数）、青森県津軽、下北半島（小野蘭山『本草綱目啓蒙』文政一二年（一八二九）、平田篤胤『三神山余考』）、秋田県八郎潟、岩手県北上市、青森県津軽、下北、北海道松前（以上菅江真澄）、福島県富岡町、[26]和歌山県名高浦（『紀伊国名所図会』文化八年（一八一一））、広島県厳島（柳原保重『有磯の真砂』弘化二年（一八四五）など）、北海道石狩湾（松浦武四郎『三航蝦夷日誌』弘化三年（一八四六）など、主なものだけでも北は北海道から南は鹿児島県まで全国各地に及んでいる。この中で特に有名だったのは四日市の蜃気楼で浮世絵にも取り上げられている。桑名・四日市の蜃気楼は江戸時代においては魚津と並ぶ名所だったようだ。

蜃気楼の呼称も魚津浦と同じように知識人は蜃楼、海市を用い、地元での名称として狐の森、狐盾、狐舘、狐棚など狐にちなんだものや、ナゴノワタリ、蓬莱、島遊び、高島おばけなどが記録されている。蜃気楼図は文献から得ただけの知識で描かれたものは一様に貝（蛤）や蜃の吐く気に楼閣が浮かぶ構図をとるが、実見したものが描かれ場合は『喜見城之図』のように写実的で空想から科学へ進化したものも存在する。

このように江戸時代には列島各地で蜃気楼が観察され、記録に残されたが、これらの地で現在でもしばしば蜃気楼の出現が報告されている場所は魚津浦と北海道の石狩湾を除くと皆無である。気象条件の変化があったのかそれとも自然に対する観察眼の衰えなのであろうか。

以上のように日本列島では、蜃気楼の認識は記録に見るかぎり江戸時代に始まる。江戸時代は武士や商人などの間で学問への関心が高まった時代で、様々な分野で科

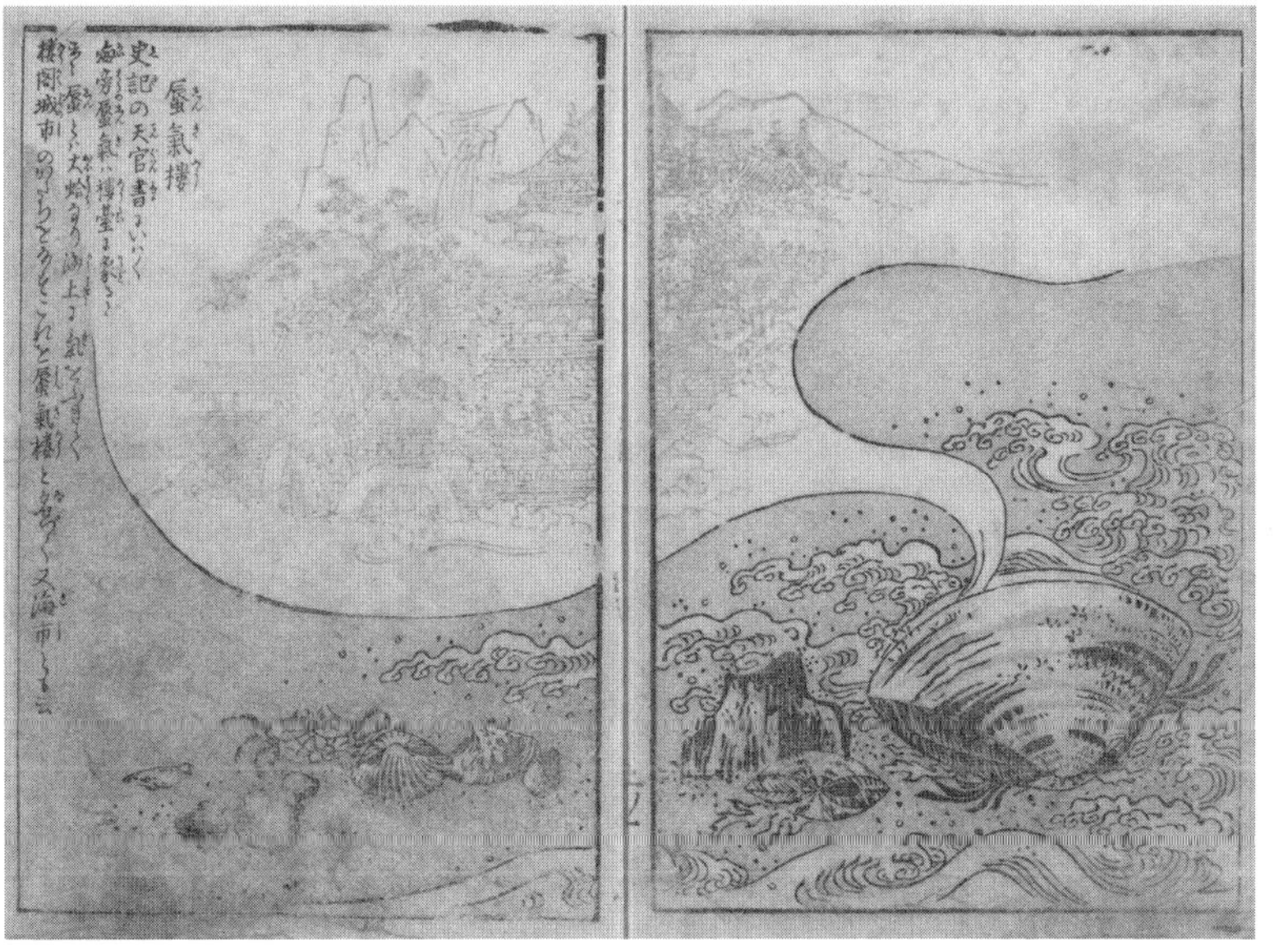

第２図　『今昔百鬼拾遺』の蜃気楼図（国立国会図書館デジタルコレクションより）

学的視点の萌芽認められる。たとえば、考古学では木内石亭や蒲生君平に見られるように現在の学問の基礎がこの時代の〝町人学者〟によって築かれている。[27] 考古学や古代史に関する研究でも、本居宣長のような古事記等を絶対視する宗教的、原理主義的な歴史観に対し、藤貞幹や上田秋成らの科学的研究方法が出現している。蜃気楼についても市井の町人学者によるものが多く、いずれも幅広い漢籍の素養を基に、当時の自然状態をできるだけ忠実に記録し、科学的に解釈しようという姿勢で記述されており、資料としては現在でも有益なものが多い。恐らくこうした民間における学問の興隆が各地での蜃気楼の発見や観察につながっていったと考えられる。

五．龍宮と蜃気楼

上記のとおり江戸時代の越中において地元民の蜃気楼の呼称には「狐の森」「喜見城」等、漢籍の知識から「蜃楼」「蜃気楼」「海市」が使われているが、龍宮または龍宮城が用いられることはない。さらに、各地の蜃気楼記録にも龍宮（城）という名称はほとんど認めることができない。また、蜃気楼の映し出す造形も楼閣や城郭等様々な風景が記録されているが、基本的に地上の景色であり、海中の龍宮という表現は存在しない。

しかし、列島各地における蜃気楼の古称の中に「龍宮の城」（広島）、「龍王の遊び」（山口）が見られる。[27] 江戸時代の文献としては『広倭本草別録』（宝暦九年〔一七五九〕）に芸州で「龍宮の城」と蜃気楼が称されていることが述べられているらしいが、筆者は原典を確認していない。広島などの瀬戸内で江戸時代に蜃気楼が「蓬莱（山）」と呼ばれていた記録もあるので、列島内では中国地方の瀬戸内沿岸では蜃気楼を龍宮と見ていたことが指摘できるかもしれない。中世以前の浦島伝説では浦島が仙女と連れて行かれた先は龍宮ではなく、不老不死の蓬莱山であった。それが仏教とともに伝わった龍宮に中世から行き先が変っており、蜃気楼を蓬莱と呼ぶ背景には龍宮が潜在意識として存在するのかもしれない。しかし、いずれにせよ蜃気楼と龍宮との結びつきは歴史的に少なく、地域的に限定される。特に数多くの文献に記されている越中においては、蜃気楼を龍宮と呼ぶことはなかった。

明治時代にはさらに様々な文献に蜃気楼が記載されているが、富山湾の蜃気楼と龍宮との関係を強調するものはない。

昭和七年（一九三二）に魚津町で「蜃気楼節」が作られた。この一節に「龍宮城をばあれあの沖よ　もやの中よりありあり出るさても不思議な蜃気楼」がある。当時、魚津町では鯛網、蛍烏賊、蜃気楼を魚津町の三大奇観として観光の目玉としていた（現在、魚津市の三大奇観は蜃気楼、ホタルイカ、埋没林）。蜃気楼節も官民挙げてその普及に努めている。この頃には観光目的もあり蜃気楼が龍宮（城）と結び付いている。

江戸川乱歩の小説『押絵と旅する男』（昭和四年〔一九二九〕「新青年」）に「ハマグリの息の中に美しい竜宮城の浮かんでいる、あの古風な絵を想像していたわたしは、ほんものの蜃気楼を見て、あぶら汗のにじむような、恐怖に近い驚きにうたれた」という一節がある。確かに「ハマグリの息の中に美しい竜宮城の浮かんでいる、あの古風な絵」とここで書かれているように、江戸時代の蜃気楼図や龍宮図の中では楼閣と龍宮の区別はつきにくい。浦島太郎の物語は江戸時代にも数多く出版されているが、そこに描かれた龍宮（城）は蜃

第３図　『祝言浦島台』（舞鶴市教育委員会蔵）の龍宮

気楼図の楼台・楼閣と基本的に類似した構図である。天保二年（一八三一）の十辺舎一九作歌川貞景『祝言浦島台』の龍宮はその一例であるが、城門とそれに続く城壁に囲まれた中に楼台・楼閣がある（第3図）。珍しい例としては浦島伝説と蜃気楼が融合した錦絵がある。安政元年（一八五四）の歌川豊国作「桑名浦島波乙姫」（第4図）の浦島と乙姫の背景に蛤の気が結ぶ楼閣、即ち蜃気楼が描かれている。ただ、この錦絵は五十三次の四日市・桑名の場面であり、そのためご当地名物の蜃気楼が龍宮に替わり置かれたものであろう。江戸時代の知識人は蜃の吐く気が形作る楼台・楼閣と龍宮を混同することは無かったが、それが絵画に描かれると類似する構図をとっている。そのためか、昭和初期には魚津だけでなく、蜃気楼は龍宮城が海面に浮かぶというイメージが全国的に普及していたようである。

龍宮は日本では中世以降の昔話に登場する海中にある一種の理想郷、シャングリラで、龍王が支配する世界といわれている。蜃もある意味では海神で、龍王に近いかもしれないが、日本では龍宮は特に浦島伝説と強く結び

第4図　五十三次之内四日市桑名の浦島・乙姫と蜃気楼
（伊藤清則氏蔵、四日市市立博物館編『泗水のイメージ　浮世絵に描かれた四日市』より転載）

ついている。

六．喚起泉達録の龍宮

『喚起泉達録』に龍宮が登場するのは越中の東北端である宮崎周辺の伝承の中である。江戸時代の富山湾における蜃気楼記録では、蜃気楼が観察された場所として魚津以外では滑川、生地が知られていた。『越中志徴』の記述を除けば、明治以降の調査でも、これに石田、水橋、岩瀬、伏木などが追加されるが、黒部川以北では皆無である。こうした記録を参照するかぎり春型の蜃気楼が宮崎周辺で出現したとは考えにくい。勿論冬型の蜃気楼は条件さえ整えば、富山湾のどの海上でも出現を確認できるはずであるが、これまで参照した文献からは当時の蜃気楼は春型のみが知られており、冬型の蜃気楼の存在は気づかれていなかったようだ。

ここまで検討を加えた資料では、富山湾の蜃気楼に対する名称は蜃楼、喜見城、狐の森などに限られており、また蜃気楼の実景からも龍宮と結び付けるような記述は存在しておらず、江戸時代において漢籍の素養を備えたある程度の知識人なら、蜃気楼が現す像と龍宮（城）と混同することはない。これらのことから、越中宮崎における龍宮の物語が蜃気楼現象の存在から生み出された可能性も低いと思われる。

筆者は郷土史や文献史学の研究者ではない。これまで専らフィールドワークに従事してきたが、専門外のテーマであったが職務上のレファレンスと思い執筆を承諾した。そのため、ここでの検討には基本的な文献に遺漏や細部における資料批判の甘さがあるかもしれないがご寛容ねがいたい（二〇〇六年稿）。

註

（1）資料集成編集委員会編『喚起泉達録　越中奇談集』越中資料集成11、桂書房、二〇〇三年

(2) 司馬遷『史記四（八書）』新釈漢文大系41、明治書院、一九九五年
(3) 白川静『字通』平凡社、一九九六年
(4) 富山県伏木測候所編『富山湾乃蜃気楼』富山県伏木測候所、一九一九年、沢泉重夫「富山湾の蜃気楼について」『富山大学教育学部紀要』第4号、一九五五年。北日本新聞社編『蜃気楼有情』北日本新聞社、一九八一年。麻柄一志「富山湾魚津浦の蜃気楼」『磯部蜃気楼の謎』安中市ふるさと学習館、二〇〇五年など。
(5) 井上鋭夫校注『上杉史料集（中）』新人物往来社、一九六七年
(6) 富山県郷土史会編『肯搆泉達録』KNB興産出版事業部、一九七四年
(7) 堀麦水『三州奇談』石川県図書館協会、一九三三年
(8) 百井塘雨「笈埃随筆」『日本随筆大成』第二期第12巻、吉川弘文館、一九七四年
(9) 橘南谿『東西遊記1』東洋文庫248、平凡社、一九七四年
(10) 平田篤胤「三神山余考」『平田篤胤全集』第15巻、法文館書店、一九一八年
(11) 綿抜豊昭「魚津「蜃気楼」の一資料」『秋桜』第13号、富山女子短期大学国文学会、一九九六年
(12) 紙谷信雄編『魚津古今記・永鑑等史料』桂書房、一九九五年
(13) 魚津市史編纂委員会編『魚津市史』上巻、魚津市役所、一九六八年
(14) 富田景周『加越能三州志』宇都宮書店、一九一〇年
(15) 内田武志・宮本常一編訳『菅江真澄遊覧記1』東洋文庫54、平凡社、一九六五年
(16) 内田武志・宮本常一編訳『菅江真澄遊覧記2』東洋文庫68、平凡社、一九六六年
(17) 松浦静山『甲子夜話続篇5』東洋文庫381、平凡社、一九八〇年
(18) 富山県郷土研究会編『越中旧事記　前田氏家乗』中田書店、一九三二年

(19) 富山県編『富山県史』通史編Ⅳ　近世下、富山県、一九八三年
(20) 森田柿園『越中志徴』下巻、富山新聞社、一九五二年
(21) 山下宏明校注『太平記』三　新潮日本古典集成、新潮社、一九八三年
(22) 註3に同じ。
(23) 寺島良安『和漢三才図会』7東洋文庫471、平凡社、一九八五年
(24) 石川雅望「ねざめのすさび」『日本随筆大成』第三期第1巻、吉川弘文館、一九九五年
(25) 稲田篤信・田中直日編『鳥山石燕　画図百鬼夜行』国書刊行会、一九九二年
(26) 斎藤隆・麻柄一志「福島県双葉郡富岡町における蜃気楼の記録」『魚津市立博物館紀要』第4号、魚津市教育委員会、一九九八年
(27) 森浩一編『考古学の先覚者たち』中央公論社、一九八五年
(28) 北日本新聞社編『蜃気楼有情』北日本新聞社、一九八一年

5.『喚起泉達録』と古代布勢の地域の諸相

高森　邦男

一．はじめに

小稿では、地域の古代史について日頃から考えてきたことを『喚起泉達録』の記述に重ね合わせることによって、浮かび上がってくる歴史像を記したものである。

いうまでもなく『喚起泉達録』は近世に叙述された二次的史料であり、筆者の創作や誤聞・誤認が随所にあって、およそ史実を伝えているとは思えない。

その一方で、これだけの具体性をもって書かれているからには、何らかの形で史実が反映されているのではないかとも考えられるのである。

史料のない時代に於いて、『喚起泉達録』は荒唐無稽と決めつけて捨象するわけにもいかない。[1]筆者の記述の意図が、奈辺にあるか考えてみることもあながち無駄なことではないと考える。そうした意味でも棚元理一氏の著書[2]は、或る意味新鮮で刺激的である。

そこで小稿では、古代布勢の地域について『喚起泉達録』もひとつの考察材料として思うところを論じてみたい。

二．布勢神と新川の神々との戦いについて

布勢神社は、延喜式内社で現在魚津市布施爪地区にある。その祭神は、諸説あって大彦命とするもの、[3]五十猛命《いそたけるのみこと》、五十日足彦命《いかたちひこのみこと》とするもの、[4]天児屋命《あめのこやねのみこと》とするもの[5]など様々である。

この点『喚起泉達録』では布勢神を出雲系の倉稲ノ魂命《うけのみたまのみこと》とする。その倉稲ノ魂命を『古事記』では、須佐之男命と大市姫命の間に生まれた稲魂神であるとする。従来越中は出雲文化の影響を受けた地域として、それを物語る様々な文物が指摘されている。その最も典型にして可視的なものは富山市杉谷に見られる四隅突出型墳丘墓であろう。おそらく弥生時代には、日本海沿岸ぞいに出雲文化が伝播して越の地域にも伝わり、越の国の文化を形成したものと思われる。『喚起泉達録』に布勢神が海からの援軍を得て日置神と戦い、周辺の八心大市彦命《やごりおおいちひこのみこと》や雄山神や早月神などが日置神に加勢して戦ったとあるのは、やはり布勢神が出雲系外部勢力として周囲の勢力から異質な存在と見なされていたのかもしれない。

そう考えてくると布勢神と新川郡の神々との戦いは、様々な面から我々に伝えてくれるものがあると考えられ、想像をかきたててくれるものである。

例えば神々の戦いが、越の地域に出雲系の人々が進出した初期の頃を描写しているとすれば、出雲系の人々が、在来の人々との間に対立を生じたことを想像させる。魚津市内には弥生時代の遺跡として佐伯A遺跡や天神山遺跡、経田西町遺跡が確認されているが、このうち天神山遺跡、佐伯A遺跡は焼けた痕跡のある住居址が出土したと報告されている。(6) 両遺跡はともに高所にある遺跡で高地性集落とも考えられるが、弥生時代の戦乱のあとを物語るのかもしれない。そのことは布勢神等の戦いと重ね合わせると興味深いものがある。

また新川郡の神々は、そのまま当時の在地勢力の存在を物語るものとも考えられる。古代新川郡における有力な在地勢力をはじめ、在地勢力そのものの存在も不明であるが、神々の戦いが在地勢力の抗争と考えると、かつて新川郡一円で豪族たちの一大抗争があったのではないかということを彷彿とさせるのである。

三　阿彦の乱について

『喚起泉達録』によると阿彦峅《あひこたけし》は、布勢神倉稲魅命（倉稲ノ魂命）の後胤で布瀬彦の子東条彦の孫とある。つまりここでも出雲系の人物、豪族の登場ということになる。

彼は専制君主の如く振る舞い、布勢谷を中心とした支配はさながら阿彦王国の国王ともいうべき存在であったという。彼が新川郡の西に拠点を移し、岩峅堡を拠点としたのは、大和政権からの命令であったのかもしれない。その阿彦が四道将軍大彦の越中平定後、越中統治を託された手刀摺彦《たちずりひこ》の新制度を導入したやり方に不満をもら、また手刀摺彦が定めた十二城主に任命されなかったことに憤って反乱を起こしたのである。

『喚起泉達録』のいう時代は、古墳時代初期に相当するものであろうか。時期的なことはともかくとして、また甲良彦舅《こうらひこじい》や美麻奈彦《みまなひこ》といった大和政権側の越中豪族と賊将阿彦の側近支那夜叉《しなやしゃ》（阿彦の姉）、その子支那太郎、強狗良《ごうくじら》、大谷狗《おおたんぐ》、石走天狗《いわはしりてんぐ》などおどろおどろしい名前の将が、様々な妖術を使って変幻自在に戦う様は、書き手の才覚に感嘆するばかりである。

しかしそれらの戦いぶりはさておいて、大和政権に反乱を起こした地方豪族の例は、古来幾度となくあったことであろう。一例ではあるが『日本書紀』によれば、六四二年に「越辺蝦夷数千内附」とあり、越の国辺において数千人が帰順したことが記されている。すなわち越国辺で、大和政権に対して蝦夷が反乱を起こしたが、再び従属したということである。なお阿彦は、「阿比古」、「阿弭古」、「吾彦」などに通じ、畿内周辺地域で古代の姓に多くみられるようである。(7)

このようにみてくると阿彦の乱そのものは、実際に起こった史実かどうかは別にして、越国で起こった大和政権にまつろわぬ民の反乱の一事例として、世に伝えられたものではないだろうか。

ところで富山県の古墳分布をみてみると、滑川市以東には阿古屋野古墳以外にみることができない。また富山県の古墳の分布は、ほとんどは呉西地区に集中しており、地方豪族の勢力を何らかの形で反映しているものと思われる。そうしたなかで阿古屋野古墳は富山県の最も東に存在している。阿古屋野古墳から布勢の地域に向かって展望が開けていることからすれば、当古墳被葬者が布勢の地域を支配した豪族であったであろうことは容易に想像されることである。そうであれば被葬者である豪族が、この地で大和政権に反乱を起こした布勢の「阿彦」であったとしても否定する材料はない。

では阿古屋野古墳の築造はいつ頃であろうか。現時点では古墳時代後期に比定されている。(8) つまり六～七世紀頃とすればよいだろうか。その頃、あるいはそれ以後もこの地には目立った豪族の存在を伝える史料は残されていない。それは単に、遺構・遺物、記録が残らなかっただけのことであろうか。

四．その後の布勢の位置づけ

布勢の地域には何らかの公的施設が存在した可能性が高い。この地に色濃く残る伝承、遺跡・遺物、歴史的小字、宗教的地名などその傍証には枚挙に遑がない。また現魚津市にある西布施小川寺地区には千光寺があって往時の繁栄を偲ばせてくれる。先学の研究においても、この地には郡衙や軍事施設があったのではないかと考えられている。ここでは、いくつかの事例を挙げながら、新知見を踏まえてこの問題についてあらためて考えてみたい。

(1) 立山開山伝承にみられる布施館

片貝川の右岸には、今も立山開山伝承が物語る有頼柳がひっそりとたたずんでいる。この地には越中国守佐伯有若、その子有頼の館があったという。さらに有頼は、阿弥陀如来に導かれて立山を開き、出家して慈興上人と名乗り慈興寺を開いた。それが今日の魚津市内の経田持光寺地区にある大徳寺であるという。

今は有頼柳は河原にあるが、かつての片貝川は西を流れ、嘉暦二年（一三二七）に起きた大洪水によって斎沢村は片貝川の川底に埋もれたといわれている。清水一郎氏によれば、県土木事務所の資料から、県道にかかる橋梁地点、十数メートル下には腐植物がみられ、そこがかつての斎沢村の生活面と推定できるということである。[9]従って片貝川が作り出した扇状地には、洪水等によって多いところでは十数メートルもの堆積物があると考えられる。

ところで、佐伯有若は実在の人物で、清水寺隋心院文書にあらわれることからも興味深い伝承である。隋心院文書に記されている年代は延喜五年（九〇五）であるから、開山縁起に記される年代とは異なるが、縁起の成立に関わってヒントを与えてくれる。しかし小稿の趣旨とは異なるのでここでは論じない。

木本秀樹氏は布施館について、越中の国府所在地は、射水郡以外に求めることは難しいため、布施館は国衙ではなく、新川郡における何らかの公的施設、則ち郡衙や駅家などの存在を暗示するものと考えられている。[10]

（2）布勢＝征夷の軍事基地説

清水一郎氏は、様々な伝承や由緒書、歴史的字名を丹念に調査され、現魚津市経田地区にかつて斎沢村があって征夷の軍事基地が存在したとの結論を出された。[11]しかし既述のように、斎沢村の主要部分は嘉暦二年の大洪水によって片貝川の川底となってしまったといわれている。ここで清水氏の説の要点を紹介したい。

①経田の寿町から東町にかけては近年まで湿地帯であったが、これは「布勢之水海」の名残で古代稲作に適した地であった。

②「布勢之水海」の西側には経田の伝承として知られている「錨の溝《どぶ》」といわれた入り江型の良港があって、ここから征夷の軍船が発進した。

③近くには征夷の物資輸送に携わったと思われる富裕民の屋敷と推定される「慶屋殿《けやでん》」なる字名、さらには少し西

側の道下地区には「蔵城」とよぶ字名があり、征夷の物資を貯蔵した倉庫群の跡地と考えられる。

④「鐇の溝《どぶ》」の東よりの山手には「鍛冶屋田」なる字名があり、ここで武器が製造・修理されていたのであろうと推定される。

⑤陸上交通では古代北陸道が斎沢村を通っており、「布勢駅」の所在地は不明とされているが、斎沢村もその候補である。

⑥現在岡仏田とよんでいる斎沢村の西側はずれには「角地《かくち》」という字名がありここは武士・役人の住んだ屋敷があったところであると思われる。

⑦慈興上人が開いたといわれる大徳寺（かつての慈興寺）の由緒書には「文武天皇の大宝元年（七〇一）、四条大納言佐伯有若が嫡男有頼と共に斎沢に居館した」という伝承は史実としては間違っているが、人物名を佐伯岩湯（七〇九年、蝦夷反乱を鎮圧するため越中・越前の大軍を率いて戦った）とすれば時代的にも一致する。

こうして清水氏は、布勢の地にあった古代斎沢村を征夷の軍事基地であったと推定されるにいたったのである。清水氏は精力的に様々な分野にわたって調査をされ、古代斎沢村の具体像を描写された。その慧眼、洞察力は敬服に値する。また氏の見解には一定の説得力があると思われる。

（3）仏田遺跡発掘調査から

仏田遺跡の所在する魚津市仏田は、古代斎沢村の西側にあたる。国道八号入善黒部バイパス建設にともなう発掘調査が平成二〇年六月から約半年にわたって行われた。一一月には現地説明会が実施された。

それによるとこの遺跡は、縄文時代から鎌倉時代にかけての複合遺跡であるが、[12]小稿の趣旨からも極めて興味深いものが出土している。以下に小稿の趣旨に沿った遺構・遺物を取り上げ、若干の考察を加えることにする。

①灰釉陶器、緑釉陶器、墨書土器（土師器、須恵器）

②鍛冶関連遺物（羽口、釘などの鉄製品、鉄滓）
③石帯（丸鞆・巡方各一点）※①～③は九～一〇世紀の平安時代の遺物。
④道路遺構（幅約六メートル、西側に溝を持つ）※他の遺構・遺物については省略

①の土器については、釉がかかったもの、文字や記号が書かれたものはどこからでも出土するものではなく、何か他に異なる性格の場所から発見されることが多い。②については、羽口は炉に風を送るフイゴ先端の送風管であり、鉄滓と並んでこの付近での鉄製品の生産が行われていたことを示している。発見された釘等の鉄製品はこの地で製作されたものであろう。③については貴族の締めていたベルトの飾りであり、平安時代にはこの地に官人が勤める公的施設があったことを窺わせる。④については北に向かってまっすぐに延びる道路であるが、古代の官道で最も狭いものは六メートル程度とされ、古代北陸道である可能性は捨てきれない。仮にそうであれば官道沿いに公的施設があったことになり、ますますこの地の公的性格、政治や交通面等における重要性が高かったことになろう。

五．結びにかえて

これまで述べてきたことを総合すると、『喚起泉達録』の記述は史料の性格上、想像の域を出るものではないが、考古資料を組み合わせることによって良質な記録史料がない時代の歴史を或る程度彷彿とさせるものがある。古墳や記録史料から古代新川地域（特に滑川以東）に大きな勢力の存在がみられないのは、大和政権の支配に異を唱えた「阿彦」の乱が起こり、徹底的に討滅されたため権力の空白域ができたとも考えられる。[13]その後には公権力の直接管轄の地となり、征夷の軍事基地が置かれたり郡衙や駅家が置かれたことも充分に考えられる。

その点、清水氏の古代斎沢村軍事基地説は魅力的で大変興味深い。佐伯岩湯が、征夷のため越前・越中の大軍を動員した当時の状況からして、古代斎沢の地に征夷の軍事基地があったと考えることは不自然ではない。鍛冶関連遺物

が出土したのは、平安時代の地層であり時代が異なるものの、前代からの鉄製品の生産の伝統を継承したのかもしれない。また遺物出土場所が「鍛冶屋田」なる小字名の地からも少し離れているが、「鍛冶屋田」は鍛冶関連施設維持のための田地であったとも考えられる。出土した鉄器は釘などの鉄製品であったが、もし古代の武器が発見されれば、いよいよもって軍事基地の存在は現実味を帯びてくる。さらに「布勢之水海」は射水郡とされており、この地ではなかったとしても日本海側には多くの潟湖が存在したといわれ、事実、黒部市域の海岸付近には越湖《こしのこ》とよばれた大きな潟湖が存在したと指摘されている。(14) 征夷の軍事基地説や公的施設存在の状況証拠は出そろいつつあるといってよいであろう。

今回は『喚起泉達録』の記述との接点から、布勢地域の古代について想像を逞しくして考えてみた。今後の調査や研究の進展を願うものである。

註

(1)『富山県史』通史編Ⅰ原始・古代、一九七六年、五〇〇頁・九八八頁。
(2) 棚元理一『「喚起泉達録」にみる越中古代史』桂書房、二〇〇三年。
(3)『越中国神社志料』。
(4)『富山県史』通史編Ⅰ原始・古代、一九七六年。
(5)『越中志徴』。
(6) 遺跡調査報告書。
(7) 国史大辞典編纂委員会編『国史大辞典』吉川弘文館。
(8) 富山大百科事典編集事務局編『富山大百科事典』北日本新聞社、一九九四年。

（9）清水一郎『史実と経田の伝承と年輪』新誠堂、一九九五年。
（10）木本秀樹「『立山開山縁起』と放鷹」『越中古代社会の研究』高志書院、二〇〇二年。
（11）註9に同じ。
（12）「仏田遺跡現地見学会資料」（魚津市教育委員会）、「魚津市仏田遺跡現地見学会資料」（（財）富山県文化振興財団埋蔵文化財調査事務所）。
（13）これについては近年話題になった射水臣氏の新川郡司説にもかかわってくるのかもしれない。この点については、木本秀樹氏前掲書　註10の二四頁を参考されたい。
（14）永井宗聖「幻の越之湖」『富山史壇』第一二七号、越中史壇会、一九八八年。

6．大和政権の越中進出と物部氏

棚元　理一

一．はじめに

喚起泉達録（以下『喚起』）に、神武天皇即位頃の伝承を次のように記す。

一、越後の凶賊が国を乱した。神武天皇は即位三年以前に凶賊を征伐するため当国へ下向し北臺《ほくや》に陣を構えた。賊徒等は帝の威勢を恐れて遠くへ逃げ去り、賊の首領は山海の貢物を奉り永く百姓になると誓い許しを請うた。首領の名は山鵃叢鷲蛸伏鹵看《やまてのむらしせぶししほみ》という。こうして戦火を交えず平定できた。帝は戦勝を喜び陣跡に武将・物部氏[1]が持っていた漆弓千張・珠弓千張・金絃二千張を合歓木《うつぎのき》の箱に納めて北臺に埋めた。玉鉾と旗には覆い屋を建て、神祇を整え北の方角に向かって大礼を行った。帝は当国を御府国とし、代々の帝に受け継がれた。崇神天皇紀にも蠻夷《はに》を追討するため越後へ向かったと記されている。この時は越中宮崎の国勝長狭が先陣となり越後を探索したので、凶賊達は恐れ逃げ鬼鷲《おにぶし》は降参し詫びた。蠻夷は今の朝鮮のことである。

＊巻之八・越後争乱の事、山鵃叢鷲蛸伏鹵看の事

二、神武天皇四年五月頃、甲良人麿を越之地へ下し、帝自ら「忠孝《まめつかえ》」[2]二字の榜《ふだ》を書き、民に教えることにされた。人麿は飛騨国を越えて当国に着いた。民達は急ぎ高梨野《たかりや》の北東方にある裏《う》知山に高い石檀を築き、葦茅の仮屋を造って待っていた。人麿は日向国宮崎の都に帝がいて人民に忠と孝の儀を教えていると榜を立て教え聞かせた。諸民達は畏まって聞いた。人麿の墓は槐木が目標になっていた。今は村里となり故事に因んで槐木村《まみむら》という。

＊『清水本』巻之五・甲良人麿二字榜ヲ捧都触ニ当国下向之事

この記述は、古代『越中国風土記』記述の名残であろう。『喚起』著者はこれらの伝承は疑わしく「強いて解するに及ばず」としている。しかし、仮に史実と見てこの伝承を要約すれば次のようになる。

伝承一、①即位前の神武天皇が越後の凶賊征伐のため北臺に陣を構えた。
②陣跡に伴随する武将・物部氏が持っていた弓矢を北臺に埋めた。
③当国を御府国にした。

伝承二、神武四年五月頃、飛騨経由で勅使がきて農耕を奨励した。

二、なぜ、このような伝承が生まれたのだろうか

『記紀』や『先代旧事本紀』(3)が記すとおり、神武天皇の東征以前に大和には同系天孫神《あめみま》・物部氏の祖・饒速日尊の先行大和政権があった。これらの伝承は、先行大和政権の出雲統治圏進出が大和政権の伝承に組み込まれたからであろう。当時越中国では、饒速日尊も神武天皇も同じ政権に見えていたのかも知れない。また、「忠孝二字之楊」は、大和政権が推し進めた宣撫工作から生まれたのであろう。伝承二は天孫系大和政権の「出雲統治圏内・越ノ国」進出には海路を避け、飛騨経由で行われていたことを窺わせる。

呉羽丘陵の末端部、古代神通川沿いあった北臺一帯は岩瀬水門に近い交通の要衝地であった。陸路飛騨経由で進出してきた先行大和政権は、ここに拠点を置いていたと思われる。

今日、北臺（北代）や丘陵末端部一帯には姉倉比売関連の伝承が残っているのみで、弥生時代後期～古墳時代初頭（一～三世紀）の墳墓等は見当たらない。しかし、江戸時代の小竹村絵図に十数基の円墳が描かれていることから、一帯には昔多数の墳墓があったと思われる。今後、富山市教育委員会による百塚遺跡の発掘に見られるような調査成果を期待する。

物部氏関係系譜　拠・『先代旧事本紀』第五巻「天孫本紀」
○数字は世代数を、網掛けは越中関係神を表す

皇孫系譜

①神武―②綏靖―③安寧―④懿徳―⑤孝昭―⑥孝安―⑦孝霊―⑧孝元―⑨開化―⑩崇神―⑪垂仁―⑫景行―⑬成務―⑭仲哀―⑮応神―以下略

物部氏

天照雲貴《あきてらすおほひるめむち》（天照大神）―天押穂耳尊《あまのおしほみみのみこと》
＝高皇産霊尊《たかみむすひのみこと》の娘・栲幡千々姫命《たくはちぢひめのみこと》

天道日女命《あまのみちひめのみこと》＝天火明尊《あまのほあかりのみこと》・亦名饒速日尊《にぎはやひのみこと》・亦名天照国彦照天火明櫛玉饒速日尊《あまてるくにてるひこあまのほのあかりくしたま》＝長髄彦の妹・御炊屋姫《みかしやひめ》

饒速日尊：神武天皇の伯父神。天照大神より天璽瑞宝十種を賜り『天の磐船』に乗って天降り河内国に至り、後に『大倭国鳥見の白庭山』に遷り住む。瓊瓊杵尊の天降り以前に神去った。

①天香語山命《あまのかごやまのみこと》・亦名高倉下命《たかくらじのみこと》（天上系）
饒速日尊に従って天降り紀伊熊野邑にいた時、神武天皇の東征に協力した。

①宇摩志麻治命《うましまぢのみこと》（地上系）
神武天皇の東征時に派の長髄彦を殺し、天璽瑞宝十種を奉献して味方した。（大夫・大連・大臣）となる。

〈尾張物部系図〉

- ①天香語山命《あまのかごやまのみこと》
- ②天村雲命《あめのむらくものみこと》・亦名天五多底命《あまのいたてのみこと》
- ③天忍人命《あまのおしひとのみこと》
- ④瀛津世襲命《おきつよそのみこと》・亦名葛木彦命《かづらきひこのみこと》（孝昭御代大連《おおむらじ》）
- ⑤建筒草命《たけつつくさのみこと》
- ⑥建田背命《たけたせのみこと》
- ⑦建諸隅命《たけもろすみのみこと》（孝昭御代大臣《おおおみ》）
- ⑧倭得玉彦命《やまとえたまひこのみこと》 亦名市大稲日命《いちのおおいなひのみこと》
- ⑨弟彦命《いろとひこのみこと》
- ⑩淡夜別命《あはやわけのみこと》
- ⑪乎止与命《をとよのみこと》
- ⑫建稲種命《たけいなだねのみこと》
- ⑬尾綱根命《をづなねのみこと》（応神御代大臣）
- 以下略

〈河内物部系図〉

- ①宇摩志麻治命《うましまぢのみこと》
- ②味饒田命《うましにぎたのみこと》 綏靖御代
  - ③大禰命《おほねのみこと》 安寧御代
  - 出雲醜大臣命《いづものしこのおほおみのみこと》（懿徳御代大臣）
    - ④大木食命《おほきくいのみこと》
    - 弟三見宿祢命《おとむつみのすくね》（宿祢の始まり）（孝安御代宿祢）
  - 出石心大臣命《いづしごころのおほおみのみこと》（孝昭御代大臣）
    - 弟大矢口宿祢命《おとおほやぐちのすくね》（孝霊御代宿祢）

④大木食命《おほきくいのみこと》
⑤欝色雄命《うつしこをのみこと》（孝元御代大臣）
弟大綜杵命《おとおほへそきのみこと》（開化御代宿祢）
妹欝色謎命《いもうつしこめのみこと》（孝元天皇后）
⑥武建大尼命《たけたつおほねのみこと》
弟伊香色雄命《おといかがしこをのみこと》
大彦命《おほひこのみこと》（四道将軍）
開化天皇
倭迹迹姫命《やまとととひめのみこと》
⑦武膽心大禰命《たけいごころおほねのみこと》
弟大新河命《おとおほにひかはのみこと》（垂仁御代大連《おほむらじ》）
（大連の始まり）
弟物部十市根命《おととをちねのみこと》
⑧物部武諸隅連公《もののべのたけもろすみのむらじのきみ》
⑨物部多邇麻連公《もののべのたじまのむらじのきみ》（景行御代）　以下略
弟物部竹古連公《おとものの べのたけこのむらじのきみ》（景行御代）
弟物部椋垣連公《おとものの べのくらがきのむらじのきみ》（景行御代）

三．『喚起』と神社由緒から見た物部氏の越中・越後進出

以下、文献資料名については、次のように略記する。

『喚起泉達録』→『喚起』　　『肯搆泉達録』→『肯搆』

『新撰姓氏録』→『姓氏録』　　万多親王撰　原本　弘仁六年（八一五）

『神祇寶典』→『神祇寶典』　徳川義直著（慶長五年〔一六〇〇〕～慶安三年〔一六五〇〕）
『神名帳考証』→『神名帳考証』　度会延経著（元和元年〔一六一五〕～元録三年〔一六九〇〕）
『越中国式内等旧社記』→『越中式内記』　白山長吏所蔵写本（承應二年〔一六五三〕）
『越後国式内神社案内』→『越後式内案内』　藤原武重著（天明七年〔一七八七〕石井十二社神主）
『越中志徴』→『越中志徴』　森田柿園著（文政二年〔一八一九〕～明治四一年〔一九〇八〕）
『国神社志料』→『越中神社志料』　佐伯有義著（明治四一年〔一九〇八〕）
『富山県神社明細帳』→『富山神社神明細』
『富山県神社誌』→『富山神社誌』

また、祭神は物部関係神と記載する文献資料のみを記した。現在の祭神と異なる。
祭神名は現地で統治に当たった武将を統括する氏《うじ》の長《おさ》、又は長と近縁の武将を記した。

（1）神通川流域と呉羽丘陵地域の物部氏

この地域は『喚起』が記す「伊豆部山麓の椙野（杉野）」である。独自の開拓伝承があり、出雲統治時代の大己貴命を祭神とする神社が多い。この地域の式内社には、かつて大己貴命と饒速日命を祀る神社と大彦命を祀る神社が相半ばしていた。饒速日命の子・宇摩志麻治命についての伝承はまだ見られない。『先代旧事本紀』では饒速日命は神武天皇の東征前に既に神去っていたと記す。また、越中国内で祭神を「祖・饒速日命」ではなく「饒速日命」とするのはこの地域のみである。これらのことから、この地域は、『喚起』が「即位前の神武天皇が越後の凶賊征伐のため北臺に陣を構え、陣跡に武将・物部氏が持っていた弓矢を北臺に埋めた」と記す伝承の舞台であったことを示す。また、「伊豆部山麓の椙野」という表現は、天孫大和政権の越中進出が飛騨経由で行われたことを窺わせる。

神社名	記載文書	延喜式格
①水無神社	『肯搆』記述なし 『神名帳考証』祭神・火明命（饒速日命）　鎮座地・飛騨国大野郡	並小
②椙原神社（黒田杉原神社のこと）	『喚起』祭神・婦負郡を司る神　碎田稗産霊命 『越中志徴』祭神・饒速日命 鎮座地・婦負郡八尾町黒田 由緒・文武天皇大宝二年創建	並小
③稚杉原神社（田屋杉原神社のこと）	『喚起』祭神・罔象女命、碎田稗産霊命と夫婦神 『越中式内記』『越中志徴』祭神・大己貴命、饒速日命 『越中神社志料』祭神・大己貴命　鎮座地・婦負郡婦中町田屋 由緒①大彦命が伊豆部山麓の杉野内裏村におられた時、悪疫が流行した。命はこれを憂い杉の大木に祭った。悪疫が治まった後、人々は杉の樹下に「小祠」を建立。 ②崇神天皇一〇年創立。大彦命、伊豆部山麓杉野の内裏村にあって所々に堡を築く。	並小
④熊野神社	『肯搆』記述なし 『越中神社志料』祭神・饒速日命 鎮座地・婦負郡婦中町友坂か。論社あり。	並小
⑤鍬山火宮神社	『肯搆』祭神・釜生彦　由緒・能登の鳳至山中から、大己貴命の下に参戦し活躍した。功績により砺波郡遊善山麓（医王山の旧称）の「風神・雨神ノ宮」に祀られる。 『富山神社誌』祭神・「火宮社」天照皇大神、饒速日命 鎮座地・砺波郡福光町川西	

（2）呉西《ごせい》地域・射水川流域の物部氏

式内社物部神社の祭神・宇摩志麻治命は神武天皇時代の物部氏の長である。宇摩志麻治命がこの地域へ積極進出したのは神通川流域や呉羽丘陵地域を治めた後のことであろう。射水郡内の式内社三社、物部神社、加久弥神社、射水神社の祭神変遷を見ると、物部氏の統治は土地信仰神（二上神）と連携して行われことや、大彦命の越中下向後二上山北側の氷見地方の開拓も進められたことがわかる。

神社名	記載文書	延喜式格
①物部神社	『肯搆』記述なし 『姓氏録』祭神・物部氏祖饒速日命、六世孫・伊賀我色雄命之後也（五世・欝色雄命の子、伊香色雄命の誤記） 『神祇寶典』『神名帳考証』祭神・宇摩志麻治命 『越中式内記』祭神・物部氏祖神饒速日命。通称・海老坂八幡宮 『越中志徴』祭神・物部氏祖神饒速日命。御子宇摩志麻治命　由緒・元、守山に続く海老坂村の領山にあり。 『越中神社志料』祭神・物部之祖宇麻志摩治命 『富山神社誌』祭神・宇麻志摩遅命、応神天皇　鎮座地・高岡市東海老坂字川田　由緒・物部氏の祖宇麻志摩遅命を祭る。物部一族は、大彦命に従ってきたが、大彦命帰京後も留まり、鎮護の任に当たった。	並小
②射水神社	『喚起』祭神・射水野を司る神、二上山の天射水幡生彦命 『越中式内記』祭神・天二上命。別名天村雲命。鎮座地・二上神社、二上嶺上 『越中志徴』祭神・二上権現、二上神、天村雲命、瓊瓊杵尊。彦火々出見尊、火闌降命 『越中神社志料』祭神・二上明神、伊弥頭国造の祖建内足尼命 『富山神社誌』祭神・瓊瓊杵尊（二上神）　由緒・二上山に鎮座し、古来より越中国全土の総鎮護する大神。鎮座地・高岡市古城（明治八年、現在地に遷座、後、故地二上山麓に分霊を奉祭（二上射水神社（高岡市谷内）） 『富山県史』祭神・二上神即ち射水神。名神大社	大一
③加久弥神社	『肯搆』記述なし 『神名帳考証』祭神・物部竹古連、垣見君祖　鎮座地・氷見郡神代　二座あり（九世・物部多遅麻連公の兄弟神。物部竹古連は物部竹古連公、垣見君祖は物部椋垣連公の誤り。景行天皇の頃）	並小

（3）呉東《ごとう》地域・神通川以東地域の物部氏

この地域には饒速日尊や宇摩志麻治命を祭る神社がない。大和政権が海路からの進出が未だ出来ない時代に、この地域を通らず越後征伐は出来なかったと思われる。中世以降、立山信仰の繁栄が神社由緒に影響していることもあろうが、次の二社は饒速日尊や宇摩志麻治命の八〜九世孫達を祭神としている。物部氏祖達の活躍を孫神達に換えているのかもしれない。

なお、能登国には饒速日尊や宇摩志麻治命を祭る神社は見当たらない。

神社名	記載文書	延喜式格
①新川神社	『肯搆』記述なし 『越中神社志料』祭神・大己貴命、大新河命（垂仁御代・大臣）、面足尊、惶根尊 『富山神社誌』祭神・大己貴命、大新河命、天照大神、白山比咩命、他 由緒・古伝によれば上中下新川郡の祭神であり、郡名の起源　鎮座地・富山市新庄町	外社
②八心大市比古神社	『喚起』祭神・三日市野を司る神・八心大市彦命 『神名帳考証』祭神・倭得玉彦命亦名市大稲日命（尾張物部氏八世（垂仁御代か）） 由緒・上古、布施川上流嘉例沢村の山頂にあり、後、三日市三嶋に遷座 『越中志徴』祭神・大山祇命、大市首（任那国人都怒賀阿羅斯止の子孫） 由緒・孝謙天皇の御代、三日市に勧請　鎮座地・黒部市三日市	並小

（4）越後国の物部氏　『肯搆』記述なし

出雲政権の主要交易物「翡翠」「緑色碧玉・赤色碧玉」は、頸城郡産「翡翠」や佐渡島産の「緑・赤色碧玉」である。この地域には「奴奈川姫伝説」があり、大己貴命の子・建御名方神《たけみなかたのかみ》の支配圏であった。建御名方神は、大己貴命の国譲りに最後まで抵抗した豪将でもある。また、当時信濃川流域の平野部では稲作が普及しつつあった。

大和政権の越後進出は先行大和政権・饒速日命の頃から進められていたと思われる。出雲政権が衰えつつあっても、海路でなく陸路でしか行けない当時では進出はなかなか困難であった。『喚起』が記す伝承一（前出）は、越後凶賊征伐が武力ではなく、脅し程度に過ぎなかったことを窺わせる。

越後国頸城郡物部村、三島郡、佐渡国羽茂郡、雑太郡に鎮座する三物部神社の祭神は、いずれも宇摩志麻治命であり、饒速日命ではない。これは、物部氏の越後進出は饒速日命の子・宇摩志麻治命が神武天皇の頃から始めたことを示す。

伊夜日子神社（弥彦神社）の祭神は物部氏祖饒速日命と、尾張物部氏初代・天香語山命から六世孫・建諸隅命までの神々である。建諸隅命は尾張物部氏中初めて大臣となり、また妹・妹大海姫命《いもおほあまひめのみこと》が崇神天皇の皇妃になるなど、天上系（高天原で生まれた高貴な神々）の子孫・尾張物部氏の面目を施した。祭神は天上系のみであり、地上系（高天原出身の神と在地豪族との間に生まれた神々）の河内物部氏初代・宇摩志麻治命を含めなかったようである。なお、これらのことは大和政権が崇神天皇の頃までに信濃川左岸流域地帯を掌握していたことをも窺わせる。

神社名	祭神その他	鎮座地
①物部神社	『神名帳考証』『神祇寳典』祭神・宇摩志麻治命	越後国頸城郡物部村
②物部神社	『神名帳考証』『神祇寳典』祭神・宇摩志麻治命	越後国三島郡
③物部神社	『神名帳考証』『神祇寳典』祭神・宇摩志麻治命	佐渡国羽茂郡
④物部神社	『神祇寳典』祭神・宇摩志麻治命	佐渡国雑太郡
⑤伊夜日子神社	『越後式内案内』祭神・饒速日命妃、天道日女命、天香語山命妃、熟穂屋姫女命、穂屋姫女命、天五田根命（天村雲命亦名天五多底命）、天忍人命、天戸国命（四世瀛津世襲命の弟天戸目命の誤り）、建筒草命、建田背命、建諸隅命 由緒・六世孫・建諸隅命が崇神天皇の御世に大臣になった時、祖神達の功を奏上し桜井郷に一社を創建した（建諸隅命が大臣になったのは孝昭天皇の御世である）。 延喜式・名神大社（弥彦神社のこと）	蒲原郡桜井郷弥彦

（5）考証　伊豆部山

『肯搆』巻之一・越中之国其洲姿形ト云フ事・「越中国四郡の姿形　南方の事」に伊豆部山《いつべやま》は夫婦山とも言い、越中国四郡の南側境であり地主神は久目神社であると記す。伊豆部山は平野部からは周囲の山々に挟まれ際立って見える程の山ではない。しかし、周囲の山々の名称とは著しく違和感がある。

何故、『肯搆』に伊豆部山が登場してくるのだろうか。

伊豆部山は即ち「いつべの山」である。「いつべ」とは上代語で神を祀る時に神酒《みき》を盛る土器厳瓮《いわいべ》であり、「いつべの山」は厳瓮を祀る神聖な山を意味する。

日本書紀第三巻・神武天皇紀に「天皇は、夢の中で天香山の社の中の土《はに》を取りて天平瓮八十枚を造り、併せて厳瓮《いつへ》を造り天神地祇を敬い祭れ。潔斎して祈れば凶族は自ずから降参するであろうと神のお告げがあった」「天皇は天香山頂の土で厳瓮を造らせ、丹生の川上に上り厳瓮を捧げて天神地祇を祀り戦勝を祈った」と記す。

越中「いつべの山」で誰が天神地祇を祀ったのだろうか。恐らく、越中進出を目指した先行大和政権や新大和政権の武将達、そして饒速日尊や宇摩志麻治命達だったのだろう。飛騨の山々を越え、国堺で間近に仰ぎ見る「伊豆部山」は壮麗であり、頂からは目的地・越中平野を遠望出来る山であった。厳瓮を捧げ天神地祇を祀り戦勝を祈るに相応しい山だったのだろう。

『喚起』巻之一に伊豆部山に祀る神二社は「伊豆部山社」は埴山姫、「夫婦之社」には稚産霊尊であると記す。埴山姫は埴土姫命であり、祭祀を司る姫神である。

『喚起』巻之五・大彦命越中下向之事

①崇神天皇一〇年、大彦命が北陸道に下向された（四道将軍派遣）

②大彦命(4)は若狭国小浜で浜子一〇名を従え、海路越中に到着し伊豆部山の麓・椙野に御座所を定めたと記す。

「伊豆部山の麓・椙野」は、「神聖な伊豆部山を間近に仰ぎ見る飛騨道の先に広がる平地」を意味し、物部氏が越中平野に進出する序詞のようなものだったのかもしれない。

大彦命の越中下向後、越中と都は海上や沿岸路によって結ばれるようになり、飛騨からの「山越え道」や「伊豆部山」はその歴史的役割を終えた。『喚起』巻之五・大彦命越中下向之事のみに記されている。

（6）考証　射水神社と物部氏

古代から山容秀麗で「神《かん》なびる山」二上山嶺上に鎮まる神を二上神と崇め祀っていた。二～三世紀頃、大和政権と同系天孫神・物部氏が越中への支配域を拡大していった。

『喚起』巻之一・越中之州其国之形地ト言フ事の四郡名起源に「（越中之州）西一方央ヨリ北ヘノ分野アリ、呼テ二上山ト称フ爰神鎮坐射水神社ト称ス則天射水幡生比古命《はたざやひこのみこと》此神分野一圍之名トナリ玉ヒ即爰野ヲ射水郡ト称スルナリ」と記す。

天射水幡生比古命とは「二上山の神を崇め、軍陣で馬上に天孫神の標幡を掲げ射水（伊弥頭か）と名乗った武将」という意味であり、この武将の名から支配地域を射水郡と呼ぶようになったという。

天射水幡生比古命とは誰か。射水神社がある守山村の海老坂谷（旧称物部谷）の西方、海老坂村に物部神社（延喜式内一座）があり、祭神は物部氏祖神・饒速日命、宇摩志麻治命、饒速日命六世孫・伊賀我色雄命である。この神社は、往古は海老坂峠の烏帽子峰にあった。この地は射水郡を南北に結ぶ交通の要衝・海老坂道にあたり、天孫系物部氏の射水平野統治があったことを示す。

『喚起』巻之十・手刀摺彦越之地ヲ司シ尚郷人ヲ定事中に、「幡生比古命ニ九代大路根《おおろね》老翁」、巻之十三でも「幡生大路根老翁」と記す。『喚起』の伝承に従えば、幡生大路根老翁の九代祖先は、宇摩志麻治命かその一族ということになり物部氏の射水平野進出は宇摩志麻治命の頃（神武天皇即位前後の頃）であったことが窺える。

物部氏は皇室との血縁関係が深く、また三世孫・出石心大臣命は孝昭天皇、五世孫大綜杵命と六世孫伊賀我色雄命は開化天皇の時代に大臣となるなど隆盛を誇っていた。加えて、崇神天皇の「大彦命の越中平定」や代垂仁天皇の「阿彦の乱」などでの功績もあり、物部氏の威勢は射水郡のみならず越中国内や越後国にまで知れわたっていたと思われる。「延喜式」で射水神社「名神大」、物部神社「式内並小」の格式を与えられたのもこれらの功績への評価であろう。なお、射水郡の大和政権化を武内宿禰一族の功績とする見解が多いが疑わしい。「宿禰」は古代姓の一つで物部氏等神別氏族にも与えられた尊称である。

『越中式内記』に射水神社の祭神は天二上命（別名天村雲命）、鎮座地は二上嶺上にある「二上神社」とし、『越中志徴』では祭神を二上権現、二上神、天村雲命、瓊瓊杵尊。彦火々出見尊、火闌降命と記す。なぜ祭神が二上神から天二上命（別名天村雲命）や二上権現、二上神、天村雲命、瓊瓊杵尊、彦火々出見尊、火闌降命等に変わったのだろうか。

鎌倉時代初期に伊勢神宮信仰を中心とする神道説があった。外宮の禰宜度会氏が建長五年（一二五二）「豊受太神宮禰宜補任次第」を著した。この書中に「天孫瓊瓊杵尊の降臨に随伴した天牟羅雲命がその功により天二上命、後小橋命の名を賜った」と記す（神宮雑例集にも同様の記述あり）。また、『先代旧事本紀』第三巻「天神本紀」に「天降った饒速日命に随伴した諸神の中に天牟良雲命（度会神主等の祖）が、第五巻「天孫本紀」には尾張物部氏二世孫・天村雲命亦名天五多底命と記す。これらの記述によって祭神が二上神から天二上命（別名天村雲命）に変わったと思われる。『富山県史』の「祭神・天二上命、二上神即ち射水神。名神大社。延喜式格　大二」は、『越中式内記』や『越中志徴』等の疑わしい祭神を除いている。

註

（1）『喚起』中に物部氏の記述はこの項のみ。

（2）忠孝とは「大和朝の進める定住農耕を行い、まじめに働け」という意味であろう。

（3）『先代旧事本紀』は平安時代中頃から江戸時代初期まで日本最古の歴史書として『古事記』や『日本書紀』よりも尊重されていた書物である。『喚起』の諸記述中にはこれら二書の影響が著しい。なお、『先代旧事本紀』は江戸時代に国学者が『記紀』などの転用部分が多いと指摘したことから偽書とみなす学者もいる。

（4）大彦命等四道将軍は数年の短期派遣であった。武力平定ではなく、新貢租（調役・弭調、手末調）を実施するため、親大和政権の豪族達が支配地と称する地域を巡視・確認させたのではなかろうか。物部氏は皇室との血縁関係が深く、大彦命の母・欝色謎命は孝元天皇后であり、物部欝色雄命の妹である。大彦命は下向前に物部氏から現地状況を聞いていたと思われる。物部氏が氏祖・饒速日命以来統治している伊豆部山の麓・相野に御座所を定めたり、陸路でなく初めて小浜から海路下向を試みたのも現地状況を把握していたからであろう。

第四部　文献資料編

（久保　尚文編・校注）

以下の文献資料は、『喚起泉達録』の検討を目指した本書収録の諸論稿に関係すると思われるものである。各論稿執筆者利用の掲載書と異なる恐れもあり、不十分なものであるが、便宜のために収載する。

1.『喚起泉達録』目次

巻之一
一 越中国旧事ヲ尋問事
一 越中之国其洲之姿形ト云事
一 越中之洲其国之地形ト云事
一 桃井播磨守直常之事
一 桃井大炊助直久、放生津エ退事
一 桃井直久父直常之廟所ヲ築吊事
一 黒瀬一郎三郎蟹箇沢ノ化物ヲ捕事
一 桃井小次郎直藤之母黒瀬女之事、并直藤元服之事
一 黒瀬村正一位日宮太神宮由来之事
一 黒瀬村日降松之事
一 長者禅房篠塚道有之事、并茨木宮之御事
巻之二
一 薗宮薄島へ迎入奉ル事
一 長者禅房篠塚道積家ヲ焼事
一 長者善房道生、亡手畑山義則事
一 篠塚道生之娘之事、并満寿堂毘沙門由来事
一 布市村禅塚、并五郎塚由来事
一 黒瀬五郎時住告文百姓ト成事
一 時住入道赤田ニ居所ヲ造事、并直元熊ヲ斬事
一 黒瀬五郎時貞、尾山城ニ自害スル事
一 黒瀬道場滅亡事
一 桃花ト云鎧、百夜露ト云太刀ノ事
一 日宮金鏡并裏鏡ノ事
一 旅僧里之翁ト日宮御本意物語事
巻之七
一 大僧正順慶飛越堺ヲ定、鵜坂ノ奥之院ヲ窺ル事
一 各願寺知行所大衆僉議之事、并金乗坊之事

一　水谷蔵人寺院之巡見之事、并鵜坂炎上事
一　水谷兵部丞、一揆ト萩野ニ戦事
一　常法坊法印各願寺之衆徒大田ニ戦事
一　鵜坂神輿奥院ヘ入ル事、并飛州濫觴聞書

巻之八

一　伊勢新九郎、武名関東ニ秀事
一　平三郎之由緒事、并布峅嶽平氏祭由来之事
一　日置長清之遺魂神祭事、并福田稲荷之事
一　美島野末社稲荷由来之事

巻之九

一　蜷川新右衛門氏栄由緒之事、并最勝寺建立事
一　最勝寺之宝仏地蔵菩薩利生之事
一　伊勢新九郎事、両頭ノ説有ヲ一儀分剖事
一　北条時政家之宝鱗当国持伝謂之事
一　佐野源左衛門尉常世、安養寺焼払事
一　旅人最明寺諫行脚止事

巻之十

一　手刀摺彦越之地ヲ司シ、尚郷人ヲ定事
一　阿彦峅奢侈之事
一　支那夜叉ガ事、并支那太郎事
一　手刀摺彦、阿彦ガ凶悪ヲ使人瞷事
一　甲良彦阿彦ト枯山ニ戦事
一　手刀摺彦、官軍ヲ乞事

巻之十一

一　六治古カ妻、山田川ヲ需テ篠野耕作スル事
一　六治古之母死テ稲田明神ト称事、并大角豆ト松菜事
一　貞児古、小沼ニ駿馬ヲ得事、并龍馬ノ事
一　牛頭社由来之事、并相撲ノ始リ之事
一　長沢六郎城地ヲ思着事、并白滝ノ井ニ蓮蒔事
一　雲路羽根児古、龍舌車ヲ得テ稲扶事、并六郎母氏生問事

巻之十二

一　六治古カ妻、侍農工商之四門ヲ説事
一　六治古カ妻、六郎ニ教訓之事
一　六郎、母ニ父之由緒ヲ尋事、并彦火々出見尊御事
一　六治古之妻、龍宮エ帰去事
一　走影之池ノ事
一　天児六郎ガ事

巻之十三
一　大若子命、越路ノ浜ニ着船之事
一　佐留太舅命之迎ニ笥飯浦へ出ル事
一　大若子命、船路ヲ経テ大竹野ニ上リ玉フ事、
　　并珠洲近藤カ事
一　佐留太舅・甲良舅、岩峅之堡ヲ攻ル事
一　大若子命、岩峅攻之事、并草薙之御劔事
一　大若子命、白旗ヲ作リ玉フ事、
　　并八将ヲ配リ玉フ事
一　父老ト与隣翁、旧典ヲ物語ル事

巻之十四
一　大若子命、神ヲ所祭給之地ヲ神奈老翁ニ尋給フ事
一　神奈老翁、神代ヲ説、而大竹野之由来ヲ述ル事
一　大竹神社建立、并神遷之事
一　当国一宮ヲ定祭給事、并大若子命帰洛之事
一　荒川神社之由来物語之事

巻之十五
一　美麻奈算法之事
一　武内宿禰、当国来、地理見察事、并藤津之事
一　仲哀天皇、角鹿之行宮御座事
一　越中之名物太夫川爵鱸之事
一　南方、当国ニ来、国中之品書記スル事
一　南方、当国之人ニ荷前祭ヲ教へ始、而祭ル事
一　南方、司職ヲ委文ニ譲リ、遠ク空天ニ去ル事
一　父老与隣翁、国造之本記ヲ物語事
一　父老与隣翁、勤ト奉公ト云二儀ヲ物語事
一　父老与隣翁、勤ト奉公トノ二儀重テ物語事
一　越中旧記抜書一覧

＊『喚起泉達録』目次は、桂書房刊越中資料集成11『喚起泉達録・越中奇談集』収載本によりつつ、読点を付した。テキストの所蔵関係などについては、同書収載の京田良志執筆の解説に拠られたい。同書収録の『喚起泉達録』異本目次は割愛する。また『喚起泉達録』編著者野崎伝助の孫野崎雅明が整理編纂した『肯搆泉達録』の目次は富山県郷土史会編、ＫＮＢ興産より出版の同名書に拠られたい。

2. 大彦などの伝承記事

① 『日本書紀』 巻第四　孝元紀七年二月

越国造、阿倍臣ら七族の始祖を大彦命と伝える。

丁卯、立欝色謎命為皇后、々生二男一女、第一曰大彦命、第二曰稚日本根子彦大日々天皇、第三曰倭迹々姫命、一云、天皇母弟小彦男心命也、妃伊香色謎命生彦太忍信命、次妃河内青玉繋女埴安媛生武埴安彦命、兄大彦命、是阿倍臣、膳臣、阿閉臣、狭々城山君、筑紫国造、越国造、伊賀臣、凡七族之始祖也、彦太忍信命、是武内宿禰之祖父也、

＊文中の「越国造」が『国造本紀』の「高志国造」に対応するかどうか、『新潟県史』『福井県史』等に諸説がある。「大彦命」に四道将軍伝承があり、埼玉県行田市稲荷山古墳出土鉄剣銘の「乎獲居臣」の上祖「意富比跪」に結びつける見解がある。なお『越佐史料』巻一は本居宣長「古事記伝」、谷川士清「日本書紀通証」、栗田寛「新撰姓氏録考証」等の考証史料を収載する。ここでの『日本書紀』本文は日本古典文学大系67収載本より引用し、以下④まで同様とする。

② 『日本書紀』 巻第五　崇神紀十年九月

大彦命らを北陸などに派遣したと伝える。

秋七月丙戌朔己酉、詔群卿曰、導民之本、在於教化也、今既礼神祇、災害皆耗、然遠荒人等、猶不受正朔、是未習王化耳、其選群卿、遣于四方、令知朕憲、

九月丙戌朔甲午、以大彦命遣北陸、武渟川別遣東海、吉備津彦遣西道、丹波道主命遣丹波、因以詔之曰、若有不受教者、乃虚兵伐之、既而共授印綬為将軍、

冬十月乙卯朔、詔群臣曰、今反者悉伏誅、畿内無事、唯海外荒俗、騒動未止、其四道将軍等今急発之、
丙子、将軍等共発路、

＊ハツクニシラススメラミコト崇神天皇代に北陸、東海、西道、丹波に「将軍」を派遣したとする。

③『日本書紀』巻第五　崇神紀十一年四月
大彦命ら四道将軍が帰還し、戎夷平定を奏したと伝える。
己卯、四道将軍、以平戎夷之状奏焉、

④『日本書紀』巻第七　景行紀二十五年七月
武内宿禰を北陸と東方に遣わし、諸国の地形や民情を視察させたと伝える。
壬午、遣武内宿禰、令察北陸及東方諸国之地形、且百姓之消息也、

＊『日本書紀』は武内宿禰を景行、成務、仲哀、神功、応神、仁徳の間、三百年の忠臣とする。『先代旧事本紀』巻十の「国造本紀」は三国国造の祖を蘇我氏とし、江沼国造、伊弥頭国造の祖を同祖の武内宿禰としている。

⑤『新撰姓氏録』二　左京皇別上
大彦を始祖と伝える氏族系譜
阿倍朝臣、孝元天皇皇子大彦命之後也、日本紀、続日本紀合、

布勢朝臣、阿部朝臣同祖、日本紀漏、
完人朝臣、阿部朝臣同祖、大彦命男彦背立大稲腰命之後也、日本紀合、
高橋朝臣、阿倍朝臣同祖、大稲輿命之後也、景行天皇巡狩東国、供献大蛤、于時天皇喜其奇美、賜姓膳臣、天渟
中原瀛真人天皇諡天武　十二年改膳臣賜高橋朝臣、
許曾倍朝臣、阿部朝臣同祖、大彦命之後也、日本紀漏、
阿閉臣、阿部朝臣同祖、
竹田臣、阿部朝臣同祖、大彦命男武渟川別命之後也、
名張臣、阿倍朝臣同祖、大彦命之後也、
佐々貴山公、阿倍朝臣同祖、
膳大伴部、阿倍朝臣同祖、大彦命孫磐鹿六雁之後也、景行天皇巡狩東国、至上総国、従海路渡淡水門、出海中得
白蛤、於是磐鹿六雁為膳進之、故美六雁賜膳大伴部、
阿倍志斐連、大彦命八世孫稚子臣之後也、孫自臣八世孫名代、諡天武御世献之楊花、勅曰何花哉、名代奏曰、辛
夷花也、群臣奏曰、是楊花也、名代猶強奏辛夷花、因賜阿倍志斐連姓也、日本紀漏、

＊佐伯有清著『新撰姓氏録の研究』「本文篇」収録「校訂新撰姓氏録」之「左京皇別上」による。なお「河内国皇別」の大彦系阿閉朝臣記事、「新撰姓氏録逸文」の大彦系阿倍朝臣記事は略した。

3.『北越雑記』巻一「国号之大意」

職原鈔云、神武天皇即位之初、継神代之蹤、都日向国宮崎宮、此時天下草昧封域未定、東征之後初率中洲、定都

於大和国橿原宮、爾来闢四門、朝八方、歴代因准漸開諸道。

同聞書云、神武帝巡見之時、以利並山之前為越前、以中比為越中、以後背為越後、称三越路。又謂三国、見本朝通鑑

＊ほくえつざっき：越後国西蒲原郡中之口村の河間村《こうまむら》庄屋長沼寛之輔重光《ながぬまかんのすけしげみつ》が、文政年間（一八一八～一八三〇）に編んだ越後地誌である。寛之輔は広く文人墨客と交流し、蔵書を鶴群堂文庫という。国郡沿革・山川港湾を始め、古跡・伝説・仏閣・古城などを全一九冊に記した稿本のうち、巻三までは昭和一一年の活字本があるが、他は未刊。巻一は国号、国司、郡、山・川・港・温泉・居風呂湯・水、人倫など、巻二・三は藩城主系譜を掲載。また引用書の北畠親房著の故実書「職原抄」は群書類従なども収載するが、「職原鈔聞書」の活字刊本はない。室町時代書写の宮内庁書陵部蔵写本や江戸時代の版本があるが、便宜『北越雑記』より引用する。

4．「神代巻藻塩草」巻二

天君は直に天神也、人間には非す。天皇の為し給ふ御事は天上の事也、人事に非す。此御子光明霊威にして自ら下どに坐すへからす。故に早く天に送り天上の主と為給はんと也。天上之事とは公事政事を云。近く諭さは、異国には大君の上に天帝あり、勅命の上に上天上之命あり。吾国の大君は所謂天帝也、勅命は所謂天命と心得へし。

＊じんだいのまきもしおぐさ：山崎闇斎の弟子玉木正英《たまきまさひで》が著した垂加神道の立場からの神代史注釈書。玉木は元文元年（一七三六）没。六七歳。橘氏を名乗り、京都梅宮大社神職。通称幸助、室号は葦斎。垂下神道を学び、橘家神道を大成。門人に吉見幸和・谷川士清・竹内式部らがあり、神道史研究に大きな影響を及ぼした。『神代巻藻塩草』は弟子谷川士清が元文四年に刊行、六巻六冊よりなる。引用文は神代巻を論じて現人神天皇観を確立したとされる一節（村岡典嗣「垂加神

道の根本義と本居への関係」『増訂日本思想史研究』、前田勉「呪術師玉木正英と現人神」『近世神道と国学』）。

5.「陰陽応象大論」（『黄帝内経』二部「素問」篇第五）

黄帝曰、陰陽者天地之道也。万物之綱紀、変化之父母、生殺之本始、神明之府也、治病必求於本、故積陽為天、積陰為地。陰静陽躁、陽生陰長、陽殺陰蔵、陽化気、陰成形。（中略）故天有精、地有形、天有八紀、地有五里、故能為万物之父母、清陽上天、濁陰帰地、是故天地之動静、神明為之綱紀、故能以生長収蔵、終而復始、惟賢人上配天以養頭、下象地以養足、中傍人事以養五蔵。（下略）

＊『喚起』清水本巻之四「大己貴命調祭リ給事并神之辻ト云事」に、能越の争乱を鎮めた大己貴命の言として次のようにある。

「夫、風ハ助火而欝於山、少陰司天之政ハ二之気タリ。陽気布風而乃行寒気、時ニ至テ人生苦ム。空冥ナリ雲靇ス、四紘ニ闇、于山而雷ス。又少陽司天之政、初之気。勝乃淫候シ、乃大温ス。其剋スルノ気、于山雷発破落。天ニ有四時、以生長収蔵、以テ生寒暑燥温風、其風ノ発而皆宜時トキハ、則万物倶ニ生。其風ノ発スシテ不宜時トキハ、則万物倶ニ死ナリ。又陽気衰テ不能抗、陰ヲ時ハ国冥ク、闇ヲナス。山ノ沢山ナルハ水気沮テ地ヲ失。タヾ元ヨリ通天者ハ生ノ本也。本、本於陰陽、天地之間六合之内、其気九山八海及、五行十二節ミナ随乎天気。是ヲ以、山ヲ裂嫐罪ヲ見語。是ソノ予ヲ述ノミ。此義ニ拠テ、以テ国平均修ノ謂ヲ能今推察ベシ。正今、山川海陸トモニ頒別シテ分野ナル姿あり。及草木生、人民生、国調、神ヲ祀レル人品既ニ神等親ニ知リ。」

野崎伝助は陰陽五行説に拠り、大己貴命に属したことで越中の山野と地域社会秩序が回復されたと説く。

＊「陰陽応象大論」は、陰陽五行思想を応用して人体を一定の外部環境のなかにおいて考察し研究した中国の古典『黄帝内経』のうちの理論編にあたる「素問」に収録されている。『黄帝内経』のうち素問と霊枢（鍼経）各八一章が知られ、「陰陽応

象大論」は「素問」篇第五である。『国書総目録』・『古典籍総合目録』での関連書名に京都の古医方医師名古屋玄医（一六二八～九六）著「陰陽応象大論注疏」がある。今は天和元年（一六八一）版『医学愚得　上巻』収録という記事を知るだけだが、漢方医学で尊重され、江戸期には写本・版本により広く読まれていた。医学問題に限らず、四季の変化・地理や気候風土・社会生活・思想情緒を結びつけ、人体と外部環境との相互の感応を主張している。ここでは明・顧従徳本「黄帝内経：素問」より「陰陽応象大論」冒頭部および末尾近くの一節を採録した。

6．「豊受太神宮禰宜補任次第」

大若子命。　一名大幡主命。

右命。天牟羅雲命子天波与命子天日別命第二子彦国見賀岐建与束命第一子彦田都久禰命第一子彦楯津命第一子彦久良為命第一子也。

越国荒振凶賊阿彦在天不従皇化。取平仁能止詔天。標剱賜遣支。即幡主罷行取平天返事白時。天皇歓給天。大幡主名加給支。

垂仁天皇即位二十五年丙辰。皇太神宮鎮座伊勢国五十鈴河上宮之時。御供仕奉為大神主也。

＊とゆけだいじんぐうねぎぶにんしだい：伊勢外宮鎮座以来、鎌倉時代までの禰宜補任の次第記載書。一巻、編者は不詳だが、鎌倉時代の外宮禰宜度会行忠前後の人で、神道五部書と一連の書である。内宮禰宜荒木田氏の「皇太神宮禰宜補任次第」とともに、伊勢両宮の禰宜補任に関する根本史料である。「阿彦」関係資料として群書類従補任部九、第四輯より引用する。なお『越佐史料』巻一垂仁天皇代条は同一記事を「延喜十四年官進度会神主氏本系帳」の名称で掲載する。『泉達録』の外宮禰宜度会家祖大若子命（大幡主命）による越中凶族阿彦平定の意義付けに欠かせない史料である。なお大若子命が登

場する外宮度会神道論への批判もあり（安蘇谷正彦『神道思想の形成』）、注意を要する。

7.『先代旧事本紀』巻五「天孫本紀」より

天照国照彦天火明櫛玉饒速日尊亦名天火明命、亦名天照国照彦天火明尊、亦云饒速日命、亦名膽杵磯丹杵穂命、（中略）

天照国照彦天火明櫛玉饒速日尊、天道日女命為妃、天上誕生天香語山命、御炊屋姫為妃、天降誕生宇摩志麻治命、（中略）

児天香語山命天降名手栗彦命、亦名高倉下命、（中略）

孫天村雲命亦名天五多底、（中略）

三世孫天忍人命・次天忍男命・妹忍日女命、（各中略）

四世孫瀛津世襲命亦云葛木彦命、尾張連等祖、天忍男命之子（中略）・次建額赤命（中略）・妹世襲足姫命亦名日置姫命（中略）・孫天戸目命天忍人命之子（中略）・次天忍男命大螻壬部連等祖、

（以下、五世より十八世まで中略、なお尾張氏系を記載）

弟宇摩志麻治命亦云味間見命、亦云可美真手命、

天孫天津彦火瓊々杵尊孫磐余彦尊、欲馭天下、興師東征、往々逆命者、鋒起未伏、中州豪雄長髄彦、本推饒速日尊児宇摩志麻治命、為君奉焉、至此乃曰、天神之子豈有両種乎、吾不知有他、遂勒兵距之、天孫軍連戦不能戡也、于時宇摩志麻治命、不従舅謀、誅殺佷戻、帥衆帰順之、時天孫詔宇摩志麻治命曰、長髄彦為性狂迷、兵勢猛鋭、至於敵戦誰敢堪勝、而不拠舅計、帥軍帰順、遂欸官軍、朕嘉其忠節、特加裒寵、授以神剱、答其大勲、凡厥神剱韴霊剱刀亦名布都主神魂刀、亦云佐士布都、亦云建布都、亦云豊布都神是乎、復宇摩志麻治命、以天神御祖授饒速日尊天璽瑞宝十種壹、而奉献於天孫、天孫大嘉、特増寵異矣、復宇摩志麻治命率天物部、而翦夷荒逆、亦帥軍平定海内而奏也、

（中略、磐余彦尊つまり神武天皇の橿原宮での即位譚と群臣臣従の儀式の段）

二年春二月甲辰乙巳、天皇定功行賞、詔宇摩志麻治命曰、汝之勲功矣、念惟大功也、公之忠節焉、思惟至忠矣、是以先授神霊之剱、崇報不世之勲、今配股肱之職、永伝不貳之美、自今已後生々世々子々孫々八十連綿、必胤此職、永為亀鏡矣、此日物部連等祖宇摩志麻治命与大神君祖天日方奇日方命、並拝為申食国政大夫也、（中略）

児宇摩志麻治命　（中略）

孫味饒田命阿刀連等祖・弟彦湯支命亦名木開足尼　（中略）

三世孫大禰命・弟出雲醜大臣命・弟出石心大臣命　（各中略）

四世孫大木食命三河国造祖、出雲醜大臣之子・弟六見宿禰命小治田連等祖・弟三見宿禰命漆部連等祖・孫大水口宿禰命穂積臣采女臣等祖、出石心命子・弟大矢口宿禰命　（各中略）

（以下五世孫鬱色雄命、六世孫武建大尼命の記事を略）

七世孫建膽心大禰命（中略）・弟多弁宿禰命（中略）・弟安毛建美命六人部連等祖・弟大新河命此命、纏向珠城宮御宇天皇御世元為大臣、次賜物部連公姓、則改為大連、奉斎神宮、其大連之号始起此時、紀伊荒川戸俾女中日女為妻生四男・弟十市根命（中略）・弟建新川命倭志紀県主等祖・弟大咩布命若湯坐連等祖、此二命、同天皇御世並為侍臣供奉、

八世孫物部武諸隅連公新河大連之子　（各中略）

（以下の系譜中略、「物部姓」頻出、十三世物部尾興、十四世御狩の子守屋など）

十七世孫物部連公麻侶、馬子連公之子、

此連公、浄御原朝御世、天下万世改定八色之日、改連公賜物部朝臣姓、同朝御世、改賜石上朝臣姓、

＊舅：ここでは長髄彦のこと。

＊せんだいくじほんぎ：『先代旧事本紀』は「旧事本紀」「旧事紀」ともよばれる。日本の神代から聖徳太子までを記してい

る史書であり、重要文化財指定をうけた天理図書館蔵一〇巻本などがある。選者は不明だが、延喜年間（九〇一〜九二三）以前の平安時代初期の撰とされ、『記紀』に採録されなかった饒速日尊とその子孫とされる物部氏や尾張氏らの事績記事が多い。編纂以来江戸時代初期まで『古事記』『日本書紀』に並ぶ古代文献として主に神道家において重視された。江戸中期より偽書説が強かったが、近年、古代伝承を補足する史料として見直され、ことに物部氏の氏族伝承を載せる「巻五天孫本紀」は独自の価値をもつと再評価する見解が強まった。

ここでは『新訂増補国史大系』第七巻より採録した。その凡例に「一本書はその体裁、記事の条項毎に或は連記し、或は別行にし、或は一字二字下りとし、又は神名毎に或は平頭にし、或は連記し、又は本文を小書分注となす等、体裁一定せず錯雑せるを以て、前後の関係により更に鼇頭旧事紀の体裁を参酌して体裁を改めたり。云々」とある。ここではその体裁に従い、一字二字下りとされた細目記事を文末から三字下げの（中略）表記で省き、また複数の子孫名併記の場合は「・」で併記するとともに、（各中略）と表記した。また「亦名」は小字化したことをお断りしておく。

（「先代旧事本紀」についての言及書目は枚挙に暇がないが、『歴史読本』二〇〇八年一一月号・一二月号の「特集歴史検証『先代旧事本紀』」の諸論稿が研究状況を把握している。また新たに雄山閣刊行の日本古代氏族研究叢書①として篠川賢『物部氏の研究』が発刊された。「先代旧事本紀」の史料的価値批判の立場での検討であるが、物部氏祖先伝承のなかでニギハヤヒ伝承への批判的検討も加えられ、綿密な史料批判の必要性を説いている。）

8．宮道流蜷川系図

①『寛政重修諸家譜』

宮道氏　蜷川

寛永系図に家伝を引ていはく、宮道も物部守屋の孫なり。年代久しきゆへに世計断絶す。今の呈譜に、物部連守屋末孫宮内大輔宮道朝臣弥益山城国山科を領す。其後胤七郎親直越中国新川郡蜷川に住し、其地名をもって家号とすといふ。寛永系図に、大田左衛門尉式宗をもって親直か兄とし、其父を記さす。今の呈譜に、寛永の譜は式宗をもって親直か兄とすといへとも、別本の系図には弟とせり。親直等か父を詳にせすといふ。これを尊卑分脈宮道氏蜷川系図に考るに、大田佐右衛門尉式宗を始祖とし、其男を同佐右衛門尉式親とし、其男を蜷川七郎親直とし、法名を諸西といふ。新古の系図と異なり、よりてこれを弁して後勘とす。

＊『寛政重修諸家譜』第七輯（巻第一一七六巻）に収録。『親元日記』一の引用する「蜷川譜」前文もほぼ同文（文科大学史誌叢書・史料大成収録）。この前文に続く掲載系図は親直より始まり、神代に遡る系譜記載はない。なお『寛政重修諸家譜』第八輯（巻第一五〇一巻）に江戸期の庶家系図を収録する。

＊寛永系図：『寛永諸家系図伝』第十四巻「宮道氏　蜷川」。

＊諸西：系図中の親直記事に顕西とある。

②「最勝寺本蜷川氏系図」前文（仮称）

式成：饒速日尊神孫、物部弓削守屋大連公苗裔、山科大領四位宮内大輔宮道弥益後胤

＊富山市蜷川曹洞宗最勝寺蔵（とやま歴史的環境づくり研究会『（富山市）蜷川館跡調査報告書』収載）

③「宮道姓蜷川連譜略写」

饒速日命―味間見命（物部大明神）―彦湯支命―大禰命―大木食命―欝色雄命―武建大尼命―建膽心大禰命―物部武諸隅連公―物部多遅麻連公―物部卯葉連公―物部真椋連公―物部木蓮子連公―物部尾興連公―物部守屋宮道

大連公（大酒社祭）―物部雄君連公―物部忍勝連公―弥益―（下略）

＊尾張蜷川親栄明和年間（一七六四～一七七二）書写（蜷川親秀『蜷川・宮道氏一千二百年史略』掲載写真）

＊蜷川系図は同家の祖を宮道氏とし、宮道氏は物部守屋から分出したとする。中世以前成立の系図は現存しないが、五山文学詩僧の横川景三が延徳二年（一四九〇）に蜷川貞雄を追悼した「地鳳（宝）居士像賛」（五山文学新集第一集『補庵京華外集上』収載）に「其先守屋大臣逆順皆然、異彼江充攻戻太子、其氏宮道望族祖宗如在」云々とあり、蜷川一族中での物部守屋伝承意識を確認できる。近世成立の蜷川系譜書はそうした氏族意識に拠り、③のように「先代旧事本紀」の「天孫本紀」に影響されつつ編纂したのであろう。「喚起泉達録」が蜷川氏族譚を特筆する背景にそうした学習経過がうかがえる。なお従来の「先代旧事本紀」の物部氏伝研究書類には中世の物部氏祖先伝承検討例はみうけられない。また杉崎貴英「富山県外所在の中世彫刻銘文にみえる「越中」二題」『富山史壇』一六〇号に、新たな越中宮道氏の所在事例として「桐山宮道氏」の記事が紹介されている。

9. 神霊示現理解に関係する中世本地垂迹関係資料

a明宿集

抑、翁ニ妙体、根源ヲ尋タテマツレバ、天地開闢ノ初ヨリ出現シマシマシテ、人王ノ今ニ至ルマデ、王位ヲ守リ、国土ヲ利シ、人民ヲ助ケ給フ事、間断ナシ。本地ヲ尋タテマツレバ、両部越過ノ大日、或ハ超世ノ悲願阿弥陀如来、又ハ応身尺迦牟尼仏、法・報・応ノ三身、一得ニ満足シマシマス。一得ヲ三身ニ分チ給フトコロ、スナワチ翁・式三番ト現ワル。垂迹ヲ知レバ、歴々分明ニマシマス。

第一、住吉ノ大明神ナリ。或ハ諏訪ノ明神トモ、マタワ塩釜ノ神トモ現ワレマス。（中略）

在々所々ニ於キテ示現垂迹シ給フトイエドモ、迷イノ眼ニ見タテマツラズ、愚カナル心ニ覚知セズ。深義ニ云、本地垂迹スベテ一体トシテ、不増不滅、常住不滅ノ妙神、一体ニテマシマス。

ソノカミ、天神七代ノ末、地神第四火々出見ノ尊、御兄ノ火進之尊ト、山ノ幸、海ノ幸ヲタガヒニ違エ、（中略）ソノ時、塩土ノ翁出現シテ、荒目ノ大籠ヲ作リ、竜宮ニ送リタテマツル。ツイニ釣針ヲ取リ返シ、兄ノ尊ニ返シ給イテ、国土ノ主トナリ給フ。ソノ時ノ塩土ノ翁ト申ワ、スナワチコノ妙身ニテマシマス也。シカレバ、カミ神代ヲ兼ネ、シモ人王ノ末ヲ導キ給フ。スナワチ天地ノ媒タリ。コノ外、日本紀ニ見ユル所、タヤスク中ニ及バズ。

＊めいしゅくしゅう。金春禅竹（一四〇五～七〇？）の能楽伝書。翁を芸能神である宿神と同一視し、その立場から猿楽芸の神聖さを説く。諸仏・諸神、祖師・先徳、人麻呂・業平、秦河勝、また一座の棟梁らをすべて翁の本体・化現ないし使者として扱う。非合理的で荒唐無稽ともみえるが、それは能楽理論の形成と関わると同時に、陰陽道とも結びつきつつ中世的神仏観を説く一般的方法であった（村山修一『日本陰陽道史総説』）。ここでは日本思想大系24『世阿弥・禅竹』より引用。

＊『喚起泉達録』は『日本書紀』記載の人物「事勝国勝長狭」を登場させ、地域神霊が翁姿で現われる。また『喚起』巻一の宮崎の塩土老翁を事勝国勝長狭とする点は、「魚津古今記」（成立不詳、紙谷信雄編『魚津古今記・永鑑等史料』収録本は森田平次柿園筆写本）も「一説ニ国勝長狭ト云ルハ塩土翁ノ事ニテ、当国ニ神胤多シ、其遠裔宮崎氏アリ、宮嶽氏トモ云リ、其支流畔田浄円ト云人魚津ノ城ヲ草創セラルトアル。」と記載している。同書と「泉達録」の関係も検討が必要であろう。

b 諸神本懐集 本

ソレ仏陀ハ神明ノ本地、神明ハ仏陀ノ垂迹ナリ。本ニアラザレバ迹ヲタルヽコトナク、迹ニアラザレバ本ヲアラハスコトナシ。神明トイヒ仏陀トイヒ、オモテトナリウラトナリテ、タガヒニ利益ヲホドコシ、垂迹トイヒ本地トイヒ、権トナリ実トナリテ、トモニ済度ヲイタス。タヾシフカク本地ヲアガムルモノハ、カナラズ垂迹ニ帰スルコトハリアリ。本ヨリタル、迹ナルガユヘナリ。ヒトヘニ垂迹ヲタウトブモノハ、イマダカナラズシモ本地ニ帰スルイヒナシ。迹ヨリ本ヲタレザルガユヘナリ。コノユヘニ、垂迹ノ神明ニ帰セントオモハヾ、タヾ本地ノ仏陀ニ帰スベキナリ。イマソノオモムキヲノベントスルニ、三ノ門ヲモテ分別スベシ。第一ニハ、権社ノ霊神ヲアカシテ、本地ノ利生ヲタウトブベキコトヲヲシヘ、第二ニハ、実社ノ邪神ヲアカシテ、承事ノオモヒヲヤムベキムネヲス、メ、第三ニハ、諸神ノ本懐ヲアカシテ、仏法ヲ行ジ、念仏ヲ修スベキオモヒヲシラシメントオモフ。（中略）第二ニ、実社ノ邪神ヲアカシテ、承事ノオモヒヲヤムベキムネヲス、ムトイフハ、生霊・死霊等ノ神ナリ。（中略）権社ノカミハヨロコビテ擁護シタマフベシ。本地ノ悲願ニカナフガユヘナリ。実社ノカミハオソレテナヤマサズ。モロくノ悪鬼神ヲシテ、タヨリヲエシメザルガユヘナリ。

＊しょじんほんがいしゅう：本願寺三世覚如の子常楽台存覚撰述の真宗談義本。本・末の二巻よりなり、正中元年（一三二四）に成立。神々を権社の霊神（民族神）と実社の邪神（民俗神）に分け、真宗信者の対応を述べる。従来の本地垂迹説に基づきつつ神々の本地である諸仏・菩薩はさらに阿弥陀の分身本地とし、阿弥陀の絶対性つまり一向専修の立場を強調する。神祇不拝など後の真宗の神祇観の基礎となった。同説普及程度は不詳だが、立山神を地域統括神とする論理などは、阿弥陀如来を本地とする「諸神本懐集」的理解の浸透に基づく。ここでは日本思想大系19『中世神道論』より引用。

＊権社：日本の神々を権・実の二種に分け、仏菩薩が神明の形を借りて現れたものを権社という。

＊実社：仏菩薩の垂迹ではなく、悪鬼・悪霊などが実身を現わして人々を悩ませるものをいう。

＊承事：傍に仕えること。

c旧事本紀玄義　巻第四
故に、地神は則ち天に昇り、彼の天神は則ち地に降る。其の顕主は則ち歴代の皇孫なり。即ち口嗣とは三種の神器にして、今伊勢（神璽、宝鏡）并に尾州（熱田、宝剣）に坐すなり。其の冥主は則ち地祇の霊道なり。仍て神とは、第一に天神の初を挙ぐ。是れ皇胤の祖なり。第八に地祇の終を挙ぐ。即ち定国の初なり。其の中間とは、各本紀の如くにして軍戦にして随ひ現ずる神なり。惣べて鎮むる所は天神（已上四神）地祇（已下四神）なり。今神祇官に斎ひたてまつらくのみ。（中略）然りと雖も、正として邪有れば伏せざるべからず。善として悪有れば断たざるべからず。是を以て天神未だ穢悪を小戸の流に洗はず。地神始めて邪正を高天の原に競う。加之、皇御孫尊、二神を遣して大己貴を伏す。磐余天皇、万軍を率ゐて長髄彦を誅す。

＊くじほんぎげんぎ：「神道書記縁起」ともいう。元弘二年（一三三二）、天台僧慈遍（吉田兼好弟）著の両部神道解説書であり、唯一神道の先駆をなす。本来一〇巻のうちの五巻分を伝え、四・五・九巻は神秘書とされる。原文は漢文体であるが、日本思想大系19『中世神道論』掲載の訓読文より引用。
＊「天神未だ穢悪を小戸の流に洗はず。地神始めて邪正を高天の原に競う。」は『日本思想大系』本の注に従えば、天神も地神も悪や邪を捨て去るの意と解される。中世における神道理論構築により、大和政権の国土平定を論理化し、統一理論を形成する過程を示している文言。
＊国土観、騒擾鎮定の論理を明示したa・b・cの書はいずれも『泉達録』編纂当時に普及していた。野崎伝助の諸本実見の有無は不明だが、間接であっても相当の影響を受けたであろう。本地垂迹的神道理論の成立、浄土真宗教義での神仏観形成と教化、演劇を介した国土観普及の三過程を参考資料として配した。

10. 若林家由来書上（文化八年三月 長沢村孫七由来書上）

抑此長沢村等申候ハ、往古者篠野与申候、其頃貞治振古与申人御座候而百姓仕来候処、此貞治古之節者山畑ニ而田地等申ハ無御座候、然ニ貞治古之惣領ニ六治古与申時夫婦して右此篠野を野開ニ田地出来仕、水之義ハ只今之走影之清水より取入申候、夫ニ而茂末タ不足仕故山田側より水取入候、依之田地出来成就仕候由、尤婦負郡ニ而ハ田地の始り相承り申候、然所六治古夫婦の中ニ男子出生仕、其名ヲ長沢六郎与申候、此六郎百姓ヲ止メ侍等相成天児六郎忠澄等申候、度々合戦仕候而増山村之城ヲ攻取申候よし、右六郎より後代ニ至り天児打負、又篠野ニ居住仕百姓代々家続申候得しか、右篠野茂後ニハ長沢村に改、又天児之御名も天児若林与相改申候由、此若林氏代々長沢郷ニ而御座候よし、然所天児若林喜兵衛代ニ罷成候之所、小松中納言様高岡江御出之節、右喜兵衛方へ御鷹野、被為遊御出喜兵義ヲ被見古キ百姓の由御尋ニ付、右先祖貞治古より之始終申上候所、中納言様甚タ御勘心被為遊、其上ニ而何成共相望候様ニ御上意ニ付、乍恐山田川之義此末より私自由ニ仕致候様ニ被為仰付被下候ハヽ、為冥加白銀壱枚宛年々上納可仕旨奉願候所、中納言様被仰出其余り軽キ義を相望義御尋ニ付、喜兵衛申上候ハヽ、此山田川之義ハ私先祖貞治古之代ニハ無御座候得共、天児六郎願母神ニ祈、一夜之中ニ山田川流出、依之婦負郡田地出来仕候、左候得ハ山田川之義ハ私先祖之求メ候川ニ而御座候得ハ、此末イ私自由ニ仕候様被為仰付可被下候と達而御願申ニ付、被為遊則御真筆被遊、御印頂戴仕候、其上十村役被為仰付、（下略）

＊富山市長沢の若林宰家文書Ⅰ－20。本文書は『婦中町史 資料編』第三章 近世資料四〇より採録。

第五部

現代語訳喚起泉達録

（棚元　理一　訳・校注）

目次

（凡例）

一、野崎伝助著『喚起泉達録』全十五巻は、古代～戦国時代までの越中国諸伝承（古老の話）を冒頭に記し、次に一段落して著者・伝助の見解を記す文章構成となっている。元々、伝本「若林本」には欠巻や欠落部分があった。これらの部分を伝助の孫・野崎雅明著『肯搆泉達録』から補うため、富山県郷土史会編『肯搆泉達録』（KNB興産　昭和四九年）などを参考にした。平成一六年に高岡市立図書館蔵『清水家本・喚起泉達録』「清水家本」全九巻の所在を知った。「清水家本」中、古代史相当部分は「巻二、四、五」であった。これによって『喚起泉達録』原本の概要は、ほぼ解明されたと思われる。

　本訳稿は、富山市婦中町若林家所蔵の『若林宰家文書・喚起泉達録』「若林本」を富山市の中田書店が大正七年に復刻出版した「中田本」を底本とし、主に弥生時代後期から古墳時代中期頃（一～五世紀）にかけての記述を中心に現代訳を行った。また同書は『喚起泉達録　越中奇談集　越中資料集成11』（桂書房　平成一五年）に翻刻されているが、あわせて参照した。

二、読みやすくするため、原本にない左記の点を補った。

1、原本は「漢字カタカナ混じり」の記述であり、句読点や章節を示す標記は一切ない。本書では出来るだけ「常用漢字ひらがな」記述とし、句読点を補い章節の標記として冒頭に順次、丸数字①②③～を付けた。

2、彦《ひこ》・比古、姫《ひめ》・比売・比咩、日女《ひるめ》・日孁、尊《みこと》・命の表記については、出典に拠るのを原則としたが、アネクラヒメ（姉倉・姉峅／姫・比売）については、姉倉比売に統一した。

3、著者・野崎伝助の見解と思われる記述は、冒頭に順次〈付随伝承〇〉と標記した。

4、旧態文字や難解単語の解釈などは、昭和初期の三省堂漢和大辞典や広辞林などに依った。

5、各巻の冒頭にある「はじめに」欄は、その巻に対する棚元私考である。

6、「〇」欄はその章節に対する棚元による私考である。

○序　文

野崎伝助撰述

或る古老がいうには、「気心が合えば呉越も仲間となり、合わない時は骨肉でも敵同士になるという。自分は、若い頃から老の今に至るまで古えの事を聞き伝えてきたが、国家の盛衰は枚挙にいとまがないほど多い。今、天下太平の世に生まれて古えの事を思うことなく、万民は日常の生業を豊かに勤め行い、余力があれば市に歌い野に舞い踊っている。また、わざわざ故事を詮索し、朝廷の興廃や国家治乱の度ごとに浮沈があったことや、上は苦しみ下も飢えたことを語り伝えないから由緒ある旧跡などを壊してしまうことが多い。他邦他国の事柄は書籍にも記され見ることができるが、身近にある当越中国に関する旧記は未だ見たことがない。しかし、今まで言い伝えられてきた事柄は数多ある。これらの言い伝えを、我一人が空しく聞き果てるのは本意ではない。惜しむべき事である。誰か聞く者がいないかと一人ひそかに憂いている」と。

ここに人あって、「願わくは、我が身愚かなれど拝聴する。当国の旧事を物語って頂きたい」と懇願した。古老は喜び、「ようやく気心を通ずる人に逢うことができた」と感嘆し、即座に座り込み、寄り添うようにして古えの盛衰を語り始めた。古老の言は、博識と並外れた記憶量であり、未だ嘗て聞き知らなかった事柄が多かった。その物語りは古老が心を込めて世に語り継いできたものであった。物語りを聞いた時、遥か神代から今にいたる迄繰り返して言い伝えてきたものを徒に聞き流すのは勿体ないと思い、物語る事々を聞き書きすることにした。しかし、筆下手なので他見を憚る気持ちもあり、暫く取り掛からなかった。しかしながら、例え文辞が優れていなくても昔語りを失うのは古老の志を傷付けるとも思い、筆の赴くまま前後を繕わず傍らで聞いた事を一言の加減もなく、唯そのままに残らず書留めた次第である。

私事であるが、富山城勤めの医者・岡田仲山老先生は、常に和漢の詩書や歌書連歌俳句にいたるまでの書を写すのを好まれ、これを友としておられた。私も書写を通して仲山先生と親しくしていた。ある日、先生から「汝は医学を学ぶべきである。汝に医術を教える」と、私に一冊の医書を渡して読むように勧められた。書は読み進んで次第に冊を重ねるようになった。又しても先生から「読み捨てては後日の用に立たない。書き写すことを勧める。書き写した事は耳に忘れても心で覚えられる。心に忘れても目に覚えるものである。だから書かないのは不完全な事である」と教えられた。勧めに従って書き写した書籍は数冊に及んだ。先生は何時も「医は人を助け、自分の命を延ばす宝である。精勤せよ」といわれていたので、いわれるままに精勤する事、既に十余年となってしまった。こうして先生とは万事を問える打解けた間柄になっていた。

或る時、古老が物語った旧事を聞き書きしたもののうち、最初の一冊を『聞書』と題して先生に一覧をお願いした。併せて物語り全て書き纏めることの可否を問うた。先生がいわれるには「卑しい者の言葉にも道理が宿ることがあるという。昔の聖人は、これを大切にされた。この聞書の中に、一言でも用立つ事があれば書纏めた功績ともなるであろう。物語りを漏らさず書くことは汝であってこそ出来る。しかし、『聞書』と題するのは適当ではない。ありのままを聞き書いても、遠く神代からの事を記すのにこの題名は相応しくない。題名を『喚起泉達録』としたらよいと思う。書き終わった後には、序文を贈ろう。」　このような訳で、執筆の初めから『喚起泉達録』と題して取り組んだ。ところが、未だ書き終わらないうちに先生は不治の病で死去され、題名の意味を尋ねることが出来ず悲しい思いをしている。そうはいっても書き始めから先生のお言葉に従ってきたことでもあり、又先生の遺言のようにも思え、今まで通り『喚起泉達録』と題することにした。以上、『喚起泉達録』という題名のいわれを記しておく。

○喚起泉達録巻之一

『桂本』、『清水本』巻之一　野崎伝助撰述

はじめに

1.『桂本』巻之一には、「越中国旧事ヲ尋ネ問事」「越中之国其洲之姿形ト云フ事」並びに「桃井播磨直常之事」他七章の記述がある。しかし、『清水本』巻之一では「越中国旧事ヲ尋ネ問事」「越中之国其洲之姿形ト云フ事」の二章のみを記し、「桃井播磨守直常之事」他七章は、『清水本』巻之九としている。おそらく『清水本』が巻之一の原初本の形を残すものであろう。

2.「越中国旧事ヲ尋ネ問事」については省略する。

3.『喚起泉達録』（以下『喚起』と略す）の著者・野崎伝助は、事勝国勝長狭の子孫と称する若林家と親交があった。

4.『若林本』も若林家の蔵本である。『喚起』には若林家を贔屓に記したと思われる個所が多い。付随伝承の中には、著者或いは「古老」自身の見解と思われる記述が多い。

▲越中之国其洲之姿形ト云フ事

古老が物語るには、越之洲の昔を語ろうにも国の姿形や格付けなどは聞いていないので、今昔を比べることは難しい。聞き得たことを大まかにいうと、次の通りである。

『日本書紀・神代上巻・一書』に「伊弉諾尊と伊弉冊尊の二神、改めて再び柱を巡りたまふ。伊弉諾尊は左、伊弉冊尊は右から巡り出会った時、伊弉諾尊が先に「妍哉　可愛や少男《おとこ》を」といい、次に伊弉冊尊が「妍哉　可愛や少女《おとめ》を」と和《こた》えられた。その後夫婦となって大日本豊秋津洲を生み、次に淡路洲、伊予二名洲、筑紫洲、隠岐三子洲、佐渡洲、越洲、吉備子洲を次々にお生みになった」このことから大八洲国という。妍哉を「えなにえや」といい、「可愛」は哀という。

このようにして、越ノ洲は大八洲国の一国となった。生まれた時は組織がなくただ広いだけで、越前・加賀・能登・越中・越後の全てを一洲とした程度のものであった。これを元正天皇の御代・養老二年に越中国四郡を分けて能登の国を置き、また嵯峨天皇の御代・弘仁一四年に越前国二郡を分けて加賀とした。越中越後は大和の地続きで別に離れた嶋というわけではない。だから越中の国には嶋という地名がない。しかし、古人の歌などに「越ノ嶋」や「越ノ嶋山」などと詠ん

でいるものがある。このことを或人は「能登ノ国にこそ島山といって離れた嶋がある。能登ノ国を詠んだのではないか。はっきり解らない」ともいっている。総じて、昔からの物語はこの五箇国に亘っていることが多いので、さしづめ越中国の事だけを主に物語ろう。

①越中国四郡の姿　東方の事　越中国四郡の姿を見ると、東に大山があり堂々として雲上に聳え立ち、四季雪に映え鋭くそそり立っている。この山並みは南北に連なり隆然としている。麓から仰ぎ見ればいや遠くいや高い。この山は木竹が茂っていて貧しくない。草は豊かで人参が生えている。ここに地主神が祀ってあり、雄山神社と称する。地主神は稚日女尊で木徳を備えられた神である。(1)この山を人々は雄神山・太木屋万又は立山といっている。山を祭る社は二社あり、「立山ノ社」「雄神山ノ社」である。「立山ノ社」の祭神は伊弉諾尊、「雄神山ノ社」の祭神は手力雄命である。(2)この二神社には凡そ四社の末神と一九座の随神が鎮座されている。

国の姿が現れはじめた時に「雄山神」が先ずここに鎮座されて、国の人民繁盛を待っておられるので、越中一国の人民を皆な神の産子《うぶこ》として憐れんでおられる。人民も又この神の氏子と自然に思っている。

○『喚起』「越中之国其洲之姿形ト言フ事」には、古風土記の痕跡と思われる記述が見られ、「東方の事」もその一つである。『喚起』では、地主神は稚日女尊で山を祭る社は二社あり、伊弉諾尊を祀る「立山ノ社」と手力雄命を祀る「雄神山ノ社」であるとし、さらに手力雄命を祀る「雄山神」が先ず鎮座されたと記す。立山信仰は、先ず剣岳崇拝から始まったのではなかろうか。

○雄山神社……式内一座　岩峅村鎮座　所謂立山神（手力雄命）之霊也　（拠『越中国式内等舊記』）

〈付随伝承1〉今、両部習合の者でも越中から山上の社へ詣でる時に百日の潔斎が未だ済んでいない者であっても咎められない。(3)他国の者は、例え半日でも潔斎を怠れば山上へ行くことはできない。(4)これは越中四郡の人民を皆な我が産子なりと憐れみを深く垂れ給うておられるからである。

○立山の峰々は太古の昔から「神鎮まる山・神のうしはく山」として越の国・越中の人々が崇めていた山であった。後世、八世紀頃から修験者が入山して以来、仏教色が強まり阿弥陀如来を中心とした立山信仰ができ、祭神に伊弉諾尊も加わったのであろう。岩峅寺・雄山神社は太古から「神鎮まる山」の礼拝所（刀尾社）であった。後に立山信仰の中に組み込まれ、前立社になったのであろう。

②越中国四郡の姿　南方の事　南に険しく聳え立つ高山がある。山は豊かで万木を生じ、民屋を潤し育てている。ここに地主神が鎮座され、久目神社と称する。祭神の大日孁《おおひるめ》尊は火徳を備えられた神である。(5) 山を名付けて伊豆部《いずべ》山又は夫婦山といっている。又伊豆邊山、男女山ともいう。この山に祀る神二社は、「伊豆部社」と「夫婦之社」であり、「伊豆部社」は埴山姫命、「夫婦之社」は稚産霊尊を祀っている。(6)

東南の山は国境であり、山上に二社の神が鎮座して四郡を護っている。(7) 人民の成育に従いこの二神は人々を守るために片時も眠られない。二神の神徳は四方上下に行き渡り、山川海辺にいたるまで神の恩恵を受けぬ所はない。神徳は東西南北上下に隅々を照らして人民は安らかで豊かな国となったのである。この二山によって国の姿が見え始めたのである。(8)

○「南方の事」も古風土記の痕跡と思われる記述である。祭神の大日孁尊は、軻遇突智尊（火神）の誤りか。

③越中国四郡の姿　西方の事　また、西に山がある。民屋を育てているが山は豊かではない。(9) 一国の堺を護る要地ではないが、この山をもって四郡の境地として地主神を祀っている。ここに地主神が祀ってあり比賣神社と称する。祭神は木花開姫命である。この神は「物ノ境」を警備しておられる。

〈付随伝承2〉この神が相模国に鎮座している時は「箱根之神社」となり、これ又、関を守られる神であるという。地主神の鎮座する山を高勢山、利波山、砺波山、倶利加羅山という。なお、倶利加羅山という山は古えはこのような名称ではなかった。両部習合の者が倶利加羅峠といっていた事から付いた名称である。昔、この山に関所があったというが何時の世にも関所はなかった。このことについてある人がいうには「昔、この山は鬱蒼とした森林に覆われ薄暗かった。ここには蜘という虫の年経いたものが幾重にも蜘蛛の巣を張巡らしていて往来は難しかった。無理に通ろうとして怪我をした者もあった。こんな訳で「蜘蛛の巣の関」になぞらえて関所があったというのである。また、木花開姫命が関を守るという言い伝えにもなったのであろう。古えの人の和歌の口伝などで倶利加羅に関があるかのように詠んでいるのはおかしなことである。」と。

○倶利加羅山が鬱蒼とした森林に覆われ薄暗く、無理に通ろうとして怪我をした者もあったという。この伝承は、大昔はこの地に越前加・加賀への安全な陸路がなかった事を物語っているのではないだろうか。

○比賣神社……式内一座　中條村鎮座　祭神・市杵島姫命　（拠『越中国式内等舊記』）

④越中国四郡の姿　北東方の事　又、北は青い海が広がり天空につながっている。東の遥か彼方に険しい山があり高く聳え、谷は深く常に静かである。この山には仁心の徳用が備わっている。巌をも落とすような風雨があっても麓の田畑を荒らされない。また、海上を漕ぎ渡る船が荒波に逢い迷った時も山峰が高く聳えていて船を陸に導く。それ故に山の見える所で船を破損した例はない。又、この山は目を遊ばせるように山景の色彩は誠に豊かである。例えば、谷風が吹上げても塵垢は騒がず琴を弾くような美しい音色に聞こえる。峰の松伯が枝を鳴らす音は喧しくなく、只それとなく響くだけである。白猿の群がり遊ぶ様も自らを忘れて他に恵みを与えようと悠然とした風情をしている。光に映える白梅は遥か岸辺に生え、落葉は谷川に沈み、恰も蛇の跡のようにとぐろを巻いている。鳩は、「三枝ノ礼」を正し、翠《みどり》の羽根を乱さない。(10)花に眠る若雀は寛ぎ、近付いても驚かない。その囀る音は神社に仕える人達が文を学んでいる声かと疑うほどである。神社の庭砂はさながら玉のようであり、雨に現れた野苺や苔は朝露に清められ巌の上にある。敷島の正直《すなお》のさまは芳しい。和国の草は我からと歌っているともいっているようである。神社前には緑に包まれた渚があり、その緑は山の腰に映え写っている。雄神、叔羅の二川は南の山々を巡流し、花を背負って蒼海に注いでいる。佐渡と越後や能登の海岸までことごとく一望出来る景勝には賞嘆するばかりである。自然にこの山の盛徳が知られて来るのである。この地の地主神が鎮座するのは「見遠岸ノ神社」であり、祭神は事勝国勝長狭である。この神を塩土老翁ともいう。食塩を初めて拵えた神である。奥州に鎮座された時は「塩釜神社」という。山を見遠岸《みときし》山またはミナキシ山、宮嶽《みやざき》山、宮崎箇鼻（「鼻」の字、「半中」または「端」の意）ともいう。(12)この山を祭る客神社が二社あり、「見遠岸ノ社」と「藪並ノ社」である。(11)「見遠岸社」の祭神は豊玉姫命、「藪並社」の祭神は玉依姫命である。

利波山・宮崎鼻の二山と東南にある雄山・伊豆部の二山を合わせて四郡の境とする。東南西の山、北方の海境を見ると一国一囲の姿がある。しかし、山が忽然として姿を見せた頃は人民が成育するに相応しい場所はなかった。潮は山岳の足元にまで届き、海岸線も定まっていなかった。国が生まれた時の姿はこのようなものであった。神はあっても人民なし。これが国の姿形と伝えられている。

○「北東方の事」中に、古風土記の痕跡と思われる記述は次のようである。「この地の地主神が鎮座するのは「見遠岸ノ神社」であり、祭神は事勝国勝長狭である。この神を塩土老翁ともいう。この山を祭る客神社が二社あり、「見遠岸ノ社」と「藪並ノ社」であり、「見遠岸社」の祭神は豊玉姫命、「藪並社」の祭神は玉依姫命である。」

○「北東方の事」には、他の地域では見られない異質な伝承が数多く記述されている。何故だろうか。

〈付随伝承3〉「海神ノ宮」「竜宮」の事……前述した見遠岸山を見遠岸、宮嶽を宮之嶽、宮崎ノ端などというのは皆な由来があっての呼名である。先ず、宮崎山というのは現在の宮崎ノ鼻より北へ隔たること約三〇里（六丁を一里とせり）にある山である。この三〇里は海底にあって見えない。海底にある山は、宮崎ノ鼻より七里の所にある。山には谷があり、この谷を船道という。この船道を辿って船便が往来している。海底にある山を見遠岸山といい、地上から見た時は見遠山といっていた。海底の見遠岸山から海中の朱山・「海神ノ宮」へ詣でる道があるという。[13]「海神ノ宮」を「竜宮」と称していた。昔、竜宮への道は日本より三筋あり、その一筋の道といわれた。見遠岸山と呼ぶ時は海中ノ宮から呼ぶ場合のことである。だから、歌などに綴る時にもこのことを心得ている。又、陸より呼ぶ時は見遠岸山である。これは朱山に続いて海神ノ宮があるからで、見遠岸と書けば海陸の両方から見ての名となる。又、宮嶽は陸が海神ノ宮に続いていることを示す名である。宮崎鼻は海中の山から見た名である。見遠岸山という時は海底にある山であり、宮崎鼻という時は海陸両方にある名称である。宮崎端から海底の朱山まで白合草野という岡になっている。陸上では青い葉に丹色の花が咲き、海底では紫色の葉に黒色の花が咲く。茎花葉のいずれも貝で造ったように堅い。時々海底を離れて舟に拾われることがある。その美しさは青貝で造ったかのようである。俗に「宮崎ノ黒百合草」といっている。これを聞き誤って、宮崎山には丹色の花が咲く百合草に混ざって黒い花が咲く百合草があるという。黒百合草というのは海底に咲く百合のことで、陸に黒い花が咲くということは絶対にない。

○「事勝国勝長狭と海神ノ宮・竜宮」伝承[14]や蜃気楼現象が重なって「海神ノ宮・竜宮」伝承が生まれたのであろう。

〈付随伝承4〉叔羅川の事……又、叔羅川は今の境川であるという。越後越中の境に加賀藩が関所を建ててから叔羅川の名を失い、境川の名になったとのことである。『紅葉笠』という草子にも書いてあるからその通りなのかも知れない。

叔羅川は陸上にある川ではない。見遠岸の山中にある川で山と共に海底にある。源流は陸上の山から流れ出て、海底の山の中を通り北東方向へ流れている。潮水と川水は別々の層になっている。この川中に草があり叔羅苔という。この草は川水に育つから塩辛くはなく初めは青黒い。ここの名物になっている。今、これに似たものがあり「山ノ下苔」という。能登では「舳倉ノリ」ともいう。今越中や能登で流行っている苔は、昔の「泡苔」で本《もと》の叔羅苔ではない。叔羅苔は長く株のある苔である。このことから推測すれば叔羅川は海底の見遠岸山にある川で境川とは決め難い。陸上ではこの川は見えない。南にある「大己之嶽」の峯にある池に湛えた水の行方が分からないが、このような川に潜って出てくるのかも知れない。美濃国にある「養老ノ滝」の水は行方が分からないが、このようになって行くのかも知れない。類例のないことでもない。

〈付随伝承5〉藪並ノ里の事……又、藪並は「藪並ノ里」という所である。藪といっても神代から宮崎堺の辺りから奥山近くまで竹の多い所である。今も山際へ行くと竹が多い。この竹は元々長狭塩土老翁がきた時に播いたといわれている。[15] 竹林の後ろに家を造って「藪並ノ里」といっていた。その里といっていた所は今加賀藩が建てた「里ノ関所」のある所である。ここに藪並神社があったが、関屋を建てる時百合野に移し祭った。今は「藪並ノ社」とはいわず「沓掛ノ神社」と号している。「界ノ関屋」を囲っている屋敷の内に「藪並ノ社跡」があり、今は「藪神社」という。

○現在国内にある竹類のルーツは二種あり、在来種の「メダケ」「ヤダケ」などのように径が細く、高さ数メートルの竹。舶来種（原産地・中国）の「マダケ」「モウソウダケ」などのように径が太く、高さ一〇数メートルの竹である。氷河時代（海退期・寒冷期）には在来種だけであったが、縄文時代後の温暖化により「マダケ」が育つようになったのであろう。原種を持ってきたのは渡来人だったのかも知れない。なお、「モウソウダケ」は鎌倉時代に舶来したという。

〈付随伝承6〉叔羅ノ滝の事……又、雄神川は今の愛元川とも黒部川ともいう。愛元川とは橋のある辺りでの名称である。桜井本庄と赤浜本庄の間に架かっている橋で、両庄の間に架けた橋を「間本ノ橋」という。愛元川は黒部川のことである。この川の川上山深い所を黒部谷といい、そこから流れ出ることから黒部川という。黒部川は流れ下って四八瀬に分かれて流れる。橋の近くでは「間本ノ川」とも書くが下流では皆黒部川という。水源は雄神山の滝水を主流とし、所々の名水を集めて今のような大河になった。雄神山には三つの滝がある。「雄神ノ滝」「勝妙ノ滝」「叔羅ノ滝」の三水である。「雄神ノ滝」は立山神社、「勝妙ノ滝」は雄山神社、「叔羅ノ滝」は手力雄の清めの水である。

「叔羅ノ滝」という滝は名があっても滝はないという。山中でも見えない。にも拘らず名があるのは何故かというと、山の地下にある滝であり、滝水は地底を流れて行くからである。このことについて不思議な故事がある。雄山の南に並んでいる舟倉山の水が甚だ多く、度々水が溢れ出しては国の人民の生業を妨げていた。このような有様だったので大己貴命が国造りをした時、舟倉の水を治め山を砕き低地を埋められた。その時、捨てた水のある山を今は「大己之峯」といっている。この山は飛越の堺となっており山頂に方七里の池がある。これが「舟倉ノ水」である。よってこの池を「大己ノ池」といい、山を「扇ノ嶽」という。又、池を「扇が池」ともいう。山の形も扇の形に似ているから「扇ノ嶽」といったと伝えられている。これは後世の誤りで、「扇」ではなく「大己」であり大己貴命が造った池である。この池水はどんな大雨が数日間降り続いても池水が増えることはない。

〈付随伝承7〉叔羅水の事……又、この水が何処へ流れ落ちて行くのか見た者はいない。不思議なことである。この水の流れは山の地下にあって、洪水で池水が増した分かは分からないが遠く離れた野に溢れ出ることがある。この水を叔羅水という。語り伝えでは、地底に叔羅川という川があってその水が溢れたのだといわれている。この川は見遠岸山の海底にある山中を流れる川の川上に当たる。「扇ノ嶽」という山は「叔羅山」と号していたが、今の人は「叔羅山」といわず「扇ノ嶽」といっている。「叔羅山大己ノ池」も今は「扇ノ池」という。こうして叔羅の名称がなくなり、今や叔羅川を知る人はいない。叔羅川は、地上になく地底にある川であることは確かである。

「雄神ノ滝」は里に流れて四八瀬中の一川となっており、「勝妙ノ滝」も里に流れてこれも四八瀬中の　川となっている。昔は、四八瀬の川毎に名称があったが皆な無くなり黒部川とのみいっている。しかし、勝妙ノ滝水を主流とする川は四八瀬の南二筋目の川であり勝川という。この川だけが元の名を残している。今に残ったのは勝川には鮭魚が多く遡上してきたからで、鮭魚は勝川を遡上し勝妙ノ滝を登ろうとする。滝を登りきれば「山嵐」という鳥に変われるからである。鮭魚はそれを望んで沢山遡上してきた。昔の者は勝川の鮭を捕って越後高田の市に売っていた。越後国では鮭ノ塩引きを作って越後の名物として他国へ商った。元は黒部川の四八瀬の一つ勝川の鮭魚なのに、今は「越中の鮭ノ塩引き」といわず「越後の鮭ノ塩引き」といっている。無駄事ではあるが残念である。又、叔羅水という水がある。所々に湧出たり地底に流れていた処へ井戸を掘り当てると冷水が出てくる。越中では地底にこの流れのある所が多い。しかし、人々は叔羅水ということを知らず「禹ノ川除」に掘り当たったという。禹帝が、洪水を四方に配分したのは唐土の出来事である。越中のことは、大己貴命が治めた舟倉の水を叔羅水という。流れの道筋は地底にある。この水が地上へ吐き出ている所は凡そ四カ所あり、一つは井であり残りは地上にある。他に「加賀ノ青野」に吐き出て小川の流れになっているものがある。叔羅水は地上に吐き出る時季があり、出るのは春冬の二季はなく、四月より七月の初めまでにある。入梅頃には多量に吹き出る。この時、青野では玉を吹き出すことがあるといわれている。今は「偈ノ水」といって叔羅水を仏事の供え物にしている。叔羅水を弘法大師が偈書された水などといっているが、これは誤りである。大師が地底に叔羅水のあるのを知っていて人々のために掘り当てた。叔羅水は流れ下っているから井戸の上では必ず水は湧出さない。大師もそのことを知っていて叔羅水を呼び出した。

叔羅川の事を家持が詠った歌に、「叔羅川なづさひのぼり平瀬には」とあるのは意味深いことといえる。(16) 叔羅川はこのように地上にはない川なのである。

○〈付随伝承〉には荒唐無稽とも思われる記述が多い。又、叔羅水を大己貴命や舟倉山に結び付けているのは不可解である。このような記述の根拠は不明であるが、当時の人々の伝え聞いていたことをそのまま記述したものとみれば、一応それなりの価値があろう。

▲越中之州其国之形地ト言フ事

国の形は、始めに山や海があっても海岸線が不安定で定まっていなかった。その後、次第に潮が遠ざかって野原が生まれ瀬が出来てきた。先ず最初に現れた野原は四カ所であった。野原が出来るとすぐ神が鎮座しその地を治め神名がその地名になり、後に武士の先祖ともなった。野原にある瀬では区分された四郡中には全部で三四の瀬があった。これらの瀬にも早々と神が鎮座してその地名となり、邑里村郷が生まれた。神はその地の農夫工匠の先祖となった。野原四カ所、三四瀬の出来始めた時ようやく国の形が定まったといわれている。(17)

その後も、長い年月を経て次々に新しい野原が出来てきた。しかし、最初に生まれた四カ所の野原は神が鎮座し地名となり国の名所ともなったので、その後新たに生まれた野原には地名がない。そこに祭られた神が農夫達の先祖になったのだろうが、このような神を全て「野神」という。諺に「田夫にも田夫野神あり」というのはこの神の産子等ということである。ここから分かれ出た村里には地名がないので名もなき里と卑下している。しかし、このような村里も地名がないと不都合であり、最初に付いていた土地の名称を借りた。例えば、今日の何郡何出村何新村或いは何野開などといっているようなものである。

○弥生時代中期~古墳時代の気候温暖化と水田稲作の定着により、余剰生産物が生み出され人口も増加したことであろう。このため新しい稲作地を求めて開拓が進み、低湿地や湧水・溜め池などに依存する個別あるいは集落による小規模な水田稲作から、川を堰止めて取水する集団灌漑稲作へと変化していった。この過程で河川流域を管理・統括する有力首領(豪族)が生まれたのであろう。また、水田稲作の定着によって農耕祭祀が重視されるようになり、川ノ神、夫婦神や開拓神などが祀られるようになった。

『喚起』は、砺波、射水、婦負三郡でも起った数多の集団間争いを調整し、流域を統括する組織が出来上がった時点の伝承を記したものであろう。

①四郡名起源(18)　**砺波郡**　先に述べた「国の形」「四カ所の野原」のことであるが、その一は西方の中央部より南に見える区域で須蘇未山といい、地主神が鎮まる社を「砺波社」、利波神社又は荊波社ともいう。祭神は味知荊波比咩ノ命《みちうばらひめ(の)みこと》である。この神名がこの区域の地名となり、「砺波郡」というようになった。神が司る処を須蘇未山といい地名でもある。この神に六社の末神があって一郡六ケ所の祭神である。(19)

○荊波神社……式内一座　矢波村鎮座(岩木村の誤り)　祭神・
　利波氏祖神彦刺肩別命　(拠『越中国式内等舊記』)

②四郡名起源　**射水郡**　又、西方の中央部より北に野原があり二上山といっている。地主神が鎮まる社を「射水神社」という。祭神は天射水幡生比古命《あまのいみずはたざやひこのみこと》であり、この区域を「射水郡」といっている。神が司る野を二上山といい区域の地名になっ

た。この神には一二社の末社があって一郡一二ケ所の祭神である。

○射水神社（二上神社）…式内一座　名神大社　二上山上鎮座

　祭神・天二上命　別名　天村雲命　（拠『越中国式内等舊記』）

③四郡名起源　婦負郡　次に又、国の中ほどに南北に跨がる洲の中間に野原があり椙野《すぎの》という。地主神が鎮まる社を「椙原神社」といい、祭神は碎田穉（稚）産霊命《さきたのわかむすひのみこと》で今黒田村に鎮座している。この野原に一つの地域があり「碎田川」という。ここに鎮座する稚杉原神社は罔象女命《みつはめのみこと》を祀る。この神は碎田穉産霊命と夫婦神で椙原碎田社に一緒に鎮座している。碎田神は今は田屋村に社を遷座している。このことから田屋村を旅屋村として文書にも書かれている。椙原神はこの区域の地名になり「婦負郡」という。椙原神が司る土地を椙原又は碎田という。この神の領域内に六社の末社があり一郡六ケ所の祭神である。

○椙原神社（現社名……稚杉原神社）……杉原神社　式内一座　田屋村鎮座　祭神・大己貴命　一説・饒速日命　（拠『越中国式内等舊記』）

　杉原神社　黒田村鎮座　祭神・大己貴命　（拠『越中国神社志料』）

○砺波、射水、婦負三郡の郡名起源に係わる記述は、古風土記の痕跡を残す。

〈付随伝承8〉椙原神の神名がこの区域の名称になったが、郡名とはなっていない。婦負郡は別の名称である。又、椙野を碎田川ともいう。野の名称からの地名か川を指す名なのか、碎田川は区域の中の川である。碎田川は今の伊太川である。[20]この川にも神がいたので地名になったが郡名は神名に拠るのではない。他郡の名は、皆なそこに鎮座した神名に拠っているが婦負郡の名称はそうではない。

　その謂れについて、昔この区域は潮の干満が激しく所々に潟が多かった。風雨が荒れると時には大きな波が起って野を碎き田畑を荒らした。［人々は皆湿気に襲われ、浮種を患らう育ちにくい場所であった。又、山から吹き下ろす雲霧が厳しい上に流星が落ちてきて人々はみな死んだ］[21]。この地域は、椙野という荒れた野原といった有様であった。この地を司っていた椙原比古と碎田比咩はこれを憂い、[22]夫婦共に自ら潮に浸り低地を補い高地を掻き崩し湿地を埋め堤防を造るなど、泥塗れになって土を乾かし整地を進めた。工事を終えて帰ろうとした時、碎田比咩が浮種を患い苦しんだ。[23]椙原比古は離別を悲しみ、碎田比咩を背負いながら今の田屋まで辿り着いた。ここで碎田比咩が神去ったので、一夜倚廬の仮庵を造り三日一夜を過ごし翌日ここを去った。(24) 初めは、ここには「椙野」という地名があっても郡名はなかった。郡名はこの時からの名称である。神が自ら骨折ったことを世に伝え、後世生まれてくる人々に奢りを戒めようとの思いから、「婦を負われた事」から郡名を「婦負郡」とした。今の人は「姉を負った」という者もいるが、「婦を負った」のである。

この神は、年毎の祭礼時に御輿で神社を出て、今でも先ず碎田比咩が神去った旅屋村で一日一夜の喪に入るという。碎田比咩が死ぬほどの苦労がなければこの地の繁栄はなかったであろう。椙原の人々のために椙原比古が、何時までも婦神・碎田比咩との別れを惜しまれる誠に有難い所である。碎田川は伊太《いだ》川である。潟がなくなり乾いて神社のみが残った。碎田川にあった潟や潮害がなくなり罔象女命も神去ったが、今は伊太川となって神産霊の流れあり、今も人民に田稲の恵みをもたらしている。碎田川と伊太川は同じ川である。

④四郡名起源　新川郡　又、東の山を堺にして南北に横たわる野原があり磯浦という。今、大浦と俗称している。地主神が鎮まる社を「日置神社」という。祭神は石勢比古命《いわせひこのみこと》である。今は日置村に祭ってあるという。この区域に、一つの地域があり「売比川」といい、鎮まる神は大野玉額西湊比咩命《おおのたまぬかにしみなとひめのみこと》であり、日置神と夫婦神である。この区域の北方海岸寄りに一つの地域があり布勢海といい、地主神が鎮まる社を「布勢神社」という。祭神は倉稲ノ魂命《うかのみたまのみこと》であり、布勢結村に鎮座する。(25)

〈付随伝承9〉日置神と布勢神抗争の事…この区域には、三神が鎮座しているが売比神の神名からここを「売比川郡」といった。(26) 売比川は、磯浦の中央を流れている川で今の若狭川である。ところで、今は郡名を「売比川郡」ではなく「新川郡」といい、郡名に地主神やその鎮座地を窺わせるものがない。その謂れは次のような事件があったからである。

「売比川郡」は元々、夫婦神・日置神と売比神が治めていた。布勢神がそれを妬み、独り占めを謀り日胃神・売比神を攻めた。日置神も防戦に努めたが、布勢神は海上からの援軍が多く大軍を出して攻め立てた。このため日胃神は戦いに利なく自社(27)の領域に引籠もらざるを得なかった。布勢神は盛り上がり、この区域を押領し、潮水を湧き上がらせて山を崩し、海魚の恐ろしいのを遊泳させて禽獣を食い散らかせた。又、古木を倒し様々な暴動を行って攻め立てた。日置神・売比神も自社の領域を守ろうと土を覆って潮を防ぎ、風を起こしては棚引く煙雲を吹き払い、岩を積み上げては波を防いだ。暫くは静かになったかに見えたが、ある頃から再び波濤が南の山に届き、山谷は潮に隠れて大海原のようになってしまった。日置神は、この事態を心配して急ぎ「自社の領域」を出て戦った。しかし、布勢は勇猛で敵し難く味方は悉く滅ぼされてしまった。その上、残った軍勢も敵に寝返えり攻めてきたので遂に打ち負かされた。

布勢神は気ままにのさばり、潮を厳に突き当て鼓を鳴らして川の勢いを挫いた。小波高波は、縦横に山間を走り回り潮水が満ち溢れた。日置神は数か月間取り囲まれ、兵糧は尽き山の草木は枯れ果て野原は恰も海に変わったような有様になってしまった。日置神は、止むを得ず有合わせの軍勢に売比神を付けて戦ったが勝てなかった。長年の戦いに売比神も続き難く、手負った疵が破れて神去ってしまった。こうして、日置神は戦う勢いも防ぐ方策もなく諦めていたが、さりとて人民の嘆きを黙視することも出来なかった。何とか、布勢を滅ぼして地域に平穏を取り戻すため、残った神々とその方策を協議されたが、中々良策を見出だせなかった。その内に、早月神社の八心大市彦命《やごりおおいちひこのみこと》と這槻彦命《はやつきひこのみこと》が進み出て次の事を進言した。「布勢は、我らの領地三日市野も悉く押領し、煙雲は空を覆って暗い。出て戦おうにも良策が浮かばない。若し、日置が敗れれば末々の社領も滅ぼされる。この上は、日置神がまだ健在だから一度は領地を取り返そう。事は急がねばならない。事勝長狭に宮嶽から軍勢を出し国堺を堅く守らせ、雄神山に加勢を願って我らと一緒に戦おうではないか」と。[28] 日置神も、この進言は拒むことでもないので大市彦命の計略に同意した。よって、大市彦命は急ぎ雄山神に加勢を依頼した。雄山神も承諾したので、雄山神に布勢討伐の戦略を尋ねた。雄山神は「布勢は北海と深い交わりがあって援ける者が多い。先ずこの援軍の道を断たねばならない。[29] しかし、これを防ぐ事は容易ではない。しかし、大雨を流し布勢の波を防げば暫く敵は陣を乱すだろう。[30] その隙に乗じて高原嶽の土砂を押し流し、這槻彦命と同時に海陸の堺に軍勢を出し布勢への援軍の道を断てば、布勢も一先ず自分の領地へ戻るであろう。その時、行き違いに敵の援軍を遠くへ追いやるがよい。そうすれば布勢も和睦を乞うに違いない」また、「我が方の末神一九社は雨を降らせる術を持っている。我が池に遊んでいるのでこれらに命じて雨を降らせて加勢しよう」と。雄山神は、直ちにその旨を一九社の雨神に指示した。大市彦命はその戦略を日置神に伝え、四方を堅固に守り固めた。大市彦命は軍勢の先鋒を指揮して大岩川の上流獅子峯に陣取り雨神を呼び寄せた。忽ち雷が起き台地は振動し雨が何年間も降り続いた。「諺にいう、越ノ地一千年雨降り高原山を崩し、その残れるは今の野也と」。雨水は滔々として谷に満ち山々は滝になって岩を崩し石を流し、土石流は一挙に大地を引き裂き吐出すように流れ出た。布勢神はこれを見て驚き、潮に命じて高波を起こさせ下から押上げ大波は洪水に押さえ付けるように押し被さった。しかし、大市彦命・日置神軍の守りが堅く布勢軍の攻勢を防ぎ、波を押し退け入れ替わり入り交じって攻め戦った。(31) 布勢軍が疲れて怯む様子を見せたので、大市彦命、日置神、一九社の雨神が一手になって攻め立てた。高原を押し砕き石を投げ砂を流し、洪水は北方の海に見る間に市比古土《いくちど》を築いた。このため、布勢神の援軍は進めずただ赤浜で空しくさまようばかりであった。この時、事勝長狭は備えを整え軍勢を動かそうとしなかった。(32) 布勢軍は進もうとしても背後は市比古土に遮られて援軍は来ず、事勝長狭に加勢を矢のように何度も催促したが断られ窮地に陥った。(33) 今はこれまでと、布勢神は自ら鉾をとり大魚毒魚鰐の類いを左右に群がらせ波濤を進めて十文字に馳せ巡った。大市彦命はこれを見て「味方の勝利間違いなし、打ち漏らすな」と叱咤した。又、一九社の雨神を励まし地域一帯に水を湧き出させたので、味方勢は満み溢れた。大市彦命・日置神軍は走り巡って滝を分け川を押し流して攻め続けたので、布勢神も遂に勝ち目がなく「自社ノ領域」に逃げ籠ってしまった。大市彦命・日置神軍は逃げ散る布勢の残党を追討し勝鬨をあげて凱旋した。大市彦命は「今後もなお、布勢は攻めてくることもあろう。守りを固めねばならない」と一九社の雨神に指示し、更に潮が引いた原野に滔々と流れる新しい川・「新川」沿いに「新川ノ神」を残し布勢軍を攻め続けさせた。「新川」とは、今の常願寺川のことである。

布勢神はなおも戦いを止めず、時々大野・赤浜辺りに軍勢を進め、加勢を拒んだ宮崎事勝長狭を打ち破ろうと企んだ。日置神や早月姫の御子神は若狭川や角川に沿って戦い、高原では区域を固めて布勢軍を攻めた。(34) こうして遂に戦いは止み、地域を分けて治めることになり日置神も同意し地域を分割した。「売比川郡」の角川を境にして西の方を「上新川」と称して日置神が治め、角川より東を「下新川」と称して布勢神が治めることになった。このことから一郡を上下二つの名称を言うようになった。上下二つになったのは、領域の確定に前後があったからである。「上新川」では、高原地が増えたので「高野」の地名が生まれ、「下新川」では海岸線が確定しなかったので「波止」「赤浜」など地名が生まれた。
◯新川郡は、元は売比川郡といい、夫婦神・日置神と売比神が治めていたが、北方海岸寄り片貝川右岸の布施川地域の首領・布勢神が日置神・売比神を攻めたことから抗争が始まったという。抗争後、新川郡と称するようになったと記している。
◯八心大市彦神社……三日市村鎮座　祭神・大市首命　任那国人都怒賀阿羅斯止　出自　式内一座（拠『神名帳考証』）
◯日置神社……式内一座　日置村鎮座　祭神・大山守命　通称・沖御前　（拠『越中国式内等舊記』）『神名帳考証』……祭神・高魂命
◯布施神社……式内一座　布施爪村鎮座　祭神・大彦命　（拠『越中国神社志料』）
◯〈付随伝承9〉の中から、古い伝承にありがちな誇大表現と思われる部分を取り除くと「日置神と布勢神の抗争」は次のようになる。

弥生時代中期～古墳時代にかけて新川地方では、黒部川右岸流域を事勝長狭、黒部川左岸流域を八心大市彦命、片貝川・布施川流域を布勢神、早月川流域を這槻彦命、そして上市川・若狭川流域を夫婦神・日置神と売比神などの豪族が各々治めていた。水稲面積の拡張、黒部川やその他河川の洪水による河道の変動から領地争いが繰り返されていたと思われる。

しかし、このような領地争いは、新川地方のみならず各地で繰り返されていたことであろうが、なぜ「日置神と布勢神の抗争」のみが伝承されたのであろうか。

この抗争には、日置神、八心大市彦命、這槻彦命、事勝長狭、雄山神などの豪族・地方神と出雲系豪族・布勢神が登場している。『喚起』には、布勢神が海上（北海）からの援軍が多く大軍を出て攻め立てたと記す。北の海上からの援軍とは布勢神の祭神・「倉稲ノ魂命」から出雲勢の援軍ではなかろうか。また、雄山神などの豪族・地方神が事勝長狭に宮嶽から軍勢を出し国堺を堅く守らせたのは、布勢神が海路あるいは「上路道」を通して交流の深い越後黒姫山の首領からの援軍を防ぐためだったのではなかろうか。

「日置神と布勢神の抗争」は、越中の豪族が結束して外部勢力・出雲勢と戦い抜いた誇り高い伝承として語り継がれたのであろう。

なお、「北方の海からの援軍」とは『出雲風土記』に記す大己貴命の祖父・八束水臣津野命の「国引き物語」で「最後に引き寄せた高志ノ都都ノ御崎」[35]と関連があるのではなかろうか。

〈付随伝承10〉泊村「村立」の事……「波止」の辺りは、最近まで村里のない所であった。しかし、利長卿の御領国となり、「泊」又は「赤浜」の辺りに「村立」をするよう加賀小松の百姓に命じたので、小松の者がこの地に来て多くの村里を造った。今の泊宿は、小松の人達が造り始めた所である。命に従い雲雀野に初めて家造りをしたのは野島四郎次郎という者であった。その後、家が貧しくなり田畑を失ったが綱紀卿の御代に一年米二百石を与え旧に復して取立て御休所とした。後、加賀藩は四郎次郎に三〇人扶持を下賜し、「東山廻ノ役」を勤めさせた。

〈付随伝承11〉諏訪八幡由緒の事……今、高原野というのは高原嶽が水を湧かせ入江を埋めた残りの土地である。この地の神を「新幡御子」という。この神は今、生地土に鎮座し「諏訪八幡」と崇め、又「新幡御子ノ神社」ともいっている。「新幡御子ノ神社」の祭神は大己貴命である。

〈付随伝承12〉帝釋城　雲城の事……大己貴命は国造りをすることを高皇産霊尊に誓ってこの地へ来て、高原を砕き生地土を築き彼方より寄せ来る波を追い払い「新川一郡」を造った。しかし、この地域の海岸は潮が荒く、一二月に至っては特に波濤で陸を損ねることが多い。このため、大己貴命は生地土に帝釋城を築き波を追い払った。これによって波は生地土を越せず陸は穏やかになった。それだから、今にいたるまで魚津と生地の海上には蛤が息を吹いて楼台を造ることがよくあるという。これは北西風に乗って吹き寄せる波濤を押さえるために神が造った雲城であり、大己貴命か造った雲城とも、又帝釋城とも言い伝えられている。又、不思議なことがある、年末晦日に生地海岸で引き潮が二里に及びしかも毎年欠けることがない。これは、大己貴命と日置神が波を追い払うからである。年末大晦日の引き潮がなくても突然雲城が現れることがある。これは、他国に風があってこの地に波濤が近付こうとすると日置神と生地の神が一緒になって波を追い払うからである。この時には、必ず日ならずして引き潮があり三日間雲城が見えることがある。この引き潮は一二月に限らず何月にでもある。

新川の場合は違っている。雲城が見える時は夜まで続くという。川面に火玉が多数現れて海上へ飛び散って行く。火の光は、静々として波に映えて雲城がよく見え楼閣の飾金具や塀の構えまで見える。昼間は、申ノ中頃陽が西山に懸り空天が耀く頃になると楼閣は夕映えして見える。[36] この現象は暫くの間のことで細かには見えないという。年末晦日の三日前には決まって楼台が見える、といってもその頃は極めて雪吹雪が激しいからわざわざ見ようとする者はいない。また、曇空では見えないので雲城がなかったと思っている。これは「新川一郡」の不思議であって今に至るも全く変わらず、しかも目の前に見える。神慮有難く語り伝えるべきことの一つである。遠く神代より人々が栄える今に至るまでの神慮を深く知るべきである。

以上の物語りは「国生まれて其州之形地」の事であると聞いた。

▲越中之名所称テいまだ其所須ザル名所ノ事

『清水本』巻之二

粗々ら物語ったように、国の名所という所に鎮座《まつりま》する神が確かにあれば疑いなく名所である。その理由は前に語った通りである。しかし、右の他に「奈古」「立嶋」「長濱」「越ノ海」「気比古ノ宮」「越ノ潮《みずうみ》」「信濃濱」この七箇所も越中の名所であると方々に書いてある。しかし、越中にはここがその地であるという所がない。若し似た名の所があるといっても、余所の伝承と合わない。しかも、その名所は他国にあるという。

奈古　射水郡にあるという。奈古では「奈古之入江」という。他邦《たこく》では奈古といって入江とはいわない。又、能登国鳳至郡に「奈古」という所がある、ここには鎮座する神があり奥津神社といい、祭神は奥津奈古比咩命である。世にいう名所であろう。能登といっても、郡が未だ分かれる前は越の地であったから、国の分かれる前からいっていたとすれば越中の名所ともいえよう。能登に慣って越中の名所といったのかも知れない。「奈古」は、今の能登にある名所である。名所が「奈古之入江」と射水郡にある訳は、鳳至郡之奈古と射水之入江と別々の所にあっても、互いに合い通じる処があったからである。先ず能州奈古を秀逸とするのは、日暮れに鯖釣り舟が沖に群がる様が有名であったからで、射水郡の入江が名所となったのは、その鯖舟が先を競ってこの入江に乗入れて下須川の市で売ったからである。[37]昔、打出にあった下須川の魚市は能登人の魚売り市があった所である。聞き覚えていた歌に「雪積みて　入江に通う奈古の舟の　売るや昨日の暮れの能登鯖釣り」。

立嶋　これも射水郡関野にある名所という。関野にあるのは、伊達志麻また伊達嶋である。「たてじま」というが疑わしい。能州珠洲郡に「立嶋」という所がある。ここに神が祭られ、須須神社といい祭神は立嶋比咩命である。これも他の越中の名所のように、昔は越の地であったからといえばいえなくもない。立嶋という名所はと問えば、今は能登にありと答えるだろう。

長濱　これ越中の名所というが、越中の地に未だこということ所がない。越後国古志郡には長濱という所があり、鎮座する神があり長濱神社といい祭神は長濱磯部比古命である。昔、泉式部が「越の長濱」と詠んだ歌は古志郡の長濱の事である。越中の地に長濱という所がないので、これは越後の名所である。

越ノ海　という名所、これも射水郡にあって「奈古ノ入江」ともいい、又「有磯海」をも「越ノ海」と自国他国の人が言い慣わしている。しかし、言い伝えられている「奈古ノ入江」「有磯海」は皆な一名一所ずつの名所であるが、「越ノ海」の名は別であり越中の地に「越ノ海」と特定した所はない。すべて能登越中越後の浦毎とに海上を指して「越ノ海」といわない所はない。ある人がいうには、右の三国を纏めた海辺四五〇里の間磯近い海の面は全て「越ノ海」といい、いわば総称であると。だからこそ「越ノ海」はここであると特定した所はないのである。

気比古之宮　これも越中の名所というが、越中にはそこという所はない。能州能登郡に御門主比古神社があり、この神社の祭礼時に世人は「気比古ノ祭礼」という。越中にはこの名のある所がないから「気比古ノ宮」は能登の名所であろう。「気比古之宮」を「気比之古宮」と「之」の助字を上にして称《とな》える時は、壱岐国の名所であるという。又、「気比之古宮」という名所は越と壱岐と両国に入ると書いたものもある。これは名所の所を後世に選んだ人の作書であろう。「気比古之宮」という名所は、越中では未だ聞かないから能登の名所であろう。

越ノ潮　これまた「奈古ノ入江」の別名「有磯海」を「越ノ潮」という。「奈古ノ入江」「有磯海」の地方の次第は前巻に有増《ありまし》語った通りである。(38)この湖は有磯海の別名である。この湖の磯際・海近くでは有磯海、山際は寄りでは湖の名がある。世の末々になってわざわざこの湖を狭めて田地とした。湖の前後左右に里が広がり村里が繁栄し、湖の跡が残っている所は今の山岸村である。山岸村四郎兵衛という百姓が所有する田地は湖の終りを埋めて田土に開いた所である。彼の田地の中に少々土居のようになった所がある。これは、古えの「越ノ潮」と名高い名所の端に当たるので問い来る人に語ろうとわざわざ少しの所を今に残して置いたのである。他邦の人は、「奈古ノ入江」の事や「有磯海」のことなどというが、そこに住んでいたからこそこの様な心遣いが出来たのである。

信濃濱　これまた越中の名所であるという。しかし、越中にはここと決めた所がない。疑わしいのは、東立山の南に繋がる末端に細入谷という所があり、その谷の遥か深山に「長途越信濃間《ながとこししなのはま》」という所がある。「間《さま》」というべきを「間《はま》」と古から称えていることである。ここをいうのか確かではない。信濃濱であれば磯近くにもあるだろうが、そこは未だ知らない。又、信濃間《しなのさま》ならば立山の入り口ともいえよう。ここは、葡萄が多くある所で昔何者かが都への貢ぎに葡萄を使ったという伝承もある。今も葡萄はあるが猿に取られて、人が取れないという。「信濃濱」と決められる名所は越中及び能登の間には未だ確かな所を聞いてはいない。

註

（1）稚日女尊……天照大御神の妹神という。稚日女尊が斎服殿《いみはたとの》で神衣を織っておられた時、素戔嗚尊が馬を逆剥ぎした皮を殿に投げ入れた。尊は驚き織機から落ちて神去られた（拠『日本書紀』）。木徳……木は五行説では東方を指し、豊かな自然に恵まれている方角とする。東方は木徳ある所。

（2）手力雄命……素戔嗚尊の暴挙によって、天照大御神は「天ノ石窟《いわや》」に閉じ籠られ、天下《あめのした》は真っ暗になった。手力雄命は石窟の磐戸を引き開いて天照大御神を迎え、六合《くにのうち》は再び明るくなった（拠『日本書紀』）。

（3）両部習合の者……両部神道の行者・修験者のこと。

（4）他国の者の入山制限……室堂平の東端、立山三山の一峰浄土山の麓に「玉殿窟」と「虚空蔵窟」の二岩窟がある。「玉殿窟」は、立山開山の祖といわれる佐伯有若（またはその子・有頼）が立山の神が阿弥陀如来を感得したという伝説の舞台として、立山信仰の聖地の一つに数えられていた。室堂に宿泊施設が設置される以前には、越中国登拝者が玉殿窟に、他国の登拝者は虚空蔵窟に宿泊したという伝承が残っている。剣岳山頂から八世紀代の錫杖頭、奥大日岳「行者窟」から八世紀末の錫杖頭が発見されている（拠『芦峅寺室堂遺跡』立山町教育委員会、平成六年刊）。

（5）大日孁尊……天照大御神（日神）。火徳……五行説では南方を指し、陽気に満ちあふれた方角とする。南方は火徳のある所。

（6）稚産霊尊……伊弉諾尊の御子、軻遇突智尊（火神）と埴山姫（土神）の御子。

（7）小井波集落には昔から誉田別命を祀る八幡社が二社あったが、明治四三年に合祀し、一社となった。

大昔、小井波は別荘川上流の深い谷続の地であった。昔、入り口部の焼野山が崩れて川を堰き止め湖水化したが、土砂が沖積して盆地となったものであろう。自然の堰を「滝の坂」と名付けた。昔、猿丸太夫がこの山奥に分け入って庵を結び、田地を拓き里人に稲を作って見せた（稲見＝井波）。ここは猿丸太夫の終焉の地である。村人は、単に「太夫塚」といっている。伊豆部山が湖水を湛えていた時代があった（拠『卯花村誌』昭和二六年刊）。

（8）二山……立山と伊豆部山。

（9）山は豊かではない……五行説では西方には白銀の雪をいただいた山々があるとしているが、越中国の西方・倶利加羅山一帯はなだらかな丘陵なので、このように表現したのだろう。

（10）三枝ノ礼……鳩には礼儀の心得があって、親鳥のとまっている枝から三本下の枝に止まるという。

（11）「見遠岸ノ神社」・「見遠岸ノ社」……現称・鹿島神社。『富山県神社誌』鹿嶋神社　祭神・建甕槌神　鎮座地・下新川郡朝日町宮崎　由緒・常陸国鹿嶋大神の分霊が往古宮崎浦沖ノ島に御降臨され祀った。後に現在地に遷した。佐味郷の総社。延喜式内社神済神社とは当社である。「藪並ノ社」・「藪並社」……現称・龍尾神社。『富山県神社誌』祭神・素戔嗚尊他。由緒・往古は「藪南ノ社」といい龍尾社と改称した。鎮座地・下新川郡朝日町三枚橋。

（12）宮崎湊は、明神山の麓に位置して風浪を防ぐによろしく、天然の良港であり、船の風待ち、避難に最適であり、航海安全の神・神渡神社が祀られていた。湊は親不知（古称・蒲原、寒原）を越えて越後や蝦夷地に向かう船で賑わった。また、親不知海岸が通行困難な時には、大昔から山手の道「上路道」があり、翡翠の産地を経て親不知の東関門・越後青海へ行くこともできた（拠『朝日町誌』昭和五九年刊）。

（13）「海神ノ宮・竜宮」伝承……『喚起』が記された頃には、既に海底に埋没林があり、潮水と川水が別層になっていることを知っていたようである。又、宮崎鼻付近には、今も「沖ノ島」などという巌石が海中にある。昔はこの様な巌石が沢山あり、難所・親不知越えに船を利用していたことから良い船泊湊になっていた。後に、巌石が波濤に砕けて失われたという伝承があった（拠『越中志徴』中の小項・宮崎の鼻、へたの岩、中の岩、沖の岩）。

(14)「事勝国勝長狭と海神ノ宮・竜宮」伝承……『喚起』巻之六「六郎母ニ父ノ由緒ヲ尋ヌル事并彦火々出見尊の御事」中に次のような記述がある。事勝国勝長狭は伊弉諾尊の御子で、始めて塩を造られた神である。神功皇后の三韓征伐の時は、宮嶽から出陣された。今は宮嶽明神・塩土老明神に鎮座されている。地神四代彦火々出見尊が竜宮へ行こうとしてこの地へ来られた時、「無目籠《まなしかたま》」に乗せて竜宮へ送った。後に無目籠は越中能生の海岸に流れ着いた。

この節以降は難解な章である。海中にあるという「海神ノ宮・竜宮」伝承を基に陸上部を美化したものであろう。

(15)長狭塩土老翁が播いた竹……『喚起』中に竹のことを記しているのは、長狭塩土老翁と大若子命の物語りである。前者は「播いた竹」、後者では「珍しい竹」と記している。

(16)叔羅川と家持の歌……万葉集・第四一八九中「叔羅川なづさひ泝《のぼ》り　平瀬には小網《さで》指し渡し　早瀬には水鳥《う》を潜《かづ》けつつ」の真似歌。万葉集の叔羅川は、越前武生辺りの日野川のことという。

(17)野・瀬・神……野は、縄文時代前期後半からの海退期によって生まれた沖積平野。瀬は、沖積平野の中で水田稲作に適した低湿地や沼地のこと。神は、有力豪族、又は開拓者が祀った神。

(18)〈四郡名起源の事〉は、『喚起』の『清水本』巻之四巻の末尾に編者・野崎伝助が記したとおり「姉倉比売事件」後の伝承記述である。ただし〈付随伝承9〉「日置神と布勢神抗争」は、登場する神々名などから「姉倉比売事件」以前に起った抗争の伝承であろう。《越中の名所》は、後世の名所伝承を『喚起』編者が注釈し、この節に付記したもの。

(19)末神……有力豪族の支配下にある『郷』を、末社・末神数として表示している。

(20)伊太川……井田川のこと。井田川の河口は神通川であり、度々洪水に見舞われていた。

(21)［人々は皆湿気に襲われ～流星が落ちてきて人々は皆死んだ］……『桂本』にのみ記されたもの。

(22)椙原比古と碎田比咩……碎田稗産霊命と罔象女命のこと。

(23)浮種……心臓や肝臓の障害により皮下に水が溜まって腫れる病。風土病の一つ。

(24)神去……死去したこと。一夜倚廬の仮庵……仮斎場（もがり屋）。

(25)倉稲ノ魂命……須佐之男命と神大市比売命との間に生まれた御子という。穀物神。出雲系神。

(26) 売比神……大野玉額西湊比咩命のこと。

(27) 日置神社の鎮座地は、大浦→日中（後に立山末社・別当所となる）→日置と移動したのであろう

(28) 事勝長狭……事勝国勝長狭《ことかつくにかつのながさ》

(29) 北海と深い交わりがあって……出雲のことか。

(30) 布勢の波……布勢への援軍

(31) 守りが堅く……「原文」・後陣金軸。

(32) 動かそうとしなかった……「原文」・潮不動

(33) 何度も催促したが……「原文」・矢を射水。

(34) 日置神や早月姫……這槻彦命の一族か。御子神→「原文」・後清神。

(35) 都都ノ御崎＝能登珠洲崎。珠洲崎＝新川地方の北の海上。

(36) 申の中頃……午後四時

(37) 下須川の市……下須川は古代神通川跡の左岸、打出村の東側にある。昔の岩瀬水門付近。

(38) 有増……方言・有る限り。

○喚起泉達録巻之四

『清水本』

はじめに

1.『清水本』巻之四は、「大己貴命船倉能登ヲ責給フ事」「附 旧跡并物之因縁《いわれ》ヲ解事」「大己貴命船倉能登二神ヲ囚トシ役ヲ授給フ事」「大己貴命国ヲ調祭リ給事」「併 神之辻ト云事」の五章が記述されている。なお、「附 旧跡并物之因縁ヲ解事」「併 神之辻ト云事」の「事」は別の字体となっている。一民間伝承を記したという意味かもしれない。

2.『清水本』巻之四は、『中田本・若林本・桂本』巻之十三「大若子命白旗ヲ作リ玉フ事　并八ヲ配リ玉フ事」中に「船峅能登ヲ平国シ玉フト云ヘルトキモ用玉フヲ第四之巻ニ委ケレバ」などと記されていながら欠落していた巻之四に相当する文書であろう。

3.『中田本・若林本・桂本』『清水本』などには、『肯搆泉達録』（以下『肯搆』と略す）に記されたような事件発端部分に相当する記述が欠けている。しかし、『清水本』巻之四の冒頭に「浩而大己貴命……云々」とあるから、『喚起』原本にも事件発端部分の記述があったと思われる。

4.『清水本』巻之四は、「姉倉比売事件」の全容を詳しく記し、後世の付随伝承をも記述している。『肯搆』では、事件を要約し過ぎ、かえって事件の全体像が解りにくい。なお、『清水本』が発見されたため、「姉倉比売事件」関係の記述内容を変えねばならなくなった。

以下、参考としてまず『肯搆泉達録』巻之一から「事件発端部分」を引用する（富山藩前田文書）。

参考・『肯搆泉達録』

▲船倉神と能登神闘争の事（部分概訳）

新川郡船倉山の神を姉倉比売といい(1)、能登の補益山の神を伊須流支比古という(2)。姉倉比売と陰陽の神である。又、能登の杣木山の神を能登比咩という(3)。伊須流支比古と姉倉比売を遠ざけ能登比咩と陰陽の契りが浅くなかったので、姉倉比売がこれを嫉み一山の石を尽くし礫にして能登比咩を攻めた。布倉山の神布倉比売も姉倉比売に力を合わせ、布倉山の鉄を武器に攻めた(4)。能登比咩は姉倉比売の手強さに怒り、大軍を率いて激しく防ぎ戦った(5)。又、加夫刀山の神加夫刀比古も能

登比咩を援け射水郡宇波山に出陣し、陣内で「たたら」（鑪）製鉄を行い能登比咩に武器を送った。(6)

闘争は長く続いて止まず、怒気積陰をなし、渾々沌々として日月の光も見えず四季も分かれず草木も育たぬ有様になった。天地の諸神はこれを憂い高皇産霊尊に告げた。尊は驚き大己貴命に争いの平定を命じたので、大己貴命は急ぎ越路に天降りした。命は先ず越の神胤を召した。雄山より手刀王比古、船倉山より綵子比売命、篠山より貞治命、布倉山より伊勢彦命、能登鳳至山中より釜生彦命等が集まり、謁見した。(7)

大己貴命は「姉倉比売が能登比咩を「後妻討ち」して、両神の怒りが積り天地に満ち塞がった。これを補益山の陽神・伊須流支比古が治め得ないのは己が色に淫するからである。吾は勅命を奉《う》けて討伐する。汝等神孫、吾と力を一つにして手柄を立てよ」と宣《の》べたので、各々謹んで命に従った。この時、手刀王比古は「教諭の通り陰神の怒りは陽神の致すところではあるが、重く陽神を誅すれば陰神がはびこりかえって害となる。陰陽調和の謀り事をすべきである」と進言した。命はこれを認め、先ず伊須流支比古・姉倉比売・能登比咩の三神に和解をすすめ、次いで脅しの言葉をかけたが従わなかったので、遂に軍議を開き討伐することになった。

▲大己貴命船倉能登ヲ責給フ事　附旧跡并物之因縁ヲ解事

①五色の日鉾の事　かくて、大己貴命は五神と軍議を開いた。(8)先ず、日鉾を五組作って「薹草《たいそう》」の茎をとり皮を剥ぎ「苧《からむし》」にした。長さ八尺の幣に結び付け、青・黄・赤・白・黒（紫とも）に染めて結び下げ、「風ヲ頒ツ理ヲ定メ玉フ」と神意を伝え、戦いの意義を述べた。鉾の本に霊鏡を架け、五か所に築いた砦にその鉾を押立て神を祀った。(9)

○大己貴命は、倭国の神を祭り巫女を介して神意を占う戦勝祈願法に依らず、陰陽五行説に従って戦勝を祈願した。朝鮮半島の斯盧《しろ》国（後の新羅国）から伝来した新戦法を行使したのであろう。鉾に祀り迎えたという天照大御神・月夜見尊・天穂日命・級長津彦命《しながつひこのみこと》・少童命《わだつみのみこと》・火神《ほのかみ》・軻遇突知命《かくつちのみこと》など神々は後世の付会かも知れない。

②赤鉾の事　赤い鉾は、手刀王比古命が雄神山の麓・保田に砦を構え、そこに押立てて「日尊（天照大御神）」を祀り迎えた。手刀王比古命はここに陣を構え、日尊を祀る日鉾を捧げて「舟倉山之水神」の冷気を打ち破った。攻め終った後に、この日鉾を「一社之神」にあがめ祀った。即ち今、「水無《すいぼ》神社」があるところである。(10)

○牧田村は、対岸に姉倉比売の領内を流れる急滝川や虫谷川の河口がある。手刀王比古命はここ牧田に布陣して攻め上ぼったのであろう。

〈付随伝承1〉日鉾というのは、神霊の「影ノ形」であり、今諸社の神事に捧げ祭る鉾の原形である。神の依代・幣は神の白和幣《しらにえ》であり、(11)これに葈草《からむし》を作り結んだ。今時は五色に染めた絹を使って結んでいる。神事祭礼は呉国に数社あるというが、我国では守護国司之産《うぶ》の神の祭礼には日鉾を捧げ祭る。これは、神が良い国を造られたのを喜ぶ行事であり、すべて今行われていることの「いわれ」である。

〈付随伝承2〉保田という所は今の大田（太田）の地にあたる。今、大田の本郷といい、手刀王子という村がある。今、大田としているのは誤りで保田が正しい。後に大の字を加えて「大保田」といった。又、「本郷」が一国の郷が出来た最初の郷といわれるのは、手刀王彦の子孫がここに住み保田を開拓しはじめた頃から「保田」を本郷と称していたからである。他国の人は、ここを軍書などに「大田保」あるいは「大田保津毛ノ城」などとも書いていることが多い。これは余所の人が知らずにいうことである。皆な「大保田」を「大田保」と文字の上下を誤っている。「大保田本郷」という理由の一つであり、「いわれ」の多い旧跡である。

③白鉾の事　又、白い日鉾は、船岭山の麓・梠野に押立て「月夜見尊」を祀り迎え、砦には姉倉比売の一族・綵子姫命を置いた。「舟倉山之水神」の冷気が夜隠れてここに籠ろうとすると、月尊の影光が輝き冷気を追い払い水を満たして「水神之冷気」を防いだ。このことからこの野を月岡野と称えた。攻め終った後に、この日鉾を「一社之神」にあがめ祀った。即ち「水性之神」が祀られているところであり、土一尋を穿って日鉾を埋めた。(12)

○船倉山攻めの本陣は檀山丘陵にあった。

〈付随伝承3〉ここから潔白な水が湧き出て一つの井になった。三十夜の月を欠けることなく宿している。井は月岡野にあり世人呼んで「月尊《つきよみ》の宮」と称えている。それだから、八月一五日の夜に一天俄かに雨曇りして月が見えなくても、彼のいわれによってこの井には宵より翌朝まで月が水にないことはない。今、この井を「明ル月ノ清水」と称えている。稀で不思議な旧跡である。

④紫《くろ》鉾の事　又、紫の日鉾は、碼碯山の麓に押立て「天穂日命」を祀り迎え、この砦には布倉比売の一族・釜生比古を置いた。即ち、雨のしぶきを防ぎ風の荒れるのを和らげ、雷鳴を収めた。攻め終った後に、この日鉾を「一社之神」にあがめ祀っ

た。[13] 鉾を取って「雨神」に祀り、幣を取って「風神」に祀った。この二社は今の人が「雨ノ宮」「風ノ宮」と称えているところである。

○大己貴命は碼碯産地を支配するため、「姉倉比売事件」平定後に「桑山攻め」を行ったのであろう。

〈付随伝承4〉ある人が若し風を求めてこの山に来て「風神」の社地にある立木を一刻ばかり揺すると風がおこる。吹く風は「涼風単（南西風）」である。風が起ってもなお立木を揺すり続けると風も激しく吹きつける。又、雨を好む者が社地にある池水を掻き回すと忽ち雨が降る。風と雨の両方を祈る者はややもすれば怪我をする。これによって、当時加州表より法度を触れて禁じられた。このことは昔から今まで変わらない。誠に希代の旧跡である。

○「風雨ノ宮」について、『喚起』桂本巻之二「桃花ト云鎧百夜露ト云太刀ノ事」の中で、碼碯山から黒瀬の地へ飛んで来た太神宮が繁盛したという記述中に、踰前碼碯山の池に係わる類似伝承が記されている。

⑤黄鉾の事　又、黄の日鉾は、「闇《くら》野松田之江」に虹の浮橋を渡しその上に押立てた。大己貴命が自ら「花ノ木」を刈取り、狼煙をあげ海を遥かに照らして諸神達を集めた。ここには「級長津彦命・少童命」を祀り迎えて、左右の備えとし「本陣」を置いた。攻め終った後に、鉾を「一社之神」とあがめ祀った。今、中田の「火宮」があるところである。「火宮」には大己貴命、級長津彦命、少童命の三神が祀られている。[14]

○大己貴命は「船倉山攻め」後この地に本陣を移し、伊須流支比古や能登比咩を攻めて、能登珠洲湊から越中岩瀬湊までの交易路を支配した。

〈付随伝承5〉この神は世が終わるまで海上を司り、難渋に罹った船があればこれを救おうと誓っている。今も、海上で荒れに会い俄かに航路を見失い迷っている船があればこの神が素早く陸にみちびく。夜の暗闇で東西も分からない時は、この社の森に高さ数十丈に火が燃えて海上を照らす。[15] 航路に迷う船は、この火を頼りに忽ちその方角を知り、四方・岩瀬・放生津の磯に船を寄せて難儀を逃れることが度々ある。このようなことは昔から今まで変わらず、実際目前で起きる誠に有難い旧跡である。鉾を立てた所を松田といい、この松田という所は「上之巻」で語った「松田江橋」という名所である。又、ここに「花ノ木」という名があり、「花ノ木」とは楓《もみじ》木のことである。そのゆかりより、この野では篝火に用いる木は紅葉木であると昔から言い伝えている。「花ノ木」は今は村号ともなっている。

⑥**青の鉾の事**　又、青の日鉾は「萩ノ下野」に砦を築きここに押立て、「火神軻遇突知命」を祀り迎え、砦には貞治命と姉倉比売の一族・伊勢比古命を置いた。貞治命は神馬に乗って野を走り、伊勢比古命は神牛に乗って山を駆け巡った。二人は替わるがわる日鉾を捧げもち、火神を左右に備えて雲を裂き「霧之薫リテ満々タル」を追い払った。戦いが治まって鉾を「一社之神」とあがめ祀った。今、萩野下村・加茂神社があるところである。[16]

○大己貴命は、岩瀬湊と後背地の豊かな農耕地（後の倉垣荘）を支配するため「萩ノ下野」に砦を築いたのであろう。「姉倉比売事件」平定後、伊勢比古はここに住み、同族の姉倉比売もこの地内・大竹野に移る。

〈付随伝承6〉この神の祭礼には今も牛乗り・馬乗りを祭りの要としている。今の人は加茂の祭りは京都の祭りに習って競馬を乗るというが、これは誤りである。貞治命と伊勢比古命は大己貴命の命にしたがい、姉倉比売に味方する神々と戦った。その激しかったことを世に伝え彼の二人を祀った神社である。故に産子等は二人の恩沢をかえりみ、この行事を後世に伝えた。競馬ではなく、牛乗り・馬乗りというべきである。[17] この神牛と神馬も神として祀った。神牛を加茂神社の遥か南西の彼方にある「潮カ峰ノ神」に祀った。その山を「憂嶽《うしだけ》」と呼んでいる。神を「憂御前《うしのごぜん》」と称える。[18]

○旧山田村の牛嶽社は、廃村前には一六社あり、内三社が素盞鳴尊、その他はすべて大己貴命又は大国主命が祭神であった。「牛岳」周辺の旧町村には　大己貴命を祀る牛嶽社や宇志多気社が広く分布している。しかし、このような大己貴命伝承は山田川流域だけにあり、野積川や久婦須川流域にはない。昔、山田川流域から峠越しに和田川流域を辿って砺波平野に至る古代道（八尾道の一つ）があったのだろう。この道沿いには牛嶽社や宇志多気社が広く分布し、大彦命伝承や『喚起』が記す「阿彦事件・枯山砦」もある。なお、山田川流域は「牛岳」や「金剛堂山」へ入る修験者の登山口でもあった。

〈付随伝承7〉又、馬を高梨野の内山に神として祀った。内山を馬見といい、神を祀った社を生駒神社と称える。[19] 下村之神社祭礼の日には、潮野より牛を、馬見野より馬を出して牛乗り・馬乗りを勧めた。牛乗りには桜の枝を、馬乗りには楓の枝を鞭にした。この鞭は祭りが終ると篝火に焼き納める。これは、大己貴命が狼煙を上げ時、火には楓を焚き桜は火花として祭り投げて、覆っていた陰神を払い去った故事による。

そのゆかりにより桜・楓の枝は今も用いているという。中世頃までは、毎年の四月朔日に「花ノ木村」よりこの神社に楓を捧げる規式があったというが絶えて久しい。今は毎年の祭礼にも桜・楓の枝は神社近くのものを捧げている。牛馬も近所から出して牛乗・馬乗を勧めているという。このようなことから、大工の業に一つの秘事《ひめごと》があって桜木を家具には使わない。家を建てる主の好みで強いて霧裂《をとしかけ》に用いても、その外に用いる事は堅く忌み嫌っている。これは越中に限られた秘事であるという。これらは皆な大己貴命が国を造られたゆかりによる。

〈付随伝承8〉伊勢比古命の流胤《ながれ》の事……今同村に伊勢弥五右衛門という百姓がいる。[20] この者は伊勢比古命の流胤で、彼の家名を語ると子細な事が多い。しかし、余事を除き「加茂之神社」に限って述べれば、伊勢比古命の流胤という縁に加え、徳がありこの者の家は代々今にいたるまで加茂神社の祭司を預かっていた。神の威光を蒙って一郷の者は常に彼を敬い、会合の時は彼を最上席に据え、その席へ膝を入れる者はいなかった。彼が最上席に座る謂れは、この社の祭礼が遥か昔からの古事に随って行われていたので誰も知らなかった。「花ノ木村」から毎年四月一日楓木を奉ると、彼がそれを受取り席上に進んで神に奉納を告げる。同月二日桜木を奉ると同じく神に奉納されたことを告げる。昔はこの桜木も花ノ木村から奉ったというが確かではない。長沢から奉ったともいう。彼は席上にある奉納物と夜通し同座し、翌日三日の未明に祭役の者に対し「誰ハ牛乗リ、誰ハ馬乗リ、誰々ハ何役トスベシトノ神勅ヲ蒙レリ。汝等宜シク勤メ其師タルベシ」と神勅があったことを述べ聞かせ、祭礼が終わるまで神前の上席に在って万事を司った。これにより、一邑他郷より集まってきた者は祭礼四日の間は彼に背く者はいなかった。このことから祭礼の席を「紅葉之座」といい、平常でも外の者は仮にも踏むことはなかった。しかるに、弥五右衛門は家業を誤ったのか、何時の間にか家が貧しくなり神事の規式も勤め難くなり次第に規式を止め、近年に及んではその規式を知る人も無くなってしまった。しかし、弥五右衛門は家に伝わる役目と思い、昔と変わらず人々の上席にいるだけであった。総じて世間の憂喜展轉の有様は夢とも又現《うつつ》ともいう。これは誰の身にもあることと弥五右衛門も覚悟して貧乏も厭わなかったが、他人は昔に変わらず仮初《かりそめ》の出会いにも彼を敬うことを止めなかった。最上席に在りながら自分の姿を省みれば、麻の単衣の裾短く染めた藍色は薄くさめている。花は年々匂えども姿は昔の我ならず。さすがに弥五右衛門も気弱になって思案を重ね、千丈の堤が破れるのも小さな蟻の穴よりおこり、大きな家が傾き崩れるのもただ一楔の緩みに始まるといった古人の格言はもっともと思えてきた。今更心恥ずかしく哀れ上座は由なきことか。この席を買う人があれば庭の片隅に降りていても構わない。売りたいなどと時々親しい者にも語っていた。荘子の譬えに「蟷螂蝉を窺えば野鳥蟷螂を窺う」と、ある。弥五右衛門が常に上座にいるのを羨む者がいた。同村の宅右衛門という百姓である。宅右衛門は田地も広く家富み一邑に優れ万事に不足のない者であったので、弥五右衛門より上位に座ろうと常々望んでいた。弥五右衛門が座を売ろうとしている由を仄《ほの》かに聞き、幸い時を得たりと悦んだ。早速、座を買取るから我に上席を与えて欲しいと一村同名の族《やから》に頼んだ。伊勢が難儀していることは皆も知っていたので、それも良かろうと一決し、売買の儀が決定した。宅右衛門は白銀壱貫二百匁をもってその席を買取った。その後一邑が会合することがあった。宅右衛門は望み通りになったものの、何となく心恐ろしく胸騒ぎし、その上俄かに足がしびれ座を踏めなかった。とうとう一畳を隔てて次の席に座った。弥五右衛門は売渡した座なので上に進まず、宅右衛門の次の座に座っていた。このことは幾度を過ぎても同じで、宅右衛門の上の座はどんな会合でも空いていた。ただ、弥五右衛門と宅右衛門が常に列座を前後しているだけであった。「ムシロ玉トナリテ砕ケルトモ瓦トナリテ全キ事ナカレ」とは古人の言葉。事の発端は、弥五右衛門の威光ある上席を宅右衛門が思い惑って買取ったことにある。又、伊勢も我が身に備わっている威儀であることを思い忘れて売ろうとしたからである。これは、正しく大己貴命が昔の事を今に知らせるためになされたご神慮である。昔、大己貴命は恵みを凡夫に施し、牛乗り・馬乗りして国を造った。その恭けなさを祭礼の行事とし、又「紅葉之座」を定め、常随の神・伊勢比古命の功績を今に永く褒められた。弥五右衛門が伊勢比古命の流胤であることは神の思し召しであり、神職を伝えさせ「紅葉之座」役を彼に許したのである。彼が常に上座にいるのは恭けなくもこのお陰である。それを思い知らなかったのは全て二人の誤りであった。この誤り惑いは何からおきたかといえば、弥五右衛門が神の勤めに旧事を捨て格式に背き、祭事の簡略化を好んだことにある。華やかな時は行い事に追随して元の意味を疎かにし、我が勤めるべき神事の規式も世間の人にも知らない程に失って滅びたのである。愚として誇るが、只惜しむべき第一はこの事である。ここに好事の者がいて、彼等二人が売買の損得を別として聞くと、先ず売った弥五右衛門は全神に仕えるべき身を何時の間にか神仏両部習合して専ら外儀に進み神事を怠けたので、神の咎厚く家も貧しくなり数代家と我とに備わっていた「紅葉之座」まで売ることになったのである。「富貴ハ天ニアリ」という古語もわきまえず善悪なき褒貶のさえずり。情けなくも思う事はこれのみ損の如し。買った宅右衛門、彼は利口で家を整え富余って身に過ぎた威儀をも財宝あればこそ求め得た。同じ事を口にしても、聞く所では徳行のように聞こえる。しかし、これを善行と見るも悪行と頌るのもすべて他人の謗りである。所詮、この二人は神の恵み厚き者達である。弥五右衛門は前果尽きて家が衰えた。若しやここで伊勢比古命の流胤が絶えるのではないかと神が哀みたまい、時あたかも富ある者・宅右衛門に命じて暫く座を預けられたのである。曰く「君難ニ臨マバ臣コレヲ叱《いざの》フトモ寧何ノ恐レ」という古事がある。理をわきまえて手順を踏めば苦しいことはありえない。売ったのも徳、買ったのも徳である。神様でもどうして此の二人を憎み給うものか。今後神に違うことなければ、彼等二人の家は久しく栄えるであろうと、いっているという。

▲大己貴命船倉能登二神ヲ囚《とりこ》トシ役ヲ授ケ給フ事

①後詰依頼伝承の事　かくて、大己貴命は、五ケ所に砦を構え天地海原の諸神を直ちに集め迎えた。先ず雄山へ使いを遣わし、雄山神・稚日女尊に急ぎ「亀ガ嶽」に出陣し、陰神を攻める時の後詰を頼んだ。尊は早速出陣し「鶴ガ峯」を越え、未明寅の七刻に「亀ガ嶽」に到着した。このことから、今にいたっても此峯に朝日が早く出る。世人はここを「亀ガ嶽之日発向《ひぼこ》」などといっている。[21]

○この「後詰依頼伝承」の原形は、おそらく新川郡の強力首領・布勢比古命の末葉・布勢東条彦に後詰めを頼んだ事ではなかろうか。大己貴命の越中統一後、その功績によって東条彦一族が栄え「越の国」の「阿彦国主」とまで言われるようになった。しかし、阿彦峅の時、大和王権に逆らい滅ぼされた。『喚起』には、東条彦の子・阿彦が暴虐な首領であり、「阿彦国主」と越の国中から恐れられていた。阿彦の子・阿彦峅も暴虐を欲しいままにしたため、大和王権の将・大若子命に滅ぼされたと記している。東条彦一族は「姉倉比売事件」後の出雲王権の統治に進んで協力していたが、大彦命の北陸道征服後に進められた強引な大和化に抵抗し、遂に滅ぼされたのであろう。『喚起』では、「凶賊討伐は勝者の理」にしたがい、彼等の「姉倉比売事件」や出雲統治時代の事蹟を抹消していると思われる。

〈付随伝承9〉大己貴命は先ず舟倉山を攻め、水をしぼり出し冷気を取払った。しぼり出した水を、山の南に交差している尾根の先端を踏裂き樋を造って落した。これが一つの大川になった。名付けて舟倉川といい、今は又神通川という。中世にはこの川を鵜坂川ともいった。この川を神通川と名付けたのは近頃のことである。

天正年中に飛州一之宮の神が川瀬の鳴るのを嫌い、神主の三宅という者に瀬の鳴るを止めよと告げた。(22) 三宅は神のお告げによって一七日加持祈祷して幣を川に入れた。その幣が一つの堰となり、水が幣を潜って流れ水音が絶えた。この川を飛州では宮川といっている。この宮川は今の舟倉川の上に交わり、いつとなく舟倉川の川上になった。これによって、「神が通られた川」として飛州の者は神通川と呼んだという。越中でもその名をそのままに使っている。これは飛騨国から呼び始めた名である。又、大己貴命は舟倉の水が上に阻んでいたのを地底に追伏せた。このため月岡野に水がない。若し、田稲を養うために水を求めると、水の冷気が地中に沈み野を離れた遠外の地にくぐり出て、田稲の水と交わり温水に冷気の妨げをおこし稲は育たない。故にこの月岡野では、どこでも稲作は出来ないと古くから言い慣わしている。

○「船峅山攻め」では水・舟倉山之水神・水神之冷気など水に関わる記述が多い。これは、急滝川・虫谷川沿いに攻め上ぼった時、川の流れや所々の濠に阻まれながら戦ったことを物語っているのかもしれない。

〈付随伝承10〉大己貴命は、左右に手刀王比古命、綀子比売命を率いて山に攻め上ぼり水勢を絞り落とし、舟倉を揺り砕いて地をならし潮を追い去った。姉倉比売を捕らえようと山中を探したが逃げ去って見つからなかった。大己貴命は、綀子姫に「姉倉はどこへ漏れて行ったのか」と問うと、「彼、命の攻めに叶わず、機柿栃社《はたのかきひのもり》に神隠れしているだろう」と答えた。命は、急ぎここを攻め柵を裂き崩し姉倉比売を捕らえて大竹野へ遷し罪を責めた。後に命は、白柿ノ樋を造り、翳ノ八重機《えいのやはた》を織って世々貢ぎの布として永く罪を贖えと機織りの役を授けた。(23) 今、小竹村に鎮座する姉倉比売神社はこの時この地に遷し祀った神であり、元は舟倉山の神である。今、舟倉山に祭ってある社は三嶋神社と称える。ここには、溝織姫命《みぞくいひめのみこと》を祀っているという。(24)

〈付随伝承11〉大己貴命は、舟倉山麓を突きならして三段の平地を造った。(25) 上野、下野、野谷野《ややの》の三所である。なお、野谷野は布市より末の事とも椙野の事ともいう。昔、この三野が未だ海潮に近かった時には幾つかの嶋と名付けた所があり、三嶋野という名所があった。

姉倉比売が大竹野へ遷った時から三嶋神社と称え、溝織姫神社と共に祭るようになった。故に舟倉山神社と小竹村の姉倉神社は二所にして一神である。世の人がいっているのはこの様ないわれからである。又、布倉比売が姉倉比売に荷担した罪を責め、後に大己貴命は機柿梔社の「歩管《ゆきくだ》ノ綾竹」を刈割って「霞ノ長綀」を編まれた。布倉比売は織り慣れ「綾取布」を作り、その布を梔ノ川で「葛ノ白水」に晒した。この布を世々貢ぎとして永く罪を贖えと機織りの役を授けた。(26) それだから、機柿梔社とは今にいう柿沢村である。「綾竹管ノ越王竹《あやだけくだのねさだけ》」も同村の竹である。右のいわれから、機織樋は柿の木で作る。昔は、柿沢村から多く作り出していた。綀もここから多く作り出していた。「綀ノ柄木」に柿の木を用いることなど全てこのいわれによる。柿沢村の竹を使って編んだ綀糸を切らず名物であると今もいっている。今、万国ともに織る事があれば樋も綀もその所で作っている。しかし、梔と綀柄はどこの国でも柿の木を用いる。この始まりは知らないが、只世にある財《たから》と思われる。全て舟倉ノ神と布倉ノ神、この二神が初めて造り世に教えた財である。「梔ノ形」は舟倉ノ神を顕す御姿である。万国が共通して用いるといっても、この国から初めて生まれた財である。

〈付随伝承12〉 栃川というのは、今布市村にあって東から西へ流れる細い川である。四つの名があり、栃川、油川、粉粧川《けはいがわ》、布晒川ともいう。栃川とは、舟倉神の御手洗川だったから、油川、粉粧川の名は、舟倉神が能登神を攻めようとこの川に姿を映して髪を洗ったことから油川と、又紅粉をつけ身を粧《よそを》われたことから粉粧川という。(27) 又、布晒川とは千幡姫が罪を贖う役として布を「葛の白水」に流して晒されたといういわれによる。今、世人は布晒川とのみいっている。「葛の白水」については、布倉ノ神が晒粉を作るために葛を蒔いたので布倉山には葛がある。当時はこれを掘って葛の粉を作った。この葛粉は他に優れているが多く採れない。鉄山《かなやま》葛粉といって名物である。このような端々までも彼の二神のいわれによる。人民、今もその恩澤を厚くこおむっている、誠に貴い旧跡である。

〈付随伝承13〉 大己貴命は、南方の舟倉神と布倉神の両社を攻め終り、直ちに能登へ行き補益・杣木の一社を攻めた。伊須流支比古と能登比咩を捕らえ「後妻討ち・嬲」の罪を責め、永く人民のために戒めるべき罪として「梔ノ浜」に引き出し辱めた。(28) 陽神・伊須流支比古も陰神・能登比咩ともに愛し合う様であったので、「廣莫風（北風）」を鋭く吹付けて二神を懲らしめた。このことは今も尚世に伝えて、時は二月《きさらぎ》初午の日であったという。この日になると、神の「うわなり」の罪を辱すと称えてこの二神の神輿を社から出して「梔ノ浜」に遷すのはこのいわれによる。浜に遷し祭る事は三七日間に及ぶ。初めの七日は陽神を懲らしめる北風が今でも激しく吹く。今の人はこの風を陽神が能登比咩を愛されたのを懲らしめの風といって笑い罵り「能登愛風」といっている。又、国を闇《くら》くする恐ろしい風として「闇愛風」ともいう。この二神の鎮座する山は洲先に並んでいて海上の辻であるので、大己貴命は人民のために社を壊さなかった。このいわれによって山の麓が波に洗われることなく、常に磯には道があるという。又、加夫刀比古が舟倉神に味方した罪を責め、山の頂きを砕き遠い洲先に並べ尾根を二つの山に裂き割って入江とし、加夫刀比古をそこに遷した。大己貴命は加夫刀比古に、「廣莫風」が荒れて若し波を追い立てることがあればこの入江に波を走らせ抱き止め陸を破損させてはならない。又、若し海上が荒れそうになれば、遠く狼煙を上げて人に知らせよ。この役を勤め永く罪を償えと命じた。故に、今に至るも海上が荒れそうになると加夫刀山に俄かに火が燃え上がり、これを見て海上に浮かぶ船は早く陸に逃げ戻る。これは加夫刀神の勤めが今も変わらぬ不思議なことである。

大己貴命は、舟倉能登を悉く攻め靡《なび》かせ波を追い去り渚を定め、水を絞り出して川に落とし、霧を裂いて雲を払い「明庶風（東風）」を「清明風単（東南風）」に替え、厳しい廣莫風を「不周風単（西北風）」に改め、「閶闔風《しょうこうふう》（西風）」が俄かに吹き下ろしてくるのを「涼風単（南西風）」のようにし、全ての四風を分けて和らげられた。こうして天地が相和した。ここに陰陽が相成って国が平穏になったのである。

▲大己貴命国ヲ調祭リ給事　併神之辻ト云事

①神代《かしろ》之山で祝勝の事　かくて、大己貴命は神代之山の瑪瑙之石上に玉の翳を高く蓋《ささ》せ、その下に着座した。常随の五神や諸々の神達は、命に謁見し国が治まったことを祝った。(29) その時、大己貴命は「自分は天尊の詔を奉じて「越ノ国造」となってここに天降《いた》り「船倉能登之闘諍」を鎮め、今や国は平穏になった。これみな、神達がよろしく我を護り、役を勤め

てくれたからである」「夫、風は火を助けて山に籠り、少陰が政事《まつりごと》を司れば二つの気あって、陽気ならば風を吹かせ寒気ならば人を苦しめる。空暗くなり雲は「雷光」を帯び四方の山は暗く雷鳴ひびく。又、少陽が政事を司れば初めの気荒く国乱れて大地は熱くなる。これを克服する気は、山に雷をおこし雷雲をながく天空に置いて雷雨を降り下ろして収拾するしかない。これによって寒暑燥湿の風が生れる。その風はみな良い時は万物ともに生える。その風がおこらぬ時は万物ともに枯れて死ぬ。又、陽気が衰えて陰気を防ぐことが出来ない時は国中暗く闇となる。山の沢山《ふうき》なのは水気を阻んで土を失う。ただ、元より天に通じるものは生る。これらの根源は陰陽に基く。天地・東西南北上下の世界の内にあって、気は九山八海及び五行十二節皆天気にしたがう。これを以て山を裂き鵩罪を見つけ出した。以上はその大筋を述べたにすぎない」「この義によって国を平穏にしたいわれを推しはかられよ。今は山川海陸ともに本来の姿になった。草木が生え、人民は生業に勤しみ国は平穏になった。神を祀る貴人のいることを汝ら神達も親しく知ったであろう。この険しい教えは数多あって、今ここで解き聞かすことは難しい。[30] 汝ら神達、勤めを怠ることなかれ」と述べた。五神を始め天地海原の諸神達は皆な拝謝して去った。

②釜生比古に釜を鋳らせた事　ある時、大己貴命が釜生比古に「未だ欠けた所や過ぎた処がある。調べようと思う。思うに布倉山は鉄が多い。後々布倉神が栄えれば無益の財となって人々を損なうかも知れない。今のうちにこれを刈取って汝は釜を鋳《つく》れ。釜を造って汝が湯誓して共々に人民の成育を守るべし」[31] といった。釜生比古は釜を造り、湯誓して鯖の腑を食べた。又ある朝、大己貴命が釜生比古に「造る釜を羽咋《はくひ》して神代之山に祀り、永く人民の器材の基とせよ」[32] といいつけた。造った釜を神に祀ったので一郡の名として羽咋郡といっている。ここに「羽咋ノ神社」と称する神杜があり、祭神は釜生比古命である。その山を「富崎」とも「山口ガ峯」、又「釜生山」ともいっていた。

○釜生比古について……『肯搆』では、大己貴命が召し集めた「越ノ五神胤」の中に能登鳳至山中の釜生比古命がいたと記している。しかし、他の四神胤がいずれも越中の神々であるのに、なぜ能登の神がいるのか解らなかった。『喚起』清水本に拠れば、釜生比古命は布倉比売の一族であったが、大己貴命勢に加わり、後に能登羽咋に移り鋳物神に祀られたという。「越ノ五神胤」は皆な越中の神々であった。

〈付随伝承14〉その後人民が増え、能登から釜鍋を鋳って人家に商うようになった。能登釜と称えて世間では名器とされている。それはこのようないわれによる。それだから、釜生比古が初めに布倉の鉄を刈取ったので、今は布倉山に鉄脈は残らず鉄で栄えることはなくなった。布倉神はこれを恨み、釜生比古を憎み、釜鍋を商う者が我山へ入ることを禁じた。このいわれによって、今になっても布倉山の人家や亀ケ谷の辺りへ釜鍋を売りに行くことはできない。若し、押して行く者があれば、忽ち怪我をして儲けの多くを谷に落として死んでしまう。この神の咎めがあって蹴殺されると言い伝えられている。

③能登生玉比古神社の事　大己貴命は悉く国を造ったが、尚一層国を鎮めようと石室に翳を祀った。これが能登生玉比古神社であり祭神は大己貴命である。[33] この神社を「神之辻神社」ともいって崇めている。

④月岡野「神ガ辻」の事　又、越中月岡野に「神ガ辻」という一区画がある。これ又この時神々が集まって軍議を開いた所という。ここに石壇があり、能登の辻と相同じく名も又同じ。ところが、この月岡野にある「神ガ辻」を世人は「猿ガ辻」ともいっている。これは「猿ガ辻」ではなく、「離《さる》別ガ辻」である。

〈付随伝承15〉姉倉比売命をここで捕らえ、玉の首飾り奪い取って妻の役を剥ぎ、伊須流支比古との夫婦の契りが切れた。「離別女ガ辻」という場所である。大己貴命が玉の首飾りを奪われた時、飾りの房がついていたが、烏鳥がきてこれを食いきった。この故に飾りの房が切るのは、今も婦女の不吉といい、又首飾りを取扱う時は飾りの穴を隠し、戸外で取扱う時は物に包み隠す。これは、烏鳥に見られるのを忌み、鳥が若し知れば糸を切るという。機糸を切ることとは違うが、すべて女の不吉として忌むべきことだからである。これ皆なこの時にいわれがある。

〈付随伝承16〉烏鳥が切った房を「離別ガ辻」に置き、これを一神として祭った。今の離別神である。世人が夫婦の間を遠ざけようとこの社に祈れば霊験があった。後に、これを利用し、神のお告げと称して種々の離別を行った。このことによって、時の地頭や国司にも公事の訴えが絶えなかった。故に、利長卿の御代に南方之御代官・桑新佐衛門という者がこの社は無用の物といって社を取壊し、旧縁を尋ねて栃護神社の境内に遷し祭った。ここを離宮といい、今は神明と称している。命が姉倉比売命の玉の首飾を奪い投げ捨てられると頗梨野に落ちた。これを一神として祭った。今呉羽村に祭ってある栃護神社である。初め月岡野にあった離別神の祠堂は飛騨の内匠作といわれていたが、取壊す時に要らぬ物として所の百姓が今の太田口へ持ってきた。寺町全勝寺の昔の僧がこれを貰い、五番神の祠堂とした。この祠堂は今も朽ちずにある。今の大工はこれを見て、細工が玄妙で及ばないといっている。この祠堂内に『神経』一軸あったが、僧は捨てずそのまま入れて置いた。僧が文字知らずで読めなかったのか、又神経が理解出来なかったのか見ることもなかった。その訳は知らない。後に或る僧がこの神経を盗み見して「神経を見てはならない、不思議なことに忽ち術をえる」と戒めた。その僧は見えなくなった。こんなことがあったので、堅く封じて見るのを許さなかった。後に又、一人の僧が物好きにも密かに読んだ。この僧も虚空の術をえて再び帰らなかった。よって、『神経』は『仙経』かも知れないと堅く封をして置いた。どんな『神経』か今もって知る人はいない。不思議なことである。(34)

⑤**越中が再び平穏になった事**　大己貴命は、欠けたるを補い過ぎたるを減らし、威光を顕す神として鎮座し統治すると告げて越中を去った。これから後は次第に草木が生え、人民が生えて日々に繁盛している。時代を経て、今上官地になっている四郡は四方三百有余里・行程三日の道、山に橋、海に舟橋、川には塁を高くして田土を囲み、溝せせらぎにも棚橋が架かっている。行きには歌を歌い、帰りには国恩の恭さを思う。塩藻・薪・魚鼈に満ち、五穀豊かに生え農耕具は少なくない。漆と綿との富みは貴く、四郡は福畠と異名《あだな》している。誠に大々越中国と生まれて以来、万宝は掃くように多く目出度いことである。「今は昔の物語り」を神の御名を借りて語ることは誠に恐れ多い。なお、「大己貴命船倉能登ヲ責給フ事」は、この録書『喚起』の第二ノ巻に語るべきことであり、『喚起』第二ノ巻「四郡ノ形地」に語った事は、この次に記すべきことである。しかし、先ず「四郡ノ形地」をいわないと、この『喚起』四巻が解りにくい。故に、先ず「四郡ノ生エタル事」を語った。このような訳で事実と前後しているので断っておく。

註

(1) 姉倉比売……急滝川、虫谷川の水源・船峅丘陵を神鎮まる所と崇め、裾野を西流する熊野川左岸一帯を治めていた女酋であろう。姉倉比売神社の本殿は急滝川一帯の低地を眺め下ろせる船峅丘陵の頂部にある。姉倉比売は機織りに長じていたという。

(2) 伊須流支比古……能登と越中の国境　石動山に住む神。

渡来神説もある。伊須流支比古神社。石動山の東側は海岸まで丘陵が続き稲作適地が少ない。しかし、西側には、広大な邑知潟があり稲作適地が多かった。

（3）能登比咩……邑知潟の北側丘陵・杣木山（眉丈山）の麓に住む神。倭国の神。邑知潟に面して能登比咩神社・能登比古神社がある。能登比咩は機織りに長じていたという。

（4）布倉比売……栃津川の水源・布倉山（尖山）を神鎮まる所と崇め、栃津川、白岩川流域一帯を治めていた女酋であろう。布倉山は鉄を産出したという。

（5）『肯搆』では「颶風《おおかぜ》をおこし海濤《かいとう》を山壑《さんがく》に濺《そそ》ぎて防ぎ給ふ」、「怒気積陰をなし渾々沌々として日月の光も見えず」などと記す。激しい戦況を誇大に表現している。『喚起』には、各巻の所々にこのような誇大な表現がある。

（6）加夫刀比古……能登に住む渡来神。加夫刀比古神社。『肯搆』では「坤軸を鑪《たたら》とし隕鉄石を鎔かし海に淪《しずめ》給ふ」と記す。誇大表現の一つ。布倉山の鉄と対比。

（7）越の神胤……雄山（岩峅か）の手刀王比古命→手力雄命の御孫。綵子比売命→姉倉比売の一族。篠山（長沢）の貞治命→国勝長狭の末流。伊勢比古命→姉倉比売の一族。釜生比古命→布倉比売の一族。（拠『喚起』清水本巻之五）「五神」という。

（8）軍議の推定地……この『喚起』巻之四《本文・月岡野「神ガ辻」の事》に、「神ガ辻」はこの時神々が集まって軍議を開いた所であり、石壇があると記す。石壇は大己貴命が着座した石であろう。この地にある檀山神社・祭神……大己貴命、月読命。昔、境内から大きな壇石を掘り出したという言い伝えがある。

（9）五組の日鉾……赤鉾・方位南・朱雀。白鉾・方位西・白虎。黒紫鉾・方位北・玄武。黄鉾・方位中央・黄竜。青鉾・方位東・蒼竜。

「風」八風……明庶風・東風。閶闔《しょうこう》風・西風。景風・南風。廣莫風《こうばくふう》・北風。融風・東北風。不周風単・西北風。涼風単・南西風、涼風。清明風単・東南風。天から吹下ろす「八風」という。

（10）水無神社……水無神社は、熊野川右岸の牧田村にある。

（11）白和幣……桑科植物「穀《かじ》」の樹皮でつくった幣は純白であることから白和幣といい、白銅鏡に象徴される日神の御霊を招き鎮めるために捧げられる。なお、麻の皮でつくった幣は淡青色で青和幣《あおにえ》といい、青色の月に象徴される月神の御霊を招き鎮めるために捧げられる。

（12）一社之神……月尊宮・祭神月夜見神、綵子姫命。
（13）二社之神……桑山山頂にあった「火宮社」が「風雨ノ宮」であろう。なお、桑山周辺は碼碯の産地。
（14）火宮……「松田之江火宮」は、「日保ノ日宮」といい松太枝神社に合祀された。
（15）海上を照らす火……古代、氷見にあったという「狼煙台」に関わる付随伝承であろう。
（16）「一社之神」……下村加茂神社
（17）牛乗り……倉垣荘総社・加茂神社の春祭「加茂祭」で行われる「牛乗式」は、通称「牛潰し」という。神社では、「流鏑馬・通称やんさんま」も「牛潰し」同様古代から伝わる独自の行事であるという。又、『喚起』や『肯搆』の記述も神社の伝承に類似している。「牛潰し」は、大己貴命が影響を受けていた斯盧国の生贄儀礼「牛・馬殺し」を倭風に変え大己貴命礼賛行事として受け継がれたのかも知れない。
（18）神牛を祀つる山・憂嶽……牛岳山頂の牛嶽社・祭神大己貴命。神体・牛に乗った大己貴命石像。山田川沿いの山田村には、次のような伝承がある。神代の昔、この辺りに蝦夷が住んでおり、神の命令に従わず、また、近郷の良民を苦しめたので、人々は大そう難儀した。当時、越中国を治めておられた大国主命が自ら山田村へ来られて、谷間の賊共を平らげられた。その時、命は牛に乗って牛嶽の見津ガ峯にお登りになって、国土を遠く見渡された。下山後、人民の生活に役立たせようと、牛を放して、氷見の久和立野岳へ立ち去っていかれた。その後、本村に放牧が行われるようになった（拠『山田村史』昭和五九年刊）。山田村の伝承は『喚起』の記述を裏付ける。
（19）生駒神社……富山市駒見にある「日枝神社」は大己貴命を祀り、甲良人麿（後述）の伝承もある。「高梨野」……呉羽丘陵末端東側、田刈屋地区。旧神通川付近。古代馬の放牧地。
（20）伊勢弥五右衛門……加茂神社の現宮司野卜氏の字名は「弥五さ」。
（21）「船峅山攻め」の後詰……大己貴命は雄山神・手力雄命の御孫・手刀王比古命が参陣しているにも拘らず、なぜ開戦に先立ちわざわざ雄山神へ使いを遣わしてまで後詰めを頼んだのだろうか。
（22）飛州一之宮……飛騨一宮・水無神社。この神社には、川水が枯れたので祈祷して水を復活させたという伝承がある。
（23）翳ノ八重機……軽くて薄い上質の絹織物。
（24）溝樴姫命……三嶋溝樴姫命は大己貴命の御子・事代主命

の妃であるという。なぜ、姉倉比売の代わりに伊豆三嶋溝樴姫命が登場してくるのだろうか。大己貴命の血縁者を置いたということだろうか。

(25) 三段の平地……舟倉山麓は古い神通川扇状地であり、神通川に向かって高位段丘(船峅台地)、中位段丘(大沢野台地)、低位段丘(笹津台地)の三段丘になっている。高位段丘と中位段丘は水利に乏しく、江戸時代の用水路開発まで稲作不適地であった。『喚起』編纂時には未だ用水路の開発が行われていなかったので、このような伝承が語り継がれていたのであろう。参照、次章巻之五〈付随伝承11~14〉

(26) 綾取布……綾織技術は、後世中国呉国から伝来し、呉服部・綾部が全国に普及した技法といわれている。大己貴命が布倉比売らに伝授したのは綾取布ではなく、当時の貴重な交易品・絹布を織る技法と絹織機を作る技術だったろう。梔……梭ともいう。機の緯糸《よこいと》を通すに用いる舟形の器具。

(27) 梔ノ川・御手洗川……高位段丘・船倉台地は熊野川辺りまで続いている。御手洗川は対岸の布市村の川ではなく、熊野川がふさわしい。あくまでも付随伝承。

(28) 引き出し辱めた……淫乱者に対する古代中国の刑罰。民衆の前で衣類を剥ぎ取り丸裸にして晒す。裸罰。

(29) 戦勝を祝った場所……大己貴命が着座していた「神代之山の瑪瑙之石」とは、釜生比古が「紫鉾」を押し立てて戦った瑪瑙山・桑山の麓辺りであろう。

(30) 陰陽五行説……大己貴命は一緒に戦った五神・将達に新しい思想「陰陽五行説」を説聞かせ、大己貴命の偉大さを誇示した。「神を祀る貴人」とは、陰陽五行説に従って神を祀る貴人という意味か。

(31) 湯誓《ゆがたち》……古代の裁判方法。神前に宣誓し、熱湯の中から石を取り出し、手の損傷の具合で正否を決める立証法。ゆがたち。

(32) 鯖の腑……鯖は傷みやすく、腑を食すと激しい腹痛を起こす。羽咋して……新鋳の釜で煮た物を鳥に啄《つい》ばませ、釜の霊験を証明する手法があったのだろうか。

(33) 能登生玉比古神社……鹿島郡金丸村。昔、大己貴命と少彦名命が能登を巡行した時、人民に害をなす賊徒を征伐したという伝承がある。

(34) 離別神の祠堂……大昔、大己貴命が軍議を開いたという月岡野に、「神ガ辻」という一区画があり、そこに小さな祠堂があったらしい。この祠堂に大己貴命と神仙思想が混ざり合った伝承であり、中世の庶民感覚が漂よう物語である。

○喚起泉達録巻之五

『清水本』

はじめに

1.『清水本』巻之五には、「日向国ニ都定ル頃当国ニ居住人在リト言フ事」「甲良人麿二字榜ヲ捧都触ニ当国下向之事」「槐村之縁ノ事　併蘭宮越中御下向之事」「神武帝御宸筆二字榜神ニ祭事　併八幡村八満宮事」「布勢之産子　阿彦国主之事」「阿彦峅　父国主之遺魂ヲ一宮ト祭ル事」「大彦命越中下向之事　併内裏ト言村号ノ事」など七章の記述がある。なお、「甲良人麿二字榜ヲ捧都触ニ当国下向之事」「併蘭宮越中御下向之事」「併八幡村八満宮事」「父国主之遺魂ヲ一宮ト祭ル事」などの「事」は別の字体となっている。一民間伝承を記したという意味かもしれない。

2.『中田本・若林本』には、『清水本』巻之五に相当する記述は見当たらない。『桂本』では、「広徳館蔵書・喚起泉達録抜書」に「甲良人麿二字榜ヲ捧都触ニ当国下向之事」「槐村之縁ノ事　併宮越中御下向之事」「神武帝御宸筆二字榜神ニ祭事　併八幡村八満宮事」として記述している。

3.『清水本』巻之五・「大彦命越中下向之事　併内裏ト云村号ノ事」中、「大彦命越中下向之事」の記述からは大彦命越中下向の詳細を伺い知ることはできない、このため、一番最後に『肯搆泉達録』の記述を参考に添付した。

▲日向国ニ都定ル頃当国ニ居住人在リト言フ事

①日向国ニ都定ル頃の事　父老又物語って曰く、国の姿の概略は前に語った通りである。先ず「国ノ四方之方角」が明らかであることを知られたい。なお、それ以上のことを語ると次のようである。

越中四郡が出来て国はあったが、誰がいたかその名を聞かない。万国が生まれても「越ノ地」は未開だったのか、開け初めで人は住んでいなかったのかと怪しまれる。しかも、大八州のその一つが早く開け顕れ、日向国宮崎で人皇第一神武天皇が即位した。その頃、越中には人という者がいなかったのだろうか。住んでいたとしてもその頃の人を語り伝え、誰々といった確かな者はいない。偶々、語る人があっても、時代を雲泥に遠ざけて語っている。

さて、地神の初め天照皇太神より八三万五千九百九二年目の庚午正月朔日に玉依姫から神日本磐余彦尊が生まれた、即ち神武天皇である。天照皇太神五代の御孫鵜茅草葺不合尊の第四皇子に当たる。御母君・玉依姫という神は、越中新川郡宮崎村の藪並神社に祭られている。御父は海中朱山宮主和修大竜王の乙女である。磐余彦尊は御歳一五年で太子になった。四五歳の時、日向国より筑紫の凶賊を平らげ、それより諸国を巡って大敵を悉く滅ぼした。その間一〇年を経て帰洛し御歳五二年で即位した。宇摩志麻治命と道臣命の両人は武功に勝れていたので、軍兵に召され内裏を警護した。道臣命の司所を物部といい、今にいたって武士を「もののふ」というのはこれから始まった。天皇は御在位七六年、御壽百二七年の時大和国橿原の都で崩御された。又、唐土の有様を聞くと、唐堯・虞舜二代の後、夏禹王が世を治めて一九代、この暦数凡そ四百有余年。殷の湯王が世を取ってより三一代、この年数凡そ六百有余年。周の文王にいたって三八代、暦数凡そ八百有余年である。神武天皇が日向に都を定めた頃は、唐では周の定王の時代に当たる。唐では千有余年以前のことである。日本の建国は遅く、唐の周代迄は日本の神代八三万年余の年数中に含まれる。ところが、本朝にも時には建国を妨げる人がいて神武天皇がこれを退治したという。

○日本書紀は昔から長い間正史とされ、歴史判断の基準になっていた。野崎伝助もその一人である。日本書紀の古代部分は系譜や歴代数に拘ったからか年齢の引伸しが著しい。今では、大和政権の始まりを一世紀頃とする見方がほぼ定着してきた。即ち、大和政権の始まりは、大彦命が越中へ下向した三世紀前半より二世紀半前となる。

○神道五部書中の一書『倭姫命世記』に「鵜草葺不合尊　治天下八三万六千四二年」など年齢を引伸した記述がある。『喚起』編纂に「神道五部書」が引用されていたことを伺わせる。

②神武天皇即位頃の越中の事　越中でも四郡に八三万年有余の昔から鎮座していた神々の子孫がいて、四郡内の各所に広がり、男女同居していた。これらは皆な神の子孫で戸数も多かった。尤も、その中には善人も悪人もいた。

先ず、手力雄命の御孫・手力王比古の末孫に手摺彦《てすりひこ》・椎摺彦《しいずりひこ》という二人がいた。兄の手摺彦は南方の山麓・梠野に住み、この子孫は世に多く、黒瀬・林・桑名などという者の先祖である。椎摺彦は保田《はた》という所に粟を蒔き麦を作って住み、この子孫も世に広まった。

姉倉比売の流れには伊勢比古がいて、この末孫を、猪尾・

猪俣、伊勢、伊将《いかり》などという。これらの一族は、南面の山野に粟を作り夫婦で住んでいた。伊勢の名字の先祖である。布倉比売の後は釜生比古で、能登に居住し子孫が多く、富崎・山口・波久井《はぐい》などという者達の先祖である。

　宮崎天児は国勝長狭の末流である。この宮崎は後に名字を改めて塩谷とし、猿谷という所に城を築き、代を重ねて居城した。姓は猿女《さるめ》である。ここに氏神の社を祭り猿女神社と称し、祭神は猿太姫で神社は今もある。

　東方の日置の子孫は日置・葛《くず》川であり、日置が名字の先祖である。布勢比古の末孫は布勢阿彦という。これらの人を初めとして全ての山岳野辺に人が住み、粟を蒔き麦を食べて男女同居していた者が多かったようである。中でも阿彦は神武天皇より以前に家三代を経ているといわれていた。

○この章は、越中古代史に登場する豪族達の出自地や子孫に関する珍しい伝承記述である。中でも、布勢比古の末孫・布勢阿彦は神武天皇より以前・出雲統治時代から三代を経ていると記し、その強大さをほのめかしている。

　なお、手力王比古の末孫に手摺彦（手刀摺彦）・椎摺彦（手刀椎摺彦）の二人がいた。兄・手摺彦は山麓・椙野に住み、弟・椎摺彦は保田に住んでいたと記しているが、『中田本・若林本・桂本』では、手摺彦は保田に、椎摺彦は椙野に住んでいたと記す。

○当時の主食は粟・麦・黍であったとし、稲作の記述はない。稲作は大和政権がもたらしたとする史観があったのだろうか。

▲甲良人麿二字榜《ふだ》ヲ捧《ささげ》都触ニ当国下向之事

　神武天皇御在位四年甲子の年、帝は甲良人麿を越之地へ下し、帝自ら「忠孝《まめつかえ》」二字の榜を書き、これを民に教えよと勅宣された。[1] 人麿はこの榜を賜り越之地へきて、日向国宮崎の都に人皇がいることを触れ知らせ、人皇が人民に忠と孝の儀を教えていると榜を立て教え聞かせた。当国にいる諸民達は帝都から「詔之榜」が下されたと聞き伝え、詔の内容を知らぬまま急ぎ高梨野《たかりや》の丑寅にある裏知山に高い石壇を築き、葦茅の仮屋を造って勅使を待っていた。[2] 神武四年五月卯の花が咲いていた頃、人麿は今の飛騨国を越えて当国に着いた。諸民達は葦茅の仮屋に迎え入れ、槐木《まゆみ》の羹《あつもの》をもてなし、「詔《みことのり》」を聞き皆な畏まった。人麿はこの榜が帝御宸筆の二字であると述べ諸民に渡した。人麿は数年間この地に滞在していた。人々は敬って「内山ノ内裏」と称した。人麿は滞在中に婦女を娶り子孫を残した。即ち、大野・又は上野、内山・甲良などという名字のある者の先祖である。甲良人麿を後々の人は内山人麿とも大野人麿ともいった。それだから、ここに人麿の墓がある。今の人は柿本人丸の墓というが、誤りで甲良人麿の墓所である。槐木が墓の印になっていた。(3) 築いた石檀は今も跡が残っている。槐木のあった所は、今、村里となり故事に因んで槐木村《まみむら》と呼び、甲良人麿之墓があった所である。

○神武天皇の御宸筆云々は疑わしい。甲良人麿が滞在したという高梨野は呉羽丘陵の末端部、古代神通川沿いの平野。岩瀬水門に近い古代交通の要衝。田刈屋ともいう。

▲槐《まみ》村之縁ノ事　併薗宮越中御下向之事

さて、神武帝が庶民に忠・孝の二儀を教える有難い詔を、甲良人麿が奉じて遥かな当国に下向し暫く止まった。甲良の話し振りには誠意があり、又弁舌博覧の人であったので、人民悉く彼を敬った。故にこの人が没した後も今の今に至るまで人麿について「牽合附会《けんごうふかい》之説」が甚だ多い。しかし、その中には明らかに出来るもの、又訳し難いものもある。差し当り一・二の説について語ろう。

先ず、甲良人麿を迎えた仮屋の石檀跡を、昔或る帝が越中へ落ちここに蟄居していたから内裏というとする説。これは今の人が誤り思っていうに過ぎない。甲良は勅命を受けきて宸筆「忠孝之榜」をここで庶民に教え聞かせた時、威儀厳かに振る舞い節を乱さず仮りにもその場を穢さなかった。榜を帝のように恐惶《きょうく》していたので、皆なここを内裏と敬った。これを今に聞き伝え、本当に帝がいたと思い違って似た出来事と混同して語っている。

〈付随伝承1〉馬見《むまみ》、駒見の事……次に、今この辺りの村名は槐木村といっているが、昔から「馬見」や「駒見」ともいっている。又、槐木の縁は間違いとする言い伝えもある。しかし、これは「附合之咄」であってどれが本当か分からない。この地域は言い伝えが多く、「附合之咄」があってもよかろう。「馬見」というのにも一理あり、「駒見」にも一理がある。これには異説がある。「馬見」の由来は、天地開けて八三万五千九百有余年神代の時代、大己貴命が舟倉山を平定して入潮の災いを避け田土を造る時、大きな馬に乗って戦場を馳せ巡った。戦いが終わった後、その馬を頗梨野《はりの》に生駒神社として祭った。故に頗梨野に馬を祭る所を「馬見」という。道を行く馬を「神ムマキ」という習慣があった。馬は神馬の略語である。頗梨野は高梨野と同じ野であり、土地の高低によって呼名が異なるだけである。「馬見」は、槐木よりも遥か古えからある名であり、又「駒見」は槐木より後の名である。「駒見」の由来は、駒市という所に「駒ノ市」があり、その頃高梨野に龍馬がいて、今の「堀流之馬術」の先祖に当たる者がこの馬を得た。(4) それよりここを「駒見」と称した。槐木、駒見、馬見は同野中にあるが、三儀あって所も少しずつ違った三カ所である。槐木に帝が滞在したとする異議は根強い。この一儀は甲良人麿が博覧博識でしかも度量の大きい人であり、人皆な人麿に懐き、甲良が没しても生前と同様に懐かしがった。墓を築き槐木を墓の印に植え、朝晩ここへ来て忠と孝の儀を教えられた恩を感謝していた。次第に世が移り変わり人麿の墓とだけ称し、この墓に言語の出来ない者が願を立てて祈れば不思議な霊験で弁舌明らかになるという噂が立った。祈願すれば一人として叶ぬ者はなかった。

〈付随伝承2〉 薗宮の事……時代が下って、人皇四〇代天武天皇の御孫・舎人親王第二皇子を薗宮といった。なお、第七宮は後に「淡路廃帝」という。この薗宮は、御年七年になっても言語が出来ず風格もなかった。陰陽博士が占って、「遥か北国の地に内山という所があり、そこに十囲に余る槐木が一株ある。この槐木は、薗宮が昔一度人間界に御降誕されここに葬られ、墓の印に槐木を植えた。その槐木は今数囲に成長しているが、薗宮は帝の皇子に生まれたものの、このことを知らない。彼の地の人民も昔を知らず、ご恩を忘れて廟を穢し槐木一木と侮っている。このことが今皇子に報い、吃《おし》になられた。皇子が御幸《みゆき》して類木を探せば、その木の下で言語が出来るようになるだろう」と奏上した。これによって帝は皇子を越之地へ赴かせた。皇子は飛騨国に至り八賀《はちが》という所で御輿を休めていた時、この地の主・内山大夫という者に出会った。(5) 内山大夫は「甲良之類葉」で越之内山をよく知り、皇子が越之地へ赴くと聞き、直ちにお供して当国へ輿を進め高梨野に着いた。彼方此方と槐を尋ね巡ると、数囲に及ぶ槐が一株あった。これかと怪しみ御輿を寄せると宮は突然「まみ」といった。お供の人々は悦び、「これぞ、槐にて候」と声を上げた。それより宮は言語を滞らせなくなった。宮は恩に報いるため、甲良人麿の旧墓を再興し、高い石碑を建てた。以来、高梨野を初めて「まみ」といった所と祝い、御言葉のままに「槐野」と改められた。これより甲良の旧墓も栄え、諸人の敬いも増して詣る者が多かったという。皇子は暫く山椐辺りの仮居に留まり、後に都へ帰った。これらを一所に附会して語るから前後の意味が分からなくなり、皇子が暫く仮居に留まったのを「時之帝」が来たかのように語っている。これらは皆な高梨野の中での出来事である。「馬見」や「駒見」は今も同じ所にあるが、名称は「馬見」から「駒見」へと二度替った。「槐」はすべて高梨野郷内の名称である。今、槐村と村号を称しているのも彼の宮の縁を用いたからである。理に叶っているから、秀逸な字を用いた村号というべきであろう。

▲神武帝御宸筆二字榜神ニ祭ル事　併八幡村八満宮事

甲良人麿が王命を受け、遠く越中へ来て仁義の道を人民に説き教えた時、御宸筆の「忠」と「孝」の二字榜を高く立て置き、国郡の人民に見させた。甲良が没して後、一子・内山人丸が父の遺言を守り教え続けた。内山が没して後、一子・大野人丸が相継いで教えていた。後々年を経て彼の榜・札も古び、佐河彦という者がこの「二字榜」を取り納め邑中に小さな祠を造り、彼の榜を神体と崇めて「産神社」と祭った。「二字榜」の跡には新たに「禁ノ語《いましめのご》」を書いて懸け置いた。「帝御宸筆之二字榜」を納め祭った所は今の八幡村である。ここの八満宮はこの二字榜を祭っている。二字榜八満宮というのも、この事が始まりである。佐河彦が「二字榜」の教えを継いで「禁ノ語」札を立てた所は八幡村で、八満宮より半丁ばかり南東にあり、今は田地になっている。しかし、越中に禁札が初めて立てられた所であり、世々何時の支配者が替ってもここには禁札があり、世人は必ず立ち寄った。利長卿が三国を治める時代になっても「禁ノ語」札を立て置き、今に至っても絶えないのは彼の因縁あるからである。町里もない田土稲作の中に札のみが高々と見える。彼の「産神社」も世が移り、今は八満宮と崇めるが、これは明応年中より称え始めた。その謂れを語ると、加州之勤臣・菊池之一族に有澤《ありそ》孫六郎忠治という者がいた。この有澤は大野人丸の末孫・大野庄司という者の娘を妻とし、それよりこの「産神社」を深く尊んだ。孫六郎は武功に勝れ、近郷の者達も彼に随い靡いた。時には婦負郡、新川郡の半ばまでも孫六郎に背く者はいなかった。

〈付随伝承3〉八幡村八満宮の事……孫六郎は武威を逞しくし、なお又武門の繁盛を祈り、幸い女房の勧めに任せて、八幡村に新たな社殿を造り産神の神位を三品に進め宮田一二丁を寄進した。この田は彼の二字榜の替りの札がある所であり、榜田町と名付け社も「二字榜八満宮」と崇め祭った。これが八幡村八満宮の始まりである。誠にその謂れがあり、旧跡と称すべき社である。孫六郎は祭具も悉く新たに造らせ寄進したので、宮の姿もめでたく繁盛するようになった。しかし、世々の変に会い美しかった社も兵火の災いを逃れえず、数々の宝物道具もその度ごとに失われた。ただ、孫六郎が寄進した湯花釜や鈴様の物は、今もその銘も消えず確かに社に残り伝わり、孫六郎忠治の昔を語る物種となっている。孫六郎忠治の一子・孫六郎忠福《ただとみ》は阿尾の住人・菊池の婿である。忠福の子・唯成《ただなり》が母の菩提を阿尾の正光院で弔った。その頃、正光院は日蓮宗に転宗して正顕寺と改めていた。今、寺町にある正顕寺の祖である。唯成は、釈迦多宝仏の尊像や日蓮の御影像を三井善治という仏師に作らせ寄進した。仏像や日蓮御影像は共に母の菩提のために造ったので、台座の裏に「菊池安宣ガ女正顕院日英コレヲ寄付ス」と年号月日を詳しく彫り付けて置いたと聞いている。この孫六郎の子孫は後々まで当国の国人となり、有沢・沢口の辺りに住んでいた。利長卿の御領国になった時、有澤孫六は倶利伽羅辺りまで出迎え謁見した。利長卿から姓名と持高を尋ねられ、「有澤孫六郎ノ嫡子孫作、三百石取持チ」と答えた。利長卿は、望み通り扈徒《こしょう》に召し抱え、三〇〇石安堵状を書き与えた。これより代々加州に仕えた。孫作は今も古えの名を改めず有澤孫作と称している。

○「甲良人麿二字榜ヲ捧都触ニ当国下向之事」について、野崎伝助は『喚起』巻之十「手刀摺彦越ノ地ヲ司リ尚郷人ヲ定ムル事」中、又問の箇所でこのことに触れ、この物語りは「強いて解するに及ばず」としている。

神武天皇の頃に「忠孝二字之榜」を持って越之地へ下向し、人々に忠孝を教えたとは野崎伝助ならずとも考えられない。又、『喚起』巻之八「神奈老翁神代ヲ説キテ大竹野ノ由来ヲ述フル事」中には、即位前の神武天皇が越後の凶賊退治の時越中国へきたと記している。

しかし、なぜ越中に即位前の神武天皇や甲良人麿の伝承が語り継がれたのだろうか。『記紀』が記すとおり、神武天皇の東征以前に大和には物部氏の祖・饒速日尊のプレ大和政権があった。おそらく、饒速日尊の出雲統治圏侵出が、大和政権の伝承に混ざったのであろう。当時の高志ノ国・越中の人々には、饒速日尊も神武天皇も同じ政権に見えていたのかも知れない。また、「忠孝二字之榜」は、大和政権が推し進めた「水田稲作奨励と定住化」と、後世の農本思想が絡み合って生まれた伝承であろう。

▲布勢之産子　阿彦国主之事

天地開化し越中にも人が多く住んでいたと聞くが、未だ都も定まる前のことであり、凡そ誰がいたという言い伝えはない。日向国に都を定め、神の御孫・神武帝の即位が国家人民の初めといわれている。この頃に当てはめて見ると越中には阿彦国主《あひこくにぬし》という人がいた。この外にも人が住んだというが阿彦だけが目立っている。今時の「村里ノ長」に似た者であろう。(6)

先ず、阿彦について語ろう。新川郡の内北方を司る神を布勢神社といい、祭神は倉稲ノ魂命《うかのみたまのみこと》であり、薬神は布勢比古命である。布勢比古命の血統が継ぎ続いて布勢東条彦という人がいた。その子が布勢阿彦国主である。布勢比古命から此の東条彦までの間は幾世代もあったというが、これを知る者はいない。これは神代八三万五千九百余年の間にあったことである。神武の御世に阿彦がいた。父東条彦が住んでいたのは東方の山裾で谷間が広い所、今ある布勢という山中であった。東条彦が死んで後この谷中に神と祀り、「東条光彦《てるひこ》社」と称えた。布勢の谷中に住居する者は今もこの社を氏神と敬っている。この谷中も今は家屋が立ち並んで賑わい「東条ガ社」も美しく見える。

次に、彼の阿彦国主の容貌を語ろう。彼は生来顔面広く色黒く、額に紫筋多く出ている。眼は朱をそそぐに似て、眉は黒く生下がり髪は赤く渦巻き髭は長い。声は獅子が吼えるようである。其の丈九尺余り力量は計り知れない。怒る時は額の汗が焔のようになる。その逞しい有様は比べようもない。常に棒を携え、丸樫の枝をもぎ折り杖として放さなかった。初め頃は布勢の谷中に住居し粟を作って食べていた。その頃は既に父の家を継ぎ宜しく勤めていた。甲良人麿が「二字榜」を触れ来た時も阿彦は他の者より従順であった。能く王命を体して当国にいる神々の子孫達に触れ伝えた。その働きは誰よりも勝れ命令に背く者なく、甲良も「阿彦は良き者」と思っていた。しかし実際は、阿彦の勢い常に逞しく、人皆な恐れて背けず、違背すれば即座に捕え己に従わせたので敢えて背く者がいなかったのであった。甲良が当国へ下向してから阿彦は殊の外「長《おさ》」の様に振る舞い、自然と彼に威勢も兼ね備わった。又、彼に随い付いている下人に大谷狗《おおたんぐ》・強狗良《ごうくしら》という者がいた、この二人は主人・阿彦に劣らず人相力量共に比べようがなかった。その上、二人共魔術に通じ、山岳海川も平地を行くようであった。(7)このような者が集まってきて阿彦を主人に持ち上げたので、他の人は皆な阿彦主従の者に酷使され掠められていた。(8)後々には阿彦は唯一人当国の主と崇められ、阿彦国主というようになった。阿彦は神武の御世に当国にいた。彼の所業がこの国の人民の始まりのように見えるが、彼の家三代の所業は神武より前のことども聞いている。私曰く、布勢谷東条村は今改めて東城条村と書くという。

○新川郡出雲系豪族・布勢比古命の後裔が、大己貴命の越中平定（姉倉比売事件）後、その功績により「阿彦国主」と称されていたが、大和政権の朝敵として大若子命に滅ぼされた。この章は、布勢一族盛衰伝承のプロローグである。

○長い間、新川郡山中の一豪族に過ぎなかった布勢一族が、東条彦の子・阿彦が神武の御世に「阿彦国主」と称するようになったという。大己貴命越中　平定での功績によるものであろう。(9)

▲阿彦峅　父国主之遺魂ヲ一宮ト祭ル事

かくて、阿彦は当国の人民誰も彼に背く者がなかったので、年を重ね日を積むに従い越の地は己の思うままになり、恰も当国の主のように漫《はびこ》っていた。日向に都が定まり後に大和の橿原に移り、又帝も亡くなり綏靖天皇が即位し、大和国高丘に都が移った。阿彦は、都が日々繁栄しているのを伝え聞き、己もこれにあやかりたいと帝位を羨むようになった。彼につき是につき奢りさかり人民を虐げ欲しいままに振る舞った。押し入って粟黍をも勝手に刈り取り、色良い衣類は略殺して掠め取った。家には酒を造り並べて飲み食らっていた。奢り高ぶり人民に己を国の主として仕えるように脅迫したので、仕方なく阿彦国主に従った。

しかし、手力王比古の末孫・椎摺彦という者これ一人は阿彦を恐れず、保田という所に麦を蒔き友とすべき族を養育していた。甲良が伝えた二字・孝と忠とを守り人々に説き聞かせ、仮にも粗末な業はなかった。故に、椎摺彦を主のように馴親しむ者が多かった。阿彦はこれを妬み事々に難癖をつけ責めたので、椎摺彦も遂に敵し難く、保田より遥か東の三谷という谷中に隠れ住んだ。後、椎摺彦を神に祀り、「手力椎摺神社」と称えた。神社は今もこの谷中にある。しかし、人皆な称え誤って「手力雄神社」という。(10)谷中の人は今に至っても氏神と敬っている。応仁の末より当国で秀でた働きをした侍・椎名名字の人の先祖である。阿彦の漫りは越中に限らず、未だ国が分かれていなかった北陸道七ケ国の内五ケ国に及んでいた。(11)今、越中はその七ケ国に分けられた第五番目の国である。

七ケ国は七色の替わりあり、いずれもその国の風雅を備えている。敢えて余が語るに及ばないが、「当国之風俗」をいうと、越中は昔から山深く又海を抱え寒気激しく雪深い。故に民俗は生来陰気の内に智があり勇がある。男女相い同じく根性が太い。媚び従う心が甚だしく、例えば親子の間柄でも一言の粗言を早く聞き付け巧みに媚びる。他人との交わりも媚びる心があり軽くもてなす。しかし、事に臨んでは死を厭わぬ風情があって静かに語っていても油断出来ない。今も此の如し。況や「不法之昔」では尚更である。彼の阿彦が日々奢り募り、当国の主であると豪語し、人民を皆な我儘に虐げていた。剰《あまつさ》え、都の繁栄を聞き尚更奢り募った。谷中の住いを嫌い広い所へ移し替えようと図ったが、阿彦国主も年老いて身体ままならず実現出来なかった。そのうちに神武・綏靖の御代を経て安寧天皇九年に百六〇余歳で死んだ。この阿彦国主に二子あり、一人は女で信濃夜叉《しなやしゃ》（支那夜叉）という。弟を阿彦峅《たけし》彦という。父の跡を継いだ峅彦も、父と同じく逞しく生まれつき、殊に魔術に通じた無双の曲者であった。峅彦は、父の国主がかつて当所に城を造ろうとしながら空しく没したことを思い、父に代わって城を造ろうと図り、場所を雄山之麓に決めた。深い森を伐り払い、地を均して只大きな家を造り、構えを厳しくした。この地を別名・岩峅都といった。峅彦はこの地に家造りする時、先父の遺魂を神に祀るため岩峅より少し南の山沿いに石壇を高く築いて社を造り、「阿彦照荒神」と祭り「一之宮」と称えた。これは越中で最初の「一之宮」ともいわれている。この神社は後に事あって神霊を流刑に処し、神社は壊し捨てられた。[12] しかし、神跡は今に残り「阿彦之宮」といっている。この宮の前に不細工ともいえる異形の石灯籠があり、阿彦峅彦が造立したという。

○「阿彦国主」は、大和政権の進出を防ぐため、親大和豪族・手力王比古の末孫・椎摺彦らを追放し領内を引き締めた。また、領内支配強化のため越中中央部へ居城を移そうとしたが果たせず死去した。阿彦の子・阿彦峅彦は父の遺志に従い、手力王比古の祖・雄山神の聖地・雄山の麓（中地山）に壮大な居城を築き「阿彦国主」を豪語していたという。

○前章とこの章は、阿彦一族の出自と性格・容貌を事細かく記し、この一族が人民を虐げる凶賊になったことを強調している。

布勢一族中、布勢比古命や東条彦に凶賊呼ばわりはない。布勢阿彦や子・阿彦峅のみが人民を虐げる悪人であり、その悪名は北陸道五カ国に伝わっていたという。

○出雲系豪族・布勢阿彦の「国主」の地位は、大己貴命の越中平定後に与えられた出雲系「国主」であり、倭国統一を目指す大和政権と対抗せざるを得ないものであった。このことは、大和政権側から阿彦は「まつろわぬ賊徒」であり、手摺彦・椎摺彦兄弟は善良人と見えた。大和政権に背く者は凶賊、従う者は忠臣であった。これは、『喚起』が記す越中古代史諸巻の底流ともなっている。

大和政権の越中進出が活発になり、「阿彦国主」の支配が陰り始めた。殊に大和側からの「定住稲作政策」は次第に人民の間に浸透してきた。出雲系豪族・阿彦達が、この流れを阻止しようとすればするほど大和政権から一層凶悪者と見なされる結果を招いたのであろう。彼等は大彦命の北陸道平定後も執拗に抵抗したが、大和・大若子命によって滅ぼされてしまった。

▲大彦命越中下向之事　併内裏ト云村号ノ事

①大彦命越中下向之事　かくて、都ではもう人皇第一〇代・崇神天皇の御代になっていた。御即位より一〇年目に当る癸巳の秋九月、天皇は詔して四人の命を東西南北の国へ派遣し、国々を治めさせた。これを四道将軍といい日本の将軍の始まりという。北陸道の七ケ国へは大彦命が下向された。都から国政のための下向は大彦命が最初である。

大彦命が若狭国に着いた時、緒濱《おばま》という所に笥富貴《けぶき》・飯富貴《いいぶき》というが夫婦がいた。夫婦は共に長寿で人々はその年数を知らず、容貌は若く少年のようであった。この二人は大彦命に謁見し、北陸に在住する神達の子孫の員数・器量の甲乙や善悪等を詳しく語り、「中五之越」では南方に御座所を定めて国を治めるよう詳しく教え奉った。又、命が率いる官軍や地下の人々の外に我が濱子を参加させよう。[13]濱子は能く海川の業に勝れた者達であるなどといって、濱子一〇人を命に添い進めた。この夫婦は後に神となり、今「若狭国一之宮」の祭神となっている。この夫婦がいたから「若狭の国」と名付けたという。北陸七ケ国は今若狭から下って五番目が越中である。これはこの夫婦が「中五」と指差したからでもある。

かくて、大彦命は越中に到着し、南方・伊頭部山の麓・椙野に御座所を定め、官軍・地下・濱子達を山に沿って陣を定めた。[14]この陣があった所を今も村号とし、地下村・濱子村と称している。命は先ず手摺彦と椎摺彦を呼んで「宣命」を伝え、この二人を郷将と定めた。これより椎摺彦は保田に帰り住んだ。この地を今も「保田本郷」という、これは郷将が初めて住んだという因縁からである。手摺彦は椙野にいて地下や濱子達の郷将となった。手摺彦が住んだ所も本郷という。この地は今「館本郷」と称え。村名となっている。この館を中世末頃ここにあった館のことと思い誤っている。郷将手摺彦がいたから本郷といい、館と添えるのは手摺彦を手刀摺彦ともいい、椎摺彦を手刀椎摺彦とも別称したからである。椎摺彦の住んだ所を「保田本郷」ともいい、手摺彦の住んだ所を「手刀本郷」ともいった。即ち、館とは訝しく手刀本郷ということである。

命は又、阿彦峅を呼び寄せて命令を授けた。阿彦峅は命の威勢に恐れて命令に背かず忠勤したので、彼を「走長」に任命した。これは今ある「走り」という勤めの初めである。大彦命は当国に三年間滞在し、後に帰洛したという。

②内裏ト云村号ノ事　命がこの国で仮御座所とした所を人々は敬って「南方之内裏」と称えた。ここの名称は今も消えず村号とし内裏村といっている。ここにも、昔帝王が北国へ忍び落ちして暫く此所を御座所したから内裏の村号があるというが、これは誤りであり、四道将軍が三年間滞在した旧跡である。

〈付随伝承4〉　神塚の事……将軍が滞在したこの地を手摺彦の末孫に当たる人が、昔を敬い後世も踏み荒らさぬよう四方三〇間ばかりに石の丸柱を造り囲み、中を平らにして椎木を植え「神塚」と名付けたという。しかし、今は稲作の場となり、塚があったことも将軍の御座所跡とも知らない。丸く造った柱もない。これは昔のことであり、その間に地形が変わり地震も度々あったから、何時かの地震で地中へ揺れ沈んだと見える。その証拠に内裏村の辺りから近年ある時、普請中に長さ五尺余り切口の差渡し尺ばかりの石の丸柱を掘り出した。謂れある石とは知らず、その時普請中の川除けの土居普請によい石を得たと思い根駄に敷いたという。掘り出した所には形の似た石が皆な真直ぐに立っていた。一二本は掘り出したが、少しばかり怪しい気持ちがして跡はそのまま元のように埋め戻したという。これは彼の「神塚」であろう。又、近年長さ五尺余で柱の中ほどに貫穴のある石の丸柱が出てきた。当所の勤臣・入江某という人が濃茶の会に用いる石灯籠を持っていたので、この丸柱をこの灯籠の棹に使っていた。人々は古い橋柱と思い褒めた。この石はある時、訳あって船で摂津の国に運び船から浜上げして置いた。摂津の国の人が見て、これこそ「ナガラノ橋柱」といったので、濃茶好きは百金に替えてくれと望む者が多かった。[15] しかし、行き先の決まった石なので再び武州へ行く船に積み込まれたと聞いている。遠くへ渡った「ナガラノ橋柱」も何時かはここに戻ってくるなどといっていた。ある人がこのことを入江氏に語ると、入江氏がいうには「昔の〝ナガラノ橋柱〟と摂津の人がいっているのは知らない。我が庭にあった石柱は、父が茶を好み庭を造り古い石灯籠を探し求めていた時、領内の百姓がそれを聞き、よい石があるからと石の丸柱をくれた。この柱には疵所がなかったので庭に用いた。百姓に出所を問うと、内裏村から掘り出したといっていた。その石が〝ナガラノ橋柱〟とは摂津国の者の目利きも怪しいものだ」と笑ったという。このようなことなどもあり、彼の「神塚」は沈んでしまったのであろう。しかし、この内裏という所に家を建てて住む者には常に禍いがあって、ここに家を造る者はいない。村号は内裏村というが、高名に名前負けしたのか村は貧しく生りたたない。この故に、今の人は懲りて村号の文字を「大里村」と何時となく改めた。

○大彦命は若狭国・緒濱で越中の情勢を探索の後、笥富貴・飯富貴夫婦の援助によって海路越中へ下向し、伊頭部山の麓・椙野に御座所を置いた。大彦命は「阿彦国主」に追放されていた手刀摺彦と椎摺彦を呼寄せ、所領を戻し与え郷将に任じ、「国主」阿彦峅を呼び「走長」に任命した。これは、出雲系「国主」の支配を認めず大和政権支配を宣言した行動であった。阿彦峅も命の威勢を恐れて従わざるをえなかったのであろう。大彦命は当国に三年間滞在後に帰洛した。

○『喚起』諸巻には、上記以外の大彦命に係わる記述は見当たらない。

最後に参考として『肯搆泉達録』巻之一（富山藩前田文書）の記述を添付する。

参考・『肯搆泉達録』

▲大彦命越中へ下向、ならびに保郷庄の事(16)

太田郷中地山に保を築き手刀椎摺彦を、また、荒地山に庄園を定め手刀摺彦を副として配置した(17)。命は椎摺・手刀摺に、保庄にいて人民に人の道を教え農耕に励ませるように命じた。時に、黒牧彦という者がよく農耕に励みその功績が殊に優れていたので、命はこれを賞して郷将に登用し、早稲比古《はやひこ》と名付けた。又、その功績を永く示そうと彼の居所に「黒牧」の村号を与えた。その後も次第に田野が開け新しい郷が生まれ、その郷造りに功績のあった者を各々郷将に登用した。室生彦《むろなりひこ》のいた所を山室郷と称し、豊生彦《とよなりひこ》のいた所を三室郷といった。八千彦《やちひこ》という者は能州羽咋郡釜生彦の後裔である。ここを糸岡郷という（砺波郡なり）。吉田久美彦《くみひこ》・津地幸比古《つちさちひこ》のいた所を加積郷といった。この他、八川郷・熊野郷・蜷川郷・宮川郷・高柳郷・松倉郷・寒江郷・駒見郷・関野郷・山田郷・長沢郷・井波郷・田中郷・野積郷・為成郷。又、日宮保内、富崎保内、楡原《にれはら》保内。又、倉垣庄、寒江庄、宮崎庄、大野庄。これ皆な後に里村が多くなり、或いは城を築いた所、また寺領地などで保郷庄の名になっているという。

〈付随伝承5〉『古事記』に崇神天皇の御時、大彦命・武渟川別《たけぬなかわわけ》・吉備津彦・丹波道臣命等を北陸・東海・南陽・西道へ分けて遣わされたのが、北陸・東海などということの始まりであるという。又、笥富貴・飯富貴の夫婦は後に神階を賜った。「若狭の一宮」がこれである。又、濱子とは海陸の事に慣れた者であるという。又、伊豆部山は婦負郡小井波の夫婦山のことである。また、大彦命の御座所は内裏村であるという。また、地下の者・濱子のいた所を地下村・浜子村という。また、保は堡のことで小城をいう。また、荒地山は今の八尾辺りである。また、保庄の地を本郷という。即ち、大田本郷・館本郷はこれに当たり、越中で初めて出来た郷という。また、黒牧は初めての村名である。また、郷とは和銅の詔『延喜式』に、郷里の字は共に「さと」という。「さ」は狭であり「と」は所をいい、「その狭い所」というとある。大化の詔及びその後代々の令式に見える造戸籍の法に依れば、凡そ五〇戸を里とするとある。郷の広さは　必ずしも同じではない。『周礼』には「方二千五百戸を郷とす。又百家の内を郷とす。」とある。

豊生彦の子孫は、寿永年中に侍となり五十嵐小文治と称した。『源平盛衰記』にもその名が見える。早稲比古の子孫は相継ぎ、畔田某が侍となり三室郷湯端《ゆのはな》に城を築いた。河上中務と戦った。畔田入道円空の代になって戦い疲れて農業に復した。同族が寒江村に別居し、寒江郷を横領して「寒江本郷」と称した。八千彦は銅鉄の鋳物・鍛冶に長けていた。末孫は能登や越中に住んでいる。久美彦・幸比古の子孫は相継いで魚津に住んでいる。久阿弥幸因という。(18)

○大彦命の越中平定後の郷保庄の所在地や郷将名などを記す。これによって当時の稲作地域や、大彦命帰洛後に活躍した郷将達の出自地が分かる。

○『肯搆』巻之一「大彦命越中へ下向、ならびに保郷庄の事」中、「保郷庄の事」を部分訳したもので、『喚起』では『若林本』や『清水本』にもない部分である。しかし、短く要約しているものの文章構成は『喚起』独特の「本文」「注釈」様式が残っている。恐らく写本の過程で欠落したのであろう。

○崇神天皇の御代、大彦命が四道将軍の一人として北陸道に派遣されたという『記紀』の記述について、最近の史家はこれを疑い『喚起』の大彦命の伝承記述を虚説と見做している。中には「大彦命の派遣」を後に越中国で活躍した大彦命の末裔・阿倍氏、膳氏達が創り上げた物語とさえしている。その根拠は「大彦命の派遣」の史的証拠がないことに依ろう。『喚起』の伝承記述は、具体的であり創作されたとは思えない。「大彦命の派遣」の証拠にならないものだろうか。

註

（1）忠孝……「まめつかえ」と振仮名が付いている。「大和朝の進める定住農耕を行い、親を大切にして、まじめに働け」という意味であろう。定住して稲作に励むことを教えたのではなかろうか。後世の、儒教に基づく「忠孝」とは異なる。

（2）丑寅……北東の方角

（3）槐木……えんじゅの木。周の時代、三公の座位として朝廷の庭に槐木を三本植えた故事から三公の位にいう。

（4）龍馬……優れてたくましい馬・駿馬。

（5）八賀……高山市近郊。古墳が多い。

（6）「村里ノ長」に似た者……阿彦の勢力を軽蔑した表現。

（7）魔術に通じ云々……人並外れた能力を持つ人への伝承表現。

（8）参考「清水本『喚起』巻之四▲大己貴命船倉能登二神ヲ囚トシ役授ケ給フ事「後詰依頼伝承」」

（9）阿彦主従の者に酷使された……朝敵となった者を凶暴者とみなす表現の一つ。

（10）三谷　手力椎摺神社……所在地不明。

（11）北陸道七ケ国……越前・越中・能登・越後・佐渡の五ケ国に若狭・加賀を加えて七ケ国。

（12）事あって……討伐後、大若子命がこの宮を壊して捨てたことをいう。

（13）濱子……緒濱から大彦命に従って来た航海に長けた人達。地下……大彦命の部下で位を持たない兵卒。濱子・地下は大彦命帰洛後、越中に住む。

（14）南方……大和政権に好意を持つ手刀摺彦・椎摺彦の領域。

（15）ナガラノ橋柱……淀川の支流長柄川に架かっていたという橋。人柱伝承がある。

（16）部分概訳・『喚起』巻之五《大彦命越中下向之事》中、冒頭部分と重複箇所を省略）

（17）荒地山……八尾辺りにある丘陵地。眼下に館本郷集落がある。荒地山は、郷将・手刀摺彦の砦があった所。『越中資料叢書』・「越中旧事記」に記されている「風土記云、荒血山越中ゑっちう」にあたる。『古風土記』に「大彦命越中下向之事」が記されていた唯一の証しであろう。

(18) 吉田久美彦・津地幸比古……二人は大彦命に従い海陸の事業を司った。津地幸比古は吉田久美彦久阿弥と改称し、津地幸比古は幸園といった。高円・久和氏の祖である。(拠『魚津市史』)

○喚起泉達録巻之十

『桂本』巻之十

はじめに

1.『桂本』巻之十には、「手刀摺彦越之地ヲ司シ尚郷人ヲ定事」「阿彦峅奢侈之事」「支那夜叉ガ事　并支那太郎ガ事」「手刀摺彦阿彦ガ凶悪ヲ人ヲシテ問ハシムル事」「甲良彦舅阿彦ト枯山ニ戦フ事」「手刀摺彦宦軍ヲ乞フ事」などの六章がある。「支那夜叉ガ事　并支那太郎ガ事」の［事］は別の字体となっている。

2.『桂本』巻之十は、大彦命帰洛後、大和政権の新貢租「弓弭ノ調、手末ノ調」制定を契機に起った混乱と不満から阿彦の反乱に至るまでの経緯を、被支配者・越中側から見た伝承記述である。本来は「巻之六」に相当するものであろう。

3.『肯構』には、『桂本』巻之十に相当する記述はない。

▲手刀摺彦越之地ヲ司シ尚郷人ヲ定事

かくて大彦命が帰洛した後は、手刀摺彦が太田郷卯辰山の堡障に住んで四郡の事を司り、国の諸業務を始めた。所々に配置された司職が行き届かないと、手刀摺彦が直接出向いて教えた。人民は鎮まって耕地も広まり、田面積は六万餘頃に及んだ。[1] 新しい貢租は手刀摺彦の所に収めたので、手刀摺彦は国主とも称えられ人々は皆なびき慕った。

時の天命であった大和朝廷の政策を重んじ、望んで手刀摺彦に仕える神胤が多かった。中でも事勝国勝長狭の末孫・貞治命の玄孫・澤古舅は、身ノ丈九尺、顔面赤色、金眼の勢い甚だしく勇気力量は他人に勝っていた。手刀摺彦を訪ね、天子之詔を奉り従い仕えたいと望んだ。手刀摺彦は迎え出て其の心直なることを愛し迎え入れた。続いて二人の豪族が訪ねてきた。一人は、身ノ丈八尺六寸、髪赤く、顔面黒く、勇猛にして両眼は朱玉の如く、大音なること獅子が吠えるようであった。釜生彦の六世孫・富寄舅である。もう一人は、身ノ丈九尺二寸、顔面は紫色で眼目は珠の如く、髪髭は黒く、大音ではあるが立ち振る舞いは貴く神が付いているようであった。一丈余りの手鉾を提げ、甚だ勇気強猛で比べられる者はいなかった。手刀摺彦が姓名を問うと、神胤・兜彦の孫末遠・甲良彦舅と答えた。[2] 手刀摺彦はこの二人を留めおいた。又ある日、五人の豪族が訪ねてきた。いずれも面体行状は前述した人々と同様であった。一人は諸岡比古の後裔雄瀬古。一人は玉生比咩の後裔玉椎老翁。一人は石比古命の六代後裔潔石高住舅。一人は幡生比古命九代後裔・大路根老翁。一人は速川比咩命の後裔美麻奈彦である。美麻奈彦は訪ねきた五人の中でも殊に勝れていた。身ノ丈一丈、顔面白く、金眼紫色筋骨勢気は静かで明るく輝き、言葉遣いは爽かであった。物ごとを協議するに際しては躊躇せず、其の振舞いは華やかで草野には稀な人材であった。手刀摺彦は、秀子の出自を問質したところ速川之神孫であると述べた。手刀摺彦は悦び迎えて五人を共に留めおいた。

この八人は、後に一社々々の神として祭られた。これを「越中八志呂ノ神社」というのである。この八神が在世中に業を司った時には「城主」の位階だったのだろう。「八城ノ神社」と書いた所々が八箇所あった。それだから、今時の俗称では「八志呂」を「やしろ」と覚え誤って、ただ「何神ノ社」という分別もなく「社」とばかりいっている。故に、前の「八人之謂」にも疎く語る者もいない。「八城神社」というのは彼の八人を葬った「社」なのである。この八人を初めとして所々の神胤が我も我もと訪ねて仕えたので、太田郷は日々盛んになって支配体制も自ら定まってきた。

ある時、手刀摺彦は威儀を正し、副将手刀椎摺彦、作将畔田早稲彦を始め、澤将加志河室生比古、牧将五十嵐豊生比古、富崎長岡比古、吉田久美比古、津地幸比古等を招いた。(3) 手刀摺彦は「近来所々から来た人々は神胤正しくその心直なる者である。その中から適材を選んで、田土を分け与え其所で業に携わらせれば、国土は平穏になり農耕が益々栄えると思う。将等はどう思うか」と述べた。手刀椎摺彦を始めいずれの将等も同意した。

○大彦命帰洛後、越中統治を任された手刀摺彦や手刀椎摺彦は、郷将らを励まし開拓を進め耕地面積は飛躍的に拡大した。人々は手刀摺彦を「国主」と崇めたという。「国主」と称したことは、在地豪族達は大彦命帰洛後も旧来の統治体制が続くと思っていたことを表している。まだ、大和政権の中央集権統治を知らなかったのであろう。

大彦命帰洛後の崇神天皇一二年九月、大和政権は全国統一を契機に新しい国税・貢租「弓弭ノ調、手末ノ調」を定めた。元々、古来税制には「租・庸・調」の三種があり、「租・庸」は穀物とくに稲を納める事や労役に従事する事（地方税的性格）、「調」は主として織物を納める事（国税的性格）があった。

新貢租は、国税的性格もっていた「調」に皮革（弓弭ノ調）や絹や麻・楮などの製品（手末ノ調）を追加し、国家財政の充実を図ったのである。越中でこの新しい税制がいつ頃から実施されたか分からないが、統治に混乱を招いたようである。新貢租実施のため、「天子之詔」によって越中へ能登から神胤が多く乗り込んできた。これらの神胤等は、いずれも優れた才能の保持者であり、在地豪族の及ぶ所ではなかった。「弓弭ノ調、手末ノ調」は一種の人頭税であり、その実施には定住化と戸口調査が必要であった。しかし、これは在地豪族等から領主の勢力を削ぐものと受け止められて統治者・手刀摺彦への不満が募っていった。

この章では、在地豪族を招集し、手刀摺彦が威儀を正し外来神胤等との協調を頼んだことを記している。在地豪族が不満を持った原因として次のような事が考えられる。

①大彦命の越中平定は討伐でなく、在地豪族達との妥協によるものであった。(4)

②大彦命帰洛後、新貢租「弓弭ノ調、手末ノ調」が定められ、在地豪族の勢力が弱められた。

③大和政権を恐れる在地豪族は、不満の矛先を親大和在地豪族に向けた(5)(内紛の原因)。

なお、『喚起』では、神胤等が手刀摺彦を慕ってきたと記すが、大和化を急ぐ手刀摺彦のもとに「天子之詔」を奉じた人材が集められたというのが実態であろう。また、神胤等の形相を魁偉に表現しているのは、口承伝承の持つ特異性の他に在地豪族が及びもつかぬ才能を保持していた者への畏敬表現でもある。

〈付随伝承1〉十二城の事……手刀摺彦は、神胤等の才能や方角を見定めて彼等を配置した。凡そ十二箇所であった。その一は東城と定め、卯の方角、これを陽とし、その気浮かんで登り盛んであることを「理」にして土地を育てる所として定め、ここに国勝澤古舅を置いた。ここは後に城跡となり、後々の人も此所に城を築いて角間城といった。その二には辰城と定め、辰の方角、陽気が人を育て立登るの「理」に叶い助ける所であるとして定め、ここに速川美麻奈彦を置いた。ここも、後々の人もここに城を築いて萩城といった。私が思うには、萩城は「泊リ宿」の東にある山の上にその城跡がある。この辰城は今もある新庄新川城のことである。新川城の主・轡田豊前守の戦状を写した書があり、その文中に辰城と書いてある。尤も、今そこを新庄というのは辰城を書変えたものである。その三には巳の方角、これは四郡の外にあって知らない。四には熟城と定め、午の方角、午は熟味の瑞あるの義に合うとして定め、ここに富寄舅を置いた。ここは、後世に城を築いて厚根城といっていた。今石動にある山城のことである。五には、辻城と号した。未の方角、南方より西へ日が移る辻であるという「理」に叶うとして定め、ここに甲良彦舅を置いた。ここは、後代には城を築いて日宮城といっていた。黒郷念仏谷の在の山にある城跡である。六は申の方角、この城はどこにあったか、四郡にない。七には滝城と定め、酉の方角、万物収納の「理」に応ずる地として定め、ここに玉椎老翁を置いた。ここは、後世に城を築き白滝城といい、又富崎城ともいった。八徳の冷水があり、遥かな山上であっても谷より白蓮の根が逆上しその冷水に花が四季絶えず咲く。赤花が咲く時は雨の降るを知り、白く変われば天晴れるを知るという甚だ妙なことがある。故に名城といわれている。今「富崎ノ山」にある古城である。八は四郡になし。九には安住城と定め、亥の方角、亥は居を安くして居を珠に比べ玉の端なり、無始無終であって去るかとすれば来やすいという「理」に応ずる地として定め、ここに　潔石高住舅を置いた。これは、安田山の城跡である。後世にも城を築いて安田城と号した。

○「越之十二城」の位置……神胤達を次のような城・堡に配置したという。

①卯（東）……東城（後の角間城）将・国勝澤古舅　加積郷一円を監視できる地点。

②辰（東南）……辰城（後の新庄城）将・美麻奈彦　常願寺扇状地を監視できる地点。

③巳（南東）……四郡外？　不明。

④午（南）……熟城（後の厚根城）将・富寄舅　方角の午を酉（西）の誤記と見れば、小矢部川及び庄川扇状地を監視できる地点。

⑤未（南西）……辻城（後の日宮城）将・甲良彦舅　方角の未を申（西南）の誤記と見れば、庄川扇状地及び射水平野部を監視できる地点。

⑥申（西南）……城地不明。

⑦酉（西）……滝城（後の富崎城）将・玉椎老翁　方角の酉を未（南西）の誤記と見れば、神通川左岸及び井田川流域を監視できる地点。

⑧戌（西北）……城地不明。

⑨亥（北西）……安住城（後の安田城）将・潔石高住舅　方角の亥を午（南）の誤記と見れば、神通川左岸及び井田川流域を監視できる地点。

○八神胤達[6]は、在世中「城主」の位階であり、後に一社々の神として祭られたと前章に記している。

雄瀬古や大路根老翁にも城地があったと考えられる。大路根老翁（射水臣の祖？）は戌（西北）、雄瀬古は亥（北西）又は巳（南東）の方角に城地があったのではなかろうか。なお、「越之十二城」は城地を十二支干に依っているが、これは後世の付会であろう。

〈付随伝承２〉安田城跡の事……或る人曰く、安田城跡の今ある所は平地であり、平城の跡であることは明白である。古えは平城といっていたのか。又、「安住」を「へい」といっていたのか分からない。安住城というのは古えの藤井城を築き直した、今富山の金城をいっていた。[7]「安住」を「へい」というのはおかしい。若し、保内の城とすれば「やす住」とでもいえば「保住」にも合うことであろう。もう一度古老に問い尋ねて見るべきかも知れない。安田城は平地にあるから山城ではないといっても、平山城という地取りがあるというから、知らない事を妄りに述べるわけにはいかない。またにいう。若し、中頃に「保住」といっていたのを覚えていても、「保」とは気付かず住んでいる所が安田であったので、「安住」と書いたのか。[8]「平」が「安住」であるとは思えない。古えは平城と名付けていたから、「平」字はもっともである。今見る「ひら地の城」に関わり、「安住」としたのか。いずれも後世の誤りであろう。また、安田に山城の跡は確かにない。「ひら城」の跡があるとされてはいるが、年久しい昔の事であるからこれも知り難い。安田山から近年古銭が入った瓶などが掘り出されたこともあるので、古えの城はなかったと決め込むことも出来ない。先ずは、聞き書きであるから人が物語った事を聞いたままにここに写しておいた。

〈付随伝承３〉十二城の事……十二城中、十は子の方角、十一は丑の方角、十二は寅の方角、この三所は　他郡に出ていたのか四郡にはない。但し、有無ともにその数は合わせて十二ケ所である。これを「越之十二城」とも「十二名城」とも「十二古城」とも「神城」とも言い伝えられてきた。今この古城の跡は、卑賤の族も恐れがあると言い伝えていて穢さない。これらの城跡には物に因っては神瑞がもたらされることが間々あるが、細かいことは解き難い。

〈付随伝承４〉中央城の事……「卯辰山ノ城」は、昔十二城を置いた時「中央ノ城」と定められたという。即ち、中央城と書きながら「なかち城」という。中央山と書きながら「なかち山」と読んでいたという。卯辰と書いても「なかち」とはしなかった。しかし、飛州の侍・川上中勢がこの城に立籠もり、三室郷湯端城に籠っていた畔田九郎と戦った時は、卯辰山ノ城より出陣したなどと書いている。(9) 中央山と書いてあるのは他にも見えない。しかし、「中央」と書いたのは昔から覚えていたということではないとしても、その頃は別段卯辰とも中央とも書かず中地山と書いていた。それも文字をこれと指定するのではなく、ただ語韻に従って書いたにすぎない。だから、中地城は古えは中央城と書いて中央という意味があったのであろう。城を築き中央城といっていたことから、山にも名が付き中央山というようになったのであろう。今、中地と書くのは世俗が誤ったのである。中央の央の字は中心地であったことに通じる。中央城・中央山と書いてあるのもこれに相応する。また、この城を「星城」といったという異説もあるが、本文に記さない。

〈付随伝承5〉 星城の事……或る人曰く、中央城は「星城」といっていた。この城に星石があり、時として空天に昇って光ることから星城とも別称した。その星の名を中央星といった。天に昇るさまは、後ろにある立山の半ば辺りから出るように見える。他の空天に連なる星々は立山を跨いで出るが、この星は出る所が低い。この星は常に出るのではない。年によって異なる。出る年は或いは春の末頃より出初めて夏半ばで止む。また、秋まで出る事もあり、二十夜三十夜出る年もある。しかし、冬は間違いなく出ない。星の出る時刻は「酉ノ刻」頃である。山の半ばより出て空天に昇り、南より西の雲中を移動し、「寅ノ刻」頃に隠れる。(10) 光り輝く大きな星である。この星が出る時は、国に凶吉の異変があるという。星が山から出て空天に昇り、銀河の近くまで高く昇って、牽牛星の近くに並ぶ時の輝きが金色のように見えると凶。田畑が乾し枯れ火事もある。又、南へ退いて牽牛星を遠ざかり、銀河を越える時の輝きが色白く大きく見えるとこれも凶。洪水で田畑を失う相である。南へも寄らず牽牛星にも遠くを行く時は、殊に光り輝き甚だ大きな星に見え、銀河を越さず宵頃か夜中に隠れる。これは吉。「君ノ位」も増し、五穀も豊かに稔る。このような吉星が出る夜の数は少ない。この星の空天での光は他の星より輝くというが、ただ見ていても分からない。これを見付けるには、空天に星が連なる時に暦を星影から読み取ることが出来た夜は見付けやすく、読み取れないと見付けられない。(11) 見付けるか否かはこれによるという。この星は彼の城跡から出るという。以前から出ることがあったのか、人々はそれを知っていて中央星と名付けている。近年も出たので詳しく問い聞き、ここに聞き書きした。つまり、この星を中央星と何から名付けたというのではなく、ただ古来言い伝えてきたままなのである。だから、この山は卯辰山中地山にはなく、中央山と央の字になっているのだろう。いずれにもいえるのは央の字は深い由来があるということである。

○〈付随伝承4〉及び〈付随伝承5〉は、四郡の事を司っていた手刀摺彦の堡・中央城・太田郷卯辰山の伝承記述であるが、「国主」阿彦岭全盛時代の伝承も混在しているようである。阿彦岭は太田郷の豪族・手刀摺彦（『清水本』は手刀椎摺彦）を追放し、布施谷から太田郷に移って越中を支配していたのではなかろうか。その後、阿彦岭は雄山神の聖地・雄山山麓に居城・中地山城を築いている。(12)

〈付随伝承6〉郷将、郷老、老翁の事……右のように十二城を築き、十二将を配置して六万餘頃の土地を割り与えてその地を司らせた。十二将もまめやかに勤めたので、次第に国の風俗も美しくなり、国土も平穏になり田土も広がった。この様になったので十二将に田土を割き与えた。一城を護るための土地、二里四方を一郷とした。郷中に山川広野がある時は田畑ともに司らせた。よってその将を郷主という。その下に郷将一人、郷老一人、老翁一人の三人を定めた。一郷の内に上に一将、下に三将あった。郷将はその郷の百姓に法令を正しく教える役、郷老は耕作のことを司らせる役、老翁は訴訟を決する役である。この三人は物事したがい自分の役目のことは郷主に告げる。郷主はそのことを中央城に告げて、返答があれば三老に語り、それを下へ語るように定めた。この三老のいた所を後々褒め称えて「三屋舗」といった。所により近代までもその格式で田土を護っていたという。中老田村という所には、古えの「三屋舗」の跡といって稲も栽らずそのままに今もある。これは、辻城甲良彦舅の司っていた所である。

〈付随伝承7〉老父に聞直した事①軍評定ノ事……辻城があったのは中老田村黒郷である。自分がこの聞き書きした処はこれまで既に十巻に及んだ。しかし語る所が多く、改めて聞き直したい箇所もある。そのことを老父に問うた。

老父が物語るには、第三巻に大己貴命が船峅能登を平定された時に題して「軍評定ノ事」といった。元々船峅能登の争いは陽と陰との揉め事であるのに和解の兆しがなかった。大己貴命は、陽と陰が離れ離れになった原因を糾すべきだったのに軍議を開くとは何故か。軍の字は不審であるともいえるのではないか。尚もこのことについて話すと、先ず大己貴神の平定とは凡そ大小なく天地に地という所に残る所なし。荒芒とした原野が今平らになっているのは、皆な大己貴神がお造りになったからである。世に評歌ということがある。[13]今、越中では人語って「船峅の神うわなり女を討つ」と歌う。これは人を特定していうのでもなく、いつの時代とも分からずにいっている。こんなことはよくある。大己貴命も知らない先の出来事なのかもしれない。これを知ろうとすれば、先ず日本を知らねばならない。日本とは和訓して弥増戸という。本書には山跡である。訓じて上古には洲壌い未だ定まらず人皆な山を往来していたという。山にその跡があるのでこのように名付けたという。また、山止とこれを訓じて山に止まる意味とも、又山戸これを訓じて山に家居する意味でもあるという。このようなことはどちらでもよい。これ皆な、今に対すれば今に対処すべきである。世事に交わる身を受ければ、即ち身は五行万物の事象に任せざるを得ない。船峅能登の事は、「気」と「気」の揉め事であり、このようなことは古えにもあった。前人曰く、「元気未判　圓貌トナリ渾沌鶏子ノゴトシ」とは「三五暦記ノ語ニシテ礼記日令ノ正義」などによるという。[14]渾沌とした中に「溟澤シテ牙ヲ含ミ」、国常五尊が神となった。[15]これは、天地開闢のことで陰陽が相分れた初めである。渾沌とは、国常五尊以前のことをいう。

「是レ其人心ノ軍義ヲ云フ　水気火気軍屯スルノ意ヲ正ト語リ出セリ　軍ニ屯スト云フ前人三ズイス　曰ク凡ソ天地未別トキハ大虚皆豊水津ト云テ水気弥満ノ体ナレバナリ　尤文字ヲ云フニハアラズ　今ハ意ヲ云フ　其船峅能登剋セル陰陽ヲ其ママニ解シツクサントスルニ　先ズ其事ヲ應象大論ニ陰陽ハ天地ノ道也　万物ノ綱紀変化ノ父母生殺ノ本　始神明之府也　治病必求於本故ニ積陽為天　積陰為地　陰ハ静　陽ハ躁　陽ハ生　陰ハ長ズ　陽ハ殺　陰ハ蔵　陽ハ化気成型　寒極生熱　熱極生寒　寒気生濁　熱気生清　清気在下　則生歹食池　濁気在上則生瞋脹是陰陽ハ反作逆徒ナリト云フ」

船峅能登の揉め事は、この国に起きた病である。陰陽の中で生じた病が外に現れては罪となり、内には病となる。「真ハ水収ルハ火夫ヲ和シ語ラントスルハ　元気ノ書重ネテ解クトモ語リツクサレズ　大論ニヨルトモ言ヘ尽キズ　サスレバ語ルナシ」[16]

しかし、船峅能登のことを国の病という。これも大己貴命の事を記した書に「大己貴命と少彦名命が、力を合わせ心を一つにして天下を造った。[17]また、美しい草々及び畜産の為にその病を療す方法を定めた。また、鳥獣・昆虫の災いを払う為に除去する方法を定めた。これを以て百姓は、今に至るまでことごとくに恩顧を被る」という。この国の病が人身に及べば人病む。船峅能登が病むというのも同じことである。しかしながら、病というのは大論を以て断ずるか。渾というのは神道の書を以て解釈することか。大極の沙汰を小事に取り込む拠所は元々ない。又、歌あれば根拠がある。歌を拠所とする時は、「無ガ中ノ無ナリ」。歌があって、船峅能登が揉めたことを知った。世にこれを「うわなりの闘諍《とうじょう》」という。闘諍は戦う利あってのことである。しかし、無かったことを有ったかのようにいうのを偽り事とするがそうではない。大極は無極である。その無極がまた大極に勝ることもある。武王が曰く、我に乱臣九人あり。武王八人の臣に一婦人を加えて九人となるなり。この九人忠義にして国家平らかなり。しかるを、王乱臣九人とは何故ぞや。これ乱は常にあり九人の心なり。忠その中にあり。「勤顕の所にして止まる事を曰く」。これは大極は無極であるということであり、軍義に装って船峅を語っているのである。又、大己貴命は軍を使うことがままあった。書に記されている命の名をあげると、大国主命亦は名大物主神、亦は国作大己貴命と号す、亦は葦原醜男という、亦は八千戈神という、亦いう大国玉神、亦いう顕国玉神。八千戈神は元の名であり、皆軍評という言葉をもつということはままある。これは先師の認めるところである。大己貴命軍評定と題しながら余神の答えを書いていない。八千戈神は誰にも分りやすい決断をしたからだと先師から 習った。実際、大己貴命は何でも問い事は少彦名命にした。これは、大己貴と少彦名命は一つ身であり、いわば渾沌とした中に物があるようなものである。両命は二つと見えて一つである。或書に注して曰く、その身内に何事かあれば忽ちそれを覚る、恰も少彦名が外にいるように見える。奇魂幸魂は身に付属したものであるから、身と魂とを二つにして問答をしたというのは、命の離魂した事を天下国家を治める人への戒めとしていったのである。それだから、あながちに外の神に是非を問うたのではない。御心の軍《い》であり、渾《いい》である。御心のままであり沌《つね》である。神になってから定まることだから軍評定の事と物語ることで、軍議があったように装い民安かれと取り計らい、「陰陽分かれて船峅能登の闘諍」と流伝した歌の由来を明らかにしただけのことである。なお、神書を論ずるようなので筆を止める。

○『喚起』編者は、姉倉比売と能登比咩との争いが、大己貴命の越中平定の口実に利用されたと思っていたようである。老父の補足説明は曖昧であり、難解である、語り部の限界だったのであろう。『肯搆』は、『喚起』の神懸かった記述部分を故意に削消しているようである、両者の見方の違いか、それとも歳月を経て史観に変化があったからか。

〈付随伝承8〉 老父に聞直した事②甲良人麿二字ノ榜ノ事……又問う。第五巻に「甲良人麿二字榜ヲ捧都触ニ当国下向之事」と題した。甲良は名であり、そのことを問わない。人麿というのが不審である。古来から人麿というと一五人丸というほど数あるが、歌書の口伝にある一五人の中に甲良人麿という者はいない。何を根拠にこのようにいうのか。また、「二字ノ榜」忠孝の二字が不審である。神武の頃に「忠」とか「孝」の文字があったのか、文字は遥か後に伝わったのは明らかである。又、人丸といい始めた人は、神武の後であって聖武の年号神亀天平の間にいた人と聞いている。或る人歌書の事を口伝した書に曰く、人丸のこと極めて定かならず。元よりその祖や父祖は不審。天武天皇三年八月三日石見の国山野という邑の出身、民家の庭の柿木の下から現れた人である。その年頃は二〇余り、奇相異骨和歌の道に通じていたので朝廷へ奏問したところ、召されて和歌の御侍談役となった。石見守に任じられ、姓名を賜って柿本人丸と号した。次年三月朔日播磨守に補任された。持統文武の両朝に仕え万葉集を撰ばれる時、橘諸兄卿大伴家持卿二人に仰せ付けられ、その批判師に人丸を命じられた。しかし、人丸は罪を蒙って流罪されるところを罪を免ぜられ師判とされた。その姓名位階を改め宰相正三位山邊赤人と号した。万葉集はこの三人で撰じた。人丸と赤人は一人二名称であり、紀貫之もこの説を用いたという。天平元年三月一八日に柿本人丸稀世の歌人年八四歳にて石見国で死去した（以下を略す）。

〈付随伝承9〉 老父に聞直した事③十二城の城構えの事……又曰く、第十巻即ちこの巻に、手刀摺彦が居城を築き共に十二城を定めた事、十二城に神人を置いたと記した。これは間違いないことといえよう。これは、十二の支干によって今でも覚えやすい。

古城というのは世俗の流伝といっても確かに城跡がある。今の人が山に登り至って城跡を見ると、そこは古の縄張りではあるが、間違いなく古城の神域である。古城の縄の跡から十二支が分かる。例えば、子の方角にあっても縄末と地取りは未の方角になっている。地取りには国の日向《ひので》・日辻《ひるま》・日止《ゆうぐれ》と土を定め、神の鎮座にも備える。[18] 神域というのは地取の三段といって山城・平城・平山城があり、共に大中小がある。これに「五圖ノ縄張」というものがある。一には蟄龜《ちぎり》利縄、二には箭龍縄、三には沈龍縄、四には現龍縄、五には満字縄である。これを神城の城取五箇という。この縄を使って職務に相応した要害を開くと、五気ノ変に従い適うという。今でも何処かに城を築こうとする時は、先ずその国が崇拝している八志呂の神城を見て日向・日止を調べ、十二支の今ある所を察する。古城というのは、八志呂の後のことであるが、八城・古城・城跡と今は分けていう者はいない。しかし、八城と古城を同じ城跡というのは普通ではない。世俗では分からないだろうが、世俗を往来しているとき農人等にそこにある城跡は何の跡かと問うと、大抵古城であると答える。これは城の始まりを知らないから古城と言い伝えているのである。又、古城跡と答えるのは、中古以前に誰かがいたと微かに知っている場合である。又、城跡と答えるのは、近い時代の誰の城跡と知っているからである。これは軍者が国の物語りを聞くことと同じ。このような教えを頭に多数の城跡を見ると、神城八城や十二の星城が共に昔あったことが分かる。先ず、「ちきり縄」とは要害を造り始める時の「蔀《しとみ》ノ縄張」である。武者之蔵「現ハ運ノ満干ニ応ズ」といっていた。伝承はあっても圖書がなくて分からないが、蟄龜利縄には、「あづち馬出シ」「草ノ丸馬出シ」「草ノ角馬出シ」「桝形ノ向虎口」「蔀ノ土居馬出シ」「ナシノ虎口」「桝形ノ向虎口」などがあり、袖の様子以上七ケ条の縄張りである。箭龍縄には、「出角」「入角」「屏風桝形」「歪角缺ケ隅落シ」以上七ケ条の縄張りがある。以外は省略する。古城跡のある所はこのような地形である。これで神城を知り、これによって八志呂も十二城も知ることが出来る。後世十二城主に初めて定まった人は、国四郡名所の地八神の内十二神の神孫のいる所や十二神が没後、神社に祭られたことなどを知っていてこそ、名も知られた勇猛の将ということが出来る。城跡の在処が分からない時は八神から分かる。このようにすれば、押すが如く引くが如く、早く知ることが出来る。これは、世俗の流伝よりも分かりやすい。しかしながら、古神城は今の城郭のような飾り付けはない。山城の古縄のような家造りをして、その山の麓から「大根祖」「木根祖」「葉根祖」という物で、幾重にも厳しく垣を結び廻して山上まで結び詰めて石垣とも塀ともした。大蔀へは広く竹を植え、事あればそれを切り尽くして竹は篝火に焚き、切り跡は馬蹄を苦しませるようにして今の外堀のように用いた。「大根祖」「木根祖」というのは、「大根祖」は大木と大木との枝を括り合わせて高い垣とした造り物である。「木根祖」は「大根祖」の真下の隙いた所に中細木を引き寄せ、更に外から細木を補って厳しく結び廻した造り物である。その他の隙いた所には、「葉根祖」といって椎木や茅葛を寄せ集めて厳く結び廻し、人馬は勿論獣も潜り込まぬように結び廻した造り物である。城内の構えは、地取の外に深い濠を作り、高い土居を築き柵木を植えた。その堀の中から穴道を通って遥かな外へ出られるように作ってあった。又、事あって「根祖」などが引き破られたりすると、防御のために忍び穴を通って山の中へも出られるようになっていた。これが神城の形である。

後世、このような城跡を改築する時に「根祖」を切り絶やして石垣などを積んだ。穴道は埋めかねたのか今もまま残っている。今の人が、薄《すすき》を葉根祖というのは、このようなことからではなかろうか。これも、中頃城を改築する時に「葉根祖」を刈り取らせたため苦戦したのに懲りたことがあり、薄刈りも葉根祖刈りに似ているから、薄刈りも葉根祖刈りに同じと見るようになったのだろう。諺の歌にも根祖は葉根祖の元なりと歌っている。

木曽冠者義仲が倶利加羅山の戦いに勝ち、平家十万の勢が一戦に負けたのは、平家が倶利加羅山に「大根祖」のあるということを知らなかったからである。木曽が勝ったのは「大根祖」「木根祖」が石動の山から段々にあったからである。大将は他国に至ると「国物語り」を問うとはこのようなことではなかろうか。木曽は南保・高楯・宮崎等に良く聞いたから勝たれた。佐々木高綱が「浦ノ男」に問うたのも同じことである。なお、「木曽ノ越中ニ入リタルトイウヲ語ル巻」に至って、木曽が「大根祖」によって勝利をえたことを詳しく語る。ついでに亦曰く、大己貴命が国造りをされたのも、柿本人丸が歌道を通して国を和納したのも、手刀摺彦が十二城を造築し国を治めたのも、皆なその智を励まし国政を司ったのは悉く武門である。軍義が備わっていないと乱れる。軍義が備わり、神人が宜しく国家鎮護を称えて太平の時をもたらした。或書に、国家鎮護とは夫れ軍と法となり。その軍法の本は武略なり。智略なり。この元がよく調う時は持国治まり、敵国自ら服して四海泰平に帰す。これ武勇の威徳なり。軍は心を常にして治まるの発語なりという。

このように老父は物語り、笑って暫時退いた。なお、捨ててはならないと思い、悉く根拠のない話のようでもあるが、聞いたままのことをここに聞き書した。

▲阿彦峅奢侈之事

かくて父老又物語って曰く、夫れ人間には慈愛の心が備わり、これに仇なす者を逆徒という。その責めは逃れられない。天罰の度合いは己の罪業の軽重に懸かわる。それは焔の床に薪を積むようで恐れずにはおれない。世に賊という賊には三種あり、共に神明を殺す故にその咎めを遁れることは出来ない。運よく暫く刑を免れていても、その有様は絵草紙に描く「地獄ノ車」に乗った亡者のようなものである。物事を見分ける知力ある者に対してどうして罪業を覆い隠すことができよう。罪業は死んだ後も屍に印されている。親類縁者といえども悪事に近付くなかれ、とは先哲が常に教える所である。

さて、手刀摺彦兄弟は日夜荒地の開拓に心を痛めていた。兄弟は荒地開拓のため野原を分け与え農業を勧めたので、人々は励み、目に見えて荒地は美しい農地に変っていった。これは神国吉瑞の顕れであり、日々喜ばしく百姓の戸数も増えてきた。[19] このような時に計らずも大災難が起こった。大災難の謂れを語ると次のようである。

阿彦峅は父の国主が没した後は岩峅にいたが、己が勇を誇り人を蔑み、大彦命が帰洛後は世に恐れる者なしと思って怠けはじめ、日夜奢侈に溺れるようになった。朝夕酒色に荒れて全く農業を顧みなかった。時々これを戒める者があれば、目を怒らし時には打ち殺した。仮にも自分に逆らう者があれば、引き裂き捨てたので、人皆な恐れわなないていた。欲心に燃え高ぶる凶賊といっても、阿彦に対等な力を持つ豪族はなく、又元より敵対するにも及ばなかった。その為、勇猛の輩といわれていた者も阿彦の強気に遮られ、今は嘆きながらも媚びへつらうのを無難と心得るようになった。こうなると、何事も阿彦のいうが儘になり、「世に我あって人なし」とばかり臂を張り益々酒を嗜み、ただ殺伐に明け暮れるのを弄び物としていた。それは身の毛のよだつようなことであった。

その上、この頃手刀摺彦が十二城を定めたが、その一城をも阿彦に分け与えなかったことを恨み怒っていた。手刀摺彦を始め十二城の将達が「天子之詔」を告げ業務に励むように勧めても、一向に聞き入れないばかりか、自分に組みする賊を出して他郷の物品を略奪した。更に力を尽くして作り揃えた作物を勝手に刈取らせ、作主に対価を払わなかった。作主が拒めば罪もないのに死に架けるので、これに懲りて春が来ても農耕を始める百姓はなかった。百姓達は徒空念として日を送り、騒動が一向に治まらないことを嘆き、身の行末も恐ろしく家を捨て藤をよじ分け葛を引いて遠くの深山へ逃走する者が多かった。[20] かかる程に、手刀摺彦兄弟はこの事態を甚だ憂い、「政道ノ詞」を随分と阿彦に与えたが、少しも聞き入れず、かえって使者を打ち殺し、その上「詔などは難しいから伝えるな」といい、使者の屍を醤に漬けて中央山へ送り返してきた。その後も手刀摺彦は事態に心を悩まし、折角開拓した田土も又元の荒野にしてしまうのかと、衣の外に知らず知らず汗を滲ましていた。

○この章は、手刀摺彦兄弟が人々に開拓予定地を分け与えて成果を上げた事を冒頭に記し、次いで阿彦一族の悪行を記す。

大彦命の越中平定後、大和政権支配が強まり地方豪族達の力は弱められていった。かつて阿彦峅が追放した手刀摺彦兄弟が、保田本郷に呼戻され復権して越中統治を任された。諸将・神胤も保田本郷に集まり兄弟を補佐した。

大彦命に恭順を装っていた阿彦峅は「越中ノ国主」の地位を失い、雄山の麓・中地山砦に戻った。しかも「越ノ十二城」の一城主にもなれなかった。阿彦峅は、『喚起』や『肯搆』の記述通りの凶賊ではなかったろうが、「国主」であった傲慢さを捨てきれず、新しい統治者・手刀摺彦兄弟に従わなかった。

▲支那夜叉ガ事　并支那太郎ガ事

凶賊阿彦の悪行が横行した為、人民は災いを受け、父子を殺され妻夫は生き別れてその生死を知らず、田土は荒らされ稲を奪い取られ、精根尽きて飢に苦しんだ。人皆な嘆き悲しみ、恐ろしさのあまりに松に吹く風や軒に漏れる音がしてもすわや阿彦がきたかと魂を冷やす有様であった。丁度その時、それよりもなお又増して心配なのは、阿彦の姉支那夜叉母子の悪行であった。この支那夜叉というのは尋常の人間ではなく、その怪しい姿は譬えを探しても競える者はいなかった。身の尺七尺余り力の程は計り知れず。顔面は白く目は三角に裂け上がり、唇は朱色歯の長さ二寸、白石を割り並べたように見える。髪は黒く長さは七尋《ひろ》に余る。歩く時は虎の爪があり、後へ物を蹴りまわすと必ず蹴り割かれる。又、怒り罵るその時は、顔面に紫色の筋を書いたように浮かび上がり、眼光閃き雷光のようになる。髪は逆立ちし左右に乱れる様は唯黒雲の中に佇ずんでいるようであった。これを一度見ればあな恐ろしやと地に倒れ、再びわざわざ見ようとする者はいなかった。世の諺に姿は根性を表すというではないか。支那夜叉の強悪なことといえば、生きているのを見れば殺すのを厭わず常に蛇を好んで食らう。蛇を見れば腰の後爪で蹴り割いて食べる。事々多くの災難をもたらし一つの取柄もないので、支那夜叉という者はなく、「七有難夜叉」といっていたのはこの女のことである。この夜叉は以前に越後国黒姫山へ行き、邵天義という者に嫁ぎ、一人の男子を生んだ。即ち支那太郎と名付けて夫婦の懐で育てた。ところがこの童は人の善に似ることは稀であった。気難しく薄情なのは母の心の乗り移りであり、魂は残酷強悪、飽くまで力強く、幼少より物事に恐れず熊を掴んでは捩じ殺し、猪を捕らえて踏み躙《にじ》り、魚鼈獣の類いの区別なく蘇るのを見ては只殺す事を仕事のようにしていた。いかに山が深くても、この童がいると獣も山に住めないと思うほどの悪童であった。父の邵天義は神のように静かな性格者であったので、これを叱り戒めればかえって父を欺き、その上母も子への愛に引かれて夫に背いた。既に母子が相謀って邵天義を殺そうと企てていたのを邵天義が察知し、甚だ怒り母子共々山から追い出した。このような訳で支那夜叉は阿彦の所へ戻ってきた。

　支那太郎は、十二、三歳の頃から魔術を心得ていた。雲を起こし雷霆《いなづま》を起こし、或いは鉄火を降らせ風を移して、己は雲中にあって虚空を飛行して人の財宝衣類を剥ぎ取った。剥ぎ取る物も持たない者が恐れているのを見て楽しみ、俄かに雷を響かせて脅すのを業にしていた。又、或る時は婦女の姿に化け、娘子どもはいうに及ばず人の婦妻を強引にかどわかして阿彦の酒席の伽にした。若し、阿彦が気に入らなければたちまち引き裂き、血まみれになった者をそのまま放置して座敷の興とした。阿彦が足らない悪行を支那太郎が補い勧めたようなものである。このようなことで、人民は皆な恐れおののいていた。近隣の老人たちは逢うごとに、何と嘆かわしい成行きだろうか事を尽くしても治まらず、この難しい事態に臨んでは賊の首領阿彦、大和朝廷の武将達、更に人民達も皆な苦しみ恨む両三重の患になってしまった。事の原因は、彼の童が伯父阿彦のために行う悪行が少しの怠りもなく、際限なく続くからである。その憂いを防ぐ術もない。只、人々は家を離れ、忠良な民を失うばかりである。誠に不思議な凶賊である。しかし、衆人皆天に仰ぎ望んでいることであるから神の守護がない筈はない。患いの油が染み出れば賊徒は必ず烹殺され、きっと離散を免れる時がくると思ってはいる。しかし、それを待つ道程が遠いので互いに嘆き悲しみながら、此方彼方と逃げ走り、身を穴に深く隠し患いが降り懸かるのを防いでいた。

○この章は、阿彦の悪行に、阿彦の姉・支那夜叉母子の悪行が加わり凄惨な事態になっていったことを記述している。

○『喚起』古代記述中、残虐な行為を羅列するのはこの章だけである。口承伝説に見られる形相魁偉など特異化があったとしても、『喚起』がわざわざ「支那夜叉ガ事并支那太郎ガ事」という伝承を記述したのは何故だろうか。

『喚起』には阿彦の姉・支那夜叉は、越後国黒姫山の邵天義という者に嫁ぎ、一子・支那太郎があった。夫・邵天義を殺そうとしたので阿彦の所へ母子共々に戻された。また、支那太郎は阿彦にもできぬ悪行を行ったなどと記している（支那＝信濃?）。

新川郡布施川・片貝川流域の豪族達は古くから越後国黒姫山の首領達と交流があった（前述）。邵天義もその首領の一人であろう。

頸城地方は、大己貴命以来出雲政権の影響が強く、大和政権から「まつろわぬ者」と見做されていた。ここにも阿彦伝承はあるが、戦跡伝承はない。頸城の首領の中には、大和政権に背く「越中国主」阿彦に加勢した者が支那夜叉・支那太郎のみならず賊将中にもいたのではなかろうか。

『喚起』は、この事実が後に「凶賊阿彦の姉・支那夜叉・支那太郎」と変形伝承したものを記したのであろう。

◢手刀摺彦阿彦ガ凶悪ヲ人ヲシテ問ハシムル事

こうして、人民は阿彦峅の凶悪が横行しているのを憂い悩み、住家を去り当てのない日常の暮し向きも又苦しく、更に憂いが増えていた。何時になれば解決するのかと武将達も心配していた。平坦地を行きながら、険しい山道で「塩ノ車」を引いて行くよりも苦しいことであった。堡城では門へ攻め寄せる凶賊共を防ごうにも備えがなかった。その上、日ごとに従僕が欠けていった。[21]それは恰かも、飛ぶ鳥が羽毛を落として雲の先に上がろうとするようであった。

堡城の郷将達は、皆中央山の堡障に集まり窮状を訴えた。手刀摺彦は心穏やかならず人を使って実情を調べさせた。使いの報告は次のようであった。

凶賊阿彦に組みした賊徒が郷主や郷将達の領地に押入り、ここに最屋を建て広く地取って堅固な最仮を築き、主将副将が砦を堅めながら周囲の地を奪って行っている。[22]郷将達はこれを防ぐため、大勢の武将が剣を以て賊を斬り、賊の築いた荒城に火を放ち、賊も又郷将達の家に火を懸けている。郷将達は下知を飛ばしてこれを防ごうとするなど双方合い交わって生死を争っている。争いの最中に、彼の童・支那太郎が雲中から走りきて、雷を鳴らし忽ち雲を起こし真っ暗闇にした。東西も分からぬ暗闇に敵味方が判らず、双方とも味方の堡城が焼かれぬよう戻ろうとして大混戦になった。ある時は、十二城から互いに援軍を出し合って賊を追いはらうなどした。しかし、民屋は類焼の災を受け日々に亡ろび、余火は草木に移り焼け野原になっている。人は賊に殺され血に塗られた屍を巷に晒し、たまたま逃走しようとする者は野火に身を囲まれて出口が分からず身を伏せて嘆き叫ぶ。猛火に焼かれる者は罵り泣き叫んで死んだ。哀れなことである。人身が今や尽き果てる前兆なのだろうか。この中にあって、美麻奈彦が護る辰城と甲良彦舅が護る辻城の二城だけは領内を奪われず、この地だけが静かであると報告した。

○この章は、凶賊阿彦と郷将達の攻防と、人民が受けている災難を地獄絵のように記す。

阿彦岒が、新しい統治者・手刀摺彦兄弟や神胤達に逆らい勢力を強めたため、不満を抱く在地豪族達は続々と阿彦岒の下に集まってきた。また、阿彦岒の横暴を抑えられない統治者への不信から、親大和郷将の郷民中にも新貢租に不満を抱き逃散する者もいて領内は混乱状態になってしまった。

『喚起』は、美麻奈彦の辰城と甲良彦舅の辻城の二城だけが領内を奪われず静かであったと記している。おそらく、阿彦岒は越中の東半分、新川郡のほどんとを支配するようになったのであろう。

『喚起』が記す阿彦等の残虐さは、大和側からみた凶賊伝承に在りがちな誇大表現であろう。

○阿彦岒を征伐せず、大和化を急ぐ統治者への不信が郷将や郷民等間に広まり、「越中国は大己貴命が作った国・阿彦岒は国主、大和政権は侵略者」と見做すようになって行ったのであろう。

▲甲良彦舅阿彦ト枯山ニ戦フ事

こうして、阿彦岒は手刀摺彦が配置した一二堡障の多くを占拠した。阿彦は、我は何で手刀摺彦に従い劣る者かと勢いづいた。急ぎ西部の広野にも堡障を築くため山を巡察し、枯山の地を選んで要害堅固な堡障を築いた。近辺の山野を押領し、そこに最屋を建て最仮を造り新しい郷を定め、賊将二十余人を選んで所々を守らせた。阿彦はなおも西へ勢力を伸ばし、人民を追廻し拒む者を殺し最仮を焼き尽くした。阿彦が甲良彦舅の領内をも奪い取ろうと企んでいると伝え聞いた甲良彦舅は激怒した。賊は我が領地を侵す事を目論み、既に勝手に西へ向かって砦を築き急いでいる。これは追破らねばならぬ。自ら出撃して賊将阿彦を打ち殺そうと郷二将に催促し、武将を率い、早くも枯山の麓大野に陣取った。賊の武器庫を焼き払い、郷中に押し入り郷三将を励まして武将を進めて賊を追い、自ら横刀を振廻し賊を斬り殺した。阿彦もこれを防ごうとして賊将を進め戦いを挑み争った。甲良彦は諸《もろとも》せず、大きな手鉾を廻し左右に突き砕き、向かうが幸いと斬り捨てた。[23]その勇猛惶々な姿は恰も天神のようであったので、賊徒は叶わぬと皆な恐れて逃げ去った。いよいよ山上に攻め上り阿彦を打ち殺そうと、郷三将や武将を進めて山の中腹にまで攻め上った。今こそ阿彦が斬り殺されるに違いないと皆なが仰ぎ見ていた。賊将も防ぎ兼ねてか、山上で突然頻りに鼓を打ち始めた。その音は天に響き地に震え、忽ち黒雲が天を覆って四面は皆な暗闇となった。鉄火は山谷に散乱し、雷の落ちる音は石を割り山を崩した。暗闇の山中、雷鳴がこだまし朦朧となって武将達は進めず所々に集まった。甲良彦は心を動かさず、石を除き崖を攀登り周囲を見渡すと、大谷狗が鞭で狼の大群を出し四方に馳せ散らせていた。その吠え声は耳に満ち争い進んで人に噛みついた。三将や武将達は此所で切り彼所で打ち伏せ力を尽くして斬殺したが、周囲に狼が満ち溢れる様は恰も潮《うしお》が沸き出るようであった。三将や武将達も力尽き攻め倦んで立ち止まろうとした時、賊将乱波岱と栃谷舅の二人が棒を振廻し薙立てて山の中腹から武将達を追い落としてしまった。甲良彦は怒って馬を進め、鉾を延べ先頭に進んでいた乱波岱を只の一撃で突き落とした。さらに栃谷を見付け生かすものかと馳せ向かい、鉾を交錯させ激しく戦った。阿彦はこれを見て大谷狗を率いて賊将栃谷に加わり、三人で甲良彦を真中に取り囲み喚き叫んで攻め立てた。甲良彦も心を奮い立て勇敢に三人と対峙し、鉾を延ばし横合いから阿彦に突き懸かった。栃谷が悶え苦しみ、棒を延ばし力一杯に打ち掛かってきたところを甲良彦は身を翻して栃谷を突き落とし、なおも阿彦を突こうと猛勇を奮って突き進んだ。阿彦は叶わぬと思い、谷狗と共に逃げ走った。甲良彦は、己れ何処へ逃げるのか、生かすものかと追い廻した。

阿彦が突殺されそうになった時、山上で突然頻りに鼓を打ち鳴らした。忽ち雲が湧登り四天を覆った。黒雲にくらまされて阿彦と谷狗を見失ってしまった。甲良彦は歯ぎしりして怒り、周囲の賊徒を薙ぎ倒し残る奴等《やつばら》を追い散らした。

馬を引き止めて武将達を纏め終わった時、炎火が忽ち天に立ち上ぼり飛雷は草むらに落ち地響きも起きた。「前後事疑ッテ只困《くるしむ》羅網裏ガ如ク佳人ノ乱ヲ理《おさ》メント欲スレドモ否極方ニ泰事ナクシテ」暴風は肌を削り妖術の仙香は胸に残り、帰路を探しても長い川を渡っているようで見付からない。[24]さしもの甲良彦も深い魔術に犯されて、暫く怯んで佇んでいた。その時、武将達が集まっている所へ美麻奈彦が武将を引き連れ馳せきた。美麻奈彦は甲良彦を助け、「禁厭ノ法」を行って雲霧の穢を攘い清めたので、月光忽ちに現れ冷風起こり草露は玉を連ねて虹を描いた。空天を仰ぎ見れば夜は既に半ばとなっていた。よって、甲良彦と美麻奈彦の両将は郷三将や武将を引き連れて無事に辻城へ帰り着いた。

○この章は、甲良彦が阿彦討伐の口火を切り枯山砦を攻めた。賊将乱波岱と栃谷舅を討ち取ったが砦は破れず、阿彦勢からの思いも寄らぬ戦術に翻弄され、その手強さを見せつけられた苦戦の記述。

○『肯構』には、これに相当する記述はない。

〈付随伝承10〉枯山砦の太皷の事……私曰く、阿彦は枯山に砦を築いた。枯山は砺波郡にある。この城があった所を今は浅野谷といい、山々が重なっている。後世、この城跡を築き改めて入った者はなく、往古のままである。人は皆な今は「鬼カ城」といい、昔鬼がいた城であるという。鬼とは阿彦のことであろう。本文に、鼓を打ったということがある。そういえば、この城跡には今も怪しい不思議がある。春雪の消えた三月末頃から凡そ七月の末頃まで、山上の城跡に風が吹くごとに太皷が鳴り、今も昔も変わらず鳴る。人が行ってその太皷を見ようと音に従って登っても見つからない。その時音は谷から聞こえてくる。山を下りて聞けば山上から聞えてくる。冬は鳴らない。太皷の鳴るのを聞いて今の人皆な鬼が打っているという。聞えてくるのは大きな太皷の音である。どのような「気」が残り止まっているという言い伝えもない。いずれにしても怪しいことである。この太皷の鳴るのを聞いて近在の者は「ひかた太皷が鳴る」という。「ひかた」とは何かと聞くと、「ひかたという鬼が叩く」などと何となく言い慣わしているという。また、太皷は石であり、風に当たれば鳴る、それもどの石かは知らないという者もいる。どちらを正しいとすべきか。思うに、「ひかた太皷」「石太皷」「石に風が当たれば鳴る」など個々の話を一つに纏めていうと、成程、石に風が当たれば音が出る。人に尋ねても判らないのも尤もである。世に皷石という石がある。石がよく乾いた時、未申の間から吹く風に当たれば音が出る。石の色は黒または薄墨色であり石には亀甲の紋がある。(25) 石がよく乾いた時に塩水を注ぐと紋がはっきり見える。これは何時も見えるものではない。黒いのは石肌が緻密で音も大きい。薄色なのは竪に筋があって音は出ない、若し音があってもその音は小さい。亀甲の紋が見える時は石が湿っているから音は出ない。乾いている時は紋が隠れるが音は出る。又、今城跡に太皷は冬鳴らないという、これは冬季は雪や霜に濡れるから音なく、夏に音あるは乾くからであろう。夏音あって冬に音聞こえずというのは、このように石が濡れているからである。また、風が吹けば鳴り、吹かない時は聞こえないという。皷石が未申の風に当れば音を出すとある。それ故、未申の風が吹いている時は城跡にある太皷も音を出すのである。未申の風は物をよく乾かす風なのかも知れない。この風は三月の末から当地に吹く風である、この風が吹くと皷石も乾き、音が出るのであろう。また、「ひかた太皷」の「ひかた」というのは鬼の名前というが、「ひかた」とは風の名である。西南方の風を「涼風単」という。未申の隅より吹く風であり、陰湿をよく乾かす風である。名付けて「涼風単」とも「干風単《ひかた》」ともいう。それ故に「ひかた風」吹けば鳴る太皷といって、「ひかた太皷」といったのであろう。このようなことから、彼の城跡に鳴る太皷の伝承を纏めると、「ひかた太皷」というのは理もあり疑いなく皷石である。又、音に従って山上に行き、その所在を確かめようとすると麓から聞こえてくる。音山上にあり、山上に至り聞けば音谷にあり、故にその所在知らずという。

音に従って尋ねても判らないのは尤もなことである。石を見なければ所在は確認もできない。思うに「涼風単石」を吹き乾かした後に石よく風を含む、又風が当たれば内に風を吹く。その吹き出す風に音があり、音は外を吹いている風に連れて去る。それ故に山の麓で聞けば山に音があり、山にいたって聞けば谷に音があるのは音が風に誘われるからである。日常の太皷は、人が桴《ばち》を持って打つから内の風音となって鳴り出すが、打つ人も太皷も目の前で行っているから判りやすい。皷石の音は石を打つ姿も見えず、音は石を離れて打った風にあるゆえに音源はたやすく判らない。いわば、鉄砲の玉に音はあるけれども筒の中にも筒の先にもなく、玉の当たった所にあるようなものであろう。又、皷石は元々日本にあるということを聞かない。しかし、枯山の古城の跡にあるという。諸人がその鳴るのを聞いているから在ることは確かである。いわば、珍物でめったにない重宝である。この石を求めようとしても難しいだろう。『山海経』に皷石についていうには、南海の西四山を過ぎた所に山があり、名付けて枯山《こざん》という。(26)石があり皷石という。涼風単を得て音を生じ、皆な皷の音のようである。四郊に取ってきて皷に用いる。(27)よく雲を敷く。四山と枯山との間の距離は皆な五万歩あるという。又曰く、今古城跡のある山を砺波郡では枯山《かれやま》というが、この山の元の名は枯山《こざん》である。大昔の人神は、ここに皷石があることを知っていて、和訓で「かれ山」と名付けた。皷石があるから山の名も自然に枯山となったのだろう。天地の開き初めからここにあったのだろうか。また、阿彦は魔術に通じていたので南海に行って取ってきたものか。四郊に置いて皷に用いると聞いて阿彦が取ってきたものか。未だ太皷という物がなかった昔のことである。いずれにしても皷石があるのは稀れである。枯山を今は加礼山と書く、恨むべくは枯山と書かないことである。皷石があると記さないで枯山といわねばならない。枯山に皷石があると知っていれば、今に聞く皷の音も不思議ではない。若し、大昔の人神が国の姿として皷石を納めることがあって、遥かに取ってきてここに納め枯山と名付けたのを、後の人が枯《こ》を枯《かれ》と読んで枯山といってきたのだろうか。神人が昔行ったことは、今の翫《もてあそび》に似たことが多い。しかしながらその理は皆な合っている。今の加礼山の地続きに加礼谷という所がある。これは、枯の訓読書きにしていたのを何らかの訳があって加字に替えたのか。今、加礼谷という所は越中三郡の境界地で、北は射水郡、東は婦負郡、西は砺波郡である。ここに石を削って境界石を立て、今、郡の堺を知らせるため置いた。三郡を治めるのに天地に何か阻むことがあるのを神人が昔早く察知し、南海枯山の皷石を取ってきてここに置き、枯山の石があることを知らせるため、枯山と名付けたに違いない。今の加礼山加礼谷は古の枯山である。「三軍は皷を鳴らして収む」ということにも合致する。(28) なお、この事についてはよく聞き調べてほしい。

又曰く、越の地には「浲《なん》石」「咩《し》石」「瑠《るり》石」「鼓石」「形《なり》石」などの石があり、その石のある所や産出地などを細かに記した書物があると父老がいった。その書物はどこにあるのかと問うと、越中風土記に書いてあるのを見たが、今は焼亡してないと答えた。

右は皆な、父老の語った事を書き記した。

○枯山砦山上から突然打ち鳴らされたという「鼓」について考証し、「鼓」の正体は、皷石に吹き付けた「ひかた風」であるとしている。この皷石を中国古典『山海経』を引用し中国渡来の珍石であり、阿彦が中国から運んできたものか、或いは大昔神が射水郡、婦負郡、砺波郡三郡の界石に置いたものとしている。

○野崎伝助は当時未だ太鼓がなかったとしているが、これは誤りであろう。数多の太鼓を一斉に打ち鳴らす響きは臓腑をえぐる。まして、枯山砦のような山間部で突然打ち鳴らされる太鼓の響きは、山中に谺《こだま》し、人々を動揺させる。

▲手刀摺彦官軍ヲ乞フ事

かくて手刀摺彦は、甲良彦が枯山の戦いに疲れたと聞き、急ぎ中央城に諸将を集めて曰く「阿彦峅は横悪にして人民を苦しめ、少しも憐みをかけたということを聞かない。哀れではあるが、阿彦を凶賊とする。夫れ仁とは、四海に恵みを施し深く人民を憐むことである。仁、夫れ政道というのは国を治め人民を憐み善悪親疎を分け隔てず撫育するをいう。阿彦が強悪なりといえども、我は今まで情けをかけ宥めてきた。しかしながら、阿彦は少しも善政を行わず慾心に燃え盛って君父の道を弁えず、只人の財を我が物にしようと謀る。阿彦は仁政を思うことが全くなく、人々の煩い嘆きとなるのみである。帝を軽んじ神を恐れない。しかも、他の政道があるとは何事か。若し、人が阿彦を見習いへつらい飾れば、賊の跡を継いで人また賊を学ぶであろう。世の中の争乱はいよいよ休みなく続く。今まさに、両軍勢が対峙して互いに相手を滅ぼそうとしている。何で凶賊阿彦峅を殺さないでおくものか。帝が大将を任命し官軍を下して凶賊を追討してくださるように乞い奉ろうと述べた。即ち、畔田早稲比古を牒使として帝都へ訴えた。

○この章は手刀摺彦が朝廷へ凶賊阿彦峅討伐を訴えるに至った経緯と、凶賊討伐への堅い決意を記す。

○手刀摺彦の言葉中「阿彦強悪ナリト云ドモ我慈ヲ加テ彼ヲ宥ム」は鎮圧できなかったことの弁解。

「外之政道何事カ有ベキ」は、大和政権を侵略者と見做し、阿彦国主時代への復帰をめざす動きの事。

註

（1）六万餘頃……現行の面積では六万町歩余り。

（2）神胤・兜彦……加夫刀彦のこと。舅……老翁と同じ敬称。

（3）作将・澤将・牧将……作将→勧農、澤将→河川や沼地開拓　牧将→兵馬管理などの部門の「長」か。

（4）『喚起』には、大彦命が越中で戦火を交えたという記述は見当たらない。

（5）「牛嶽周辺で蝦夷の暴徒が再び反乱を起こした。大彦命が退治に向かったところ、暴徒は地の利に明るくよく戦ったので、命は苦しみ難儀された。ある夜明け方の大空から一人の老翁が現れて「山上の者には火を放ち、山下の者には焼石を落とせよ」と助言した。命は助言とおりに応戦されるとたちまち平定することができた。喜ばれた大彦命が老翁の名を問われると「気多王」と答えられた。それは越中一ノ宮・高瀬神社の祭神大己貴命であった。（拠『山田村史』）

（6）澤古舅・富寄舅・甲良彦舅・雄瀬古・玉椎老翁・潔石高住舅・大路根老翁・美麻奈彦

（7）金城……富山城。

（8）中比……中頃。昔という意味。

（9）飛州の侍・川上中勢……川上中務丞家信か。家信が立籠もったのは大山町中地山の中地山城である。斉藤新五が永禄年中と天正六年に太田本郷の地に陣取ったという。（拠『越中志徴』）

（10）「西ノ刻」……午後六時、「寅ノ刻」……午前四時。

（11）暦……天文暦法。

（12）『喚起』巻之五・阿彦峅父国主之遺魂ヲ一宮ト祭ル事。

（13）評歌……昔から伝わっている挿話のことか。

（14）元気……万物の根本の精気。天地の気。気……万物が育つための大本。

（15）「溟澤シテ牙ヲ含ミ」……渾沌とした中に自ずと万物の生ずる兆しが見えること。日本書紀の「天地未だ剖れず、陰陽分かれざりしとき、渾沌れたること鶏子の如くして、涬にして牙を含めり」の引用。溟澤……溟涬の誤り。渾沌……まろやか。牙……芽……兆し。

（16）「　」内の文章……口語訳困難につき原文のまま。

（17）書……日本書紀。

（18）日向・日辻・日止……日が出る所・日が通る所・日が沈む所。

（19）神国吉瑞……大和朝廷の威光。

（20）徒空念……つくねん（方言）、ぼんやりと立っていること。

（21）日ごとに召使が欠けていった……原文「日々ニ病小人虧」。

（22）最屋……舘。最仮……荒城・砦。

（23）横刀……帯取りの紐を付け腰に吊った剣、横に位置するので横刀といった。直刀、刀《たち》。手鉾……槍の原形。長柄の先に着けた刃物、突き刺す武器。

（24）「　」内の文章……口語訳困難につき原文のまま。

（25）未申……南西の方角。

（26）山海経……中国戦国時代（前五世紀〜前五世紀）に出来たという古典。地理・博物辞典。

（27）四郊……都の四方の郊外。

（28）三軍……中国周の制度で諸侯が持つ軍隊。一軍力二千五百人。三郡を三軍に繋けている。

○喚起泉達録巻之七 （『中田本』）

『桂本』巻之十三、『清水本』なし

はじめに

1．『中田本』巻之七には、「大若子命越路ノ濱ニ着船之事」「佐留太舅命ノ迎ヒニ笥飯浦ヘ出ヅル事」「大若子命船路ヲ経テ大竹野ヘ上リ玉フ事 并珠洲近藤ノ事」「佐留太舅甲良彦舅岩峅之堡ヲ攻ムル事」「大若子命岩峅攻メノ事 並ニ草薙之御劒ノ事」「大若子命白旗ヲ作リ始メ玉フ事 並ニ八将ニ配リ玉フ事」「父老ト隣翁ト旧典ヲ物語ル事」などの七章がある。

2．『中田本』巻之七は、垂仁天皇の勅命により阿彦討伐に下向した大若子命が二度の戦いに苦戦し、姉倉姫の神託に従い軍組織を再編するまでの伝承記述である。なお、『桂本』の巻番号（巻之十三）は誤写であり、『中田本』巻之七が正しい。

3．『肯搆』の類似記述は、この『喚起泉達録巻之七』を要約したものである。

▲大若子命越路ノ濱ニ着船之事

時に、垂仁天皇八一癸子春正月中頃、(1) 畔田早稲比古《くろだはやみひこ》が大和国珠城の都に参りきて、「越の地の旧民に阿彦東条の子孫・峅という者がおり、近年王命に背き「詔」を恐れず、保堡の将等を侮り業を勧めても従わない。些かも農業を顧みず内に好色外には人を捕らえ苦しめている。暴虐は日々に募り、慾心燃え盛って賊業に励むのみ。剰《あまつさ》え悪人どもを集めて良民を追放し耕作を妨げ、これを拒めば罪なき者をも殺す。山嶽野溪に火を放ち遼原燃えること限りない。松伯争い燃えて火は天に連らなり、煙りは渦巻いて日輪を覆い昼も闇い。天暗く地焦げれど助ける術もない。将等の封内へ押し入り、住民を集めて斬害し只々殺伐を好む。百姓は佇む所なく憂いを抱き、痩せ衰えて逃げ隠れている。故に、家郷には晩に牛の咆吼なく、暁に鶏鳴なし。春がきても野を耕す者なく、耕地は再び元の荒地に戻ったような有様である」「これによって、手刀摺彦と手刀椎摺彦は共に良民を励まし、日夜この災いを防いではいるが、阿彦と支那太郎の魔術に襲い衒《まどわ》されて防ぎきれない。次第に封内を奪われ、百姓の数も減ってしまった。手刀摺彦が心怠らず励んでいる「其ノ道」(2) が未だ出来ていないこの時期に良民を失えば、洲壌はただ荒果て、秋の収穫はなくなってしまうだろう。(3) 百姓達を助ける術もない。手刀摺彦は未だ老齢ではないのに白髪となり、百度心を労し千度身を苦しめれども、災難は重なって起きてくる。手刀摺彦が郷将達にいうには「我が力の及ばざるはよく承知している。しかし、何でこれを恥と愁えることがあろうか。高貴《おかみ》な方に逢えれば必ず事態は急速に好転するに違いない。唯、皆な宜しく公道が正しいと信ずべきである」と。郷将達は速やかに官軍の派遣を待つ事に一決し、この度帝都に告げ奉った。この上は、速やかに官軍を差し下され、凶賊阿彦御討伐を願い奉る」と時の天皇を地に拝み伏し、涙ながらに申し上げた。これを聞いていた公卿達は各々協議し、畔田の申す事を疎かにすべからずと決した。

帝から大若子命に、官軍を率い急ぎ越路に出発し、凶賊阿彦を平らげるよう詔があった。大若子命には「標ノ劔」を賜った。命は勅命を蒙り、官軍を率い、同年春三月帝都を出発し、「難波ノ浦」から船に乗り、海上を馳せて同四月「越路ノ濱」に到着した。

○畔田早稲比古が帝に訴えた口上と大若子命派遣について記す。

〈付随伝承1〉越路ノ濱の事……私曰く、大若子命は「越路ノ濱」に着いたというが、何処の浜か分からない。その浜は越前国「笥飯《けい》ノ濱」である。命は四月末二日に先ずこの浜に着いた。笥飯ノ浦は「気比ノ浦」で角鹿《つのか》といっていたが、今は敦賀と言っている。命は敦賀で船から上がり周囲を窺っていた時、佐留太舅という者に逢い、越の有様を聞いて越中へ来た。詳しくは左の本文に記述した。大若子命が敦賀に上陸したというのは、命が凶賊退治に来たことを人皆な有り難く思い、これを後世に伝えるため、上陸後暫く滞在していた地所に大若子命を一社の神に祭った。即ち、大籏神社といい、今も祭礼を欠かさない。(4) 故に、「越路ノ濱」に着いたとは聞いているが、今敦賀にある神社の謂れから先ずここに上陸し、後に越中に入ったことが分る。父老のいった儘に記した。

▲佐留太舅命ノ迎ヒニ笥飯浦へ出ヅル事

ここに、婦負郡の南杉山という所に佐留太舅という人がいた。(5) 大昔の猿田彦命の子孫で人体気骨とも人々と異なり、その丈は九尺余りもあった。金眼紫筋勇猛で常に正しい道を行き、作法を乱さず義を重んじ、強きを見ても恐れず弱きを見ても侮り蔑まず、堅く約束を守り患難を見捨てなかった。その心は鉄石のように堅固で、温和慈愛なることは神のようであった。山深い所を好み、そこで粟を作っていた。誠に天の恵みか何れの秋も粟がよく実り、思い煩うことなく悠然と渓流の青い水を眺めながら暮らしていた。ところが、大若子命が凶賊阿彦退治のため勅宣を蒙ってこの国へ下向されると伝え聞き、「我は久しく阿彦の虐悪に懲り、帝王の救いを待ち望んでいた。そうならば、急ぎ命を迎えに行かねばならぬ」と決意した。佐留太舅は髪を「嘉良和《からわ》」に結び[6]、白い小袖に紺色の麻の直垂《ひたたれ》姿、銅の大手鉾を提げ、黒金で三尺ばかりに高く造った屐形《げた》に乗り、常に友としていた住人三〇名を率いて杉山を発って「笥飯ノ濱」へ馳せ向かい、大若子命の到着を暫くここで待っていた。

○この巻では突然、勇猛な郷将・佐留太舅が登場し、住人三〇名を伴い「笥飯ノ濱」へ馳せ向かい、大若子命の到着を待っていたという。おそらく、手刀摺彦兄弟や神亂達が大若子命との事前連絡のため、密かに派遣したのであろう[7]。

○佐留太舅が住んでいたという婦負郡の南・杉山の猿谷とは何処だろうか。

『喚起』は、猿谷を後に猿屋と改称したと記す。『三州地理志稿』巻之九越中国第四・楡原郷百四七村中「上笹原村には清水・猿屋・中根の小村名があり、上笹原は一名・古宿」とある。又、『越中婦負郡志』四方町の項に「天正年間、栂野猿太治の後裔杉山より此地に移り、今川輝元の旗将佐兵衛督平安昌が入聟して漁業を創め、家来六名を別居させ漁夫とした」と記している（栂野家では栂野佐兵衛督安昌を中興の祖としている）。

上笹原村は戸田峯を水源とする別荘川沿いの集落で、北に下れば下笹原村に接する。なお、『卯花村史・八尾町史』に、上・下笹原村は近世に笹原村が分村したとある。昔は、神鎮ります地・夫婦山や小井波へは別荘川沿い道を辿ったという。上笹原村の東に南北に連なる小高い丘陵を越すと、久婦須川があり岩屋村がある。往時は、この小高い丘陵を杉山と呼んでいたのかも知れない。この地域は昔から杉樹の適地であり、今も岩屋村には杉山名字が多い。『喚起』の「婦負郡の南・杉山」は、この小高い丘陵をも含めた野積川・別荘川・久婦須川に囲まれた丘陵地帯、即ち楡原郷一帯だったのではなかろうか。又、楡原郷は手刀摺彦がいた田中郷に隣接する。なお又、ここは佐留太舅が渓流の青い水を眺めながら暮らしていたという記述に相応しい。

『喚起』に、猿谷には猿田彦命・猿田姫命二神を祭る神社があると記している。しかし、この辺りの神社では祭神が変わり、猿田彦命・猿田姫命二神を祭る神社は見当たらない。又、天正の初めに滅亡したためか、猿田彦命の伝承は残っていない。要調査。

〈付随伝承2〉赤銅鉾の事……父老私に曰く、佐留太舅は猿田彦命の後胤で姓は猿女である。この人が持つ赤銅の鉾は金銅で造られ、鋭く鉄をも割る。今、高日月神社はこの鉾を神に祭っているという。この神社は　今、婦負郡田中郷高日付山にある。昔は高日月山村も高日月村と書いていた。何があったのか、貞享の末頃から高日付と書き改めた。文字を改めた謂れは知らない。又、この神社は同郡黒瀬郷多久比禮志神社の客神「日ノ宮」が飛び移られた時、玉鉾の形を現して飛ばれたが、鉾の柄がちぎれて高日付山に落ちた。後世の人がそれを掘り出して高日月の神として祭ったともいう。この二つの伝承は何れも似か寄っているが、高日月の高は鉾、日月は柄を意味するのであろう。日向風土記に、劔の柄を掘り出したので神に祭りそこを柄村《ひつき》というと書いてある。とすると、柄を「ひつき」と神事でいっていたのか。今の高日月村も高柄村を書き誤ったのだろう。これには異説があり、多久比禮志神社と高日月神社の二社に就いて今詳しく記し難い。「日宮神黒瀬へ飛ビ移リ玉フ」という巻と比べ見られたい(8)。又、黒金の庋形に乗ったとは、庋形は足駄《あしだ》を履いたことをいう。この庋形という文字の訓読みを知らないが、聞いた儘に書いた。

○『喚起』は、佐留太舅は婦負郡の南・杉山の猿谷の住人であるという。『神名帳考証巻六』には、多久比禮志神社の祭神は大彦命としている。佐留太舅は多久比禮志神社と関わりを持つ郷将だったのだろう。『越中婦負郡志』には、佐留太舅の鉾は高日月村の神祠に納められているとも記す。

〈付随伝承3〉佐留太舅居所の事……多久比禮志神社は昔は婦負郡、今は新川郡にある。又、佐留太舅が住んでいた杉山は今は猿谷という。佐留太舅はこの地に久しく住んだ。この後胤もここに住み、代を重ね天正の初めまで続いた。佐留太舅が住んだ所の名称にして猿谷とした。舅《おぢ》は老翁《おんの》と同じ敬語であると神書にある。佐留太舅の代から猿谷に城を築き、これを今も猿谷城といっている(9)。この後胤は佐留を名字としている。初めは佐留屋とし、後に猿谷、又後に猿屋、又後に塩谷と称した。又後に塩とし、又後に城を栂尾城という。谷も「栂ノ尾谷」と改め、名字を栂尾とした。又後に栂野、又後に栂と名字を改めた。代々を経る間には静かな時もあれば忙しく暮らす時もあった。天正の初め、城を奪われて去った。代々忙しく住んでいたことは「末ノ巻」に記した(10)。猿田彦命・猿田姫命の二神は陰陽の神である。この猿谷には、佐留太舅の先祖・この二神を城内に氏神として祭っていた。今も二神の神社がある。この神社があったので「栂谷」といわず、古えを思い猿谷といった。塩谷氏、塩氏、栂尾氏、栂氏等は同姓である。これらの子孫は当国に留まり、類葉は加越に広く活躍した。しかも、身分の高い侍役を勤めた。又、塩の一字を名字にしている者は、奥州塩釜の神社の祭神・国勝長狭を先祖とする。この子孫は猿女氏で塩氏ともいう。栂尾も奥州塩釜の「栂ノ尾」から付けた名字である。猿谷は当国の猿谷から付いた名字である。猿谷は佐留太舅を名字とした。佐留太舅は猿田彦命の子孫である。

〈付随伝承4〉猿田彦命の事……猿田彦命という神は、地神二代忍穂耳尊と三代瓊々杵尊の二神の間が万千年間空位だった時、猿田彦命が日本を預かり守っていたという。時に、瓊々杵尊が「高間ガ原」より日本日向国に天降って葦原中津国の主となった時、猿田彦命は尊の天降りを聞き、降臨の道筋にいる邪神を全て打ち払って出迎えた。尊の鳳輦が見えたので輿に付き添った。ところが、猿田彦の異形な姿を見咎め罵り立ち去らせようとしたので、猿田彦は迎えにきた訳を述べた。咎めた神は猿田姫命であった。この神は猿田彦とは元々陰陽の神であったので、互いに再会を喜び合った。この夫婦神はその後、尊を守り日向に無事天降った。猿田彦命は尊の護士となって外を守り、猿田姫命は乳母となって内を守った。今、侍の子息を護士に選び然るべき侍を付け、乳母の筋目を選び添えるのはこの二神からの縁である。

〈付随伝承5〉家紋の事……この二神は守護補佐の神であり、何れの国でも「八ッ城ノ第一ノ神」として最初に祭る神である。この祭礼を俗に「梅祭り」といい、梅の花を捧げて祭る。梅は兄《このかみ》という意味である。何れにしてもその国々の神社の護神である。兄とする梅は、春風第一四番に初めて吹く風に花が咲くから諸木の兄とする。故に猿田彦命の紋は「梅ノ花」を付けている。これは「梅鉢ノ紋」に似ている。それだから、菅家の紋は「梅鉢」であり、これに似ていることから今、塩氏や栂氏は菅原の姓というが誤りである。「梅ノ花」と「梅鉢」の紋は同じように誤っていっているのであろう。塩氏や栂氏の姓は猿女である。又、梅鉢とは木の花でなく、草の花である。この事は当国に稲生若水という者がいて加州より彼は二百扶持となった。[1]若水は本草学の知識があって本草書八百部を作り、公義に提出した。後に京都に住んだ。この若水が加州へ「梅鉢の紋は梅の花ではなく、梅鉢草を模したもので、この草は加州白山の麓にあり汚い所にはないと」と申し上げた。この若水の弟子「覚中」という者が当国覚中町に元住んでいた。ここが町になり、「覚中」が住んでいたので自然に町名が覚中町となった。

〈付随伝承6〉八城の事……又、「八志呂ノ第一」とは、その国々の神人が始めて造った城跡を皆な「八城」といい、これを「八志呂ノ第一」という。その国の護神の城跡或いは宮や神社であり、介城、俗に八介ともいう。ここに始めて住んだ人を神とし、分国が小さいので神社に祀ってある。「八城」に分けたので国が小さくても一国というのである。

日本国には、八志呂の城が所々にあって介城、俗に八介ともいっている。その八介という人には、出羽国に秋田之介、下総国に千葉之介、上総国に上総之介、加賀国に富樫之介、相模国に三浦之介、伊豆国に狩野之介、周防国に大内之介、遠江国に伊井之介、この八人を八介と俗にいう。即ち八ッ志呂とも介城ともいった。これが日本国の姿である。この城主は昔は筋目正しい者を選り糾して主にした。その国の主であっても天子の旗下にあり、御家人であった。八ッ城の内、秋田之介は第一で姓は猿女氏である。この八ッ城を国々では神社として崇めている。しかし、昔から物を間違えることもあるのか、昔源三位頼政の侍に猪早太という者いたと何れの軍書等にも書いてあるが、伊井隼人の誤りである。八ッ城の内伊井之介の後胤・伊井隼人を猪早太と問き誤って記したことが後世に伝わった。伊井隼人より家名が永く続き、今近江国彦根の城主伊井掃部頭殿がその子孫である。猪早太の系統という源三位の家は、今、松平伊豆守殿である。よって伊豆殿と掃部殿とは内輪であるが、礼儀作法は古えの順に従い、正しく対応しておられる。澤山を彦根と近年古えの地名に替え改めたのも八ッ城の意味であろう。

当国の猿谷は八志呂の一つであると、他国のことを引いて父老が物語ったのを聞いた儘ここに記した。

▲大若子命船路ヲ経テ大竹野へ上リ玉フ事　併珠洲近藤ノ事

かくて、大若子命は越前国敦賀の浦に船を寄せて浜に上がり、越路の有様を聞こうと人の来るのを待っていた。所の農夫達は、命が凶賊を退治することを喜び、種々の貢物を捧げ渚に居並んで御無事着岸を祝った。命は父老を呼び、「越路の有様を詳しく知る者はいないのか」「出迎えに来ている者はいないのいか」と聞いた。父老は「吾は当所に長く住んでいるが、越路へ案内出来る者は未だいない、しかし、越の中五の者と称して命の下向を待つと申し、住人三〇名程を率い、一昨日の朝から大野の福泉に留っている者がいる。是れを召さるべきであろう」と答えた。命はこれを聞き、この者達を見ようと渚を経て野に移ると一叢に茂った松原があった。命がここに暫く佇んで四方を見渡すと、遥か向こうに住人達と思われる一群がいた。父老がいっていたのはこれに違いないと歩み近寄った。命の護士・小濱ノ早見という者が命の前に進み「露払いをしてきたが、三〇名程の真先に進んでいる者を見ると奇相異骨な男が大手鉾を突立て東を向いて立っていた。吾はこれを見て怪しみ怒って「如何なる者か、ここに来られたのは大若子命である。未だ知らないのか。異形な姿で突立っていては命を卑しめる早く去れ」と罵ると、この男は騒ぐ気配もなく大音声で答えるには、「我は越の中五杉山の住人佐留太舅という者也。神猿田彦の末胤である。この度、命が王命を蒙り、凶賊阿彦退治のため当国に下向されると聞き、我が神の先例に従って出迎えた。早く命の謁見を賜りたい」と申した。「汝は何故に高い度形に乗って見下ろすのか。命を恐れていないのか」と問い質すと、佐留太は「手に鉾を提げ度《さづき》に乗るのは、これ我が神の故事であり、命のご到着を祝う標である。このことは命がよく知っている筈である。今ここで汝ごときを咎めはせぬ」と答えた。小濱ノ早見は急ぎ事の次第を命に報告したところ、命は喜ばれて佐留太舅を謁見した。忽ち睦まじくなり、命は越路の有様を事細かに問い聞いた。佐留太曰く「命が柳葉を揃えて海を走っているとは思わず、陸地を伝ってここへ来られるとばかり思っていた」「我が友に「珠洲ノ近藤」という者がいる。彼は加志波良比古の後胤で、今「西海ノ浦」に来ている。[12]彼は一隻の柳葉を持っているから、我が呼んだから今日中にここへ来る」「命は中五へ行くのに、陸地を辿られると途中の道は遠く山谷の茂みは日月を覆い、陰湿深く暗い霧が出て蒸せるようである。その上、凶賊は西に向かって砦を築き道を妨げている。若し、命が来たことを知れば林中野草に火を放つに違いない。「珠洲ノ近藤」は航海に長け、何時も船で中五に来ている。命は「珠洲ノ近藤」の船に習い、御船のまま中五へ行かれたら宜しかろう」と。命も佐留太舅の申出に従い、近藤老翁の到着を待った。その日暮れ頃、近藤老翁が珠洲の住人百人を率いて謁見した。命は大層喜ばれ急ぎ船に乗り、同五月一日の暁に越之中五に名高い石瀬之磯に到着した。越中の農夫・住人等は浜辺に集まって喜び合う事限りなかった。命は、直ちに大竹野へ赴いた。ここには手刀摺彦兄弟を始め十二堡障の将、郷三将の族が出迎えた。予てから仮屋を造り待っていたので、命の仮屋着座後皆な桟敷に居並び、命の御発向に賀詞を捧げ、凶賊阿彦の様子を詳しく申し述べた。

○大若子命が佐留太舅や珠洲ノ近藤等を謁見し、この者達の具申に従い海路を辿って越中に到着したことを記す。

〈付随伝承7〉福泉と珠洲近藤の事……父老亦私に曰く、大若子命は佐留太舅に会いに福泉《ふずみ》の松原へ行ったという。福泉は越前国、今の疋田のことである。ここの大籏神社は大若子命を祭っている。この地に三社あり、一は大己貴命を祭る神社俗に福泉社という。二は大若子命を祭る大籏神社。三は珠洲舟玉社といい珠洲近藤を舟玉神に祭るという。これは、他国のことであるが「珠洲ノ近藤」が命に随って当国へ来たといっても確かな拠所がないので、この地に珠洲舟玉社があるのを先取りして語るのみ。この珠洲は能州にある。即ち、珠洲郡といい俗に須須とも書く。この郡に加志波良比古神社があり、須須郡の神社並小三座の内である。この神は今世にいる近藤氏の先祖で姓は源である。近藤氏の士兵書に見える所は少ない。七国志という書より近国には繁《はびこ》る、尤も近代蓮沼等の武功は有名で人皆な知っている。ところで、それより前の事は軍書にないので、近藤氏の家は近い頃に有名になったといっている。これは世人が間違えている。近藤氏の始まりは、先ず大若子命に随い当国に来た珠洲近藤という人は、能登国珠洲加志波良比古の末胤で生国は能登である。この人の子孫が近藤を名字として近藤滓上《かすみ》といい、加賀国に住み死んだ。その子帯刀は父滓上の遺魂を神に祭った。加州能美郡の滓上神社である。この神社は能美郡の神社並小八座の内にある。郡内有数の神社であるから往古からの社である。帯刀が祭ったのではないというのも誤りだろう。諸国の神社は王代遥か後に改めて決まった。改まった時、神階も定まって正三位滓上神社となった。帯刀といった人より又幾く世代も加越に住んでいたのか、越中の藤仁人《としひと》が守護の時、仁人の三男井口實茂《さねしげ》の旗下に近藤右衛門という者がいた。その後、平治の頃にも近藤右衛門という者がいて、井口と組んで佛生寺の細川佐四郎を滅ぼした人である。近藤氏は古えに登場したことが三度ある。「細川佐四郎ヲ滅ス戦場ヲ物語ル巻」で詳しく述べるので、ここでは略す。[13] 佐留太が神の古風に従ったといった証拠は今ここで語るに及ばない。佐留太彦命が瓊々杵尊を出迎えた故事をいう。この事は神書の所々に多く見える。又、庋《さずき》という物がある。庋という時は、今世に使っている桟敷である。佐留太舅が桟敷に上がったのでないから、庋といっても庋の形をした物に乗ったことになる。庋形《ききょう》是を庋形《きなり》と見れば俗にいう棚の意味で、足駄に乗ったとは棚に乗ったと同じ。古えは足駄がなかったから棚の形をした物、即ち庋《ききょう》の形をした物に乗ったということになる。或る神書の註に「庋閣ハ食物ヲ蔵ス也」とあり、集韻には「或ハ作庋内ノ則大夫七十而有閣　註閣　以板為之庋食物也」とある。(14) 棚のことをいう。足駄や下駄が未だない前であるから庋形といっていたのを、後に訓して庋形《げた》としたのであろう。亦同書に假庋を訓して狭敷《さずき》也としている。命は大竹野の假庋にいたという此時の假庋は庋《たな》ではなく、狭敷である。神功皇后紀に麛坂王忍熊王が共に出て菟餓野で狩を祈った時、二王は假庋にいたという。この時の假庋は仮屋のことで、今の桟敷の様なものである。命がいたという大竹野の假庋は仮屋・陣屋のことである。亦「佐留太舅ノ神ノ古風」はもっと遠く瓊々杵尊より前のことともいう。神書に曰く「猿女ノ君の遠祖・天鈿女命《あめのうずめのみこと》が手に茅を取り付けた小矛を持って天石窟の前に立ち、巧みに踊った」遠い昔のことなどをいっているのかも知れない。何れにしても譬え話となる故事が多い。前に断った通り、「石瀬ノ磯」や「大竹野」は婦負郡である。なお、このことに就いては未だ語る事があるので、今は略す。

右は、父老の話はこのようであったので、聞いた通り此所に記した。

○多久比禮志神社と関わりを持つ郷将・佐留太舅が、その知略と武勇によって阿彦討伐に大きな功績を挙げた。猿田彦命を祖と称していたこともあってか、神代の昔瓊々杵尊が葦原中津国に天降った時、猿田彦命が道筋の邪神を全て打ち払って出迎えたという古事になぞらえ、特異な佐留太舅伝承が出来たのであろう。

▲佐留太舅　甲良彦舅岩峅之堡ヲ攻ムル事

かくて、大若子命は大竹野に本陣を置き、住人を出し阿彦の様子を調べさせた。「阿彦は此程命が当国に発向したことを聞き、さすがに王命に恐れたのか己を始め凶賊達は堡内を出ず静まっている」と猿軒《ものみ》の住人が告げた。命は先ず彼の岩峅之堡を焼き破り、そこにいる賊徒を追い出せと甲良彦舅と佐留太舅に命じた。両将は畏まって二人共に鉾を携え、住人を率い岩峅にいたり、最屋《もや》・仮屋《かりや》に火を放ち悉く焼き破り堡内に攻め込んだ。甲良・佐留太は真先に進み、目を遮る賊徒を右に突き左に突伏せ、平地に車が走るように散々に薙ぎ倒した。堡には、支那夜叉・支那太郎・強狗良達が守っていたので、賊徒を率い走り出てここを千度と防いだ。中でも支那夜叉は、長い髪を八方に吹き乱し一丈余りの「樫ノ棒」を手元軽げに打ち振り、向かうを幸いと打ち砕いた。住人達は肝を潰し、敢えて近付こうとする者がなかった。甲良はこれを見て「悪しき女め、おのれ逃すものか」と鉾を捩じって飛び掛かった。夜叉も得たりと棒を交え火花を散らして戦ったが、甲良に突き伏せられてしまった。甲良が鉾で夜叉を突刺そうとしたが鉾先が白んで刺さらず、怒って打ち付けた時、夜叉の髪が渦巻いて甲良の顔を覆い隠した。その隙に夜叉が起き上がり、棒を延ばし甲良に打ち掛かろうとした。佐留太は甲良の危機を遥かに見て飛ぶように駆け付け、甲良に会釈する暇もなく夜叉を突き伏せた。佐留太の鉾は名銅だから何物も是れを耐え防げない。鉾は夜叉の高股を突き抜いた。佐留太は鉾を取り直し夜叉を打砕こうとした時、強狗良が走り寄って鉾の柄も折れよ砕けよと打ち掛かり、棒に巻いた鉄筋が佐留太の鉾の鉄鍔《つみは》に激しく当たった。鍔は外れて折れ飛んで、「立山之央」の所に落ちた。この鍔は後に「美加保志」となった。(15) この隙に夜叉は鉾の鋭さに恐れて逃げ去った。強狗良も「石塗ノ皮」を着ているが、佐留太の鉾の鋭さを知り後ろを見ず逃げかかったのを、佐留太は見逃さず追い懸け様に鉾を投げつけた。鉾は飛んで強狗良の背中の肩から腰まで切り裂いた。強狗良は弥々恐れ堡中を指して逃げ失せた。その他の奴原《やつばら》共はこの戦いを見るまでもなく、支那太郎を始め、皆な堡中に逃げ入り深く閉ざして出て来なかった。甲良・佐留太二将の戦意は益々高まり、住人を進めて追懸け堡に追い詰めいよいよ焼殺そうと堡の四方に火を放った。谷風激しく吹き立て火焔燃え上がり、今や堡障が焼け落ちたと思った時、忽ち雲覆い雷鳴と同時に車軸を流すような豪雨となった。天も焦げるかと思う程の火焔は一度にぱっと消えて暗闇になった。思いもよらず水が湧き出でて波は滔々として天に迫り、その速さは矢のようであった。大波渦巻が襲い、住人達の波に漂い溺れる者数知らず。甲良・佐留太もこれには叶わずようやく小高い所に逃げ上り、流れている住人を助け上げた。禁厭の法を行い水波の汚れを祓い、水の涸れた道を辿り少し気が静まってから、住人を纏め両将一列になって夜更け頃大竹野に帰った。

○大若子命の命に従い、佐留太舅・甲良彦舅が岩峅之堡を攻めたことについて記す。

〈付随伝承8〉石具足の事……又、父老私に曰く、支那夜叉が身に纏った具足は堅く甲良彦の鉾をも通さなかったという。この具足は、将と称する人の出立ちにもなく、只直肌のようであったという。このことを尋ねると「それは未だ見たこともない具足である。夜叉の具足は強狗良と同じ石塗皮で、石塗皮とは古猿《ひひ》の皮である。古猿は猿の化物で俗によく雲を起して隠れるといい、人を殺す獣である。古猿は己の皮に漆木を掻いてその漆汁を塗り、砂を塗ることを何度も繰返し、鉄のように堅く手易く刃物や矢を通らないようにする。夜叉達は、この皮を剥ぎ取りその上に更に石の粉を塗り漆で固めた物を着ていたのである。この具足は後々までも山家の人は猿の皮をこのように石塗りにして着ていた。今も山家に持っている者がおり石具足といっている。」と答えた。

〈付随伝承9〉 美加保志の事……佐留太舅が持っていた鉾の鍔が折れて、立山の中ほどに飛び落ち、後に「美加保志」になったという。「ハヅレ」とは「端」をいう。その落ちた所は分からない。山の麓より上の中程から大きな星が出ることがある。この星は空天に昇っても天の川を越えない。この星が出ると人は「美加保志」が出たという。この星が出ても吉凶は起らない。多くは七月に出る。星が空天に昇らず山の端に見えると、高灯籠の火ではないかと怪しみ、空天に昇り山を離れてから星と判る。この星を「ツバミ星」ともいう。流伝では「昔神の刀の鍔が飛んで星になった」又、「神の刀の鍔を鬼がカチ割り飛んで星になり今も出る、名はツバミ星という」などといっている。この流伝の「ツバミ」とは「鍔」をいい誤ったのだろう。そうとすれば、古えは鍔《つみはぼし》星といっていたに違いない。「美加保志」といったのは後世のことである。しかし、「美加保志」というと聞えがよい。しかし、佐留太舅の鉾の鍔が折れて飛び星になったというには少し年代のずれがある。「鍔星」といえばこの流伝に叶う。後世に「ツミハ」を「ツバミ」といい誤ったと見た方がよかろう。「美加保志」は星ではなく誤りというのではない。しかし、或る書に「甕《みか》ノ速日ノ神」とは星のことなり、甕星というとある。『釋日本記』の私記を引用して太星を「美加保志」というともある。星の形が甕に似ているからだろう。このように見れば「美加保志」とは只大きな星をいっていたのを「ツミハ星」と名付けたともいえる。後世にいい始めたと判れば、深く論ずるには及ばない。しかし、鍔が折れて飛び星になったとあるから、流伝に合わせて星を指差す時は、「美加保志」というよりも「鍔星」といった方が聞えがよい。

又、甲良彦・佐留太舅が魔水の中で禁厭の法を行ったということは、前巻で詳しく記したので重ねてここでは記さない。

▲大若子命岩峅攻メノ事　並ニ草薙之御劒ノ事

かくて、甲良彦と佐留太は岩峅の戦いに利なく、賊の堡障も焼き滅ぼせなかったことを詳しく大若子命に報告した。これを聞いた命は「我自ら岩峅へ出向き岩峅之堡を捻り潰す。将達は準備せよ」といい、帝から賜った標劒を身に纏い、諸将を率いて未明に大竹野を出発し岩峅に到着した。

岩峅之堡内では支那夜叉や強狗良が負傷し、支那太郎も不安であった。しかし、鬚荊坊や石走天狗等という曲者が支那太郎をけしかけたので、逃げもせず最假を高く結び迴し堅く門を閉めて出てこなかった。命はこの有様を見て、先ず最假を焼き破って攻め入ったので賊も防ぎかねていた。突然、走天狗が山の岩穴から現れ、鞭を振るって差招き何か低い声を叫んだ。その声に連れて岩穴から飛び跳ねるように続々と人が群がり出て、あたかも雲霞のように四方に散らばった。その形相は、目が太い者・耳が長い者・口が広い者等々異類異形の者達であり、その投げる石は雨が降るようで少しの隙間もなかった。諸将も敢えて進めず、命の前後に寄り集まっていた。美麻奈彦はこの様を見て「奴は自在に妖術を振う。いざ目に物見せん」と、一陣に進み出て「塗木《うるし》ノ弓」に大鳥の矢をつがえ、矢尻に「茀茼《ふどう》ノ根」を刺し暫く固めてから射放った。矢は雷のように鳴り渡り、異形の者達の頭上や首の周囲を鳴り廻った。このため走天狗の妖術は消え、異形の曲者も次第に見えなくなった。矢は遂に走天狗の胸板を射通し、後ろの岩に突き刺さった。ところで、この矢は茀茼という草になって今は人民の食べ物になっている。東の方の山家に住む者の諺に「米なき年はあってもこ山に住んで茀茼さえあれば飢えることなし」という。美麻奈が「禁厭ノ法」を行った矢が化けて草となり、食べ物になって人を育む。これは、「禁厭ノ法」の霊験の現れである。命は投石が止んだのでいよいよ堡近くまで攻め寄り火を放とうとした。賊も焼かれまいと図ったのか、俄かに四方が暗闇となり雲中電《いなびかり》に満ちあふれた。又、支那太郎は天を走り巡り、数多の雷を呼び寄せ烈風を吹き廻した。このため、東西も分からず山も崩れ大地も覆るようであった。しかし、命はこれに怯まず進み続けていると、突然山谷が振動し水が湧き出し一度に大海のように満ち溢れた。その水は肉を削るように冷たく、流れは矢のように疾かった。命を始め将等兵士達は浅い所を探しても妖術に惑わされ為す術もなく、互いに散り散りになって命の居場所さえも見失った。しかし、命を美麻奈彦・澤古舅・大路根老舅・佐留太舅の四人が離れずに護り、南を指して逃げ走った。伊豆辺りの高い所を探して「三嶋野」に辿り着いた。凶賊は尚も追掛けてきたが、美麻奈彦・澤古・大路根・佐留太等が「嶋姫之森《ふるみや》」を楯に、四将が立ち並んで防いだ。賊将・鬚荊坊は人を集めて攻め進んできたものの、佐留太の鉾の鋭さに怯んで立ち止まった。

その隙に、四将は命と共に山に沿って野の高い所に辿り着き、暫く休息していた。その時、思いも寄らず賊が一度に火を放った。火は山林・原野を天まで焦がして燃え上がり、黒煙は十方に充満した。火の勢いは激しく四将も防ぐ手段なく、火は命の傍ら近くまで燃え進んだ。賊達も攻め込み事態は危なくなってきた。この時、命が帯びていた標劒が自ら抜けて傍らの草を薙払い、命の側に火は来ず危機を脱することができた。御劒の光は空にたなびき上り冷風が起きて賊に向かって吹いたので、火焔は激しくなり悉く賊を焼いた。賊徒は驚き逃げ走ると火に燔かれ、或いは御劒に切り裂かれ一人も残らず死んでしまった。所々に散らばっていた諸将や兵士達も馳せ集まり、火も終り程なく野は静かになった。この事から標劒を「草薙ノ劒」とも称え奉るという。これより、ここも「御劒之霊験」の有難さを世に伝えようと、今にいたるまで「焼山・焼野」と言っている。かくて周囲が穏やかになり、大若子命は諸将並びに兵士達を纏め、黄昏頃に焼野を発ち大竹野へようやく辿り着いた。

○岩峅攻めに失敗した大若子命達は、賊将・鬚荊坊に追われ、「南」を指して逃げ伊豆辺りの高い所「三嶋野」に辿り着いた。佐留太たち四将は、「嶋姫之森」を楯に防戦に努めた。鬚荊坊が佐留太の鉾の鋭さに怯んだ隙に、四将は命と共に山に沿って野の高い所に辿り着き暫く休息していた。その時、思いも寄らず賊が一度に火を放ったと、『喚起』は記す。また、〈付随伝承11〉に伊豆辺りの高い所「三嶋野」とは弥野の北辺にある「伊豆宮」辺りとし、〈付随伝承12〉では山に沿った野の高い所とは、「焼山・焼野」であるとしている。

大若子命達は賊将に追われ、何処から「南」を指して逃げ「三嶋野」に辿り着いたのだろうか。「三嶋野」の北方に熊野川がある。熊野川は、南部山岳の西笠山を源流とし、途中滝谷川・黒川・虫谷川・急滝川を合流しながら流下し、富山市布瀬地先で神通川に合流している。この川は、縄文時代には古常願寺川が流れていたともいわれ縄文遺跡も多い。流域面積は一二九・九平方キロメートルである。また、大水ごとに流れ筋が変わり、かつては右岸（氾濫原の北側）を流れていた時代が続き、現在は河岸段丘になっている。（拠『大山の歴史』・『月岡郷土史』）

○「大若子命が岩峅攻めにたどった道」について……『喚起』には、これについて記していないが、敢えて推測すれば次のように思われる。

　呉羽丘陵の末端部から軍船で神通川（鵜坂川ともいった）を遡り、右手に鵜坂神社を見ながらさらに熊野川を遡る。河口付近には黒瀬・日宮社があり、さらに遡れば左手に多久禮志神社があり、両社は佐留太伝承に縁を持つ。下船後、陸路熊野川の左岸沿いを東に進めば郷将・畔田早稲比古の本貫地・黒牧野を通り、常願寺川左岸に出れば陸路中地山堡へ行くことが出来る。なお、下船地は、『喚起』の記述から「三嶋野」北方の熊野川左岸ではなかろうか。

○大若子命は、強力な大和王権を背景として戦いに臨んだ。しかし、二度にわたる阿彦の本陣・岩峅堡攻めは惨敗に終わった。『喚起』には敗因は凶賊の妖術によると記すが、大若子命の気負い過ぎと阿彦達の優れた戦術や知略にあったのだろう。大若子命にとって嶋姫之森での体験は、戦術を転換する契機となったようである。

〈付随伝承10〉塗木ノ弓の事……美麻奈彦が持っていた「塗木ノ弓」は、今世にある「塗籠ノ弓」をいう。この弓は、漆の木を中軸に竹を合わせて造るから、古えは中軸にした木を弓の名にしたのだろう。又、急ぎ漆木を伐って弓にしたということか、詳しくは知らないが聞いた儘を記す。蓬の弓という物もあるから、漆木を急いで伐って弓にすることもあったろう。何れにしても弓の事だから、今更神人の技を詮索するまでもなかろう。又、「不同之根」を挿して射たとは、今世に用いている「ぢんどう」という草の根をいう。「ぢんどう」は鳥獣を射る時の矢に取り付ける根である。この弓を射ると「根」から音が出る。彼の走天狗の妖術で出てきた者達が鳥のように見えたから、美麻奈彦は「ぢんどう」の根を挿した弓で射たのだろう。聖徳太子が三輪山で鳥のように木を伝う海賊を射た時も「不同之根」を用いたという。

　美麻奈彦の矢が化けて「不同」という草になって人を養うという。これは「禁厭ノ法」の霊験であり怪しい事ではない。此の草は今東の山にあり、丸い鶏卵のような根がある。大きな根は唐瓜程、それ以下は推して知るべし。葉は三葉で大角豆《ささげ》の葉に似ている。茎はなく蔓である。俗に「矢葉蔓」ともいっていた。「不同」一ツを根にして蔓が生える。その蔓が土に着いた所毎に根が生え、一本の蔓が茂り終わるまでに一〇程の根が生える。根が生えるのに順番があり、一番の根が大きければ二番の根は小、三番大、四番小と大小一つ替わりに生えて不同である。根の色は柿色で小根はなく、玉子を糸で繋いだようである。俗に「次第不同」いう言葉はこれから出たともいわれている。この根を取って食用にする。根の持つ薬効は、腎を養い人を美しくし、疱瘡を病んでも跡が付かないという。風味は「山のいも」に似て異なる香りなどはない。山家の人は主食代わりに用いている。里に取って来て植え、蔓を土に伏せれば数多生える。茶人の菓子にも用いる。「不同」を「芣苢」ともいう。これは後に艸冠を付けたのか、今世人は「芣苢」と書く。

〈付随伝承11〉嶋姫之森の事……「嶋姫之森」を栖に防いだ所。

ここは「三嶋野」「三嶋森」という名所の地である。「嶋姫之森」は往昔《おおむし》から三島溝橛姫命を祭った神社である。三島姫を祭ったので三島野といい、社を「三島ノ森」ともいう。伊豆の三島に鎮座する姫を祭っているから処所を三島といい、宮を「伊豆宮」と称する。古宮というのは、この神は大已貴命が越中を平定した時、船倉神・姉倉比売命が罪あって船峅より大竹野へ遷ったので、この地に三島姫を祭り迎えたからである。これよりここを三島というようになった。それ以前、姉倉比売命を祭っていた頃は上野・下野・弥野《いやの》といっていた。これはこの地域の産名である。「三島ノ溝橛姫命」が鎮座する宮は弥野の北辺にあり、これを「伊豆宮」と称え今もある。これを「嶋姫ノ古宮」ともいう。「伊豆宮」は初めから新川郡にあり、「三島野」は初めは婦負郡、今は新川郡にある。

この「三島野」という名所は所違いで、婦負郡水戸田街道という所辺りだという。そこは歌書の端書宗祇などがいっていた場所だという。所は、水戸田街道の右の手二口村の南九八箇の大懸樋の北の詰にある。[15] ここには古え「三島ノ館」という館があって、今もその館跡があるから間違いないという。今、歌などを詠う時もこのことを念頭にして詠んでいる。しかし、先ず名所というものは往昔からの事柄がなければ名所とは言い難い。「三島ノ館」跡は間違いないとしても、王代が極まった後の三島氏という人の館跡である。そうならば、この人が住む前の時代にはその様な名称はなかったのだろう。恐らく人が住んでからの名称であり、館跡という言葉がその証拠である。しかしながら、歌人などがここを「三島野」と定めたのは三島と呼ぶに相応しい見所があったからだろう。このことは我れの及ぶ処ろではない。上野が「三島野」

であるというのは歌人の見所は知らないが、神と神社があるからである。神社が鎮座し、それに名所となるべき神を祭っていている所が正しい名所である。

〈付随伝承12〉焼山・焼野の事……次にこの野を焼野とも焼山ともいう。尤も一つ所に二つの地名が付いている。上野と下野の境を焼山といい、土も高い。上野・下野を焼野という。この地名が付いたのは大若子命からである。焼野という時は王代の内だから名所ではなく、旧跡である。今、世の人は「八木山・八木野」と書く、焼の字を忌み嫌って八木としたのだろうか。又、後世の人が誤って焼の読みを迷い八木と誤ったのか、その謂れは知らない[16]。又、八木が元の地名とも聞いていない。この野は焼野・焼山であり、八木というのは正しくない。焼野の地名は本文に語るように大若子命が賊を焼き殺そうとした時、標剱が自ら抜けて草を薙払ったので「草薙ノ御剱」と称し奉り、野を焼野といった謂れがある。この流伝に従えば焼山・焼野と称するのは忝けなくも目出度い旧跡である。しかし、御剱の御噂を軽々しくいうことは恐れ多いが、所に残っている旧跡や剱の霊験を伝えて焼野・焼山といってきた。今になって八木野などといい誤り、御剱の霊験があったという流伝が失われることを我は独りで恐れている。

〈付随伝承13〉草薙ノ御剱由来の事……標剱は吾が朝の三種の神器中之一つの御宝である。ところが、「草薙ノ御剱」と称えるのは日本武皇子が東夷御征伐の時、駿河の野で凶賊が皇子を焼き殺そうとした時に御剱が自ら抜けて草を薙払い、皇子は無事であったことから「草薙ノ御剱」と称え奉るという。凡そ何れの御説もこのようである。そうとすれば、大若子命の時には「草薙」の名称はなかったことになる。野も焼野もなく、流伝も全て虚説の伝承とせねばならない。殊に大若子命の当国下向は垂仁天皇の御代で、日本武皇子の東夷御征伐は景行天皇の御代のことである。その間は随分隔たっている。年代順にみると大若子命は前、日本武皇子は後である。後に御剱を「草薙」と称したのに前の大若子命の時にこの国で「草薙」と称したとは思われない。大若子命の時から「草薙」と称したとは聞かない。日本武皇子から「草薙」と称したことは、三歳の子供でも知り書籍にも見える。いわば、当国の焼野もなかったこととせねばならない。それだから、世人が伝え知っている噂を当国の流伝に合わせて語ることは恐れ多いが、根拠のない流伝とも思われない。当国には忝けない旧跡がある。「草薙ノ御剱」と称え奉ったのは大若子命からではなかろうか。当国で宝剱の霊験が初めてあった謂れでもある。

或る書註に「此所謂草薙劒也」とある、古えより劒を草薙といっていたのか。一書の説には「日本武皇子より名付けたものである。神宮に於いて草奈岐社とは日本武皇子より以前の垂仁天皇の御代に越国の凶賊征伐に発てと大若子命に勅命があり標劒を賜った。即ち、阿彦退治の後、帝から大幡主と名を賜い命を大間社に祀り、その劒は大間社と一所に草薙社に祀ったとある。この如し」。この説から見ると当国の流伝に合う。所の名も八木ではなく焼野・焼山である。又、日本武皇子が東夷征伐の時伊勢大神宮より宝劒を請け駿河に発たれたと何れの書にも見え「道ノ記」などにも記している。それだから、日本武皇子より以前に祭られていたことは明らかである。

○神器の御劒は景行天皇の御代に日本武尊が伊勢大神宮で倭姫命から授かり、後に「草薙ノ御劒」と称えられ、尾張熱田神宮に祭られたと『記紀』に記す。

『古事記』『日本書紀』を神書とする『喚起』編者・野崎伝助にとって、父老が語る「大若子命・草薙ノ御劒伝承」は神書を冒涜することであり、『記紀』に従えば虚説となり、大若子命が逃れ着いた「三嶋野」「焼野」伝承もないことになると思われた。

野崎伝助は父老から聞いた伝承や流伝を話題にして、所々を尋ね歩き聞いたままを記したと『喚起』に記している（参照次章〈付随伝承4〉）。この章の〈付随伝承〉中、草薙ノ御劒由来の事、嶋姫之森の事、焼山・焼野の事、三島野の事なども野崎伝助がその時尋ね聞いたことの記述であろう。

野崎伝助は地元伝承と伊勢神宮の旧紀から「大若子命・草薙ノ御劒伝承」は虚説ではなく、熱田神宮「草薙ノ御劒」伝承よりも古い別の伝承であることを確かめた。[17][18]

○日本武尊の「草薙ノ御劒」と「大若子命・草薙ノ御劒」伝承について、江戸時代中期・明和六年（一七六九）伊勢の神官・度会正身著『神名帳考証再考』には、次のような記述がある。

「草名伎神社」日本武尊の故事も神書の例の曲言せるにて、蒼生《あをひとくさ》を薙伏《なぎふす》るの徳を云、是は大若子命、垂仁帝の勅をうけて、越の阿彦と云叛徒を征し給ひしを祭れるなり。

〈付随伝承14〉三島野の事……又、父老曰く、「三島野」のことを先に語ったが、言葉が多いものの纏まりがなく要を得なかった。事短かにいうと、船倉神・姉倉比売命が船倉山を司り宮としたから船倉山野は上野・下野共に地開け初めからの地名である。弥野は後の瀬である。瀬は後に開け、ここに伊豆三島溝樴姫命を祀り、地を司ったので弥野を三嶋野と称した。ここは地産名《つちうぶのな》は替え改められた。「三嶋森」は森ノ宮ということである。神並ノ森《かんなびのもり》などと同じ。上野・下野共に三島野と二度に地名があるが、皆な神代からの地名である。大己貴命が越中を造った時、姉倉比売命に嫉妬の罪があって大竹野へ遷された。この故にこの地に伊豆三島溝樴姫命を迎え祀って司らせたので、三野共に「三島野」になった。皆な姫命の呼称の名である。「三島野」とつづめていう時は、弥野のことである。三島溝樴姫命は姉倉比売命に代わり船倉に宮を移したので弥野の宮を古森といい、これを伊豆森ともいう。今、宮は大森村にある。ここは三嶋野という名所である。しかし、「伊豆森」といえば旧跡となり、「三嶋ノ森」といえば名所となる。三島溝樴姫命・三島姫命は山に寄って住んだので、船倉三野共に三嶋の名ができた。これ皆な神代のことで陰《めがみ》陽《をがみ》の時からの地名である。地開けて神を祭るということは『十二之巻四郡ノ事』を解いた所で詳しく書いた。「三島野」という名所は三戸田村二口村の辺りにもあるが、土地の名となる神社は未だ不明である。姫命が司った野に三島の名があるので一通り述べた。又、三島野・上野・下野を焼野というのは神代を過ぎ、王代にいたってからの地名である。恐れながらも御宝劒の霊験を遍くこの国の四民が悉く長く褒め称え奉ろうと、三島野という名所ではあるが、敢えて焼野というのである。これが国の順位定めというものである。

▲大若子命白旗ヲ作リ始メ玉フ事　並ニ八将ヲ配リ玉フ事

①姉倉比売の神託　かくて、大若子命は阿彦峅の枯山の堡障を攻め破ろうと、人に命じて堡の様子を探らせたところ、賊達は谷を深くし最假を厳しく堅め、牛馬畜類或いは人の屍まで括り付けて墻《かき》とし、鳥も通わぬように用心し堅く閉ざして閉じ籠っていると報告してきた。諸将達が堡に近づいても攻めようがなく、精魂も尽きて攻め破れず只眺め暮らすばかりであった。その上、度々魔術に犯されて戦果が上がらず、戦いに飽きて進もうともしなかった。さらに五月上旬より七月に至るまで雨が降り続き、江川が増水し往来も儘ならず何かと差し障りが多かった。命はこの事態を憂い、自ら発って攻め破ろうと雨の晴間を窺っていた。

　或る日、命が大竹野の陣屋の南の扉を押上げ天空を眺めていた時、遥か向こうから白髪の老女が一人畔を伝って歩み寄り、命の前に佇んだ。命は怪しんで「汝は何者か」と咎めると、老女曰く「我はこの川の渡船の船人である。久しく凶賊に虐げられ、王の助命を待っていた。命がこの国に下向された事を誰一人として恭なく思わない者はない。命が自ら陣頭に立って賊を攻め粉骨砕身しているが、賊の僅かな妖術に脅かされ諸将もこれに欺かれて戦意を失っているようである。これでは賊に勝てない。しかし、賊の妖術に打ち勝つ術は欣贋の法であるから憂えることはない。吾れは古えの大己貴命越中平定を知っている。大己貴命は雲霧に覆われ水湿の邪気を祓い暗闇の国を昼のように明るくされた時、日鉾を捧げ白和幣・青和幣を四カ所に分けて祭ったので、それからは雲霧の汚れを受けなかった。命も大己貴命に習って白和幣を高く捧げ祭れば欣術は決して欺かない。吾れが織り千幡姫が晒した八搆の布が八折あるから、これを命に差し上げよう。昔、国勝長狭が湯津爪櫛を引き均しながら蒔いた「八節勢《やふせ》ノ竹」がこの野に生えている。これを取って柄とし八搆の布を竿の幡としそれを一軍の纏《めあて》とすれば、諸将住民を纏めやすく凶賊は直ぐに滅ぶだろう。身の汚れを祓い濯ぐのに濁った水を浴びず、神の清めの白《いさぎよ》い清浄な水を浴びねばならない。その水の有る所を吾れは知っている。その水の湧き出る井戸を、人呼んで「藤井」「花井」「桃井」「桜井」という。この四井戸は村里にあり皆な「神の炊《かしき》の冷水」である。四井戸の中でも「藤井」は優れている。この水を汲んで炊き神に供えれば、飢えに苦しむことはない」などと詳しく教え、八搆之布を八折取り出し、「吾れ、元愛宕の水で旗流しがあったのを見覚えている、裁ち縫って差し上げよう」と八折の布を八つに裁ち「手長白旗」を縫い、「若し、旗が汚れれば愛宕の水「花井」で清められよ」と述べ、旗を命に渡して帰り去ろうとした。命は暫し止められ「不思議なこともあるものだ。老女はどうして神の昔の戦いを知っているのか。語るその言葉も神の昔のようで、しかも今の様でもある」と尋ねた。老女答えて曰く「命は知らなかったのか。吾れは近頃小船の竿に縋りながら命を見ている。吾れ元は船倉之宮に住んでいたが、罪ということがあるのを大己貴命に知られてこの野の宮に流され、織事をして罪を償うよう大己貴命に命じられた。よって、人々に八搆千機《はた》を織裁つ業を教え、百姓の貢物として罪を償ってきた。今や吾れは元の船倉之宮に戻り住んでも神の咎めはなかろうが、人々に八百ノ五百機《いおはた》を教えるよう産子女《うぶこめ》にも請われ、永くこの野の宮に留っているのである」と述べた。その声は松柏に吹く風のように爽か空に聞こえ、姿は見えなくなった。

②大若子命白旗ヲ作リ始メ玉フ事　大若子命は大変喜び、急ぎ諸将に事の次第を語り、姉倉比売がくれた白旗を見せた。

やがて将等を引き連れ、野に出て姉倉比売が語った「八節勢ノ竹」を探し求めた。しかし、野は茂み草多く何れがその竹か判らなかった。その時、白髪の老翁が伐ったばかりの葉竹を八本担いでやって来た。老翁曰く「命が幡竿を探していると聞き、それに相応しい竹を選んで持ってきた。これを用いられたらよい。竿を作る時は八節を竿にされよ。これは住吉翁だけが知っていることである」と述べ、神懸がった声とともにその姿は見えなくなった。命は喜び翁の述べた通り、八節で幡竿を作り白旗を祭り結んだので、諸将達もこれは目出度いと喜びあった。この幡を「手長白旗」という。軍陣で用いる旗というのはこれから始まった。天子の御旗を「手長白旗」と称え奉るのもこの事からきている。この大竹野に住吉神が現れ、命に謁見し竿竹を奉ったことから、その吉瑞を世に伝えてここを今も住吉野と称している。この竹を世人は今にいたって竿竹と称するは、この時の謂れによる。誠に目出度い旧跡と長い間語り伝えてきた。

③並ニ八将ヲ配リ玉フ事　かくて、大若子命は凶賊を速く攻め滅ぼせとの神託に随い、八将を定めた。先ず東の一方を「陽陣ノ一番」と定めて一旗を渡し、猿谷佐留太舅を司とした。南を「陽陣ノ二番」と定め一旗を渡し、加夫刀甲良彦舅を将とし、西は「陰陣ノ一番」と定め一旗を渡し、速川美麻奈彦を掌とした。「陰陣ノ二番」は北と定め、大若子命自ら一旗を司り備えを固めた。「陽ノ左一」には国勝澤古舅、「陽ノ右一」には釜生富貴舅、「陽ノ左二」には一旗を司る諸岡雄瀬古、「陽ノ右二」には一旗の将玉生玉堆老翁を司とした。戊亥の一陣に一旗を司る潔石高住舅、辰巳には一陣に一旗を司る幡生大路根老翁、後衛の一陣には白和幣を置き其を司る加志波良近藤を左陣に、右陣には大若子命が時に加わり時には退くことにした。この時に幣を立てたのを見習って後世に馬印が出来、旗の形が替わって幟となったという。こうして陣立てが整ったので、大若子命は速く凶賊を攻め滅ぼそうと住民等を探索に出して凶賊の状態を窺わせた。

○大若子命の阿彦征伐は、二度の惨敗によって行詰まり、戦意も失われつつあった。

こんな時に姉倉比売の神託と住吉神の支援があった。命は神託に従い、大己貴命の昔に習って白和幣を高く捧げ祭り、八旗を八将に配り陣営を新たに立直し、枯山堡攻めを再開したことまでを記している。大若子命は、勅命により皇化に従わない凶賊阿彦征伐に立ち向かった。しかし、都では知り得なかった越中の特殊事情があった。当時の越中は、大己貴命が作った国であり、阿彦峅は国主、大和政権は横領者とみなされていた。命はこのことに気付いたのであろう。

姉倉比売の神託に「凶賊征伐のために命が下向された事を恭なく思わない者はない。しかし、命が自ら陣頭に立って戦っても賊の僅かな妖術に脅かされ、諸将もこれに欺かれ戦意を失っているようである。これでは勝てない。賊の妖術に打勝つ術がある。吾れは古えの大己貴命越中平定を知っている。大己貴命は日鉾を捧げ白和幣・青和幣を四カ所に分けて祭ったので、それからは雲霧の汚れを受けなかった。命も大己貴命に習って白和幣を高く捧げ祭れば欣術は決して欺かない」とある。

古代では祭祀が重んじられた。命は討伐を急ぐあまり、土地風土独自の祭祀を軽視していたのではなかろうか。これでは戦意も失われる。神託はこのことを指摘している。命は大己貴命が作った国の継承者が大和政権であることを国人に認めさせる必要があることに気付いた。その手段として「姉倉比売の神託」と称して利用したのであろう。名将・大若子命ならではの戦略であった。

○『喚起』には、神託によって祭った「四カ所に日鉾を捧げ白和幣・青和幣を分け祭る」に関わる記述がない。

呉羽姉倉比売神社の由緒の中に次のような記述がある。

人皇十代崇神天皇の御代、四方に将軍を下向した時、越国の悪逆者が世を乱し民夫は不安にかられていた。これを征伐するため若宮太子が将軍を率いて越国に下向した。太子は大竹野に着陣してから三年間経っても討伐出来なかった。

このような時、姉倉比売神の神託があったので、若宮の裔「伊呂倶」を召し、御陣所の東西南北に宮社を造営し、守護の神々を祭った。西方に姉倉比売神、東方に武御名方命、南方に天照皇大神、北方には大己貴命を祀った。殊に大己貴命を祀る北方の社には、斎庭を設け玉台を飾り天神地祇を祭り賊征伐の祈願をした。

又、太子の詔によって姉倉比売神社から大竹四本が献納され旗竿とした。若宮太子の御陣所跡を若宮といい、東方の武御名方命が鎮座した地を諏訪社という。南方の天照皇大神が鎮座した地からは一夜の内に温泉が湧き出て兵士たちの傷を治した。温泉大明神ともいった、後に神明社と改めた。北方の大己貴命が鎮座した地を田中社という。諏訪社は明応年間、田中社は享保五年、神明社は明治八年に各々姉倉比売神社に合祀された。

神社由緒にある若宮太子は大若子命のことであろう。
○この呉羽姉倉比売神社由緒は、《本文・姉倉比売神託ノ事》を補完する貴重な資料である。なお、『喚起』巻之八・当国一宮ヲ定メ祭リ給フ事並大若子命帰洛ノ事の項には、田中社は大己貴命を祭る田中神社と記す。
○大若子命は、白旗を八将に配り軍団を次のように再編成した。
①東軍団　軍神・武御名方命の依代を掲げる「陽陣ノ一番」。
主将・猿谷佐留太男　一幡奉持
陽ノ右一　将・釜生富貴男
陽ノ右二　将・玉生玉堆老翁　一幡奉持
陽ノ左一　将・国勝澤古男
陽ノ左二　将・諸岡雄瀬古　一幡奉持
②南軍団　皇祖・天照皇大神の依代を掲げる「陽陣ノ二番」。
主将・加夫刀甲良彦男　一幡奉持
辰巳南東陣　将・幡生大路根老翁　一幡奉持
③西軍団　地神・姉倉比売神の依代を掲げる「陰陣ノ一番」。
主将・速川美麻奈彦　一幡奉持
④北軍団　出雲神・大己貴命依代を掲げる「陰陣ノ二番」。
主将・大若子命　一幡奉持
戊亥北西陣　将・潔石高住男　一幡奉持
後衛本陣　白和幣を守る　右陣　将・人若子命（兼務）
左陣　将・加志波良近藤

〈付随伝承15〉船人ト五艘村の事……父老退いて又私に語って曰く、老女が一人来て命に謁見し、大己貴命が日鉾を祭って暗闇の国を明るくしたといったのは、船峅能登を平定した時の事であり、第四之巻に詳しく記したからここでは語らない。この川の舟人であるというこの老女は、船峅神社姉倉比売命である。能登比咩妬怒の罪があり、嫐罪《うわなり》として大己貴命が国を平定した時、大竹野へ流し遷し織事を人民に教え償えと命じられ、大竹野に鎮座して織裁の業を国の人に教えた神である。今も社は小竹村にあって「姉倉比売命ノ神社」と申し称えている。能登比咩と争い、この地に流されたことは第四之巻に詳しく記した。この神が顕れ出て今の老女姿で命に謁見した時「舟人ナリ」といったのは、此神が山際の川で人を舟で渡し命をも渡したからであり、その川は今の神通川である。神通川が山裾を流れていた頃のことで、渡した所は今の五艘村辺りである。この神が舟渡しの初めであったから、後々舟渡人が定められても五艘に渡し舟があった頃まではここに限り女が舟渡しをしていた。これはこの神の謂れからである。今は川の流れが変わったので渡し舟はなくなった。

五艘村とは川があった頃、役舟五艘で渡していた当時の村号をそのまま称えているのである。

〈付随伝承16〉八搆布《はっこうふ》の事……次に、「吾れが織り千幡姫が晒した」というのは、織ることは前に語った通りであるが、晒した千幡姫とは布倉ガ峯の神である。この神は姉倉比売に与力したので、晒す事をして罪を償っていた。第四之巻に詳しく記した。八搆布とは、今世にある八搆《やつれい》布のことである。八搆《やつれい》とは、今世にいう「八ッ布」という糸数のことで機を織る時の言葉であり、八搆《やつれい》という時は筬《おさ》前にいう言葉である。八搆《はっこう》とは布になってからの名称である。八折とは八反の事をいう。この八搆は呉服尺で一疋に当たる。一般の呉服は鯨尺を用いるが、八搆は鯨尺を用いない。旗から世に用い初めたので衣類に用いることはない。今は幕布用で衣類に用いる恐れはない。その上、今でも「八ッ布」の名で糸太の織物がある。他国では八搆布を織らない。以上のような謂れから見て、越中に限った名物の織物である。この頃今石動村から鯨尺一疋で八搆と称して織り出しているが、これは一般の太布である。元々、八搆とは神のお告げの「からむし」である。今も葦草《からむし》を交え呉服尺で織り出し、加賀八搆と称しているが越中から出た物であり、此の国から織り初めた布である。神がこの八搆を大若子命に捧げられたという。神が自ら織られたとすれば神変奇異の布に違いない。

〈付随伝承17〉八節勢竹の事……「八節勢竹を竿竹に用いられよ。国勝長狭が湯津爪櫛を引き均しながら蒔いた竹である」といったのは、国勝長狭神が蒔いた竹は一夜にも一時にも生え伸びて程よい竹になるからである。神は竿が必要ならば竿に、蒔籠が必要ならばその様に使える所に蒔かれた。総じて竹は国勝長狭から世にある。何れの竹も世にある竹という竹は、長狭の恵みの顕われである。中には、国勝長狭がここに蒔いたという所は他国にもあり、皆な八節勢の名が付いている。或いは国により八節勢村などと村号となっている所も多い。長狭の恵みの顕われであるから深く詮索することもなかろう。

〈付随伝承18〉四井の事①藤井……この村里にある藤井・花井・桃井・桜井の四井は、皆な「神の炊の水」である。炊とは米を炊くことをいう。先ず、四つの井のある所を村里とするとあるから、四郡中の村里にある井ということだろう。中でも藤井は優れているという。この井のある所を世間の流伝に合わせて考えると、藤井は今、富山金城にある「御炊ノ井」である。古えは富山を藤岡山・藤野・藤井村ともいっていた。

藤岡山藤井は一時あった名である。これは、藤岡山の藤井であり、藤井村と号したのはその後のことであろう。藤井とは俗称である。しかし、この井は天照大神の御饌《みけ》を炊くのをいった。昔、神の御饌を炊く水に用いたことがあるから藤岡山の名がある。或る書に、天ノ淳名《あまのすな》去来之《いさめ》真名井ノ名義不詳天真《あま》名井ノ異名也という。ここにいう天真名井は一名忍塩《おしお》井ともいい、上古に天上から日向国に移し、その後丹後の天真名井の原に移し、今は伊勢外宮の未申の方にある藤岡山に移して内宮・外宮の朝夕の御饌を炊く水になっている。日向にあった時もこの井のあった所を藤岡山といっていた。猶を未だ深い謂れがあるが略す。又、註釈した人がいうには、思うに亦の名は去来《いさめ》之真名井の八字は細字にして見るべきかも知れない、略す。

このように井について語るのは難しい。しかし、何処でも御饌に用いた井があれば藤岡山というのならば、藤岡山という所があるから流伝の通り神の告げた「藤井」としたのである。

〈付随伝承19〉四井の事②花井……又、花井ということは聞いてはいるが、そのある所は知らない。しかし、神が「愛宕ノ水ノ花井」と告げたという。「愛宕ノ水」という井なら世人は知っている、それだから花井はこれだと思う。この「愛宕ノ水」という井は今、愛宕村にある。愛宕ノ水の謂れは、昔聖一国師が越中へ来て、弘長二年に愛宕の石坂という所に一寺を建て、「愛宕山土代寺」と号した。国師より「札」ということが始まった。この寺にも門札や柱札等を書き整えようとしたが、札書きに使う浄水のある所を知らず、暫く書くことができなかった。諸宗の寺々から当時の門札や柱札等が出てくるが、これは聖一国師が始めた事である。国師は寺を建てて整えた後、鎮守の神に愛宕権現を勧請し、石坂に社を建て祭って山号とした。この神に供える饌米を浸す水を知らず、山吹の一叢が咲いている下に清水があったのを暫く用いていた。この水は今もあり、石坂村の北西寄りの澤である。「山吹ノ清水」といい、白《いざきよき》水である。国師は何時も愛宕山太郎坊と親しくしていた。偶々太郎坊が寺を見にきて終夜語り合った時、国師は「神の饌米を浸す水と札書きに使う浄水のある所を知らない。何処かにないか」と聞いた。太郎坊は「神の饌米を浸すべき水は「花井」の水である。頗梨野にある、この水は昔から汚れたことはない。札書にもよからう」と答えた。よって、国師は此井の水を掬って門札や杜札等を書き終えた。この井はそれより「愛宕《あたぎ》ノ水」というようになった。この井は今祭っている「愛宕ノ神社」の少し西にあり、「御洗《みたらし》ノ池」の西縁にある。この井には不思議なことがあり、若し水を汲み尽くすと忽ち雨が降るという。その謂れは、或る時この村で火事があり消すために井戸の水を汲み尽した。火は村の神社近くにまできたので村人は愛宕ノ水も汲み尽した。神社も焼けるだろうといっていたが、忽ち雨が降り火も消え井の水が満ち溢れ、皆な不思議なことだと語り合った。その後、若し外の用であっても汲み尽すと忽ち雨が降るという。頗梨野は今「愛宕ノ神社」のある所である。「愛宕ノ神社」は元・石坂村にあったのを今の所へ遷し祭った。神社があるので愛宕村と、それより今はいっている。聖一国師より「愛宕ノ水」ということを知り、その井が「花井」と判った。そうとすれば、本文に神が「愛宕ノ水ノ花井」と告げたという記述は誤りとなる。本文は話し過ぎとはいっても父老の話を聞いたままに残らず記した。これは二義一義・どちらでも良い話ではあるが、「花井」と聞いてもそのある所を知らない。「御炊ノ水」ということから「花井」のある所を知ろうとすれば、両部習合の話から引用して「花井」伝承の一部分を明らかにするも宜しということか。

〈付随伝承20〉四井の事③桃井……次に桃井、これは今、一向宗遍照寺辺りの屋敷の北西に隅にある古井だという。この井は桃井氏の流伝と紛れ、この水を産水に汲み取ったので桃井直常と名乗ったという。この井は神の清水であり、流伝の産水は後世の話である。桃井というのは神事からというが、何神の炊水か知らない。偶々桃井氏が産水に用いたから井のあり場所を知るだけである。この水は何神の水かは知らないが神事の故に桃井の謂れを妄りに論ずることは難しい。まして、仏者が仏事の炊水に使っているから尚更紛らわしい。しかし、水が清いことは確かである。遍照寺の屋敷は以前・貞享の頃には、永井源兵衛という者が住んでいた。その頃此井は名水とされ、日常の炊事に用いず茶ノ湯の水或いは薬の水として汲んでいた。ある時、富田氏の妻が京都の公卿の息女を迎えた。この上臈が化粧する浄水がなく、家人に言い付け所々を探しても見付からなかった。息女が「越ノ桃井があろう、その井を尋ねて汲んできて欲しい」といった。依って、その井の有る所を尋ねると、永井の屋敷にあることが分かった。使者に水を乞わせると手易く汲み取ることが出来た。この水を用いると、化粧が整い眉も描かれたという。この上臈は年老いる迄濃茶の水以外には用いなかったという。何れにしても清らかな水だったのであろう。

〈付随伝承21〉四井の事④桜井……次に桜井、これは桜井の庄号になっているから知り易い。今の三日市村にあることは知っているが、この井の場所は知らない。又、何神の炊水に用いたということも知らないが、この井に人が身を投げて死んだことがあり、水が汚れて用いていないという。

〈付随伝承22〉四井の事⑤総括……先ず、四井とする井戸の謂れはこのようなことであるが、井の事について本文は語り過ぎである。父老が語ったことだから聞き捨てず、両部の説を引用して記した。井はその水を褒める言葉ならば何れも清水が常に湧き出ている井であり、井の事という時は四井を村里とするから田を潤す。井一つを以て一亭を潤す。この四つの井を村里とするなら、水に善悪なく村里の広狭を問わない。又、一国の王の炊き用いる水を四井と定めたとすれば、四井のない所には王はいない。王の炊き水に用いた国というために四井の古井をその国の記簿に記し残したともある。これは唐国のことである。日本は神を一国の初めとしているので、四井は「神ノ炊キ水」といったのであろう。しかしながら、「何神ノ御饌水」とも知らず只流伝してきた名水というだけである。本文に父老が語るのを聞いたから、残し難くて粗々他のことをも引用して記した次第である。

「本文は語り過ぎではないか」というのは、総じて水のことをいう時には尤も神書に記してある通りである。或る書に「天中極北方を司る神を天御中主尊と申し奉る。大地陰陽日月万物の本源であり、太元尊神ともいう。万物はこれより始まった。元来天御中主尊と申すのは、一太元水を司られるので水を天に生じたもう。又、この天御中主尊の元気陽となり、南方を司り天に元火を生じたもう。この火の神霊が天に顕れて日ノ神となり、国土人間万物を恵みたもう也」と、略す。水のことから種々の注釈がある。国は神を初めとするからその神の御饌の水とも又水四井を定めてその水で神を祭り初めた井とも、又一国には四つの井があるからとも一国の名は四井から付けたともいう。これらは深い謂れがあり、殊に神祇を解くに似ているから略す。総じて古事を語ると皆な神々のことになる。両部習合より以前を消し隠すようにしたので惜しむべき昔を失っている。

○「神の炊の冷水」藤井・花井・桃井・桜井等の四井伝承は、太古旧神通川流域や神通川扇状地の末端部に数多の湧水池があったことに由来するであろう。これらの池に纏わる後世の出来事が、何時の間にか姉倉比売伝承と混ざり合って語り継がれたものと思われる。

〈付随伝承23〉大若子命の軍法の事……次に大若子命が旗を配り将を定めたという事。これは軍法ということである。八将を定めたのは八志呂のことと共に前に記した。そのことも軍法である。大若子命がこのように軍を配置したとあるが、戦いについては多く記していない。尤も八所に軍を配置したことが全て大若子命の軍法によるとは本文にも聞いていないので話せない。その八ケ所に分けたのは命の知恵であると話したのをその儘いっているだけである。それだから、両部習合によって我が朝の目出度い話も古い伝えも消え失せてしまった。それは如何なることかというと、旗などは大若子命から始まっているのにそれをいわず唐国から教えられたとか、天竺からきて始まったといい、始まりの本を忘れ去っている。これに限らず、薬は神農をのみ尊び大己貴命を尊ばない。武門之軍要は長子房の秘策を用いても神武天皇の御伝を守る者はいない。これは皆な仏者が我が国の教えを学びながら、安易に唐の事にしてしまったからである。呉から織人が未だきていない昔にも織る者がいたから神も人も着る物があったのである。長子房の兵談がない昔にも神武帝の兵談や軍議が詳細に教えられていたのである。この御抄を「はたみたまノ伝」と称える。この御抄を以て神妙という。日本武皇子が東夷御征伐に下向した時、この御抄を以て軍を進めたので東夷を易く滅ぼしたという。長子房の軍略を用いたのではない。神武帝より軍儀があったから大若子命が旗を配ったは命の知恵という程のことではない。御抄之趣きの第一は武略知略の四字から教え始めている。八旗を配るのは武略であり、軍を配る陣であろう。これは「はたみたまノ御抄」を後世正親町院の御治世の時、「日本全武」と勅宣を下して御抄名を改められた。「日本全武」と称える御抄は今は「はたみたまノ伝」と称する御抄のことであるという。

▲父老ト隣翁　旧典ヲ物語ル事

父老の一つの物語りが終り、茶飯をとって暫く雑談をしていた時、隣の翁が訪ねきて曰く、老翁が物語っているのを聞いた。壁を堺にしているが、耳近かなので居ながらにして聞こえた。一々驚くことばかりである。前に語った大若子命が軍法を行ったことを、今の人はその頃は未だ軍配は定まっていなかったという。軍儀は神武帝の御治世からあると補足したその理由は分からないが、我はその通りであろうと思う。大若子命が旗を八所に分けたことは、知略が備わっていたからである。命は生まれながらの名将ではなかろうか。「はたみたま」と称える御抄を今の軍学者は旧典という。その旧典に曰く「仁将という者は生まれつき優れた才能がある。知勇もなく知略もなく、只世を哀れむ憐れみ万物を恵む心がある。諸国の人はその風格を慕い、邪奸もこれに会えば感化を受け、衆悪もこれに向かえば服従し、敵対することは叶わないと云々」「大若子命の名将の器が生まれつき備わっていたとすれば、その旗を配したことを慮察《はかりみる》すると、今の軍者が秘策としている備えとなる。これは獅振龍之格《ししんりゅうのかく》という備えである。旗一旗二は先手左右の備えであり、無旗一陣は先手の後詰である。二ノ旗ノ一、二ノ旗ノ二は二ノ見の左右の備えであり、無旗一陣は前衛である。右旗一陣は右の備えであり、左旗一陣は左の備えである。旗後詰の一陣は本陣であり、後二印二陣は左右の遊軍である。今は、左一陣を遊軍とし右一陣を小荷駄ともしている。命がこの一陣に加わって全軍の進退を見定めるという万全の備えである。(19) 若しその時、言い伝えも教えもなくこの計略をしたとすれば命の神業である」と。

隣翁と父老は共に相寄って尚も話し合っていたが、我れの好む話しではなく、外義と思い聞かなかったのでその後は知らない。今になって惜しいことをしたと思われてくる。

参考・『肯搆泉達録』巻之一

▲大若子命、阿彦を征伐する事

①枯山砦攻め再開の事……かくて、命は神のお告げに従い幡を掲げ将に配り、小竹野を出発し一舎を経て枯山砦へ押し寄せた。(20) 甲良彦舅が先陣となって攻めたので、賊将大谷狗が衆を率いて討って出て戦った。谷狗は甲良彦に攻め込まれ、柵の方へ逃げたのを将卒が追いかけて柵の中へ攻め込もうとした。この時、谷狗が鞭を振るって犬をけしかけた。数千の狼犬が潮の湧くように縦横に飛び廻って人々を噛んだ。しかし、諸将はこれに怯まず切り捨てて突き進んだ。阿彦・大谷狗は賊徒を率いて打って出てきたので、諸将はこれを討ち取ろうと前後左右から取り囲んだ。阿彦は進退ここに窮まり危く見えた時、城中から頻りに鼓を打ち鳴らし、響きは天地を震わせた。忽ち、雲霧が起こり、薄暗い日暮れのようになって雲霧は山全体を覆い隠した。その間に阿彦を見失ってしまった。諸将が城柵を乗り越えた時には、既に賊達は岩峅を目指して逃げ去っていた。命は諸将達に命じ城柵を焼き払って凱旋した。その夜は、命を初め皆な甲良彦の辻城に泊った。

○「甲良彦舅や大若子命が枯山砦攻めにたどった道」について

……『喚起』に枯山砦攻めは、大若子命下向前の甲良彦舅・

美麻奈彦戦と大若子命の戦いの計二戦（中断を含めれば三戦）が記されている。前者は甲良彦舅の居城・辻城→枯山の麓大野に陣所→砦攻め→辻城帰還、後者では大若子命が本陣→一舎を経て→砦攻め→辻城帰還。

高岡市高波（元西宮森村）八幡宮に大若子命にかかわる次のような伝承がある。

「阿彦討伐に越中へ下向した大若子命が大竹野の本陣にいた時、白老が現れ八搆八布を授けた。命は白老の教えに従い八鉾の幡を作り、阿彦を攻め滅ぼした。命は凱旋の途中、この地に祠を建て八鉾の幡を納めた」

古代では、戦いが終わった時「日鉾・幡」を戦功のあった場所に建てた祠に納めたという。八幡宮の場合、戦場ではなく兵站基地の功績によって八鉾の幡を納めたと推定される。甲良彦舅が陣所をおいたという「枯山の麓大野」もこの地であろう。このことから、大若子命が枯山砦攻めにたどった道は、本陣→一舎を経て→砦攻め→大野の兵站基地→辻城帰還となる。

八幡宮　祭神　誉田別尊、垂仁天皇、大若子命、姉倉比売命

②岩峅砦攻めの事　翌日、命は岩峅を攻めようと辻城を出発した。諸将は命の前後左右を護衛し、白幡を靡かせて押し進んだ。大岩川を渡り高野に陣取り、先ず斥候を出して敵状を窺わせると、賊将鄭霍《ていかく》・徐章《じょしょう》が命を討とうと衆を率い、血掛ノ森に陣を構えていると報告してきた。命は川に沿って南へ上って見渡すと、先陣は泊野近くまで進み、諸将は早くも賊陣・血掛ノ森に馳せ向かって戦っている最中であった。鄭霍・徐章は勇猛で奇策が多く雌雄を決しなかった。夕方になったので命を初め諸将は泊野に泊まった。これよりこの処を一夜泊という。命は諸将に「霍・章の二人を討ち取れば、阿彦を捕らえることは易かろう。何かよい謀り事がないか」と宣べた。佐留太舅が或る謀り事を申し上げた。命はこれに従い、翌日未明に岩峅砦の城柵に迫り、霍・章を攻めた。霍・章が衆を率いて討って出たので、命は弱みを示して退いてみせた。謀り事とは知らぬ霍・章は命を追い掛け泊野まできた。佐留太・近藤は賊将霍・章が城柵を離れたのを見届け、間道を辿って岩峅砦の城柵を攻め、火を放った。霍・章はこれを見て岩峅へ帰ろうと南東に向かって広野を東に馳せ走った。命の軍や甲良、椎摺、手刀摺の兵も一斉にこれを追った。その時、美麻奈彦の一隊が槙谷から出て賊将を前後から挟み、遂に霍・章の二人を討ち取った。それより岩峅へ押し寄せたが、支那太郎はすでに近藤に打ち殺され、大谷狗は佐留太舅の軍に生

け捕られた。阿彦は「今はこれまでなり」と残卒を従え討って出て、韋駄天が荒れ狂ったように縦横に当たり散らした。命を狙って本陣に駆け込もうとしたが、備えが厳しくて勇捍無双の阿彦も詮方なく遂に討死してしまった。命は早々に城柵に火を放ち、勝鬨の声を上げた。

○この岩峅砦攻め記述は、『肯搆』著者・野崎雅明が『喚起』の記述を集約化し過ぎたためか、幾つかの疑問点がある。

③戦後処理の事　甲良と佐留太は、凶賊支那夜叉・強狗良を探したが見付からず、捕虜・大谷狗に問い糾すと「両人は手負った疵が重く、祢裏《ねり》谷に隠れている」といった。甲良と佐留太は、大谷狗に道案内をさせ祢裏谷に至り巌ノ洞を探し求め、賊四五人がいたのを斬り殺した。さらに強狗良を探したが洞の中が暗かったので、刀で手当たり次第に左右上下を突いたところ、強狗良の背に突き当たった。強狗良が洞の上から墜ちたのを引き摺り出し斬って捨てた。この時、支那夜叉の所在は判らなかったが、所詮かれは女だからと敢えて探さず、急ぎ命の本陣に帰り事の次第を報告した。命は喜び諸将達も命の長い苦労が今日ようやく解けたと賀し奉った。命は泊野に暫く休息し将卒を労い、又凶賊を退治した由をあまねく民に知らせた。かつて阿彦の暴虐を恐れ逃げ隠れていた民は、我先にと家郷へ帰り喜ぶ事限りなかった。

④賊将鄭霍・徐章・支那夜叉の事　大若子命は、賊将鄭霍・徐章が尋常な者でなかったので、大谷狗に問い糾した。谷狗は「鄭霍の父は鄭令《ていれい》といい、徐章の父を徐範《じょはん》という。唐土渤海の人である。各々は乱を避け妻子を携えて越の浜辺水口《すくち》という所に住んでいたが、その子鄭霍・徐章に至って二人は阿彦の恩を受け、遂に従うようになった。その後、阿彦が暴悪増長したので滅亡することを憂い、しばしば阿彦を戒めたが聞き入れられなかった。しかし、二人は阿彦の恩を思い去るに忍びず、今命を援けて死んだ」と語った。命はこれを聞いて、二人が忠貞を重んじて死んだことに感銘し、「屍を水口に葬り神とすべし」と宣ったので、二人の屍を探し求め、水口に祠を造り神として祀った。

又、命は支那夜叉が大野の巌ノ洞に隠れていると聞き谷狗に問い糾すと、「夜叉は髀《もも》の疵は治ったものの「びっこ」になってしまった。猛々しい心も今は失せ衰えている。今更何ができようか。かれは女である。死罪を許してやって欲しい」とひたすら頼んだので、命は哀れに思いそれを許した。

⑤大谷狗・東条照荒神の事　大若子命はその後暫く中地山に留まり残賊を探り求め、脅かされて従った者は罪を許し奴《やっこ》と

して人民に与えた。人民は喜び蘇り、国土は静かになった。かかるほどに農民が野に出て荒れた田畑を耕し麦などを蒔いていると、狼が出没して民を噛んだ。人々が集まって狼を追おうとすると反って噛み殺されたので、皆な恐れて白昼でも家に閉じ籠ってしまった。命はこれを聞き、大谷狗はよく狼を制御し狼犬も彼に従うことを知っていたので、「大谷狗に防御させよ」と宣った。佐留太は谷狗にこの旨を伝えた。谷狗は謹んで引受け、急ぎ野に行き狼犬を制すると群狼は忽ち山沢に退き、再び野には出て来なくなった。命は喜び、谷狗の死罪を許した。但し、谷狗に世の交わりを断ち、大野で穴居することを命じた。(21)

阿彦は父を神と祭り岩峅の南山辺りに高い石壇を築き大社を建て、越ノ一ノ宮と称していた。命はこれを聞き「邪神に何の徳があるものか。社祠を壊し、神を流してしまえ」と命じたので、社祠を壊し神を小さい祠に移して流した。又、新川郡布勢山中の上《うえ》条・中条・下条の三家があり、皆な阿彦の一族であった。この一族は先祖東条彦を東条照荒神と称して一郷の氏神として敬っていた。(22)この度、岩峅の宮を破却されたので、この東条彦の宮も壊されるのではないかと三条を始め一郷の者は皆な恐れていた。椎摺彦はこれを聞いて命に「東条彦は生前善徳があり、人々はその教えを受けて心素直であり、又農耕に励み郷内は豊かである。人々は東条彦の徳沢によると遺魂を神に崇め永くこの宮を敬っていると、我は聞いている。必ず東条ノ宮を壊してはならない」と進言した。命はこれを聞き、「功を賞し徳に報いるは王者の急務である。東条彦は霊神ならば何も壊すことはない」と、却って椎摺彦に命じて神階を昇《すす》め布勢の地を封じ、上条を神職として永く神に奉司させ、中条・下条は長として一郷を司らせた。

〈付随伝承1〉 後世物語りの事……祢裏谷は裏山の上にある。この巖ノ洞には人の手足や馬の蹄の痕がある。今「がうかしら谷」と誤っていう。これは強狗良が住んでいた所である。

又、水口とは今の草島である。鄭令・徐範が船に葱を積み食用に持って来た。以来ここに根付いて今は名物となっている。又、鄭霍・徐章の祠は西岩瀬より東の海辺にあったという。この社地には唐草が生え、和草は混ざらない。彼の唐土の王昭君が匈奴に嫁がせられたのを恨んで「死ストモ夷ノ土ニナラズ」といい、死後漢土で葬ったのでこの塚に限って匈奴の白草が生えず、漢土の青草が生える。これを青塚という。(23)霍・章のことも共に同じ。不思議なことである。

大谷狗は犬の司で、唐でいう犬戎の類である。我が国では古えから党蛇・犬神があり、党蛇は蛇を祖とし犬神は犬を祖としている。大谷狗の子孫は代々大野に穴居していた。谷狗の流れは今、藤内・穢多であるという。又、穢多には秦姓の者もいる。後々の世になり、谷狗の末葉に大谷平という者がいて富豪といわれていた。又大野も後に吉祥寺野といった。

大谷平の一子は剃髪し密かに高野山に登って修学し、学成って郷に戻り、大野に一寺を建立し吉祥寺と号し、清覚阿闍利と称した。大谷平は檀那となって多くの財宝を寄進した。後に、大谷平は穴居を厭い、時を窺って大森という所に家造りして住んだ。ある時、盗人が来て大谷平を刺殺し妻子を縛り財宝を奪い去った。よって吉祥寺も大檀那を失い、次第に衰えていった。木曽義仲が神成郷を放火した時、吉祥寺も焼けたという。今は礎石だけが残っている。

又、東条ノ宮のある所を東条村という。今は東条と改めている。上条は神職となり今も継でいる。中条は後に桃井直常の旗下となり、中条下野守と称した。下条に六郎右衛門という者がいて大力の聞こえが高く、後に中条・下条を支配した。下条七郎二郎という者が婦負郡へ出て耕作し村ができ、氏姓を村号とした。下条村である。

○大若子命の阿彦征伐に対する戦術は、姉倉比売ノ神託を境に確かに変化している。神託前は、甲良彦舅・佐留太舅・美麻奈彦など有力郷将による個別攻撃又は大若子命が陣頭指揮する攻撃であった。神託後は、各軍団の役割分担を定め、且つ人々が祭る神々の依代を旗に結び付けて各軍団に渡した。これが効を奏し、軍団間の連携攻撃が可能となった。又、越中で崇めている神々の依代を結び付けた旗を掲げて戦い、阿彦に味方する者達の戦意を失わせた。

註

（1）垂仁天皇八一癸子……垂仁天皇一〇年頃であろう（参考……拙著一〇四頁・項「阿彦ノ乱」の年代）。

（2）「其ノ道」……大和政権の基本方針、定住農耕の推進・貢租「弭調・手末調」の徴収。公道。

（3）洲壌……農耕地。

（4）大籏神社……越南地方には大若子命が凶賊を退治したという伝承がある。疋田を含めて要調査。

（5）佐留太舅……猿田彦命が容貌魁偉で先導役を勤めたという伝承は全国各地にある。越中では、『喚起』『肯搆』に猿田彦命の子孫佐留太舅が大若子命の阿彦討伐に功績があったと記す。佐留太舅は、猿田彦命を祖と称して婦負郡の南・杉山の猿谷に住み、周辺の丘陵地帯を支配していた勇猛な郷将であろう。

(6) 嘉良和……古代の髪形。埴輪などにある髪形。

(7) 「若子命船路ヲ経テ大竹野へ上リ玉フ事 并珠洲近藤ノ事」中、命「此度出迎タル者ナシヤ」曰ヘバ。

(8) 「日宮神黒瀬へ飛ビ移リ玉フ」と比べ見られたい……『喚起』桂本巻之一「黒瀬村正一位日宮太神宮由来ノ事」の事か。しかし、日宮神が踰前碼碯山から黒瀬へ飛び移られたのは、応和二年のことと記すのみ。日宮神が多久比禮志神社の客神とも記していない。

(9) 猿谷城……栂尾城か。『故墟考』に「茗之原城、下篠原城二磧堡主無傳」と記す。栂野猿太治の居城だったのではなかろうか。

＊天正の初め……天正四年(一五七六)九月、上杉謙信が砺波増山城を攻めた時、郷将・神保氏の子将の多くがこの地に城を構えて立ち向かった。戦いに敗れた子将達は四散したのであろう。

＊『越中志徴』に、その頃栂尾・猿倉二城を新築した白屋筑前守は塩屋筑前守の誤りであろうと記している。塩屋＝塩谷とすれば塩屋筑前守は猿田彦命の子孫である。

＊森田柿園著『温故収録』「新川郡諸村由来」に、「……飛騨国大野郡袈裟山千光寺記に、塩屋筑前守は越中新川郡を討従え栂尾猿谷に城郭を構え、数十年居住していた。ところが国侍が越後の謙信に加勢して城を攻めたので筑前守は討死にした。六二歳であった。猛威を振るっていた筑前守も運命が陰り傾き、一族は埋没してしまった。

(10) 「末ノ巻」……これに該当する記述は見当たらない。

(11) 加州……加賀藩主・前田ノ殿様。加州公。

(12) 柳葉……速度の早い船。早船。珠洲ノ近藤……加志波良比古の後胤。加志波良比古神は石川県珠洲市に鎮座する延喜式内社「加志波良比古神社」の祭神である。珠洲市には同じく延喜式内社の「須須神社」があり、祭司は猿田彦命の後裔・猿女氏である。

(13) 「細川佐四郎ヲ滅ス戦場ヲ物語ル巻」……該当する記述は見当たらない。

(14) 集韻……宋・仁宗帝の頃、『大宋重修広韻』に基づいて編集した音韻書。

(15) 九八箇の大懸樋……一八箇の誤り。

(16) 八木山……『越中国　慶長絵図』には焼山と記す。

(17) 『諸社根元記』上巻・外宮所攝十六社「草名伎社　標劔仗」「大曲國生社　大若子命　乙若子命」

(18)『外宮儀式帳』平安時代初期延暦の頃編纂。「草奈支神社」……旧趾は大間社の西北の陸田にある。俗に奈古左というが、草奈伎が訛ったのであろう。『神名秘書』には、沼木郷山田村大間社の西にあって草薙劒を祭るという。『延喜本系帳』には、大若子命に、越国に荒振る凶賊阿彦がいて皇化に従わないので取り平らげに行けと詔があり、標劔を賜り派遣された。大若子命は越国へ罷り越し、幡を上げて凶賊を取り平らげとご報告申し上げた。天皇（垂仁天皇）は大層喜ばれ、大若子命に大幡主と名を加え賜った。このことは日本紀には見えない。江戸時代中期・石崎文雅著『外宮儀式帳私考』より引用、現代訳。

(19)大若子命は「姉倉神の神託」後、軍団を再編成して阿彦征伐を再開した。しかし、『喚起』の写本『若林本』『清水本』『桂本』のいずれにも、征伐再開から阿彦が滅亡に至るまでを記した巻本は見当たらない。『肯搆』「大若子命、阿彦を征伐する事」の章は、著者・野崎雅明が『喚起』が幾つかの章節に分けていた阿彦征伐関連記述を集約したものである。当然の事ながら、この章には現存する『喚起』諸写本と重複する部分も多々ある。また、文章構成が『喚起』と類似しているから、『喚起』写本に見当たらない部分は後に欠落したものと思われる。『喚起』諸写本に欠落していると思われる部分を参考のため、『肯搆泉達録』巻之一（富山藩前田文書）の記述から部分引用する。

(20)一舎を経て……野営したこと。古い兵法では、軍兵の移動は一日三〇里とされていた。三〇里は現在の一二里である。その場所は射水郡大門町串田の櫛田神社辺りの大沢山ではなかろうか。『越中国式内等舊記』承應二年（一六七三）写本に「櫛田神社　式内一座　祭神大若子命」とある。

枯山砦……『喚起』や『肯搆』は、砺波郡浅野谷の城跡「鬼カ城」に当たると記す。しかし、従来ここは室町・戦国時代「安川城」跡であり、「鬼カ城」伝承は虚伝とされていた。古代の城・砦跡には鬼名のつく伝承が所々にある。阿彦が築いた枯山砦は、彼の根拠地・岩峅砦から山田川流域を遡り、峠越えして和田川流域を下り砺波平野へ通じる古代の近道、八尾道の末端・和田川左岸の丘陵上にあった。この道筋には大己貴命信仰が根強い。砦付近は急勾配な山と複雑に入り組んだ深い谷に囲まれ、山越しに砺波平野が遠望できる。『喚起』が記す通り、枯山砦は阿彦の砺波平野進出の要衝であり、また大若子命が陸路攻めて来た時の防衛最前線でもあったと思われる。

(21) 大野……祢裏谷や大野は布勢一族の本拠地・布勢川流域に近い布勢神の領地内にある。支那夜叉が隠れ住む大野の巌ノ洞に命により大谷狗も住むことになった。大若子は支那夜叉と大谷狗の関係に気付き、温い心遣いを与えたのかも知れない。大谷平や清覚阿闍利は大谷狗と支那夜叉の子孫ではなかろうか。「大野」は後に「吉祥寺野」という。

(22) 東条照荒神……布施川右岸・黒部市中陣の丘陵中腹に鎮座する東照宮のこと。

(23) 青塚という……何時の頃か甚吉という者が来て、葱を栽培し著名の農産物になった。里人は甚吉の徳を忘れないため、死後に塚を築いた。甚吉塚という(拠『婦負郡志』・草島村甚吉塚)。

○喚起泉達録巻之八

『桂本』巻之十四

はじめに

1. 喚起泉達録巻之八には、「大若子命神所祭給之地ヲ神奈老翁ニ尋ネ給フ事」「神奈老翁神代ヲ説キテ大竹野ノ由来ヲ述ブル事」「大竹神社建立　并神遷之事」「当国一宮ヲ定メ祭リ給フ事　并大若子命帰洛ノ事」「荒川神社之由来物語之事」などの五章がある。

2. 『肯搆』「大若子命、阿彦を討伐する事」の章には、この『喚起』巻之八の記述を集約して記している。但し、「荒川神社之由来物語之事」は記されていない。

▲大若子命神所祭給之地ヲ神奈老翁ニ尋ネ給フ事

①一宮造営発願の事　垂仁天皇八四丙卯春如月始の頃、大若子命は帰洛しようと思った。命は前の八一癸子年、凶賊阿彦退治に越中へ下向して以来日夜凶賊を攻めたが、賊の妖術に惑わされて三年間も苦戦が続いた。この時、姉倉比売が顕れ知謀を授けて忽ち朝敵が亡び、国中は静まり民は太平の時をえた。命はその後も仮屋にいて民に新しい農耕を教えた。国中の民は皆な満足し、国中四海波静まって風さえ枝を鳴らさないようになった。民はひたすら命の恩を厚く敬い、苦労を顧みず専ら農業に励んだ。命も民が慕っていることを思い、帰洛を暫く引き伸ばしていた。命は神国・人和政権が行う正しい利罰は、全て神意に拠ることを人々に伝えた。又、命は王者の尊厳を示そうと思いたち、後世に伝える一宮を造るのに相応しい清浄な地を選ぶため、神事に通じた賢者を探し求めた。

②神奈老翁と問答の事　その時、神奈老翁《かんなをんの》という者が庭へやってきた。命は、神奈老翁がお召しに応じ急いでさたといっているのを聞き、早速政庁に出向いた。政庁には、堡将・郷将等が皆な威儀を正して座していた。神奈は白髪を唐輪に結い上げ、布衣のやや古びたのを着て命に謁見礼拝し、お召しに随ってきた旨を申し述べた。命も会釈して「神奈老翁よ、北越のことを幾年ばかり知っているか」と聞くと、老翁答えて曰く「予が生まれる前を知ること一万年、身体父母より受けて今に至るまで既に齢三百年を知る。凡そ　万三百年を知ること、掌を差すが如し」。命が問う「生まれて三百年歳は見聞き出来るから知られよう。しかしそれ以前の万年は何をもって知るか」、老翁曰く「見聞し功を重ね知っていること

は、なお数万年に及んでいる」。命が問う「老翁の言は不審である。如何にして知ったのか」、老翁「皆な伝えに拠って明かなり」。命「何神が汝の祖か」、老翁「住吉神は遠祖なれども、その詳しいことは判らない」。命「住吉神の神胤が今何を生業としているのか」、老翁「只父母に孝に、王命を畏み、稲を作って貢としているだけである」。命が問う「王位を恐れるのは何を敬ってのことか」、老翁「とんでもないお言葉である。この国は神之御国であり、王者また神の御胤が即位される所謂れがある」。命がいう「我が知っている処は老翁と同じ。今汝を「神ノ祝部子《はぶり》」に任ずる(1)。本朝の開闢由来・日域擁護の霊躰・天神地神が恵みを垂れて和光の影が塵に交わって生業を施す謂れや、王法の尊いのは国の威勢が異国に勝れ天下安全の徳を施している謂れを汝から説き聴かせて欲しい。今、老翁の申した事を正統とする。若し、汝の申す事に誤りがあれば我が補足しよう。本朝の開闢由来から今にいたる迄老翁が伝え聞いたことを詳しく人々に説き聴かせよ」。老翁これを聞いて曰く「命の御前でそれを話すことは只恐れ多く、身を退け言を辞し口を閉ざして去るべきではあるが、予の言に誤りあればこれを補足して迄永く当国の人々に教え残そうとする命の思し召しは、人々のために恵みを与えようとの御心である。話さないことも又恐れ多い、伝え聞いたことを一義も残さず申し述べよう」。命は悦び、諸将に命じて新たにその席を造らせた。

▲神奈老翁神代ヲ説キテ大竹野ノ由来ヲ述ブル事

①大竹野に石壇を築き国生みを物語らせる事　かくて、諸将は大若子命の仰せに従い、神名老翁に神祇を説かせる席を設けた。場所は大竹野の北東の一段高い所で、そこに石壇を築き仮屋で覆って臺座を造った。神名は吉凶吉日を占った後布衣を着て現れ新造の臺に座り、程なく命も朝服姿に正装して殿の中央に座った。堡将・郷将等は威儀を正して殿中に座し、佳人及び郷民等は臺下に居並び畏まって聞いた。

時に、神名は烏扇を持ち替え大若子命に拝礼した後、語り始めた。先ず神代七代というのは、第一国常立尊《くにとこたちのみこと》・第二国狭槌尊《くにさづちのみこと》・第三豊斟淳尊《とよくんぬのみこと》、この時天地開け始めて空中に物あり、葦芽《あしかひ》のようであったという。その後、男神に泥土瓊尊《うひちにのみこと》・大戸之道尊《おおとのみちのみこと》・面足尊《をもたるのみこと》、女神に沙土瓊尊《すひちにのみこと》・大戸間邊尊・惶根尊《かしこねのみこと》、この時男女の形があったが婚合の儀はなかった。その後、伊弉諾・伊弉冊の男神・女神の二神が天ノ浮橋の上にきて、この下にどうして国がないのかと天瓊鉾《あまのぬぼこ》を差し下して太海《おおうなばら》を掻き探り、その鉾から滴り凝固まって一つの島が出来た。「おのころ島」である。次に一つの洲を造った。この洲は余りにも小さく淡路洲と名付けた。吾恥《あはじ》の国という意味であろう。二神はこの島に天降って宮殿を造ろうとしたが、葦原が生え茂っていて宮造する場所がなく、葦を引き捨てた。この葦を置いた所が山となり、引き捨てた跡は河になった。二神は夫婦となって住んだが、未だ陰陽和合の道を知らなかった。ある時、鶺鴒《にはくなふり》という鳥が尾を土に敲いているのを見て初めて和合の道を知り、「喜哉遇《あいぬ》可美少女《うましおとめ》」といった。これは和歌の初めである。かくて四神を産んだ。日神・月神・蛭子・素盞烏尊である。日神とは天照太神でこの神は天子の御祖に当たる。月神は月読ノ明神である。この神の御姿が余りにも美しく人間の類ではなかったので、二親の計らいで天に昇らせた。蛭子は今の西宮ノ大明神であるが、生後三年まで御足立たず片輪だったので「いはたす船」に乗せて海へ流した。

父老私に補って曰く「かそいろは何に哀れと思ふらん三年に成りぬ足立たずして」と詠んだ歌はこのことであるという。かそいろは父母のこと。

②素盞烏尊の事　素盞烏尊は出雲ノ大社に鎮座する。この尊は草木を枯らし禽獣の命を失わせる等、事々に荒々しい神だったので出雲ノ国へ流された。三神は或いは天に昇り、或いは海へ流されたので天照太神がこの国の主となった。素盞烏尊はこの国を取ろうと企み、軍を起こし数多一千の悪神を率いて大和国宇多野に一千の劍を掘立て、城郭として立て籠った。天照太神は危険を察知し、八百万の神達を率いて葛城の「天ノ岩戸」に閉じ籠ったので、天地皆な暗闇になり、日月の光も見えなくなってしまった。この時、島根見尊はこれを嘆き、香久山の鹿を捕らえ肩の骨を抜き取り合歓《けわか》の木で焼き、この事態を如何にすべきかを占ったところ、鏡を鋳て岩戸の前に掲げ歌を歌えば御出ありと占い出た。

父老私に補って曰く「香久山の若葉の下に占いて肩抜く鹿は妻恋なせり」と詠んだ歌は、即ちこのことであるという。

かくて、島根見尊は一千の神達と語らい大和国ノ香久山に庭火を燃やし、一面の鏡を鋳た。この鏡は不出来だったので破り捨て、今は紀州日前宮の神体になっている。次に鋳た鏡は上出来だったので、榊の枝に著け一千の神達を集め調子を揃えて神歌を歌った。天照太神はこれを喜び、島根見尊と手力雄尊に岩戸を少し開かせ御顔を差出した。忽ち、世界は明るくなり、鏡に映った御形は長く消えなかった。この鏡を名付けて「八咫《やた》ノ鏡」とも、又内侍所ともいう。天照太神は岩戸を出て八百万の神達を遣わし、宇多野ノ城に堀立ててある剱を皆な蹴破り捨てさせた。このことから千剱破《ちはやぶる》という言葉が生まれた。この時、一千の悪神は小蠅になって皆な消え失せ、素盞烏尊は唯一人になって彼方此方を流浪するうちに出雲国に辿り着いた。海上に浮かんで流れる島があった。この島は天照太神も知らないだろうと、尊は御手で撫で留めてここに住んだ。この島を手摩島という。

③八岐ノ大蛇退治の事　素盞烏尊がこの島から遥か彼方を見渡すと、清地ノ郷《すがのさと》の奥・簸ノ川の上に八色の雲があった。尊は怪しく思い、そこへ行ってみると、老翁と老婆が美しい小女《おとめ》を中に置いて嘆き悲しみ泣いていた。尊が嘆き悲しむ訳を聞くと、翁答えて「我は脚摩乳《あしなづち》、婆は手摩乳《てなづち》という。この姫は老翁・老婆が儲けた独り子で、名は稲田姫という。近頃ここに「八岐ノ大蛇」という八つの頭がある大蛇が、七つの尾根・七つ谷を這い渡って毎夜人を食べ物にしている。こうして野人・村老は皆な食い尽くされ、今日を限りの別れを嘆き悲しんで泣き伏している」と語った。尊は哀れに思い、「この姫を我に譲るのなら、大蛇を退治して姫の命を助けよう」といった。老翁は喜んだ。尊は湯津爪櫛を八つ作って姫の髻《もとどり》に挿し、八醞《やしぼり》の酒を槽《さかぶね》に湛え、其の上に棚を作り姫を置き、その影を酒に映して待っていた。夜半過ぎ頃、雨荒れ風激しく吹き過ぎて、大山が動くような物が来る気配がしてきた。雷光でこれを見れば、八ツ頭に各々二角あり、角の間に松伯が生え茂っている。一六ノ眼は日月の光の如く、喉の下の鱗は夕日に映える大洋の波のようであった。大蛇は暫く槽の底にある稲田姫の影を覗き見て、生贄がここにあると思ったのだろうか、八千石も湛えた酒を少しも残さず飲み尽くし、更に余所から筧を懸けて数万石もの酒を飲んだ。大蛇は忽ち飲み酔い朦朧となり寝てしまった。この時、尊は剱を抜き大蛇を寸々に切った。尾に切り進んだ時、剱の刃が少し折れて切れなかった。尊は怪しみ剱を持直し、尾を立様に裂くと尾の中に一つの剱があった。これが謂う所の「天ノ叢雲ノ剱《あめのむらくものつるぎ》」である。尊はこの剱を天照太神に捧げた。天照太神は、これは当初《そのかみ》我が高天《たかま》ケ原から落とした剱であると悦ばれた。その後、尊は出雲国に宮造りして稲田姫を妻とした。「八雲立ツ出雲八重垣妻籠ニ八重垣造ル其八重垣ヲ」これは三一字に定めた歌の初めである。

④天ノ叢雲剱の事　それよりこの剱は、天子の御宝となり代十嗣《よとつぎ》を経てきた。この剱が未だ大蛇の尾の中にあった

頃、簸ノ川上に雲懸かりして天が晴れなかったので「天ノ叢雲ノ御劒」と名付けた。又、劒の長さが僅か十束だったので「十束《とつか》ノ劒」とも名付けた。神璽は天照太神と素盞烏尊が共に夫婦《まぐばい》を行った時、(2)八坂瓊《に》ノ曲玉を舐めると正哉吾勝々速日天之忍穂耳尊《まさやあかつかちはやひあめのおしおみみのみこと》が生まれた玉である。これに付いては異説が多いが、委細を述べる遑がない。老翁が伝え聞いているのは、大体このようなことである。天之忍穂耳尊・瓊々杵尊《ににぎのみこと》・彦火々出見尊《ひこほほでみのみこと》・鸕茅葺不合尊《うがやふきあえずのみこと》、これまでを地神ノ五代という。人皇の初め神武天皇より今上皇帝に続いている。神の御胤であることは申すまでもない。今内侍所・御劒・神璽は「三種ノ神器」といって代々天子の御宝である。

　この御劒は、今大若子命が預かり帯びている標劒であり、その明徳は諸人が親しく拝し知る処である。なお、その他は説くことでもなかろう。只、予が聞き伝えてきた事に誤りがなかったかと恐れている。大若子命は神名の話しを聞き終って、老翁が述べた事柄は一部始終誤りはないといった。

○大若子命は帰洛に先立ち、大和政権の威光を後世に伝えるため一宮を建立することにした。時偶々、住吉神の後裔・神名老翁と称する者が現れたので、この老翁に大和政権の正統性を国人に説き聞かせた。神名老翁は、今大若子命が帯びている標劒は神器「天ノ叢雲ノ劒」であると述べ、大若子命の期待に応えた。

　大若子命は神名老翁を通して、大和政権の正統性を国人に説き聞かせた。しかし、老翁の物語りには『記紀』の記述と似て非なる箇所もある。昔は各地にこのような独自伝承があったのだろうか。

⑤**姉倉比売を祭る事**　大若子命は「我がこの度の凶賊退治に功績があったように見えるが、そうとは言い切れない。姉倉比売のお告げによって成遂げたのであり、本当は神の擁護があったからである。神徳の深いことを尊く思っている。よって、姉倉比売が織り縫ってくれた白旗を当国で一社の神に祭り、国の庶人に永く神徳の不思議な力を示そうと思う。「神名をもって祝部子とする。汝は神の巫《みこ》となって神徳を述べ、諸人に教えよ。今、姉倉比売の旧社を改祭して後世にその神徳を告げ知らせ、白旗をその客神と祭り崇めよ。改祭するに相応しい祥地は何処だろうか」。老翁は「命の賢慮の尊さは言い尽くし難い。その浄地を選ぶのに新しい所を求めるまでもない。比売命が初めに遷された地に社を築き祭られたらよい。その地はこの野にあって、当国の景色の良い所で五時山と称えている」と答えた。五時山は東から朝日が上り夕日が

西に沈むまで、隅々を五時に照らすから付いた名称であり、吉祥大観の地である。

〈付随伝承1〉越後争乱の事……越後で山鵜叢鷙蛸伏鹵看《やまてのむらしせぶししおみ》などという賊が起って国を乱した。神武帝は即位前にこれを滅ぼすため当国へ下向し、この北臺《ほくや》に御陣を構えたので、世人はこの野を陣野といった。ところが、賊徒等は帝の御威勢を聞き恐れて剣を首に担いで遠くへ逃げ去った。残った叢鷙蛸伏鹵看等は悉く恐懼し武器を投げ捨て、山海の貢物を奉り永く百姓になると詫びたので、帝はこれを許した。鷙賊の降伏により越後六郡は皆な静かになり、弓袋の紐を解くこともなくなった。北臺の御陣から凱旋する時、帝の御下向の成功を祝い、武将・物部氏が持っていた漆弓千張・珠弓千張・金紘二千張を合歓木《うつぎのき》の箱に蔵め、北臺にこれを掘り納めた。玉鉾と標纛《ひょうとう》の旗には覆い屋を建て、神祇を整え北の方角に向かって大礼を行った。[3] 帝自ら北方の天神を迎え祭り、永く当国を擁護するよう誓いをたてると、その臺上に祥雲が棚引き渡り、天神の祥瑞を顕した。ここに仮屋を建て帝が座して自ら天神に祈ったことから、この野を北臺山ともいっていた。天神を祭り迎えたこの地を一社と崇めて天神森と称し奉った。その神迎の歌に「漆千張・珠千張」があった。人は今もこれを歌い、その忝なさを知っている。帝は戦わずに凶賊を平定したので、当国を御府国にすると詔られ、代々の天子はその詔りを受継ぎ、御府国として領主を置かず百姓の貢ぎは欠けることもない。神名老翁は「命は今、この広野に陣を構えて凶賊を滅ぼした。神の吉例とすべき所である。比売命の旧社を改祭し、ここに客神を祭るのが最適であろう。又、一宮を祭るには、昔大己貴命が国作りの時当野に滞在したので、大己貴命を迎え祭り、北方を守る社を造り気多神社と崇めるがよい」と申し上げた。命は神名老翁が一々古例を上げて述べるのを聞き甚だ喜び、老翁の言に従い、小竹野に三神之神社を建てた。

〈付随伝承2〉船峅神託の事……父老私に曰く、昔神名老翁が物語ったことを今一通り述べたが、未だ言い尽くしていないことが多い、それを束ねて語ろう。姉倉比売が船峅からここに左遷されて神階三品にある。船倉ノ神社として所祭《いつきまつ》る時は、一国補佐の神であるから正一位の沙汰にも及ばない。又、十善階とも沙汰されない。これは日吉神などと同じであり、特に申すべきでもない。されば、この神に「嫐打ち」という罪名があり、始めにいた船倉ノ宮を大己貴命に追放され、大竹野に遷り機織りを人々に教えて罪を償えと命じられた。命の罪の期限が機織りを人々に習い覚える迄とも、無限に教え続けるとも詳らかでない。しかし、罪には元々期限があるから、姉倉比売もどこに住んでも祟りはなかったろうが、産子達から大変名残惜しまれ永くそこに住むのも宜しかろう。神代の出来事だから万千年の沙汰である。船峅に限らず造化のことを全て人体を借りて語るのは曲言である。しかし、曲言にも理儀が正しければ余の事は軽く見るべしと師伝にもあるという。

〈付随伝承3〉清メノ宮の蜆貝と蝶の事……北臺の山に清メノ宮という所がある。清メノ森ともいう。森の中に小さな社がある。世人の流伝には、昔蜆貝を積んできた舟がこの島になり、宮屋敷にしたという。この島は舟の形で、今も此森の中には蜆貝の殻が沢山あるという。成る程流伝に違わず、土を掘れば舟のように蜆貝の殻がある。この流伝は本当である。又、当国の女童が目出度いとする諺があり、機織り窓に小蝶が入れば、この蝶は姉倉比売の使いで織っている布が二尺ばかり増えるといって喜び祝う。この諺から推察すると、流伝は謂れのないことではない。昔姉倉比売が機を織っている時、蝶が群がり舞って綾を取るのを比売命は可愛がった。比売命はその蝶が蜆貝の変化したものであることを知っていた。罪の期限を終えて、遷座していた大竹野から船峅ノ元宮へ戻る時、貝を手に採り「吾が御手洗水にも蜆貝がいて欲しい」といったので、皆な美しい蝶になって船峅山へ行き、又元の貝になった。その殻が残っていたのを船峅ノ末神として祭った宮が北臺の清メノ宮である。今も船峅山の御手洗には蜆が多い、しかもその大きさは中形の蛤程で、夏至の頃に蝶となって空を飛び山に至る。皆な白地に赤・黄・青の縦筋のある蝶で貝の彩りも美しい。蜆貝は神が惜しまれると言って人は取らず、所の者は綾貝ともいっている。何れも不思議なことである。又、比売命が流遷されたという野に、その時の殻がある。そのことの初めを知る者はいないが、そこに脱殻が今もあるのも不思議なことである。共に皆な神徳であることを伝える伝承である。蜆ノ宮というべきを世俗の片言に雀ノ宮といっているようだ。世人は常に蜆貝をスズメ貝と言い慣わしている。蜆ノ宮があり、御手洗に蜆貝あり、蝶となる蜆ノ宮という所に貝殻あり、これ皆な目の当りに見えることである。これらは流伝と符合するが、書物には記されていない。よって、本文では語らずここで話した。

〈付随伝承4〉神名と住吉神の事……本文で述べた神名・神奈という老翁の出所は知らないが、大竹野辺りの者であるという。この人は代々大竹野に住み、百姓をしていた。今も住吉野に住み、住吉嘉左衛門と称している。住吉は名字かと聞くと異名なりという。住む所が住吉村だから住吉と称し、父方の名字は安住《あずみ》、母方は宇都《うつ》とも宇都志《うつし》ともいう。これはその人がいわなくても一国の人は皆な知っている。しかも神孫であることは、住吉嘉左衛門だけでなく、人も皆なそのようにいっている。父母の名字で伺うと、住所は住吉村、其の人は安住又は宇都志と分かる。

神名老翁は住吉神は遠祖だが、詳しくは分からないといったのは尤もなことである。神名帳に筑前国那珂郡住吉ノ神社三座・長門国豊浦郡住吉荒御魂ノ神社三座・摂津国住吉大神社は神功皇后を加えて四座、これらは阿曇連《あづみのむらじ》等が所祭る神である。[4] 阿曇は安雲とも書く。又、姓氏録には阿曇連は海神・綿積豊玉彦《わたつみのとよたまひこ》神の子・穂高見命《ほたかみのみこと》の後裔であると記し、又、古事記は阿曇連は綿津見神の子・宇都志日金折命の子孫と記す。さすれば、安住とは文字化する時の誤りで、元は阿曇だったのだろう。住吉神は阿曇氏が所祭る謂れが分かる。老翁が遠祖については詳細を知らないというが、安住という名字から見て神孫である。住吉ノ神を祭り、産ノ神としてその村に代々住んできたのは因み深い。神名は何れにしても阿曇連の末葉であり、神孫である。何故に神名と称するかといえば、中世の頃は阿曇とも住吉とも人いわず、彼等が神事に詳しかったので、人皆な只神主といっていたのが変わって神名となった。神名は名字ではなく呼名である。

〈付随伝承5〉 越後・山鵜叢鷲蛸伏鹵看の事……北代山のことは異議が多く、当国のことながらその一部始終を語り尽くせる者はいない。神武帝がここに陣を構えて東国の賊を退治したのは、即位三年以前のことというがこの伝承は疑わしい。しかし、叢鷲という賊がいて鬼とも呼ばれていたのか、その滅びた所を今は鬼鷲《おにぶし》といい、越後の海辺に今でもある。[5] これを退治するため北代山の陣所を出陣したが、叢鷲が降参したので当国より東へは行かずに帰京した。北国への出陣は崇神天皇紀に、蠻夷《はに》を追討するため越後へ向かったことが記されている。この時は越中宮崎の国勝長狭が先陣となり越後を探索したので、凶賊達は恐れ逃げ、鬼鷲は降参し詫びたという。蠻夷は今の朝鮮のことである。この蠻夷は、中国では歴代その呼称が異なる。先ず夏朝では燻鬻といい、殷では鬼方、周では厳允、秦漢では凶奴、唐では突厥、宋では契丹といった。又、韃靼蠻夷の種族であるという。朝鮮は今は一国であるが、古えは韃靼国内のはずで、国の陰陽が定まらず南にも雪が降るなどといっていた。然れば、昔は三韓の事も蠻夷といっていたので鬼鷙も朝鮮に味方したのであろう。何れにしても鷙は越後の賊である。

〈付随伝承6〉北代山の事……帝が凱旋する時、北代山に弓を埋め、自ら天神を迎え祭って当国を神護するよう誓約されたという。その所に天神ノ宮が今もあるが、後に仏法に移って崇められた。又今も僧法師の者達が崇敬し、神の昔を忘れたのか天満宮と称している。護法天神も菅天満天神も同じかどうか詳しくは知らない。帝が漆弓千張・珠弓千張・金絃二千張を合歓木の箱に蔵め、その箱を埋めて神を迎え祭った。その神迎え歌「漆千張・珠千張」は永く歌い継がれその忝なさを知っていると述べた。この歌は今もなお流伝し人々はこれを歌っているが、元の意味を忘れたのか全く関連のないことに入れ替わっている。今聞く歌は「漆千ばい・朱千ばい・黄金の鳥が一番朝日輝く入日射すみつばうつ木の下にある」と歌う。その上、異説を添え「昔、この地に長者がいて子に譲る宝に漆千培・朱千培・金で作った鶏一番《ひとつがい》を甕に入れて埋め置き、歌でその在所を知らすため、末尾に朝日輝く入日射す三葉合歓木の下にあり」としたとある。

しかし、三葉合歓木という木を知らないので、今まで掘り出した者がいない。毎年の元旦には金の鶏が北臺山で鳴くのを実際に聞いた者はいるが、その鳴いた場所を確めた者はいないという。これは皆な神代の昔を忘れ失った誤伝であろう。又、漆弓千張・珠弓千張・金絃二千張程を埋めたというから、この漆弓千張を漆弓千張・珠弓千張と金絃二千張を金絃二千張と歌っていたのを後世になって宝物が埋まっていると誇大に考え、漆弓千張を漆千倍と張を倍に言い違え、珠弓千張も朱丹と朱千倍とした。このような思いから金絃二千張を金で作った鶏とし、一番の事に取り違えてしまったのである。弓絃は二十筋を一張とも一番ともいうからでもある。この時の弓は二千張であったから絃も二千筋であろう。番とは二つ双《ならび》の事だから、二十も二百も二千も又二つも番である。二千本分の弓と絃ということであろう。一、十は番に合わせる意味で、二十を一括りにして数えたのか。又、漆弓を漆といい珠弓を朱という。珠弓は、珠玉の飾りの付いた神弓であり、漆弓は常用の弓である。美麻奈彦が岩峅之堡責めの時「塗木ノ弓」で走天狗という賊を射たという箇所で漆弓の事を詳しく述べたから、ここでは略す。どのような弓でも弓は弓、深く関わることでもないと師の教えにもある。

〈付随伝承7〉五時山の事……又、朝日輝くとは北臺山の褒め言葉である。本文に語ったように、一日五時に日光が照るから五時山といい、谷も五時谷という。朝日輝き入日映える所と褒めている。この褒め言葉があったので、陣所も北臺にあったことが分った。若しこの言葉がなかったら、軽薄な今の世中で如何　にして昔を知ることが出来ようか。一徳は末世になっても猶輝くものである。三葉合歓木の下にあるということを、今の人は三葉合歓木という枝葉のある木を実際に植えたと思っている。だから、その木を見知らず掘り出せない。これは始めから誤っている。三葉合歓木ノ下ニアリとは、水ハ靫器《うつき》之下ニアリということであろう。朝日輝キ入日映エル水トハまで読み、靫器之下ニアリと続ければよい。先ず、三葉を水ハと言い直す。これは帝が天神を迎え祭られた時、自ら天神に向かって何を捧げられたか、祭壇に天元水を捧げられたのである。その水は、日の光朝に輝き夕べに映える井の水を移し捧げられた。水ハ靫器之下ニアリとは、その水は弓を納めた靫器の下にあるということである。帝は、水に日ノ光を所祭り北国の護りを永く誓約され、御弓ノ箱を神体とし土を築き森を造って、北臺護法天神と崇め祭られたのである。これは、神名老翁の物語りと世俗の流伝と合っている。然れば、「漆千倍・朱千倍・黄金之鳥ガ一番朝日輝ク入日射スミツバウツ木ノ下ニアル」と今歌っているのは誤りであり、「漆弓千張　珠弓千張　金之絃二千張　朝日輝ク　入日映エ　水ハ　靫器之下ニ　アリ」、この八句が正しい。先ずもって、神事には八を用いる謂れがある。

　これにより五時山を北臺山という。五時山は山が出来た時からの名称である。だから、今の人は五時山と北代は別ともいう。今、人は田地を割拠して所々に分割しているが、凡そこの地で南から北の末端までの山々は「三頭三根」である。金谷から北は全て臺山であり、野谷共に北臺である。今は北代と書く。これも誤りで臺の字が正しい。城山という山の北に臺水という池が今もあり、臺清水ともいう。ここでも臺の字であることを考えなければならない。又、南北に連なる「三頭三根」の山々の事は、長澤各願寺の事を解く所で詳しく述べるのでここでは略す。

〈付随伝承8〉御府国と八重垣の事……又、帝が越中を御府国と詔られたのは、越中への御発行が平穏に収まったので天領とされたのである。又、初めて国を得たからともあるが、これには深い意味があるという。御即位前にこの事があったから帰洛後即位されたという。なお、書物を写したのではなく聞いた事を語ったので長々と記した。又、八雲立ツの御歌は、一説では素盞烏尊が歌った夜句茂多菟云々に独特の意味があるという。しかし、これは諸鈔に詳しく書かれているのでここでは略す。しかし、右に記された文字の意味をいうと、『釋日本記』の倭歌の解釈に夜句茂多菟とは八雲立ツ、伊弩毛夜覇餓岐は出雲八重垣、菟磨語昧爾は妻籠メ、夜覇餓枳菟倶盧は八重垣造ル、贈廼夜覇餓岐廻は其八重垣であるとしている。御歌の心は素盞烏尊が宮を建て稲田姫と共に住んだということである。八は神道の愛する数であり八雲という。八重垣と同じ事を繰り返していうのは古歌の姿である。神書を説くのではないから他は略す。

▲大竹神社建立　并神遷《かみうつし》之事

かくて、大若子命は神の至徳を北越の地に輝かそうと、姉倉比売の旧跡を改め大竹神社を所祭った。共に三座の社である。船倉の姉崱荒御魂神社に八幡神社を加え、これに白旗を崇め祭った。姉倉比売神社を大竹神社に加え合せ遷し改めた。姉倉姫神社は旧社で地主神・大国主命を崇めていた。八幡とは大幡主命である。大若子命はこの三座を崇め祭った。宮殿の造営は阿曇雲神奈が奉行となって造立を急いだので、内殿・拝殿・神楽堂・三所の笠鳥居・玉瑞垣に至るまで甍を並べて建て揃った。遷宮の時刻を酉ノ刻と定めたが、その夜の暁方から雨闇く風も荒く、御玉瑞垣の神木は雨を帯びて清々しく、庭の塵垢を流し沙石を洗って清浄になった。雨晴れ風定まり天気殊のほか麗しくなったので、人々は皆な天神も感応されたに違いないと思った。畔田早稲比古が諸事を取り仕切った。午ノ刻頃になり、加志河室生比古・五十嵐豊生比古・富崎長岡比古・吉田久美比古・津地幸比古らが次々に参上した[6]。手刀摺彦・手刀椎摺彦も参上し大若子命が御着座したので、国中の神職が各々御座の前に礼をした。これは大若子命が時の長者である験《ためし》である。出御の刻になったので、神職・社家の一族数十人が立ち並んでいる中から神奈が　人進み出て祝詞を奏上した。その音声は雲に響き言語は玉を転がすようであった。祝詞が終わると幄屋で雅楽を奏した。整い揃った声の中で御神宝を出し奉った。命以下十二堡将　郷三将らは席を避けて皆な跪いた。その次に、本社の御榊二所の御正躰が光明光り輝いて雙び出されると、数多の神官達は覆面をして各々捧げ奉った。両列に並んだ伶人は道々還城楽を奏して正始の声を調べ、神人は警蹕《けいひつ》の声を上げて非常な事態を防いだ[7]。赤衣の仕丁は白枝を持って御前に立ち、黄衣の神人は御神宝を捧げ持って次々に随った。その他の神司は束帯に正装して列をなし、白衣の神人数百人・氏子等が歩み連なった。時に、大若子命が柳ノ下重に絲鞋《しあい》を召し、辺りも輝くばかりに歩み出された。前駆四人左右に随い殿上人二人が御裾を持ち、随身は十人余りいたが態《わざ》と先を追わなかった。これは神幸を恐れられたからである。その次には、小浜早見彦・手刀摺彦・手刀椎摺彦・天猿太舅・国勝澤古舅・珠洲近藤老翁・加夫刀甲良彦舅・釜生富崎舅・諸岡雄瀬古・玉生玉椎老翁・潔石高住舅・椎奈豆美比古・加夫津阿良比古・鳳至久志彦・鳳至波自加弥比古・郡家鉄生《ごうけかなさや》老翁・幡生大路根老翁・速川美麻奈彦、次には郷将数十人皆な身姿を整え威儀を正して粛《しずか》に行列した。供奉の神司数百人を加え、前後十町余りの大行列は博陸具膳《はくりくぐぜん》の徳を顕わし、世に高産霊尊ノ勅を新たに広く教え示した。(8) 御神宝を新しい宝殿に遷す時刻となった。御神宝が宝殿に着き、万歳楽を奏するうちに目出度く鎮座された。この御幸を見ようと巷に溢れた見物衆も、その神徳を貴ばない者はいなかった。誠に恵みを顕し、正邪の道理に適った御幸であった。軽薄な今の世に至るまで大竹神社と三座を崇め奉れば、身に添い影に随い利生を施し万民は豊《やす》く猶々その利益《りやく》を受けない者はいなかった。

○大竹神社の造立は阿曇雲神奈、祭典は畔田早稲比古が取り仕切った。内殿・拝殿・神楽堂・三所の笠鳥居・玉瑞垣にいたるまで建て揃い、遷宮は厳粛に執行された。大若子命は阿彦征伐に参戦した越中・能登・加賀の諸将を、祭典に参列させ其の労苦をねぎらい、人々に高産霊尊ノ勅を持つ大和政権の正統性を知らしめた。

○大若子命が大竹神社を造立した動機は、苦戦続きだった阿彦征伐が姉倉比売の知謀（神託）によって忽ち勝利をえたので、姉倉比売を顕彰し、合せて大和政権の武力と正統性を知らしめる事にあったという。しかし、参加した諸将等の序列から、これは大竹神社造立に仮託した阿彦征伐戦勝祝賀の祭典でもあったと思われる。なお、内殿・拝殿・神楽堂・三所の笠鳥居・玉瑞垣等は、後世の社殿風で疑わしいが、当時としては比較的に規模の大きい社が造られたのであろう。

▲当国一宮ヲ定メ祭リ給フ事　并大若子命帰洛ノ事

①当国ヲ定メ祭リ給フ事　大若子命は当国にもう一社、国を擁護する一宮を造ろうと思い、そこに祭るべき神を神奈に問うた。神奈は徳の高い神や地の利などを考え、「この国を造ったのは、本当は八千戈ノ神である。命はこの神を嚮《いっ》き祭られたらよい」と答え、さらに次のように述べた。

そもそも、北は陰水の根源であり、万国の根である。(9) 北を神道では大元水の根本という。北越のうち当国はその中央にあり、陰気変態は身近に現われ、又陽気温潤の徳が多い。その陰陽両気の恩恵が多いことから、地の利に相応しく徳行の風習が厚い。これは、天神の徳化が安河の流れのように多いからである。水気の徳というのは、高天原に鎮座《しずまりま》す神・豊気大神の温潤徳化の徳であり、天元水となって流れている。その主流を天安河といい、八方に流れるのを天八十河という。その徳水は永く正真清浄に流れて止むことがない。この徳水の流れを今日の人生の身上に受けて胃の腑中に入り込むと、元気が出て血脈が永く循環して生命の安穏が保たれる。凡そ、人間が成す業も、胃の腑中の安河の流れに従い私気を交えずに受用すれば、動作威儀は温潤となり神明天道に和み、人から咎めも受けず神明の祟りもない。天安河の水気を感ずれば、謹んで受容し斎《いつ》き祭るよい習慣がある。これは、天に座《いま》す神の豊水気津の温潤徳化の流れである。日月四時の間を永く循環して止むことがないのも、この天安河の恵みの流れに因る。(10)

今、この所の山上は五時に陽潤であり、他に勝る気がある。(11) 国の成り立ち以来、川や澤が多く、この山の端々には神水が溜まっていて湧水も多く、温潤徳化の恩恵を自然に蒙っている。国の北の神を響き祭り、その両気が多いことを敬い崇められたらよい。

神奈がこのように神祇を説いて申したので、命は悦ばれ、北方を祭り八千戈ノ神を響き祭り気多神社と称し、「越ノ中国ノ主神一宮」と崇められた。命は宝殿を新たに造立し、瑞垣を高くし神木や並木を数多選び植えたので、神の威光の影も尊く、吾れも八千戈ノ神と共にこの国に留まり去らないと永く鎮座された。祭役の族を集め祭礼の規式を整え、阿曇神奈を宮造とした。

○「越ノ中国ノ主神一宮」は、富山市八幡・旧婦負郡八幡村に鎮座する八幡宮であるという。祭神・大幡主命他五神（大若子命の阿彦征伐にかかわる社伝がある）。

②大若子命帰洛ノ事　その後、命は神事を思いのままに執り行なった。かくして、越の地は益々穏やかになったので帰洛することとなり、垂仁天皇八四年の夏六月初頃目出度く帝都に着いた。命は、越の凶賊阿彦退治の有様や姉倉姫の神託によって手長白旗を作って賊を滅ぼした事、御劍の功徳、堡将郷将達が戦った次第などを一々奏上した。帝は大層悦ばれ、命が幡を初めて作りその幡を掲げて凶賊を退治した功績を称

え、大若子を改め大幡主の称号を与えた。更に神号を賜り、大間社に祭られることになった。御劒も大間社と一緒に草薙社に祭られた。又、十二堡将その他軍功があった者達も、神に祭るとの勅宣があったので皆な神位に昇進した。八幡神社に末社が四二社あるという、末社はこれら堡将・郷将達を祀った神社であるといわれている。

〈付随伝承9〉八幡宮の事……父老私に曰く。神奈老翁が物語ったから大竹神社の由来は確かである。しかし、大竹神社は一般に「オダケ」といっていたので小竹と書くが、大竹の誤りである。一説に曰く、大は雄なりと。又、八幡《やつはた》神社を今の人は八満宮と崇め、旗を祭った社といっている。これは後世の誤りで、本来は旗を祭神として崇める神社なのである。旗を大若子命とも大幡主命の依代ととも崇め奉るべきである。

〈付随伝承10〉姉倉比売神社の事……又、姉倉姫神社の祭神を今の人は雨倉姫といい、姉を雨と思い誤っている。姉倉比売神社は姉倉比売命が左遷された地にある。この命は船倉山の姉峅荒御魂神であり大竹神社に祭られ、旧社には地主神が祭られていた。その地主神として嚮き祭る神は大国主神で、大己貴命のことである。これを地主神とし、大竹神即ち姉倉比売命を客神に祭る天地神の三座の社である。大国主神社は大国主とも姉倉比売とも崇めるべきである。

姉倉比売命は初め船倉神社に祭られていた。左遷されて後、この宮を今では上ノ宮と崇めている。世人は大竹ノ神と船ノ峅神と同じというのはこのような所因による。船倉の下宮《すみそや》は、後にこの地を司った三島ミゾクヒ姫の社で、今は下ノ宮と崇めている。これは流伝からもいえる。

〈付随伝承11〉気多神社の事……又、当国の一宮・気多神社は下ノ宮と崇めている。これは流伝からもいえる。当国の一宮・気多神社は射水郡一宮村に今も鎮座し、気多《きた》をケタといっている。文字や俗語も同じなのでケタともいう。しかし、神社にとってはキタといい、気多は北である。神奈がいったともいう気多の多は多《さわ》のことである。一書には世人のいう沢山と同じとある。神奈がいったことは誤っていない。天地の気々が多いのを祭ったのである。右一宮に嚮き祭らる八千戈ノ神は大己貴命の亦の御名であり、北方を司る神の御名がある所に限ってある御名である。

この一ノ宮は、後に事あって延暦の頃に砺波郡高瀬神社が神階三品に昇進し、祭所が替わった。高瀬神社の祭神は元から大己貴命であり、高瀬は当国の一宮である。日本一宮帳にもこのように書いてある。世俗は今も高瀬大明神は大己貴命とも或いは気多大明神とも申すという。(12)成る程、初めの気多大明神も大己貴命であるが、気多社と祭る時は大国主命である。一神ではあるが、これには深い意味があるようである。気多社は大国主、高瀬は大己貴と二所に別々に崇めるよう先師の教えがあるという。

又、田中神社といって田中村という所に大己貴命をお祭りしてある。ここは気多の旧社が祭られていた地である。この社は最近大竹神社の地へ合祀され、今は大竹社は四座になっている。(13)これは、世人が大己貴と大国主神が一神ということを止めなかったので、大竹神社の神主・若宮紀伊守が神事に委□□（二字不明）田中社を引宮とし、祭礼を整え大己貴命・大国主命と二儀に祭り□□□□（四字不明）という。このようなことは、神事に甚だ深い意味があるというが詳しく分からないが、ここに記しておく。

〈付随伝承12〉草薙劒の事……又、大若子命帰洛後、天子が詔して大幡主命の名を賜い、□□□（三字不明　大間神？）位に祭り賜った。この時、標劒も大間社と一所に草薙社と神祭られと本文に述べた。しかしながら、御劒は崇神天皇の御宇に伊勢に納められたという。垂仁天皇より御一代に□□□（三字不明　十束ノ？）劒を草薙劒と名付けたのは、景行天皇の御宇日本武尊からという。垂仁天皇より御一代後である。前後の沙汰によれば、本文に述べた事は無かったことになる。父老が、草薙劒は垂仁天皇の御宇に大若子命からと述べたのは、前後御二世の事実を私に申し誤り他人を惑わすことになる。尤も神書の伝説は数多あるから、一書の沙汰に拘ってはならないと先師の教えもある。しかしながら、当国の旧事を語る時、己が家に秘する伝書もなく、国にある山野にこれという伝えもない。父老は世の流伝と概要を語ろうと、流伝に叶った書を得てその一つを明らかにし、本文に述べたのであろう。その一つとする書に、草薙社と神祭られたのは大若子命からのことで、垂仁天皇の御宇であると記す。その神書に曰く「ソノ尾ヲ裂キ中ヲ覗ケバ一劒アリ」とは、吾朝の三種の神器の一つである。人を惨害した蛇の尾から出てきたとは不思議なことではなかろうか。曲玉が楚山から出たことなどと思い合わせるがよい。貧しい者の言葉にも理のとおった話しもあるから、聖人はこれを大切にされるという。広く世俗の伝承を取り上げ、正史に留めたのであろう。蛇の尾から出てきたという劒が古えから草薙劒といっていたのだろうか。一書の説では、日本武皇子から草薙劒と名付けたというが、神宮では草奈岐社は日本武皇子より前の垂仁の御宇に越国凶賊阿彦という者を平らげに行けと大若子命に詔りして標劒を賜った。則ち、幡を掲げて退治したので大幡主と名を賜り、大間社に祭られることになった。その標劒も大間社と一所に草奈岐社に祭られたという。

さすれば、草薙劒は上古からあった名称だったのか、又日本武皇子が東夷征伐の折、駿河の野で凶賊が火を放って皇子を焼き奉ろうとした時、劒が自然に抜けて傍らの草を薙払ったので草薙劒と名付けたのか　二つの説があることになる。略す。

このように、神宮の旧紀を引用して述べた、それに続いて阿彦等の事から大竹神社に祭られた事まで皆な所々に尋ね、なお流伝を種にして聞いたままを一通り本文のように物語った。又、十二堡将並びに軍功の人々を神に祭られた事、大竹社の末社の事なども述べた。尤も、大竹神社の神主・若宮紀伊守の下を尋ねれば委しく分かるので、ここでは記すに及ばないが、処所によっては語り継がれた伝承もあるので述べるべきかも知れない。噂話ではあるが、十二堡将の事もあるので一通り本文で述べた。

○大若子命は越ノ国を守護する神社を建立しようと思い、神奈に、そこに祭る神と建てる場所を問うた。神奈は、祭神には八千戈ノ神即ち大己貴命を、建立場所は姉倉姫の旧跡地を進言した。これは、大和政権下になって未だ日の浅い越ノ国の現状から、旧出雲の象徴・大己貴命を神に祭り、当時中国から伝来していたと思われる陰陽五行説を利用して北方を守護する神社とした。後の気多神社の創始である。神奈は、大若子命の信頼に答える逸材であった。

▲荒川神社之由来物語之事

①蕪《かぶら》談義の事　父老は話し終わって席を去り、庭面を眺め□□□（三字不明）梅は三種の役を間違わないと、南枝に初めて花が開いたのを見て己の心も花と共に開いたようだと暫く佇んでいた時、□□□□（四字不明）を鳴らして来る者があった。誰かと見れば何時もの隣翁であった。父老は打ち笑って「翁に何用があったのか、どうせ吾が物語りの言葉尻でも取りにきたのだろう」と、心を閉ざし余所の嵐とばかり、返答もせず寝た振りをしていた。隣翁は「我、また語ろうと思い罷り越した。話そうではないか。大きな事車輪のような蕪があった。或る人がその葉はどうしたと聞くと「それがハナシさ」と答えた。「葉が無い」というと理詰めではあるが、根があればその葉が出るように養えば面白い葉も見れようと

諺にもいう。理詰めでは言葉も極まる。養わねば葉を見ず空しく腐るのみであろう。父老の物語りは、一に解《とき》二に補して語ってはいるが、未だ我には詳しく分からない。聞いていると心悦ぶものあり又、胸苦しくなるものもある。先に語られた十二堡将の他にも神に祭られ、皆な大竹社の末社であるという。成る程、大竹の社地にその社があり祭りもある。しかしながらその詳細を説かず、只末社といっているだけである。何れもその謂れがあろう、話してくれないか」。父老曰く「翁、何事を申されるか。それこそ社家に伝わることである。もし、我は知らないといえば、只辱める魂胆か」。翁曰く「父老が立腹することは分かっていた。澆季（風俗の軽薄になった末の世・後世）の□□□□（四・五字不明）にて答えるべきであろう。語り不足を父老にいっているのではない」。父老勃然として曰く「我誤れり」と。父老は穏やかになって語りはじめた。

②荒川神社の事　十二堡将が神に祭られたということは、□□□□（四字不明）子干をもってその方角共に説いたから、在所を語るに及ばない。神に祭られた訳をいうと、大昔は神に祭られるのは、その国の主であり皆な何国かの国造であった。今見る所の諸侯に国を分ち与え賜うようなものである。中古両部が栄えるようになって、その儀の多くは廃止されたようである。

先ず、十二将の内の一社に近い頃までその規式が伝わっていた。その神社というのは当国新川郡の中にある荒川神社で、ここは十二堡将の内・速川美麻奈彦神を祭った神社である。大昔は辰荘《しんじょう》神社と称していた。この神社には神の御正躰と称し、伝えて崇めている物がある。常に内殿にあって宮司の他に見た者がいなかった。その神躰と敬っている物は、土を鶏子《たまご》の形に手築《つくね》、千茅《ちがや》を三寸ばかりの尺の菰《こも》に編み、それを包んで堅く米俵のように結んだ物である。その包んだ土俵を二個括り合わせて封を付けて桧の箱に納め、又箱は紐で括ってある。その箱の書付けに「封橡樟視国造侯美麻奈」とある。これを御神躰と世々崇めてきた。尤も、その□□□□（四字不明　覗き見た？）りしたいという者もなかったので、何という訳もなく崇め奉□□□□（四字不明）事であった。

〈付随伝承13〉上野太郎左衛門の事……同郡荒川という所に上野太郎左衛門いう者がいて、武道に長けていたことから一郡を押領し□□□（三字不明）思い乱世の時節でもあり、事を謀って荒川に砦を構え二・三郡の間の人々が恐れる程になった。この者は大事を思い立った時には、氏神のこの神社に誓い、戦勝を祈願した。祈った験は度々身に思い当たり、利益が多かった。これ偏に神の擁護によると神徳を顧み仰ぎ奉って、辰荘社を造営し神位を進め荒川神社と改称した。[14] この時、神躰という箱を開き拝見すると、年月久しいからか箱の上書の大字中十字の外、左右に書いた細字は顕には見えなかった。中にあった俵も菰が破れ、土も砕けて散乱していた。土の神躰を粗略にしてはならぬと一所に寄せ集め手捏にして衣冠した人形を造った。千茅の菰などは元の形に括り、新たに造った土人形の御神躰と一所に元の箱に納め、その上を又箱に入れ己の姓名を記し、御神躰として内殿に崇め祭った。[15] 上野太郎左衛門が初め神に誓願していた時、箱の上書にあった「視」の字一字を申し下して己の名字とし、上野を改め「視上《おかみ》」とし、視上刑部と名乗った。この視上刑部が父祖を弔うため今、寺町にある補陀山海岸寺の大壇那となって藤井の石原天糯稲荷大森という所にこの寺を建立した。この寺が寺町にあるのは、天正の頃寺地を換え移ったからである。石原の稲荷は古えの所に今もあるという。しかし、今は人が住んで屋敷囲いの中にあり、詣でる人とてなく知る人も稀れだという。海岸寺は視上刑部と家続きであったので、寄進した宝物或いは姓名を記して建立した地蔵菩薩などが今も寺に伝わっているという。

③荒川神社荒廃の事　されば、彼の御神躰と称した箱を、その後開く者もなくそのままに崇めてきたが、天下統一の御代となり、泰平の今時に及んでは神社の決まった社領もなくなり、その村里の氏宮と崇め、神司に頼み込んで神事一切を神司が勤めるだけになってしまった。しかれば、世も末行になって次第に宮も古び、軒には月の影も宿らず、切目の檐の板も朽ちて、毎《いつ》も散り敷く花さえも留まりかねて徒に芥川の塵となる。心なしとはいえ、花も憂いていることだろう。ますます宮居の陰さびて、「板間嘯《うそぶ》く凩はなに住吉の古へに夜や寒し」という歌は、このようなことだろうか。氏子達が詣でても心を痛める者もなく、□□□□□（五字不明）を今は恨むばかりで、「後会期遥カナリ逢ヌ□□□□（四字不明）」頼まぬものをと暁《さと》ることも出来ず、涙が袖を濡らすばかりであった。□□□（三字不明）氏子ら時遷り、往時のような庇護者が現われないことを知り、神家の族に宮の修造を申し入れた。神主も同意し、老朽化した所を取壊し、多くは新たに造り替えた。工事が終わったので、幄屋から神遷の吉日を定めた。氏子らは何の子細もなく御正体と伝えてきた箱を、そのままを遷し奉ろうと準備を整えていた。

〈付随伝承14〉神主乱行の事……ところが、何の天魔の祟りか、神主が己の知識を語り「神道は幣一つをもって神正体とする。なんぞ坊主体の者が人を惑わして拵えた仏人形を用いる事があろう。何処の溝・潺湲《せせらぎ》へでも捨てるべし」といい、新たに幣を整えて祭った。氏子共の中にも誠に左様と聞き入れた者もいたが、又怪しいと思う者もいた。しかし、神司の言には勝ち難く、捨てる事に決まった。この時、氏子の中から一人進み出ていうには「御正体というのは、大昔から伝えてきた土ノ俵なる物を、視上殿が当所の主であった時、神像に造られた。その時、神像は確かに僧法師に習ったが、それより何程かの年月は過ぎたが、神の擁護によって祟りを受けたことはない。□□□□カズ（四字不明）只元のままに祭るべきである」と、古事を引用して引き止めた。神司は大いに怒り、「神事は汝達が知るところではない」などといって聞きかなかったので、辺りの江川に捨てた。彼の男が捨てたのを見て流す涙は止めれども止まらず、神も時には災難を受けられるものかと呆然と立ちすくんでいた。しかし、静かに思うに勿体ないことである。せめて捨てた所を探して拾い上げ奉ろうと、密かに辺りの江川へ行って見ると、細い流れに浮かんで来る物があった。立ち寄って見ると、それは御正体の箱であった。急ぎ抱え上げ奉り水を打ち払い、江川から少し東に地の高い所があったのでここに掘埋め、永く鎮座されるように、大昔から今日に至るまで神の和光塵に交わり結縁をなし、八相浄土に埋もれられても利物の終りなしと、今より正八満宮と顕れましまして凡愚の我々を擁護し賜えと、誰も答えぬ独言を述べ、そこに小さな松などを選び植えて戻った。又、後には小さな祠堂を建て、八満宮と崇めた。神は常に往還の利益を賜うこと少なくはないので、今も新庄の辺りに森茂り高く聳え、「八満宮」と鳥居の額の外には災いや凶事がなく、誠に尊く拝し敬っている。

彼の神主は、幣を御正体に祭り神遷の規式を執行し、氏子共も万歳を祝い各々家に戻り□□□□（四字不明）。彼の捨てた御正体の祟りであろうか、神主が俄かに乱□□□□（四字不明）心を悩痛し、高熱で皮膚が焦げる程に苦しみ、病床に伏す□□□（三字不明）ならずに死んでしまった。人々は専ら土ノ神正体に□□□（三字不明　祟リニ？）中《あた》ったと言い触らすとは薄情なことである。さて、神主が神正体を捨てた罰で狂気して死んだと人皆ないっているのを、或人がいうには「神事は神主が執行するべき道である。土神像を捨て幣に崇め改めても、規式に則り無事に祭事を行えば罰が中るとは言い難い。しかしながら、先ず旧事を糾さず、更に人あって諭しても賤者の言と人を卑しめ、尚更に聞き捨てた。理のある話は聖人でも取り上げるという。物事はよく吟味するべきなのに、己れ勝手な知識に慢心して粗末な働きをしたから咎めを受けたのだ」と。

④封橡樟視国造候美麻奈の事　神正体であると古えの者がその土を大切にしてきたことを考えてみると、その箱に書かれた十字は「橡樟視《くすみ》国造ニ美麻奈候ヲ封ズ」と読むのであろう。彼の神社は大昔は辰城神社と称していたのを、視上刑部が荒川神社と祭り改めたという。これも初めの謂れを調べず、神は昔から向所に鎮座する理によるか、或いは仏者などの言に随ってか、荒川神社と祭り改めたのだろう。(16)

それならば、箱書の「封橡樟視国造候美麻奈」は、橡樟視国は美麻奈比古に封じ賜うとの事である。(17)候は諸候の列なる□□□（三字不明）四品の階位であったのであろう。辰方は社の方角である。今の□□□（三字不明）宣下であるという。初めに美麻奈比古を太夫に封じ□□□□□（五字不明　越ノ橡樟視？）郡を賜った。新川郡は大昔、橡樟視国と□□□□□（五字不明）この郡名を国ということは何国にもある。他所の事によれば、或る書に茨城の国造額《すか》田部連等遠祖などというのを、註して国造本紀には新治国、筑波国、茨城国、仲国を以て連ね称する時は、これ皆な常陸国の郡の名なり。今なおその名を存す。彼の国に額田部の氏あり。略す。

⑤封土の事　このように、郡名を国という事は古えには多かった。橡樟視ノ国造に美麻奈を定められたのであろう。その国造とは、皆なその国の主である。それを定め賜う時、その国の土を二か所から二色を取寄せ千茅の俵包みにして、その国造に定める予定の人に帝自ら二つの俵を授け、汝を何位に進め何国の国造に封じ賜う、と勅宣があって彼の土俵を賜わった。これを封候とも封土ともいう。天子の御封国というのもこの事であるという。王位に封じ賜う人へは土五つを賜い、太夫へは土二つを賜るという。この土を以て封じられた王城は五色の彩色を許され、土五色の彩を施して住んだ。太夫の家は土二つの色を以て二色の彩を□□□（三字不明）由を示されたという。その土を以て封じられた国□□□□（四字不明）国司は、今の神職の勤めのように神事を勤め教□□□（三字不明）故に穢と交わることはない。国の成敗は守護職□□□□（四字不明）政道その人にある。その国司が死去した時は神社に遷し崇めた。これを何々何国造神社という。今の廟を築くようなものである。その神社を所の産砂氏神と

響き祭っている。若し、人が死んで後、霊神《みむすび》を祭る時も生前の封じられた位階によって祭られる。今時の神社に神階の高下があるのは、郷太夫の生前の位階によるものである。おのずから、封候の土を持っていない者が若し一国一郡を得たとしても、これは押領者といわれて通用しない。死んでも神の御胤とするべき神正体ノ土がないと神には祭られない。たとえ国に障る事が出来て仕方なく所に祭っても産神とせず、邪神といって永くは通用しない。神道が盛んな時は何れの宮もこのようであった。両部習合よりこのような事も改め廃り、諺にも「不埒な事は正体なし」という。封候ノ土を持たずに国を得るように、値打ちなしに物を取る者を押領者というのは皆なこのような謂れからである。古えの神社は皆なこのようであった。しかしながら、乱世の代に火災に罹って実儀を失い□□□（三字不明　往昔ヲ？）知る者は少ない。この荒川神社だけが末代の今にいたるまでに□□□（三字不明）誓願し賜ったのである。大切に御正体が残されていたのを□□□（三字不明）失わせてしまった事を誰か嘆かない者がいるものか。神主□□□（三字不明）神罰を受けることもあろう。捨てて祟ることもあろう。帝が一度御手にお持ちになった御神体を、粗末に扱った咎めはある。尤も、知らずに誤ったといっても、その職にありながら社檀に伝わって来た重い由緒のあるものを、一応の沙汰して旧事を糾さず、我が思いのままに執行することは司職の者の為すべき事ではない。相応の祟りを受けたのである。古来より神社には、今も上ノ御正体を祭る所が多い。なかでも、延暦より以来には別に仏像をもって祭る神社が多い。勅作又は伝教大師の作仏である。今の神社にはこの種の像が多く祭ってある。坂本の山王二一社も勅作の仏像を悉く祭っているという。只、旧事に疎いと誤りが多い。よくよく尋ね明かすべきことである。

○欠字箇所が頻繁にあり、訳文に誤りがあるかもしれない。

○隣翁と夫老の蕪談義から貴重な資料が書き残された。崇神天皇の御代大彦命の越中下向後、手刀摺彦が定めた十二堡将中、辰城主・速川美麻奈彦を祀る神社が荒川神社として実在していた。荒川神社神殿には二つの箱が祀られ、触手厳禁とされているという。昔、江川から拾い上げた、上野太郎左衛門が奉納した二重の「御神躰箱」なのかも知れない。

　越中古代史に登場した神々を祭った多くの神社の中には、社会の移り変わりに翻弄されて消滅または祭神が変わってしまったものが多い。大和王権越中進出の頃に活躍したという十二堡将中、現存する神社は式内社を除き辻城主・甲良彦舅を祀る射水郡小杉町「日宮社」と富山市「荒川神社」のみである。

註

(1) 神ノ祝部子……神事を司る者・神主。神主・禰宜の次に置かれた祀職。庶民であるが公的に認められた祀職。六〇歳以上で祭事に堪えられる者から選ばれた。

(2) 夫婦……『古事記』によれば、伊弉諾尊に流された素盞烏尊は、天照太神に挨拶してから根ノ堅州国へ行こうと思い、高天原へやって来た。しかし、天照太神は素盞烏尊が高天原を乗っ取るためにきたと疑い、男装し武装して迎えた。素盞烏尊は誤解であると弁明し、其れを証明するために天安河を挟んで誓約をして子供を生む事を提案した。この誓約を『喚起』は夫婦と記す。この誓約の中で素盞烏尊は天照太神が左の角髪《みずら》に付けていた玉・八坂ノ曲玉を請い受け、それを噛んで吹き捨てたときに息吹の霧の中から男神が生まれた。それが正哉吾勝々速日天之忍穂耳尊である。

(3) 標纛の旗……天子が御親征の軍中で用いる大旗・天皇旗。

(4) 三座……底筒之男命《そこつつのおのみこと》・中筒《なかつつ》之男命・上筒《うわつつ》之男命の三神座。大和政権の軍事・外交に関わる航海の守護神として崇められた神々。

(5) 叢鷲……当地の伝承に出る夜星武との関わりを含め要調査。

(6) 午ノ刻……正午。酉……午後六時。

(7) 警蹕……昔、天皇の御出ましや貴人の通行の際、先払いが声をかけて人々に注意した事。掛け声は「オー」または「オーシー」。正始の声……不明。

(8) 博陸具膳の徳……博陸《はくろく》侯に備わった徳。漢の大将軍・霍光が博陸侯に封ぜられた故事。関白の別称。高皇産霊尊ノ勅……高皇産霊尊の詔。『古事記』によれば、高皇産霊尊が天照太神と天ノ安河に八百万神を集め、思金命を通して「高彦霊尊ノ勅・この葦原中国は、我が御子の治めるべき国である」といい、後に天孫降臨が行われた。高皇産霊尊は天照太神と共に諸神に「命じる立場の神」である。

(9) 北……陰陽五行説では、天地万物の姿＝水、陽気＝陰、惑星＝水星、方角＝北、季節＝冬、色＝黒、味＝鹹、臓器＝腎臓。

陰陽五行説……古代中国の宇宙観・世界観・人生観。一～三世紀頃に流行、古代日本にも伝来していたのか。

(10) 四時……四季のこと。

(11) 五時……五つの季節の変わり目。立春・立夏・大暑・立秋・

立冬。
（12）気多大明神……射水郡一宮村は新気多明神、砺波郡高瀬神社は高瀬明神と称す。『賀越能国式内等旧記・承応二年（一六五三）』
（13）大竹神社へ合祀……田中村の田中神社は、大若子命が姉倉姫ノ神託に従って祭った東西南北四社の一つ、北方の社で祭神は大己貴命である。『喚起』は、この社は気多の旧社が祭られていたというが、誤りではなかろうか。この神社の大竹神社合祀は、享保五年（一七二〇）である（『姉倉比売神社由緒』）。
（14）荒川神社……富山市荒川に鎮座、現祭神は別神。辰城又は辰荘神社を八幡宮と改めた。鎮座地・荒川上流の荒川村橋基。大正二年現在地に遷座し、荒川神社と改称。
（15）御神体の土俵……土俵は帝から賜った封土だったという。古代には、国造などの任命時に封土を勅賜されていたのだろうか。古代中国では、封土は領地をいい、封冊は王侯に封ずる旨を記した天子の詔書をいう。封土は封冊に当たる物か。要調査。
（16）向所……山や高い所に神が座すということか。
（17）椽樟視国……「封椽樟視国造候美麻奈」の美麻奈は、十二堡将中、辰城主・速川美麻奈彦であろう。速川美麻奈彦の本貫地は氷見市（旧射水郡内）上庄川流域と思われ、早借村に速川神社が鎮座している。封椽樟視は椽樟視に封ずと読める。椽樟視とは何処であろうか。『喚起』は新川郡の古名ではないかとしているが疑わしい。元文五年（一七四〇）、加賀藩より越中に「くすみ郡」が昔あったかとお尋ねがあった。これは、謡曲「藤」に「越中くすみ郡」と記されているからであろう。謡曲「藤」は万葉の古跡・布勢ノ海にある田子ノ浦の藤波が舞台になっている。郡内には「くすみ」という地名はない。射水郡の誤りではなかろうか。『温故集録・越中くすみ郡御尋』。万葉の古跡・布勢ノ海にある田子ノ浦の藤波は、速川美麻奈彦の本貫地に近い。この地帯は日本海対馬暖流による樟木繁殖地の南限でもある。椽樟視の地とは速川美麻奈彦の本貫地一帯の事ではなかったろうか。

○喚起泉達録巻之十一

『桂本』巻之十五

はじめに

1．巻之十一には、「美麻奈算法之事」「武内宿祢当国へ来リ地理見察ノ事　并藤津之事」「仲哀天皇角鹿之行宮御座ノ事」「越中名物太夫川爵鱸之事」「南方当国ニ来リ国中之品ヲ書記スル事」「南方当国之人ニ荷前祭ヲ教へ　始メテ祭ル事」「南方司職ヲ委文ニ譲リ遠ク空天ニ去ル事」などの七章がある。

2．『肯搆』の類似記述は、これらを集約したものである。

◆美麻奈算法之事

①大若子命帰洛後は平穏であった事　父老が物語るには、昔聞いた事に賢者がおれば国に益し、照り輝く様は国の光となり、輝きは太平の現れとなる。国家の盛衰は常に賢才の有無に懸かっているという。この言は、善多ければ福もまたこれに従うという事と異ならない。

大若子命は帰洛する時、美麻奈彦の才能が他に優れていることを察知し当国の祭事を司らせ、農業並びに戸口帳簿の事は手刀摺兄弟に司らせた。これによって万事欠ける事なく、次第に田土も広がり、凶賊もなく耕作を妨げるものはなかった。その上、美麻奈彦は大若子命の仰せに従い勤めを怠らず、民をいつくしみ育て種々の徳儀を教えたので、貢を納める秋の収穫も多かった。人民は皆な大若子命の才眼が優れていた事に感服し、誠に大間神の直宣によるものと遠くその慈恩を慕っていた。

②美麻奈算法の事　美麻奈彦がその時々に民に教えた事が種々あるなかに、今も伝わっているものに算数がある。これを名付けて「美麻奈算」ともいい慣わしている。易の算数ではあるが、位に法を定めて量り能く人を見る方法ともいう。その算法は、易にはなく独りこの算にある方法である。その一二をいうと、十百千万という位を、法の二三四五六の位に置き換える。これは金銀米銭などを量る時に便利である。この法は山路や船の航路、地形、甲乙の人数を量り、人の器量やその善悪をも見分けられるという法である。よって軍者もこの法をよく使う。その計算方法を簡略に記すと、先ず十ある物を易の八算《はっけい》九十九に割下し、掛ければ上へ三ツ目にあてがって三ノ位とする。百を四ノ位とするのは、同算易で割下し掛ければ上へ四ツ目に当たるので四ノ位とする。千は五ノ

位、万は六ノ位に当たる。尤も数は右に限らず十万は七ノ位、百万は八ノ位、千万は九ノ位、万万は億と知れる。平常の計算ではあるが、数多くを割っても位取りを見損ねる事があるので、その為に位取りを教えたのである。後世今の人もこの算法を主として千変万化に算法を作り、早算之法などといっているのは皆な「美麻奈算」を習い発展させたものである。右の算法を軍者が用いたのは、ある時百ある軍勢が敵であると聞いて、この人数を四ノ位と見る。一分は奉行役人で戦いに全く関わらない侍、一分は食炊小屋造りの類いで戦わない族、一分は絵書書き・研師・万の工匠の類いで戦いに役立たない族である。今一分二五騎が戦場の侍である。この侍を更に位取りしてその器を量り、我が方と量り比べる。これを「人を量る位」とも「人を見る法」ともいった。

　長尾謙信はこの位法を用い、この法に更に秘事を加えたと伝書にある。その書の中に、人を見るという秘事が書いてある。その将たる者は、己が不学ならば軽者であるから善人《よきもの》がいて早速教えても、己が軽者故え要点を掴めない。その上、いっている善は一から十まであり、己が不学で知らない事ばかりなので悉く疑ってしまう。己が博学ならば、早速その者の進言を取り上げ、軍将は己の助けとする。ここには、軽者も学んだ徳を実行するのも将の将たる徳行である。唯、将たる者が不学ならば従う者の愁いであると教え添えているという。

③美麻奈彦引退の事　美麻奈彦も才能あって民に教えたので、民もその徳を授かり万事怠る事はなかった。山川平土を測って田畑作りの利を知り、用水の便を悟って開拓したので耕地が新たに生まれ増えた。

　既に、垂仁天皇の朝廷から景行天皇の御代に移っていたが、国は静かで農耕は全てよく勤まっていた。これは美麻奈彦が能く民を守り育て、能く教えた功績であると悦ばない者はなかった。しかしながら、親しかった古えの老族も或いは薨《みまかり》し、或いは老い衰えて勤めもままならぬ有様になっていた。美麻奈彦も身を引こうと思ったが、我に代わって正統を司る者がなかったので引き伸ばしていた。ところが、その折《おりふし》境武内宿祢を北国に下し遣わされる事を伝え聞いた。誠にこの人の到着を待とうではないかと、皆な悦んで武内の来るのを今や遅しと待っていた。

○大若子命が帰洛後、越中が在地有力郷将の統治から大和政権直接統治に移り変わる過程を越中側から見た伝承記録でもある。但し、当時の越中行政中心所在地は記されていない。

〈付随伝承1〉美麻奈彦後裔・康成の事……父老私に曰く、当国射水郡草岡という所に草岡ノ康守という者がいて、山薪を切り栗を作って家内はさして貧しくもなく住んでいた。この者の祖は美麻奈彦の孫・美見比古《みみるひこ》という人の玄孫である。美見比古の代からここに住んでいたが、美見比古が死去したので神に祀り草岡神社と号した。今もあり、射水郡十三座の内にある。康守の曽孫に草岡康成という者がいて、幼少の頃から才知が人に優れていた。一八才の春二月、所用により京都に赴いた。時は後冷泉院の御代・治暦二年である。[1]康成が京へ登る時、遠祖・美麻奈彦から家に伝えられていた『算法之書』をはじめ、その他の伝書などを悉く担い来て京に止どまり国へ戻らなかった。康成は京都にいて算学博士・善為長《よしのためなが》という人に近付き、算術を志している事を述べ、家の伝書を悉く為長に披露した。その後、為長を師として学び美麻奈算の他「進士」「明經」の二科を悉く習い終えた。その算学の妙を得ていることを知らない京人はなかった。堀川院の御代になると、算学に精通しているので博士に任じられた。時に寛治四年の事である。[2]同五年四四歳の正月には朝議太夫となった。師の善為長に随って博士となったので、その誼みに従ってか姓名を改め、善為康と称した。善為康は美麻奈彦の後胤であり、当国の人である。又、この人の事であろうが、『元亨釋書』に算博士善為康は少年の頃より仏教を愛し、毎日金剛般若三巻・般若心經三百巻を誦し、念仏一万遍づつ称え『拾遺往生伝』を著した。[3]色欲を絶ち酒肉を禁じた。保延五年六月病に罹っていうには、この仲秋は我が臨終の時であると。[4]はたして八月四日の後夜に至って九一歳にして手に願文を捧げ、西に向かって死去した。三日の間、身体暖かく異様な香りが漂ったという。公記には越中国射水郡の人なりと記された。

○算博士善為康は平安時代の著名な算博士・三善為康のことであり、この記述の内容は美麻奈彦の後胤としていること以外は、通説となっている三善為康の経歴と類似している。

▲武内宿祢当国へ来リ地理見察ノ事　并藤津之事

①武内宿祢　当国の地理見察の事　父老がいうには、一書に北陸といっている若狭は国の名称であり、北陸道七国の一つである。都から北方へ陸路を辿って行くので北陸という。景行天皇二五年の秋七月、武内宿祢を遣わし北陸及び東方諸国の地形を視察した。[5]略す。武内宿祢は詔を奉って北陸東方諸国巡見のため、秋七月中頃に都を発って北国に向かい、当国には同朝二八年の春三月に着いた。当国の古老達は、高名な

天皇の重臣・武内宿祢には日頃から会いたいと願っていたので、遅れてはならじと皆々威儀を正し途中まで出迎えて待っていた。

新川郡の三邊という所に新に仮屋を建てて滞在させた。宿祢は農夫が志を一つにして厳しく就業している様子を見て、古老達が指導に骨折ったことを褒めた。宿祢は、地形の甲乙・婉曲・土地の広狭・土味・水の清濁などを悉く調査し、併せて里人に農耕の指導も行った。滞在すること三年、同朝三〇年に当国から都へ戻った。

○『喚起』の景行天皇二五年秋七月に武内宿祢を遣わし北陸及び東方諸国の地形を視察させたという記述は、『日本書紀』の「景行天皇二五年、武内宿祢を北陸及び東方諸国巡視に派遣」と合致する。

○『日本書紀』景行天皇四〇年記に、東国征伐中の日本武尊が「……唯信濃国・越国のみ、未だ化に従わず、吉備武彦を越国に遣わして……監察せしむ」との記述がある。大若子命の阿彦討伐後の越国に未だ懸念を持っていたことを示す。

②**藤津の勧農の事**　宿祢が初めて当国へきた時、都で生まれた三男・藤津を連れてきていた。宿祢が帰る時、この藤津を当国に残し、古老達に加えて農業のことを司らせた。ところが、この藤津は父の宿祢に劣らぬ才覚深知の者であった。古老達を遠ざけ、農民を使いよろず指図したので三邊周辺の野辺に稲作の新田が生まれ、此所に里村が出来た。

ある時、藤津が思った事に、人は親を知らないでは職務にも疎くなるであろうと。我は里人に親しみ、朝から暮まで共に野に出て忙しく働く奉公というものを身をもって教えようと決心した。藤津は先ず、野原の中で平らな一か所を選び「教場」と名付け、自ら未明にそこへきて里人の来るのを待った。皆が揃うと各々に農作業を配分し、我も共に働き、星の出るのを限りに一日の仕事を終えた。仕事は大変はかどったが、後には人々皆仕事に倦きて病になり、或いは熱病や浮腫になって皆死んでしまった。藤津は驚いた。顧みて思えば日中の天気甚だしい時は、人は焼けて暑い。暑いから水に浸れば活気を失って病気になる。藤津は作業効率を追い続ける事を改めた。効率の低下を我慢し、人々が無病で仕事を勧められるようにすることの大切さを知った。それ以後、午の刻に食をつくり、未の刻までは農耕を止めて休息する。(6) 未の刻から再び野に出て取り掛かり、星が見える頃になると一日の作業を終えるようにした。これによって、病に罹らず農耕の能率も上がった。後世、農業にたずさわる者はこれに習い、当国に限り午から未の刻までの昼一時を俗に昼休みと称して起臥我儘に休んでいる。これは、藤津が作った作法を改めず今の世にも伝えているのである。

○武内宿弥の子・藤津のモデル農場「教場」は、四世紀前半頃の勧農政策を具体化した「教場」と思われる。藤津は古老達有力郷将を遠ざけ、農民を直接支配して貢租の達成を目指した。

③藤津神のお告げの事　藤津はその後も同郡にいて、押古父老《をしこをんの》という者の女・阿嬢を娶った。この女は三子を産み、一子を三邊、二子を大野、三子を山内といった。藤津は仲哀天皇の御代になってから三邊で死んだ。[7] 郷中の者は藤津を神に祀り、郷中に社を建て祭礼の規式を調え「藤津ノ明神」と称した。藤津の別号は「武弟ノ命」といっていたので「武弟ノ神社」とも称した。

藤津神を崇める祭礼を勧めた夜、藤津の神霊が郷中の者に告げていうには「我は、里民に奉公の勤めの忙しさを教えてきた。よって、今なお田畠を走り回っているので暇のあることはない。社中にいるのは午より未の刻の一時だけである。我を祭るための祭役は一日勤めるには及ばない。午より未までの一時の間に祀れ、永くこれを背くなかれ」と。それ故、祭礼の規式を神告のように執り行なった。この規式は、改められず今に伝えられ午ノ刻に祭礼の規式を調え、神楽を奏し未ノ刻にその規式を納めている。今、毎年の祭礼はこのように藤津神の忠義を人民に示し教えられる謂われからである。世俗の諺にも「武弟ノ神」は奉公に隙のない神であるから、祭も一時の勤めだといっている。

○『喚起』は総じて大和政権に贔屓目な記述が多い。しかし、前節の「教場」の記述は、四世紀頃越中の農民が貢租達成のために酷使されていたことを、また此節では、祭礼の日時まで制限されていたことを示す貴重な記述である。

このような過酷な政策は、在地有力郷将には出来ず、大和政権直接統治に移り変わらざるを得なかったのであろう。

○『喚起』と越中の国造……『喚起』では藤津の三子（武内宿祢の孫）も新川郡・高野郷に住み、藤津は仲哀天皇の御代に三邊で死んだという。『国造本記』の「成務天皇、武内宿弥の孫・大河音宿祢を伊弥頭国造に定める」とはどのような関係があったのだろうか。

『国造本記』に記す伊弥頭国造が武内宿祢の孫ならば、『喚起』に記す藤津の三子がそれに相当するかも知れない。しかし、『喚起』では藤津三子の活動地域は新川郡内高野郷が中心であり、伊弥頭ではなさそうである。『喚起』には、この三子が国造であったことや、別人が国造に派遣されていたことを示唆する記述がない。

ところで、『喚起』では宿弥の子・藤津の事跡を具体的に記述しているが、孫の三子については一豪族程度に扱い、履仲天皇の御代に派遣された国史・南方が恰も藤津の後継者のように記している。成務天皇が地方行政組織として国造・県主・稲置を置いたことは、『日本書紀』や『国造本記』に記されているから野崎伝助は知っていた筈である。

『国造本記』によれば、成務天皇の御代には、大河音宿祢の伊弥頭国造の他に阿閉臣の祖・屋主田心命の三世孫・市入命が越国造になったと記す。なお、新湊市作道の道神社では、大彦命の孫・産屋主田心命が越国造になったと伝えている。

『喚起』の編者は、『記紀』を絶対視していた。『記紀』に書かれていない越中の歴史を書き記したのが『喚起』であったようである。この視点から『喚起』に国造を記す必要がなかったのか、又は元々父老の物語りになかったことになる。それとも、成務天皇の国造云々は後世に作られた起源説話なのであろうか。

ちなみに、『喚起』には大若子命が帰洛する時に、美麻奈彦を国造に任じたという記述があるのみである。

〈付随伝承2〉高野郷と藤津の三子の事……父老私に曰く、藤津が人に教えていた所を「教場」といった。今も郷中にあるが、近年開拓して新田にした。即ち「教場開き」といっている。武内宿祢が滞在していた三邊という所は、藤津が開墾し郷となり武内郷とした。今、又ここを高野郷といっている。武内は郷中の村号とした。武内村と称する。

藤津の三子の名は三邊・大野・山内という。これは皆な所号である。昔、当国の言葉では里人の男子を「牧《ぼう》童」といった。よって、男子は幼稚の頃を全て「牧童」と貴賤ともに言い習わしている。今の三子も　三邊で生まれたから三邊ノ牧童、大野で生まれたから大野ノ牧童、山内で生まれたから山内ノ牧童と生まれた所の号を添えて呼んだ。これは今でも多く見られる。

大野・山内は、皆な今も郷中の村号にある。又、此の三子の末裔は三邊・大野・山内を名字としている。その内、三邊の末は滅びた。大野は越中の百姓として家は続き、大野五右衛門といった。彼の子を大野左京といい、これは大野の家に昔あった名であり、今再び呼び起こして名付けられた事が分かる。山内の末裔は、社家として続いてきた。即ち、今ある布市の八満宮の神主・山内美作の家であるという。又、藤津は一九歳の時、当国へきて百八歳で卒した。神として所祭り、今、祭礼を勤めるのは三月三日である。これは、藤津が当国へ初めて来た日が春三月三日であったからである。それを後世に伝えるために、此の日を吉祥日とし、今に至も例祭は此の月日を以て祀っている。これは、在所の老人等も流伝して常に物語っていることである。

▲仲哀天皇角鹿之行宮御座ノ事

①仲哀天皇・角鹿之行宮の事　かつて垂仁天皇の御代に凶賊・阿彦が滅びた後は国穏やかになり、祠社の祭祀や農業を課する事が共に時宜に従って執り行なわれたので、民間に差支えになるような事件はなかった。しかし、時々越後の賊・鷲伏の残党が東夷、或いは三韓などに誘われて不穏な動きもあったが、当国の者が時々警備に関わる程度でさして憂えることもなく、終日田土の開拓に励んでいた。既に景行天皇、成務天皇両朝(8)を経て、仲哀天皇の御代になった。

　されば、天は民を生み、君や師をも定める。君が民を治め、師が教えを広げる所以である。人は日月の間に生まれ、君臣・父子・夫婦・長幼・朋友の五倫を誤らず、各々には定められた理がある。君臣間の義は父子に同じく、内にあっては父子、外にあっては即ち君臣ということか。

　天皇は遠く都を離れ住む卑しい者たちにも教えを広めようと思召したのであろうか、諸国を巡見され、越前国角鹿に行宮を置かれた。これを「笥飯ノ宮」と称した。天皇は行宮で政事をするため、武内宿弥を大臣に大伴氏持を大連に任じた。これは、今いう左右大臣のことであるという。この両卿がいて隣国を司り、争い事も角鹿で決済されたので、当国の人民は苦しみ患う事なく農業に励み田畠は日々広がっていった。

　この天皇は後に三韓退治の時に築紫で崩御された。応神天皇の御代(9)になって越前の角鹿に所祭られ、気比大明神と崇め奉った。今もなお御鎮座している。

②武内大臣の知行所・新川郡公廨《くげ》の事　応神天皇が角鹿におられた時、武内大臣が当国の国司に遥任されたのか、新川郡公廨という所は昔、武内大臣の知行所であったという。しかし、詳しくは知らない。禄田にはその国の公廨を賜うとあるのをもっていったのであろう。この知行所があったということについては、種々の異説がある。中でも、都の地を当国に定めるため武内大臣が来て地理を調べたが、当国を囲っている山の尾根が九九、谷も九九谷あって百尾百谷には及ばず都・王城の地になり難かった。よってこれは実現しなかった

という。このような事もあったのだろうか。それとも、武内宿弥に当国の地理を調べさせられたことを取り混ぜた俗説だろうか。伝承では、新川郡公廨という所は王城の地にするため武内宿祢を先ず置かれた時の知行所であったと言い伝えている。

ところで、武内宿祢という人は長寿の人であったという。三一六歳で死去した。景行天皇、成務天皇、仲哀天皇、神功皇后、応神天皇を経て、仁徳天皇七八年庚寅一〇月薨去。およそ六代の間政事を執ること二四四年であった。子供は七二人もいたが、男子は七人しかいなかったともいう。いずれにしても偉人というべきである。

〈付随伝承3〉越の名所・気比の事……父老私に曰く、この書の二巻で当国の名所には必ずその神が祭られていると記した。気比古ノ宮、気比ノ古宮という名所はいずれにしても当国の名所とは知らないと述べた。知らないけれども、越の名所とすれば越前も越路である。仲哀天皇の行宮を気比大明神と崇め奉ってから「気比ノ古宮」というようになった。名所・気比が壱岐にあるのなら別途に調べねばならない。前の二巻ではこの事がはっきりしていなかったので重ねてここに記した。

○武内大臣の知行所・新川郡公廨に関連して、当国が都・王城の候補地になったという伝承は疑わしい。越前国角鹿は三韓情報・交易の要地であり、何度か行宮が置かれた。又、「越ノ国」は大和政権の支配が安定した地域であったので、このような話も実しやかに語り継がれたのかも知れない。

▲越中名物太夫川爵鱸之事

①名物・千和喜葡萄の事　父老が曰く、当国で山川海陸の産物で名物になっている物は種々あるが、砺波郡祖父川の鱸《すずき》をその最上位とする。およそ、当国に限らず諸国にある名物には必ず謂れがあるが、当国で彼の川の鱸を最上とするについても謂れがある。昔、仲哀天皇が越前ノ行宮に御座た時、当国の屯倉子《みくらご》・民達が種々の貢物を捧げた。東の山に近い者は山から、西の川に近い者は川から採った貢物を捧げた。東の百姓《みたから》からある時葡萄を捧げたところ、「千葉生《ちはき》葡萄」と喜び召されたので、産地を千和喜《ちわき》といい、葡萄を千和喜葡萄と名付けて名物とした。(10) しかし、山林の中にあるので猿に取られて熟するまで残らない。近くに住んでいる者も仕事の合間に青い実を採って食べるにすぎない。或いは、山から蔓を掘ってきて郷中に植え、その実を千和喜葡萄と賞味し、名物を失わないように細々と伝えている有様である。

②名物・爵之鱸の事　川から取った物を捧げることにした百姓は、川魚を捕らえようと川毎に見回ったが、雑魚ばかりで大きい魚はいなかった。砺波郡祖父川にきて藻のある辺りを覗いて見ると、何と太魚がいた。喜び川に入って手取ろうとするが、大鰭の魚は敏捷で捕らえられなかった。その頃は「藤津武弟ノ命」がいたので、百姓共は藤津に事の次第を申し上げた。藤津は川で魚を捕る方法を工夫して教えた。百姓共は教えられた通りにすると、何の造作もなく、しかも見事な程の太魚が捕れた。この魚は、鰓が四つあり、口は大きく鱗は細かく、丈は三尺余りもあった。捕らえたもののその名も知らず、ただ川魚といって貢物に捧げた。行宮の取次役は百姓に魚の名を聞いたが、「この魚を見たのは初めてであり、当国で捕れたのも初めてである。その名を知る者はいない。ただ川之魚と誰もがいっている」と申したので取次役もそのように天皇に奏上した。天皇はこの太魚をご覧になってご機嫌麗しく、御爵で太魚の背鰭を押さえながら、汝は鱸であろうと仰られ調理するように命じられた。平野ノ澄人が勅命により御前で囃しながら調理し献上した。これ故に、爵之鱸之包丁刀として料理人の家に伝えられ秘事となっている。この川を大夫《そぶ》川という。爵ノ鱸魚がいるからである。しかし、何れの頃より誰かの誤りか、祖父川と書いている。是非もないことであるが、正しくは大夫川である。この川には今も鱸魚が多い。しかしながら、所々で捕獲が禁じられていて妄りに捕る者はいない。この魚の風味は、因州松江之鱸に優るとも劣らないという。

〈付随伝承4〉　大夫川の爵ノ鱸魚の事……父老私に曰く、東の百姓が千葉生葡萄を捧げたという。千葉生は地名で新川郡にある。千和喜又は千八岐ともいうが、今ある名は千葉生である。又、誤って血懸としている。「神書」には千葉生、千和喜、千八岐である。又、大夫川の鱸魚は、天皇が御爵をもって押され、名を呼ばれた日本で初めての魚であるという。今、因州松江にいる鱸魚を世の人は美味として称える。これは松江《ずんこう》の鱸魚に似た形なのか、又風味が同じということだろうか。松江の鱸魚の事は一説に、呉都より煬帝に松江鱸魚と鱠を献じた時、煬帝は「金齏玉鱠東南之佳味也」といったことから異国の人も松江の鱸魚と名付けたと[11]。又、左治仙人が魏王之床で魚を釣った。巨口細鱗の魚であった。王は何という魚かと聞いた。仙人は松江の鱸魚と答えた。王は怪しみその証拠を問うた。左治仙人曰く、鱸魚は川魚であるがその形は海魚と同じく鰓が四つある。鰓が四つない川魚は鱸としない。松江の鱸は鰓が四つあるから鱸也と。人々は仙人の言に間違いがなく、風味も違う事を知った。因州松江の鱸魚の風味やその形は詳しくは知らず、唯名物と聞いているだけである。当国大夫川の鱸魚に限って、鰓が四つあり風味も異なる。当国には川が多いので他の川でも鱸魚に似た魚はいるが、形が似ているだけで鰓の数は普通の川魚であるから鱸とはいわない。大夫川の鱸魚に限って左治仙人がいった松江の鱸魚のようである。天皇が御爵を賜った魚であるから国の名物の最上位とする。又、この川の鱸魚は昔、仲哀天皇へ貢物として初物を捧げた。天皇はご機嫌麗しく御前で平野ノ澄人が調理した時、御衣を賜った。澄人はその御衣を着て囃しながら調理した。今も大夫川の鱸魚を料理人はこの伝統に従い、礼服を着て乱れず俎に向かい囃す。爵ノ鱸魚と称しては囃す。亭主も召客も囃す。調理が終わるまで礼服を着たままで、恰も主人などからの賜り物を頂戴するかのように敬っている。当国の他の川から捕らえた魚はこの様にはしない。大夫川の爵ノ鱸魚であるから、古えからこの規式を守り伝えているのである。この料理は仮にも料理人の包丁ではしない。亭客共に並んでいる座敷に出て囃しながら、料理人の家に伝えられた秘事の爵ノ鱸魚包丁を使い、囃子方もいて調理する。亭主も料理人も囃し終わって礼をする時には、相応の祝儀や服などを贈る。

〈付随伝承5〉異説　鱸魚ノ宮伝承の事……彼の鱸魚は、越前角鹿の行宮で献上したとも伝えられている。又、天皇が当国を視察するため砺波山に暫く御座た時、献上したともいうが、天皇が砺波山に御座た旧跡はないので流伝しているだけであろう。しかし、砺波山の麓に「二十九日《ひづめ》」という所があり、ここは昔、天皇が諸国を巡視され二十九日目に帰って来られた所であるから「二十九日村」と号するという。しかしながら、射水郡に「二十九日村」という一村があり、ここにも少しばかり鱸魚の伝承がある。この村は砺波二十九日谷からの出村であるから二十九日村と称するのであろう。この村の古さは分からないが、二十九日谷には今も小社があり、「鱸魚ノ宮」と称している。此所には鱸魚について別の伝承がある。昔、大夫川に鱸魚の化物がいて人を取り喰らっていた。ある日此所へきたのを打ち殺したが、亡霊となって人を悩ましたので神に祀り、祠堂を建て鱸魚ノ宮と祭ったという。又、ある識者がいうには、「二十九日」にある鱸魚ノ宮というのは、昔、仲哀天皇が三韓御退治の時、越後の凶徒が三韓に味方したので先ずこれを退治して角鹿に凱旋された。その後、角鹿から朝鮮へ出発された。越後から帰られる途中、砺波山のこの峰に二三日滞在された。その時、越路の百姓が種々の貢物を献上した。中でも砺波郡の百姓が川魚を捧げたが、その名を知らなかったので帝が爵を賜り、鱸魚と名付けられた。日本でこの様な名誉ある魚を見ることは初めてである。爵ノ魚がいるので川を大夫川というのである。鱸魚ノ宮は彼等が献上した鱸魚を囃しながら調理したその尾頭及び腹わたや骨皮などを集め、魚を押さえられた御爵と一所に纏め、天皇が御座された地に埋め、小祠を建て永くこの地を人々に汚されない様にと一社を崇め伝え祭ってきた。化け魚を祭ったとはとんでもない話である。又、「二十九日」を日詰とは、天皇が越後へご出発され凶徒を退治してこの山に帰られたのは、角鹿ご出発から数えて二九日目の四月二九日であったことから名付けられた。この日に珍魚を献上したので、魚を賑やかに囃して二十九日の祭りといった。これを永く伝えようと二十九日を村号にしたのである。鱸魚ノ宮の祭りは四月二九日で、二十九日祭というのはこの謂れからである。この事は皆な『東光坊之日記』に拠った。しかし、『東光坊之日記』には「二十九日」を「ひづめ」でなく「いそづめ」と記し、鱸魚ノ宮の祭りも二十九日《いそづめ》と記す。この「いそづめ」を後の人は「ひづめ」というが、「いそづめ」が正しいと東光坊も記している。

東光坊というのは、倶利伽羅不動院の客僧である。爵ノ鱸魚には異説が多いが、大夫川というのも東光坊之日記から引用した。今、祖父川としているのは誤りであろう。『東光坊之日記』には見えない。この様なことから、爵ノ鱸魚は当国の名物数ある中の最上位といえる。又、ある人がいうには、この爵ノ鱸魚については『若狭日記』という書物にも書かれているという。この書では、何れの世か時は四月末から五月初め頃、越ノ小矢部川で在所の漁師が網を引いていると「偏屈」とはこんな事かと思うばかりのやや薄暗い柳の根辺りから恐ろしげに大きい魚が飛び出てきた。川いっぱいに波を立てて跳ね回ったが、ようやく網に掛けて岡へ引上げた。魚は清らげだが見た事がなく、名前も知らなかった。この頃は、角鹿に帝が行幸されていたので天覧に供したところ、御爵で押さえこれは鱸魚であると仰せられたので鱸魚という魚であることが分かった。日本で鱸魚という魚を捕らえたのはこれが最初である。小矢部の小川はよい魚がいる所である。しかし、『若狭日記』では、大夫川ではなく、小矢部川での出来事としている。小矢部の小川と小矢部川を一所にしているのだろう。小川とは大夫川のことである。大夫川とは後からついた名前で、初めは小矢部の辺りの小川だったのだろう。今、小川と書いてあるからこそ大夫川の元の形といえるのである。

〈付随伝承6〉藤津の魚捕獲道具の事……大鰭の魚を捕らえるため百姓共が教えを請うてきたので、藤津は捕る方法を工夫して魚捕獲道具を教えた。その道具は拂筏《ほうたい》という物であったという。その拂筏というのは、竹を割って簀に編み、これを川いっぱいに敷き浮かべ、大勢川に入り魚を追い立てると、魚は驚き跳ねて拂筏の上に飛び乗る。今の鱸魚もこの様にして捕っている。古えの伝え通りにしているが、今は拂筏を使わず網を使っている。但し、国主などがこの川で鱸漁をされる時は古例を欠かさず、網は用いても網より前に簀を引く。拂筏を立てるという。俗には簀立といい慣わしている。仮初な道具の様に見えるけれども藤津の教えによって知ったことなのである。後々の人は拂筏を種として千変万化の道具を作ってきた。当国の人は今では川で漁をする時には、竹を編み簀の形に組んで小魚などをすき取る。これを「ぶつたい」といっているが、他国に見えず当国に限って使う道具である。これは、藤津が教えた拂筏の変化した物であろう。これを共に拂筏というけれども、人誤って「ぶつたい」という。簀の形によったものだろうが、元は「ほうたい」なのである。

○昔、仲哀天皇が越前ノ行宮に御座た時、越中の百姓が奉った太夫川（大夫川）の太魚が天皇によって『爵ノ鱸魚』と名付けられ、越中名物になった経緯を記している。これは小矢部川流域の伝承を、仲哀天皇が越前ノ行宮に御座た時の出来事の様に伝えたものであろう。なお、神功皇后の伝説には魚の話が多い。

仲哀天皇が越前国角鹿の行宮「笥飯ノ宮」に御座た事は、『日本書紀』に「二年二月に角鹿に行幸され行宮を建てて御座す。これを笥飯宮という。三月皇后及び百寮を留め紀伊国に至ります云々」（意訳）。これには、角鹿に行幸の目的が記されていない。

『喚起』では、昔、仲哀天皇が三韓御退治に当たり、越後の凶賊鷲伏の残党や東夷が三韓に味方していたので、先ずこれを退治してから朝鮮へ出発された。天皇が越後へ出発され凶徒を退治して越中に帰られたのは、角鹿出発から数えて二九日目であったと記す。『喚起』の記述には、熊襲征伐が神託によって三韓征伐に変更されたとする正史の記述にはない越後の凶賊征伐がある。

▲南方当国ニ来リ国中之品ヲ書記スル事

①「南方ノ大牧書」の事　さて、藤津の没した後は、三邊・大野・

山内の三子が父の遺言を守り、庶民に親しみ共に仕事に励んだ。天下の事について急用があれば担当者を派遣し、お上を敬い官稲など田租の業務を司っていた。

時移り、履仲天皇の御代になった。[12] 天皇は諸国の事々を知ろうと、諸国へ文筆に優れた者を派遣して国の詳細を書き記させた。当国へは「南方《なんぼう》」という者が派遣された。この南方は武弟ノ命（藤津の別号）の弟で、三邊等の伯父にあたる。南方は文筆が優れていたので当国の書記に派遣された。勅宣を受けてきたので、三邊・大野・山内等は早速出迎え、新川郡牧谷という所に住まわせた。南方はここにいて国中の事々を伺い記した。山には暎山芳木、海には魚亀菜草、陸には川沢叢林、里村田畠、庶民の家屋或いは賢哲愚夫、豪貴鄙賎及び牛馬鶏犬の類いに至るまで悉くを記して天皇に奉った。この書記した物を『南方ノ大牧』といった。南方が牧谷という所にいて記したので、このような書名となったのだろう。南方がいた所は今、村となり大牧村という。

○この章は、『日本書紀』の「履仲天皇四年に始めて諸国に国史《ふみひと》を置く。言事《ことわざ》を記して国内の情勢を報告させた」（意訳）の記述に該当する。

『喚起』には、当国へは南方という者が派遣された事。南方は武弟ノ命（藤津の別号）の弟、三邊等の伯父であるとも記している。又、南方は新川郡牧谷にいて報告書『南方ノ大牧』を作ったという。

②「南方ノ引鎗」の事　この南方は鍛冶細工の技を持っていた。鍛冶細工の経験者を集めて教えたので習った者も多い。今にいう「野鍛冶」で鍬や鎌造りの類いである。劔でも鎗でもない、両刃で先端は鎗とも見える。山家に今でもこれを持っている者は薙鎌《ないがま》といい、昔の人は猪や熊の用心に背負って歩いたという。鞘は竹である。近頃、その薙鎌を研ぎ直し大身の鎗としている。この鎗はよく突通るので重宝がられている。鎗には定まった寸法はなく、約六寸から三尺余りの物もあるという。今はこれを薙鎌といわず、「南方ノ引鎗」という。鉄を引き伸ばして造ったというが、それは誤りである。鎗に指で摘んだような跡が数多あるからそのようにいったのだろうが、その跡は槌跡であるという。

③「南方ノ鏈」・「南方針金」の事　又ある時、南方は嘉女筒谷《カメガヤ》ノ山へ行き、露出している鉄鉱石を数多採ってきて一夜で鏈《くさり》を鍛造し、三辺の東南にある若狭川に橋を架け渡した。[13] 鏈に丸木を繋ぎ並べた浮橋である。およそ越中の橋の架け初めであるという。これを船橋といい、「越ノ船橋」と都

人の詩歌に詠われたのはこの橋のことである。川や橋のあった所を今に至って船橋川といい、その村号も船橋村と、時代は経ているが改めずそのままに称している。若狭川は昔、大河であったというが、鍛冶細工の技を持つ世の末となった今では、農耕の用水に幾流ともなく水口を分けられ、若狭川、船橋川の名ばかりが昔の語り草となっている。今は船橋もなく歩いて渡れる川があるのみである。

南方は川に船橋を架け渡しただけでなく、山谷の越えがたい所にも鏈を渡した。立山一ノ谷の道に鏈に縋って登る所がある。今の人は、この鏈は京三条小鍛冶宗近が造ったという。(14)流伝では南方が造り渡して山路の道にしたという。しかし、宗近は太刀造りのために遥々きたので、鏈造りにきたのではない。立山の麓にいた南方が鍛冶細工の技や船橋を川に架けたことを思えば、山に桟橋することを思わぬ筈がない。一ノ谷越の鏈も南方が造ったという流伝は間違いなかろう。しかし、他所から伝えられる書類にも小鍛冶宗近の作と記されている。これは、他所の人が南方のいたことを知らなかったのか、又、今山を守る仏者ノ族は物事を大袈裟に尊くいう癖があるので、鏈も古の名鍛冶の所作と聞こえよくいったのであろう。いわば、仮初の言葉が広がって真実が忘れらるとはこのようなことであろう。細工を所々見比べれば、南方の造ったか否かは判る筈である。一ノ谷越の鏈は南方の造ったか否かは、船橋ノ鏈は今もあるからこれと比べれば判るだろう。外来者の造った物とは違っている。元々、南方の鉄細工の妙は、鉄を鍛段に掛けて引延ばし折り曲げて鏈にしたからである。確かにそのように見える。鏈一輪一輪を槌打って造ったのではない。ただ、鉄を永く引伸ばしたのである。この鉄を引伸ばす技は古から伝えられ、今も鉄の針金を造っている。南方が教えた者の子孫は今もこれを伝えて家業としている。今は能州にいて針金を引いているが、「南方針金」と称し、「船橋引き」ともいう。およそ、鉄を引き針金とする者は他国にいなく、南方から伝え継いだ能州鍛冶のみである。鉄針金は万国に重宝され、今は専ら能州の名物となっている。かの桟橋にした鏈も小鍛冶作ではなく、南方が造ったものである。その技は優れ他に類せず紛れることはなく、人皆な見知りやすい。今も当国内には所々に南方の遺品があり「希有ノ重宝」とされている。

〈付随伝承7〉無量寺の薙鎌の事……父老私に曰く、南方が造った薙鎌を今、研直して鎗にしている例は所々にあるが、その持主を知らないので見るのは難しい。ここに新川郡高野郷の無量寺が薙鎌を鎗にして持っている。住僧も何鎌というとも知らず見過ごしていた。貞享年代の中頃であったというが、高野の東方の山から化物が出て人を取り喰ったので、父子夫婦兄弟の間に不意に別れる者が多かった(15)。このため、高野から東の山家への往来が止まってしまった。往来が止まったので彼の化物も飢えたのだろうか、高野の辺りに出て人を殺した。このため、隣郷の者たちが申し合わせ、若し化物が出たら見つけた村から取巻く村々へ知らせ、報せを受けた村々から馳出てその化物を殺すことにした。頃は一一月の中頃、瀬戸道の山窟から鬼が出たと触れ伝わったので村々から一、二百程の人が各々鎗を持ち、永鎌などを腰に帯びて集まった。しかし、化物を見たらここを先途と皆な逃げてしまった。雪道でもあったので二、三十人も息切れて死んだ。もっとも、初めの頃には鎗を伸ばして化物を突いた者もいたが、化物は疵もつかず反って鎗を取られ、身も掴み割かれた。この故に続く者もなく逃げるばかりであった。彼の化物も一里余り追いきて、手に届く鎗を掴み取り、薄《すすき》のように折り曲げた。この化物が吹き掛ける息の熱い事は沸騰した湯のようで、背中から吹き掛けられて目をまわした者も多かったという。ようやく里近くに辿り着いたので遠村の者も馳せ集り、罵声を浴びせたので鬼も見えなくなった。死んだ者や患った者達は皆な悉く、背中が黒くなって焼かれたように火腫て、後に膿血が出て長く罹って治った。しかし、治っても跡が黒く残り「癜風《なまず》」のようになって消えなかった。この跡は化物が息吹をかけたと思われる所にある。強く罹った者はその場で死んだ。人数二百ばかりも追われたのに、一人残らずこのように患った。その中に無量寺の坊主・全正という者唯一人患わず無事であった。彼一人が無事だったのは如何なる謂れかというと、この坊主は乱暴者で一番に駆け付け、持ってきた鎗で二三度も鬼を突き付けた。その時、化物も後込みして手向かわなかった。我がちにひしめき、先頭にいた者は鎗を取られて刺し殺され、人に押されて坊主も逃げた。急ぎ追いかけて来たので坊主は取って返して鎗を突き付けると、鬼も敢えて進もうとしなかった。一里ばかりの間に三四度このようにして支えたので、遅れた人も逃げ延びることが出来た。坊主はこのように支えに手間取り、五六丁も後になって独り逃げ帰ったが、背中に痛みも受けず患うこともなかった。人々は皆なこの坊主の強勇に鬼も負けたといったが、坊主の勇のみではなさそうである。恐ろしい戦いの中にもよく見ていた者が不思議がっていうには、「全正が鎗を持って向かえば、鬼は鎗を掴み取ろうとせず反って身を遠ざけ、全正が鎗を背負って逃げていても、全正の鎗を見付けると息も吹き掛けず立ち止まった。これは全正の強勇か、不思議は鎗にあると思った」と。そこで、その日に持ち出した鎗を集めて調べてみると、一本も真っ直ぐな物はなく、皆な悉くゆがみ火に焼かれたように赤く錆びて、さながら鉛刀のようであった。無量寺の鎗だけが元のようで変わりなかった。さては、この鎗の徳に違いないと驚いた。その鎗の由来を尋ね求めると、矢野隼人という侍が「南方ノ薙鎌」を手に入れ鎗として秘蔵していたが、死後無量寺が伝え持ったのであることが分かった。これより人々は「南方ノ薙鎌」を秘蔵するようになった。彼の化物どんなに恐ろしい形相の者かというと、身の丈は六七尺余り、痩せて骨太、顔面は馬のように長く髪は白く長い。身のうち手足背筋共に長い毛が生えている。口は馬に似て歯は白く、吐く息は火のようである。総じて形は人のようであるが、如何なる化物とも名付けようがなかった。先ずは山男とでもいうべきか。化物が里近くまで追ってきた後は、里中へ出る事もなかった。雪消えて里の者が瀬戸へ行った時、これが「化物ノ窟」かと覗き見ると、化物は死んで窟の前に倒れていた。近寄って見れば腹に三箇所の鎗傷があり、これが原因で死んだようであった。よくよく見れば、疵は全正が去年鎗で突き付けた箇所で、疵が治らず苦しみ死んだようであった。全正は又もや強勇者と人に褒められた。鬼の遺骸を弔い、窟の前に堀埋めて円丘を造り、目印に槻《けやき》を植えて鬼塚と名付けた。今ある「瀬戸ノ鬼塚」である。これは、南方が造った薙鎌の徳用の現れである。

〈付随伝承8〉亀谷山の鉄の事……南方が鏈にした鉄は、亀谷ノ山に露出していた鉱石を取ってきたという。古えはこの山には露出した鉄鉱石が多く、製鉄が盛んであった。神はこれを忌み嫌われて鉄脈を刈り捨てられた[16]。南方は捨てられていた鉄脈を取ってきたという。今も残っているが、布峅神が惜しんで祟るから取れない。このことは前に記したので略す。鏈は今に残っている物を見ると、引き伸ばしたと伝えられている通り、縦に筋があり、糸目のように飴を引き伸ばしたように似ている。後世に造られたという鏈より仕立てやすく細い。後に造られた鏈は太いが弱い。南方ノ鏈とは比べものにならない。物を繋ぎ急な風で激しく揉み合っても、火が出たり切れることは勿論ない。他の鏈では朽ちやすく耐久力もなく火が出たり切れたりすることがある。南方が鏈は何とも不思議な鉄である。

○南方ノ引鐐、南方ノ鏈、南方針金などの物語は、南方が新しく鉄鍛冶細工の技を持ってきた事を記述したものである。

▲南方当国之人ニ荷前祭ヲ教へ　始テ祭ル事

①南方ノ荷崎《のざき》祭の事　かくて、南方も次第に年老い、山野を馳せ巡るのを止め、文筆に長けていたので何時も幼稚の輩を集めて可愛がり、文筆を教えて楽しんだ。又、その中に利発な児がおれば山野に連れ歩き山丘海辺に遊び、物事の訳を説き、その子の身のためになることを教えた。このため、郷中国中の者もおとなしく素直になった。南方が郷中他郷の老若にいつも、君臣父子の間には深い恩義があり恩に報いることを説き教えていた。ある時、聞いていた者の一人が、恩に報いるためにどんな行事をしたらよいか、又その行事を伝える方法を聞いた。南方は先祖の恵みもあるから、祀ってその恩に報いるべきであると教えた。祭りは誰もが待ち望んでいたので早速実施することになった。

南方は南の山裾に仮屋を造り、郷中や他郷の者に触れてこの仮屋へ当年収穫した初物を捧げ、青空に一煙の香を奉り天を仰ぎ心静かに念じ、先人を暗黒界から明界に迎えて恩に報いることを勧めた。又、天を仰ぎ地に伏して祭ることや、初めに火を持って山丘に登り先人を呼び、終りには火を持って川・沢へ下って先人を送り返すように教えた。祭りは二夜三日間とした。郷民等は喜び、手々に稲束・粟・果物に至るまでその年に収穫した初生《はつなり》を持ち、火を点す松明を背負って仮屋に群れ集まった。時は七月一三日、夕暮れになったので郷民等は松明を山丘に点し、天を仰いで先人を呼んだ。その時、南方は仮屋に入り、香を捧げて天地の神々を祀った。その後、人々が次第に遠近から仮屋に詣で、天地に仰ぎ伏して先人・君父の恩を感謝した。三日間が過ぎ、同一七日夕方になると南方は仮屋に入り、香を奉って天神地祇を祀り終えると、人々は松明を川・沢に点し水に先人を送り、仮屋に火を放って全てを焼き払い各々の家に戻った。これを荷崎祭といった。

この祭りを、当国では一般に四天施祭《しだほどこし》とも斎事祭《いみし》ともいっている。世の末になってからは仮屋までは造らず、各々の家で祭っている。祭りの行事は初めと変わらないが、名称は異なっている。これも謂れあることである。南方が初めて祭った所は後に村となり、荷崎を村号にして荷崎村という。今もあって繁花《はんくわ》ノ村といい、新川郡にある。(17)この村と隣郷には、大昔からの伝えを失わず今も彼の祭りを行っている。これは南方の教えを伝えた語り草であるという。

〈付随伝承9〉荷崎祭と生霊祭の事……父老私に曰く、南方が当国の人々に教えた荷崎祭という祭りは、当国に限らず諸国にもある。当国の荷崎祭の起源は南方が教えたからである。祭りは何時ともなく廃れたが、荷崎村辺りから桜井郷辺りの在家には今も祭っている所がある。しかし、荷崎祭とはいわず、生霊祭、或いは四天施祭、斎事祭などといっている。名称は異なっているが祭りの形式は古えと変わらず、仮屋を田の畔に作り、松明を数多点して山に呼び川に送り、最後には仮屋をも焼き払っている。今は全て生霊祭とばかり思っており、仮にも荷崎祭という者はいない。生霊祭も先祖の恵みを願う祭りであり、当初の君父への報謝の祭りと似ている。

人皇三八代斉明天皇の御代、即位二年に初めて盂蘭盆会を諸寺で講談するよう勅があり、諸寺が勤めたという。これより仏者が荷崎祭を生霊祭と改めて、居宅に棚飾りして亡き父子及び従類霊祭と言い換えたともいう。今の生霊祭は古えの荷崎祭のことである。

斎事祭は、当国では今は二つの祭りになっている。霊祭は七月、祭事は二月一日である。百姓の下人等は、この日に主人をご馳走して一年の恩を謝するという。これを主人を振舞うとも恩を報ずるともいわず、唯、斎事祭という。斎事祭では、先人の恩に報いる様式が同じから荷崎祭の形が替わったものであろう。生霊祭というのは仏事についての用語であろう。荷崎祭について、「恩籟」を神書には「みたまのふえ」と読んでいる。『清輔ノ奥儀鈔』に、曾丹の歌「いとまなし甲斐なき身さえ急ぐかな　みたまのふえと　むべもいいけり」とある。(18)「みたまのふえ」とは亡き人の恩徳に報いるため、年末に行う祭事である。下人は「みたまつり」といい、公家では荷崎祭というそうである。

「恩籟」の籟字も笛も共に「ふえ・經得」と読む。これは大己貴命の霊の恩沢が遠く万国を経て、各々その忠みを得ているのを「恩籟・みたまのふえ」といった古語である。

荷崎祭もこの様な古い謂れからきている。今は「霊祭・みたままつり」といっている。清輔の文に見える「みたま祭り」のことであろう。

又、当国の人は荷崎村を野崎村と書いているが、荷前又は荷崎の誤りである。能州にも荷前村がある。これも古えに同じく、荷前祭を初めて行った所である。ここも今は荷前を野崎・野先などと書き誤っている。野崎は日向之国の地名である。又、河内之国に野崎郷野崎村があり、この郷名間人の名字にあったので、それに心移って荷前村も聞くままに野崎と

書いたのであろう。(19)

○この章では、南方が諸国に派遣された国司に相応しく、人々が政権に服従・隷属するよう指導した事を窺わせる。なお、忠孝思想は後世のものであり、当時は征服者が被征服者に服従・隷属を強いるものであったろう。

○二夜三日間の荷崎祭も服従することを前提として許された祭り行事であった。気儘に祭礼を行えなかった郷民にとって荷崎祭は、何はともあれ楽しい行事であったのだろう。後に生霊祭として伝えられたのも理解出来る。

▲南方司職ヲ委文《しどり》ニ譲リ遠ク空天ニ去ル事

①立山霊廟に詣でた事　或る時、南方が委文という童子にいうには、汝は我に随ってきてほしい、汝に教えねばならないことがあると。南方は委文を連れて立山に分登《わけのぼ》り、山上の事をつぶさに語り、この山は一国大観の霊山であることを説いた。又、この山に伊弉諾尊之霊廟《あつしのみや》があり、手力雄命之廟《みや》もあるといって、廟がある所を訪ねて教えた。その間、山中に滞在すること二〇日間にして麓に下った。又、西の辺りにある伊弉冊尊の霊廟のある所を教えて曰く「この宮は昔、熊野櫲樟《くす》日之命が造った宮である。(20)名付けて羽明玉廟《はあかるたまのみや》という。この伊弉諾尊と伊弉冊尊二尊神の神功は、国土を造り定め万物を共に備えられたことである。それを世に示そうと熊野櫲樟日之命が宮を造った。又、手力雄命は、世を墾くことを教えた神功があり、人民皆なこの恩恵を蒙っている。よって、手力雄命は二尊神と離れず同宮に添えて、熊野櫲樟日之命が宮を造り、人民に知らしめたのである。汝今より後は、このことを庶民に伝えて山上の宮に昇り詣でさせよ」「この三所の廟があるをもって国がある初めとなる。若し、君主のいない時は何をもって国であることを知られようか」と詳しく説き聞かせた。

②飛越の国堺を訪ねた事　又、南山に登って国堺の謂れを話し、人の姿や地勢も共に変わることを教えた。「ここから飛州と越州に分かれる。飛州では万物が皆な南に向かう根にあたり、越州では皆な北に向かう元にあたる。ここでは万物がすべて背中合わせになっている。それ故に、大己貴命と少彦名神はその根元に立ち、面足尊の霊廟を南北の堺に造って南北領廟と称した。この山には千木万草が茂り、民の用を果たしている。又、ここには大己貴命と少彦名神の霊廟があり、人民の病を治そうと万薬之種を植え、人が無事で剛であることを好まれた。この廟を名付けて金剛廟と称した。凡そ、大

貴栄福の源は皆なこの山にあり、五百個《いおつ》の宝が生れ備わっている。越州の頂きには天皇神豊水気津の潤沢あり、その徳化が流れ出て国土に親しみたもう。これを峠廟と称した。この徳化の流れは四川に施されている。大己貴命が国を興し、一百之功績《ももはしらのこと》を地に感じさせ、八十一之神の姿になって顕われておられる。これは全て大己貴神の霊の恩沢であり、遠く万国を経て各々がその恩沢を蒙っている。この金剛廟がなかったら人民の生活も成り立たない。汝は、この事をよく庶人に説き聞かせて金剛廟の昇り詣でさせよ」と。南方は委文を伴い各地を巡り、悉く教えて四十二日後に家に戻った。

③立山霊廟や手力王霊廟を祭る事　又或る時、南方が委文にいうには、汝に授けたいことがある、郷中の者達を呼べと。よって呼ばれるままに郷民達が群れ集まった。南方曰く「この国を大己貴命が造られた時、手力雄命の後裔・手力王彦が親しく当国の人民に教えをなされた。続いて近くは手力王彦の後裔・手刀摺彦兄弟が教えた。それに続いて我が先人・藤津武弟が欠けた事柄を教えたので、国土は美しく定まった。手力王彦がこれらの功績の始まりである事を末代に語り継ごうと思う。汝等は今手力王の霊廟を本郷に崇め祭り、藤津武弟社を同所に添宮とすべし[21]。後世、生業の教えを受けようと思う者があれば、この社に来て誓願したらよい。手力王彦は今立山の護り神である。立山の霊廟に誓願しようと思っていても、この神社に詣でて誓願すれば何で空しいことがあろうか。一国の人民が生業の事始めに祭るように勧めよ。手力王彦は当国の万神の司職である。我が今申したことを必ず違えてはならない」と、つぶさに教えた。

○南方がいう立山信仰は、国の始まりから神の鎮まる所としてきた立山連峰（伊弉諾尊）、国を墾いた神と伝えられる手力雄命、大己貴命の国造りに協力した手力雄命の後裔・手力王彦、大和政権に協力した手力王彦の後裔・手刀摺彦兄弟等の功績を顕彰することにあったと思われる。その象徴が「一国大観の霊山」立山であった。

立山信仰を勧めたのは、大和政権下の過酷な労役を強いられている国人達に先祖の苦労を蘇らせ、労働意欲の向上を図ったのかも知れない。

④司職を委文に譲る事　南方又曰く「我、工命を奉じ当国に来て以来、先人の勧めた道を継ぎ、日終《ひねもす》人に親しみ夜終《よもすがら》寝事を求めず、只勤めの忙しさを庶民に教えようと思っていた。今未だその勤め半ばなれど、老い衰えて勤めようにも心が行き届き難い。よって、身を退き去ろうと思う。我が勤めの道

を委文に授ける。夢々、勤めを怠る事かなれ」と、細かに言い聞かせた。語り終わった南方は東に向かって立っていたが、白雲一叢がたなびき迎える中、手に雲雀を取り静かに乗って終に去った。郷民等は驚き、名残を惜しんで止めようとしたが叶わず、衣の袖を涙に濡らし空天を眺めるばかりであった。

かくて、委文は郷民に薦めて師の遺言に随い、両社を崇め祭った。郷民等は南方の霊廟をも祭ろうというので、本郷の両社の地に崇め祭った。南方の別名を武国命といったので、武国ノ神社と称した。

郷民達が祭役を決め吉日を定めて終日の祭礼を行っていた時、その昼頃に天俄かに輝き常ならぬ異香が漂った。諸人は驚き仰ぎ見れば、手に一軸を握った武国命が雉子を左右の踏《くつ》にして虚空に佇んでいた。武国命は委文を呼んで曰く「我を祭ってくれる事は嬉しい。しかしながら、手力王や先人・武弟も共に教えを広めたことを知りながらも終日の祭礼は行わなかった。我だけが何で終日の祭礼を受けることができよう。武弟がこの国へ来た日三月三日一時に武弟を祭るのを事初とし、我がこの国へ来た日は九月九日であるから九日一時に我を祭るがよい。人民が生業に隙がなければ、必ず身は潤い、体が豊かになる瑞事と永く伝えよ。必ず誤る事なかれ」と。武国命は握っていた一軸を委文に授けて東方へ帰り去った。この故に、この三社の祭礼は今に至るまで三月三日一時を祭りの獅子始めといい、九月九日一時を祭礼の終りとして、両日二時に祭礼を勤めるのはこの謂れからである。武国命が雉子に乗っていたのを見てから、人々は雉子を可愛がった。俗に雉子は武国命神の従者ともいい、今も捕らえないので、雉子は社の地を栖《すみか》とし巣くって多い。人にもなつき、追っても飛び立たない。

〈付随伝承10〉立山縁起の事……父老私に曰く「武国命から譲りを受けた委文という者の出生地は知らない。或る人は甲良彦舅の孫という。この人の後裔は田中と名字したという。田中というようになってから委文童の子孫という者もあるが、委文を語る所には田中という事はないので、細かに述べ難い。田中氏という所に至って重ねて解すべきであろう。武国命は委文を連れて立山に登り、日を経て山中の事を教えた。これに神事の根源を説き加えた書いたものが『大牧ノ書』という書の序文にある。この書が立山を語る根本書であるという。後に、勅命を蒙り立山を開闢した僧も、この書を賜ったから出来たのである。(22)武国命が書いたのを委文が受け継いだのも立山の一部始終であり、この書が最初の『立山縁起』であるという。仏者は、これを仏者の功に作り直して今ある縁起にしたのであろう。(23) 両書を比べていうと、今ある『縁起』は煩雑である。故に略す。

○『喚起』では、南方が記述した『大牧ノ書』を後の僧が見て、仏者の功に作り直して今ある縁起にしたのであろうという。『立山開山縁起』では、立山の阿弥陀如来は伊弉諾尊の本地仏であり、不動明王は手力雄命の本地仏であるとしている。これは南方がいう祭神と一致する。この事から古くからあった立山信仰が、奈良・平安時代に仏教化が進み、天台系僧侶によって『立山開山縁起』に纏められ、何時の間にか「立山開山・立山信仰＝慈興上人」となってしまったことになる。しかし疑わしい。

なお、南方から司職を譲られた委文の事跡についての記述はない。

〈付随伝承11〉飛越国境の事……武国命と委文は南山に登り、飛は飛、越は越と国柄が替れば人の姿や地勢も共に違う事を教え、両国の堺が自然に定まっていることを教えたという。文字通り飛越の境には、面足尊ノ霊廟があり南北領廟という。文字通り南北を領する廟であり、今は南北領の飛州分である。武国命も南北は背を合わせているといった。ここには大昔から人家があり、所々に隔てて家数がある。その里が北に向いていると越中南北領といい、南に向いていると飛騨南北領といっている。これは古えからいっていることで、今も同じである。物の堺であるから、背を合わせているという理は明らかである。古えからの国境であり、飛越の両国から人が行来し、南北に分けて居住したものである。

ここに川があり、南北領川といい両国の境の川である。又、今の人がいうには、南北領より真南に越えると境谷という所がある。ここを国境にしたことがある。昔、太閤秀吉卿が堺谷に陣を構え、ここより飛州分の知行所と分けたので、その時から堺谷といい飛越の堺とした。これは一時の堺である。又、金剛ケ嶽が国境であるという者がいる。これは、ここに薬師堂があり北向きに建っているからである。これは、大己貴命と少彦名神の霊廟であり、面足宮の添宮であるからいわずとも北方の地である。又、頂上に宮があり四川に流れるという。ここに神がいて峠廟という。これは今ある飛州一ノ宮の事であろう、今は宮峠という。四つの川があり、四川の源流である。一筋は分かれて西へ流れ、越中に流れ出て射水郡にて大門川となり、末は名護海に入る。一筋は北へ流れる、これも越中に流れ出て神通川となる。一筋は東へ流れ美濃に流れ出て大田川といい、末は尾州を巡って伊勢海に入る。一筋は南へ流れ信州に流れ出て二川となり筑間川・才川といい、末は新潟の海に入る。四川というのはこの事であろう。

〈付随伝承12〉手力王・武弟・武国の三社の事・他……又、手力王・武弟・武国の三社を本郷に崇め祭った。その本郷とは大田本郷であり、新川郡にある。祭礼の規式は本文で述べたように三月九月の両日の二時に勤める。中世頃、人誤って九月九日は節句であるからと、この日を勝手に延ばして一〇日に終日の祭礼を勤めたが、その夜郷中の者へ元のように勤めるべきであると告げた。よって、今も改めずに勤めているという。又、武国命が一軸を委文に授けたという。これは神書であり、これにこそ立山の事を細かに書かれている『神經』といわれている。この『神經』の内一巻は今に伝わり、寺町妙見山全勝寺の五番堂に納置されている。『神經』の銘には『伯道經』とあるという。全部か半ばなのかを知る者はいない。この『經』を見た者が一度読んで通を得るといなくなって終うといって、堅く封をして見る事は出来ない。この事は前にも説いたので略す。又、武国神社は新川郡では二所で祭っている。今、一社は同郡大牧村にある、ここにも雉子が多いという。

▲父老　隣翁ノ国造之本記ヲ物語事

父老は語り終えて茶飯を頂き、戸を開け天空を仰ぎ見ると、新雁の声が仄かに秋がきたと知らせているように聞こえた。「暮天新雁起汀洲　紅蓼花疎水国秋　想得故園今夜月　幾人相憶在紅楼」と、古詩の情を感じ佇んでいると、隣翁がやってきた。(24) 隣翁曰く「先聖（先生）、何事を感じ入っておられるか。我が感じ入るのは、翁が物語られる事にだけ。成程と思っても一度だけ聞いては理解しがたい。愚かにも問事をしようと訪ねてきた。物語ってほしい」と。父老曰く、「よかろう。問う人がおれば寝ていても起きていても語ろう」。時に隣翁曰く、武内宿祢が当国へきて越ノ地を視察した目的は何か、又南方武国がきて一国の事を記したのは何のためか。父老曰く、宿祢がきて視察したのはその国の大中小及び人物の上中下を調べこれに依って国造を定めるためである。又、南方が書記したのは職掌ノ儀を知るためである。若し、この両記録がなかったら、その国の事は何も分からない。この二つを以てその国の始まりが分かる。

隣翁は納得し、更にこの二つが必要になった訳を聞いた。父老曰く、簡単にいうと国造とは、昔人皇第一三代成務天皇四年に初めて定められた官職である。同朝六年の国之堺を分けられた。国造は国司の名である。後にこれを改めて守といっている。およそ、日本六〇余国に大上中下の四階級があり、各々守介掾目の四役職がある。大国の守は従五位上、上国の守は従五位下、中国の守は正六位下、下国の守は従六位下に相当する。職掌は皆な同じである。この様に定めた元は、武内宿祢が国を視察にある。これらの事は日本書紀に詳しく書いてある。又、職掌について職員令に、大国の守一人　掌祠社（祠ハ祭リ也、社ハ諸社ヲ検校スル也）、戸口蒲帳（百姓ノ家ノ人数ヲ記ス也）、扶養百姓、勧課農業、糺察所部、貢挙孝義（百姓ノ孝義アル者ヲ京都ニ奏スル也）、田宅良賤の訴訟、租調倉廩、徭役兵士、器仗鼓吹、郵駅伝馬、烽候城牧過所、公私馬牛闌遺（失亡シテ主ナキ物ニ闌遺トイエル也）、雑物及び寺僧尼名籍之事、除守准此と云々。

上古には守介掾目の官はなかったが、人皇第四二代文武天皇の時初めて置かれた。但し、この時には権官はなかった。後代になって権官を置かれた。正はその国にいて政務をとり、権はその身は京都にいて権官を行う。これを遥授といい、禄田にはその国の公廨を支給される。天子へ献ずる田を正税といい、国守以下に支給される田を公廨という。職掌の事について田土の広狭、雑物などは南方が書記したものである。未だ未だ語れば切りがない。粗々この様なことである。

以下は現代文訳を略す。

▲父老与隣翁　勤ト奉公ト云二儀ヲ物語事　『桂本』にのみある。現代文訳を略す。

▲父老与隣翁　勤ト奉公ト云二儀重テ物語事　『桂本』にのみある。現代文訳を略す。

註

（1）治暦二年……一〇六六年。
（2）寛治四年……一〇九〇年。
（3）『元亨釋書』……元亨二年（一三二二）虎関師錬著。仏教史本。
（4）保延五年……一一三九年。
（5）景行天皇二五年……四世紀前半頃か。
（6）午未の刻……午＝真昼十二時。未＝午後二時。
（7）仲哀天皇の御代……四世紀後半頃か。
（8）成務天皇……四世紀中期頃か。
（9）応神天皇……四世紀後半から五世紀前半頃か。
（10）千葉生葡萄……たわわに実った葡萄という意味か。
（11）金韲玉鱠東南之佳味也……松江鱸魚は鱠の和え物に匹敵する美味ということか。

(12) 履仲天皇……五世紀前半の第一七代天皇。
(13) 嘉女筒谷ノ山……亀ケ谷鉱山。布岭神↓『喚起』巻之四大己貴命国調祭リ給事併神之辻ト云事・釜生比古に釜を鋳らせたとある。
(14) 京三条小鍛冶宗近……平安時代末期・京都粟田口にいた有名な刀工。
(15) 貞享年代の中頃……西暦一六八五年頃。
(16) 神……大己貴命。
(17) 繁花ノ村……牧谷、大牧村とともに場所不明　上市町大松村の旧名？　正保三年（一六四六）『越中国四郡高付帳』にはない。
(18) 清輔ノ奥儀鈔……不明。
(19) 郷名間人の名字……意味不明。
(20) 熊野櫲樟日之命……熊野三山の神・熊野夫須美大神か。祭神・伊奘册尊。本地仏・千手観音菩薩
(21) 手力王の霊廟を本郷に崇め祭る……太田本郷・刀尾神社創建にかかわる伝承記述。その昔、岩峅雄山神社に鎮座する天手力雄命の御孫・手力王彦の末孫と称する手刀摺彦兄弟が住み活躍した地・保田（太田本郷）を顕彰し、一社を創建した記述。ただし、この記述は、『喚起』編纂時に流布していた「大宝元年　佐伯有頼建立」説に対する反論のようでもある。岩峅……天の磐座から手力雄命が降臨鎮座した地であることから岩峅という（拠『立山地主刀尾天神縁起』）　刀尾神社　祭神・天之手力雄命他　鎮座地・富山市太田南町
(22) 開闢した僧……越中国司・佐伯宿祢有若の嫡男有頼（慈興上人）か。
(23) 今ある『縁起』……『立山開山縁起』のことか。
(24) 漢詩「暮天新雁起汀洲　云々」……晩唐の詩人・杜荀鶴「題新雁」。

附・『喚起泉達録』訳　伝承資料

○『越中宝鑑』

・「八講布」戸出・石動・津沢等の近郷の産物。越中では往昔より布製品中「八講布」が最も著名。「八講布」は苧麻製で雲のように白く、奈良晒に次ぐという。

・「八幡宮」高波村西宮森に鎮座。垂仁天皇・大若子命・姉倉比売命を祀り、誉田別命を配祀する。社記に依れば、布勢の神倉稲魂命の遠裔に阿彦あり、自らを越の国主と僭し、民を虐げ賊を掠む。是に於いて垂仁天皇大若子命に勅して討伐せしめしかば、命乃ち大竹野（高波村・林村・若林村）に至り、姉倉比売命の教えに従い、八鉾の旛を作り遂に攻めて阿彦を亡ぼせり。国民初めて堵に安んじ宮居を営みて八幡と称せり。

・「鬼ケ城跡」安川村を離るること凡そ二〇丁にして字父倉山の中にあり。城主黒田太佐衛門尉は往古、長尾為景の為め没命すという。城跡に水鉢一個、今に存す。

・「速星神社」速星村大字御門にありて郷社なり。……垂仁天の時、本国に暴徒崛起す。皇子に命じて討伐せしむ。皇子下向してこの地に居庁す。故に御門村と称す。御門は朝廷の義なり。暴徒平定して更に一郷を拓かしむ。名付けて速星の郷と称し、稲倉魂神等を祭鎮して速星神と称す。皇子還御す。

・「海岸寺」梅沢町に在りて曹洞宗なり。康永元年新川郡三上村に平朝臣三上太郎兵衛平秀なる者あり。偶々月庵晄瑛和尚行脚して石原村観音院に逗りしが平秀その道風を欽慕し、浜黒埼に一宇を創建して請して開山となし、補陀山海岸寺と号せり。

・「新川神社」新庄町にありて郷社なり。大己貴神・大新川命を合祀せり。故に往古、此地方を新川庄と称したりしが、のち略して新庄となせりという。

・「大牧村」履仲天皇は諸国の事を知らしめんとて、南方といえる者を越の国に下し給へり。……『喚起』と同様伝承を記載……『泉達録』に新川郡大牧村とあれども、今上・中・下新川郡に大牧の村号なし。中新川郡の大松村辺りにはあらざるか。

・「三辺」竹内村の名なり。……『喚起』と同様伝承を記載……。

○『越中旧事記』

・「舟倉村」舟倉権現。……能登の石動山の権現と闘争事ありて、舟倉権現礫を打給ふゆへ、上野という間には差て石なしといえり、又石動山の権現とは、陰陽の神にて、嫉妬して礫をうち給ふともいひ伝へけるなり。

・「吉祥寺野」昔、吉祥寺伽藍にて有りゆえ、野の名もかく云なり。今も其礎等有。此野に犬の城と云有、此犬を大谷と名つけしなり、犬の頭なりとて、今も歳末年始の礼なとと云て諸方より犬の多く来ること在りとそ。怪談なりといへとも、まのあたり見たりなど云に任せて、ここに記す。

・「かうがしら谷」浦山の高なり。ここに大なる巌あり、此岩に人の手足の跡、馬の足跡など彫付たること有。所の人はいろいろの伝説をいふなり。あやしきことなり。

・「角川」此より西を上新川郡といひ、下を下新川郡といふ。

・「臘月晦日」生地と魚津との間に潮干有。一里ばかり干となり、是を知る人稀なり。又蛤楼台を作る事此沖にせつせつ有といふ。

・「北代村」……此村の野に長者屋敷とて跡あり、其姓名を伝えず。此長者屋敷の歌とて、近き頃まであたりの者のうたひしは、「うるし千ばい、朱千ばい、黄金の鳥がひとつがい、朝日さす夕日かがやく、木の下にみつはうつぎのしたにある」。また此村に「すずめの森」といふ宮あり、いにしへ蜆貝船に積来りしに、此ふね嶋になりしを、宮屋敷にいたしけるとなり。この嶋船の形ちにて、今もこの森のなかに蜆貝のから多くあるとなり。蜆の宮哉。

・「加礼谷」此所に四尺はかりの石を削りて三稜とす。是三郡の界也。北は射水、東は婦負郡、西は砺波とす。

・「浅野谷」古城（是を鬼ケ城といふ、むかし鬼の住みし処などといふ。あやしきこと也）。

・「氷見」昔は火見と書しとかや。

・「廿九村」ひづめ村とよむ。文字のおかしきままに記す。

・「加礼谷」「越中旧事記」云……「越中旧事記」と同じ。

○『越中地誌』

・「浅野谷」（古城）此処を鬼ケ城と云、何人住したるや不詳。

・「桑山」此山上に松林あり、其林中に黒き石の方四尺斗なり、上に一尺斗なる穴ありて深さ五六寸も有べし。其穴に冷水有て四時絶る事なく、里人水を汲み尽してもしはらくの内に元の如くに水湧出して奇異の霊石なりと云り。

・「そふ川」此川の鱸は名物にて鰓の下にひれなし松江の鱸に同じと云ふ。
・「氷見」昔は火見と云ひし所なり。
・「北代村」『越中旧事記』に順ず。但し、長者屋敷の歌は「漆千杯、朱千杯、黄金の鳥がひとつがい、朝日さす夕日かがやく、三つ葉うつぎの下にあり」と記す。また、「すずめの森」を「蜆の森」として別記。
・「舟倉村」『越中旧事記』「舟倉村」に順ず。
・「吉祥寺野」『越中旧事記』の「吉祥寺野」に順ず。但し、犬の頭・「大谷」を「大善」と記す。
・「かうがしら谷」『越中旧事記』の「かうがしら谷」に順ず。
・「生地」『越中旧事記』の「臘月晦日」に順ず。

○『越の下草』
・「砺波山」旧伝云、松永郷埴生村より西南方、倶利伽羅のつづきたる山の間、都て砺波山といふとあり。
・「桑山」……此辺にての高山にして一峯秀たる山なり。頂に大木の古松十数株あり。又石の小祠あり。則西勝寺村の産神と尊敬す。祠の傍らに方八九尺計の岩石あり。石野中央自然の穴ありて、常に水を湛へて涸れる事なし。里俗此石に龍すむといふ。
・「碼磠山」吉江郷大西村山中にあり。大井川の水源なり。此川へ流れ出るを上品とす。然れども川上にては此川のみにあらず。山川とも所々にまま出るものあり何れも大井川碼磠といふ。よき碼磠出る事稀なり。……尤も禁令ありてみたりに掘る事を許し給はず。
・「鬼か城」安川村領山中にあり。（朱書）或は云、桃井直常の臣・鬼一泰弘此城を守りし時。責めれともひるます、持こたへし故鬼か城といふともいふ。

○『越登賀三州志・来因概覧』
・「砺波山」今の倶利伽羅山也。万葉集などの歌に砺波関見ゆ。この関跡は今石坂新村より七町南に安居山観音の碑あり、この所左右は高き畑にして中道は山田也。即是古の関跡と云ふ。国名風土記と云ふ国字印行の俗本に、三越（越前・越中・越後）を挙げて、この事神武帝元年、帝日本国順狩の時定め玉ふと云ふ。無稽の説にて神武記に嘗てこの事をのせず。

○『越登賀三州志・古墟考』
・「今石動」……景周按　泉達録、此の城を太古熟城・厚根城など云ふ。唐突無稽の説なり。

・「安川鬼ケ城」在般若郷安川長村領。城主無傳。一跡也。鬼城と呼ぶ由来不詳。……泉達録、中立種々恠説。不足論。

・「日宮」又作日宮　在法内庄橋下条村領。相傳ふ神保孫太郎居たりと……。愚按　泉達録に、太古辻城と云ふ。崇神十餘年大彦命の時、甲良彦舅を置く。後世その城跡に築きて日宮城と云ふと。此事無古書可徴者。不可信。

・「安田」在長澤郷安田長村領。天正十一年二月八日、土肥政繁弓庄を出で安城外に放火し……。泉達録謂之安住城。

・「長澤」在長澤郷長澤村領山上。建武二年十二月越中守護普門蔵人利清、野尻・長澤等の郷兵を率いて……。景周　泉達録を見るに、各願寺叡山と争う等之のことあれども、他書無可徴。

・「松倉　鹿熊」在加積郷鹿熊村領。建武年十一月二十七日普門蔵人利清、此の城に據りて中院少将定清を撃つ。泉達録於此事立　不足取。

・「天神山」布施保内尾崎村領也。古え之が萩城と云ふこと泉達録に載す。妄誕亡論。

・「中地山」在下山郷中地山村領　天正元年江馬常陸介新城を築く。……泉達録に孟浪《とりとめのない》説を挙ぐ。今擯（退ける）して不取。

・「新庄」在島郷町新庄村西　天正六年九月信長公の下知にて、斉藤新五此の新庄村の地蔵堂東坂口に抵るに……。愚按　泉達録に轡田豊前戦書の写しに、辰城に作るとなす者可擬。

○『東野尻村史』砺波市苗加・藤津神社伝承

①垂仁天皇の御代、この地に皇孫・鱭彦《いつひこ》という臣が住んでいた。鱭彦は体躯巨大・怪力衆に勝れ、常に鹿《おおしか》の皮の游須比《をすひ》（被り物・頭から被り顔を隠す古代の衣類）を被っていた。この頃、古志州に布勢の神・倉稲魂命の胤・布勢彦の後東条彦の孫に阿彦という者いた。阿彦は勇悍暴悪、性格が高邁で己に従うを愛し、背く者を殺した。一州の人民は畏れ従ったので、阿彦は国主《くにつぬし》と僭称し、自ら法制禁令を定め、父に背いて乱を起こし、岩峅に柵を構えて賊徒を集めた。岩峅は今の中新川郡岩峅寺である。阿彦は中地山の椎摺彦の保を攻めた。椎摺彦は手刀摺彦と力を合わせ防戦に努めたが、敵しがたく遠く東の方三谷の山中に遁れた。……垂仁天皇即位八十一年春、大若子命に標劒を賜い、阿彦討伐の勅命が下った。……鱭彦

は大若子命を岩瀬浜に迎え、その軍に加わった。命は陸路を布勢山（新川郡の布勢）にとって大竹野に陣した。兇賊阿彦は岩峅の柵に拠って皇軍を悩ましたが、鱒彦は奇策をめぐらし、妖術を用いて良く戦ったので皇軍は大勝した。阿彦は遂に討たれ、衆賊或いは殺され或いは降り遂にを平定した。その後、鱒彦は「戸奈美」の地に入り、阿彦の残党を鎮め土地を拓き耕耨すること幾十年に及んだという。

②鱒彦は古志国造・美麻奈彦（美麻奈彦は大若子命に臣として推挙により古志国造となる）を補け、陸田種子（はたつもの・粟、稗、麦、豆を陸田種子といい、米を水田種子・たなつもの という）を衆に頒ち、林野を拓き、葦篠を焼き、上田《あがた》を造った。其子・伊夫岐は、父の遺志を継いでいたので遠地から来て住む者が次第に多くなった。

③景行天皇即位三十一年、武内宿祢の子藤津（武弟ともいう）新川の三邊に民に農作の法を教え、田盧を作ること指導した。藤津は武内宿祢の三男又は九男と云われた。史書（『喚起』又は『肯搆』泉達録か）には、景行天皇即位二十五年七月、武内宿祢を遣わして北陸及び東方諸国の地形と百姓の消息を視察させた。宿祢が三邊に来て暫く留まられ、去る時に藤津を残された。藤津（武弟）が三邊に来たのは十九歳の春三月三日であり、此地に在住し、百八歳で死んだと記されている。なお、宿祢が三邊に来たのは景行天皇即位二十八年三月ともいう。

④藤津（武弟）は鱒彦の子・伊夫岐を三邊に召し、稲を作ることを教えた。藤津は伊夫岐の農功を賞し、郷将として名を美乃武《みのぶ》（三乃部）と改めさせた。美乃武は三奈邊にいること三年、景行天皇即位三十一年水田種子を分け与えられて己が地に帰り、田盧を修め池溝を穿ち、専ら民に耕耘のことを教えたので新田が多く拓けた。美乃武が持ち帰った稲は土地に適し、成熟繁茂し民も豊饒になった。人家は次第に殖えて一つの狭所《さと》（郷）となり、美乃武を此の群居《むら》の始祖とした。美乃武は、此の地の住民と共に父の遺業を偲ぼうと父・鱒彦が被っていた鹿皮の游須比を埋めて父の墓とした。後に鹿塚と呼ばれた。又恩恵のあった藤津を敬い、別れる時遺念に持ち帰った一つの石塊を坐として大切に置いていた。美乃武の子孫も常住座臥してこの石塊を丁重に守り続けた。

その後、此地の住民は石塊を祭神として祀り、鹿塚の近くに祠を建てて、武弟神宮《ふじつのみや》（藤津神宮）と称した。在住の者は世々崇い、守護神として奉仕した。なお、夏日午時に休み未の刻に出て働く、所謂る昼寝と称する習慣は美乃武が教えたことから始まったという。

⑤仲哀天皇即位二年、天皇が角鹿の行宮笥飯の宮から今の越中にも行幸され、大臣武内宿祢、大連大伴武持が供奉して「戸奈美」の「二十九日」という所に暫く鳳輦を留められた時、美乃武は稲を献じた（一説には米を献じたともいう）。此の時は古志の民が山海川澤の物を献じた時で、新川より千葉木の葡萄を、戸奈美より小矢部川の支流・祖父川から獲った川笏の鱸を献じた。……

　帝は、美乃武が献じた稲をご覧になってお喜びになり、早速使臣を遣わし此地の田園状況を検察させられた。使臣は帰って新田がよく拓け、稲も豊穣であったと奏上したので、帝は美乃武を召され、農功を賞され稲を嘉《よみ》する意味の御詔を下し賜った。その上、美乃武を此地の伊奈置《いなぎ》（稲置）とすると詔があった。美乃武を「伊奈置ガ主」又は「伊奈置ガ氏」と称し、今郷の地を稲置《いなが》と称するようになった。後に、稲置が稲嘉となり稲賀、苗賀、納加、苗加と称するようになった。

　ところが此の稲嘉の地は、雄神川の支流沿いにあり、且つ後世雄神川は洪水ごとに川床が移動或いは幾つかに分流した。稲嘉の地もしばしば水害を被り、田園流出、住民離散を繰り返し、長い間僅かの住民がいる砂礫の荒野となっていた。天正二年、雄神川が氾濫し、今の庄川が出来、川域も定まり、稲嘉の地も水害の無い安全な所となった。爾来、諸国より人民が移住し、農田再び拓け米麦豊穣の地となったのである。

清水家文書・写本『喚起泉達録』について

野村　剛

野崎伝助著『喚起泉達録』の一つの写本が、高岡市立中央図書館に所蔵されている（口絵1）。この写本は、高岡市御馬出町の商家（薬種商）清水家に伝わっていたものであるが、今までの流布本の欠落部分を含み、『喚起泉達録』の成り立ちを考える上でも、さらに「喚起・肯搆両泉達録」の意義を考える上でも、極めて大きな意味をもつものと思われる。以下はこの《清水家文書・写本『喚起泉達録』》の概要である。

一、構成

清水家文書・写本『喚起泉達録』（以下「清水家本」と略称）は、和綴じの九冊本である（口絵の写真参照）。江戸中後期の写本と推定する以外、この写本の成立を語る資料文書は見つかっていない。

この九冊の写本群は、各冊の冒頭に付された「目録（目次）」の巻数表記に注目すれば、まず次の三部分に分けることができる（注・〔1〕～〔9〕の巻数表記は、高岡市立図書館によって、整理と閲覧の便のため付されたもの）。

①「巻之一」「巻之二」「巻之四」「巻之五」と明記された四冊（〔1〕〔2〕〔4〕〔5〕）、

②「巻之」とのみ記された〔3〕〔8〕〔9〕

③「巻」とのみ記された〔6〕〔7〕

この「巻之」「巻」という欠字表記が、写本の際の不注意による脱字なのか、写本の元本（以下、「元本」と略記）を忠実に引き継いだものか判然としないが、この巻表記法の違いによる区分は、各巻の内容面からの区分とほぼ対応している。

《1》越中の古代総記にあたる部分――「巻之一」「巻之二」……〔1〕〔2〕

《2》越中古代の伝承を通史風に叙した部分――「巻之四」「巻之五」……〔4〕〔5〕

《3》越中中世の伝承に関わる部分……〔3〕〔9〕

《4》婦負郡の六治古伝承を中心とした部分……〔6〕〔7〕〔8〕

この区分は、『喚起泉達録』の成り立ち、他の写本との関係を考察する上でも、重要な問題提起をしてくれるものと考えられる。この点は、他の現存写本の構成や成り立ち、内容などとの比較によってさらに考究すべき課題であるが、ここでは「清水家本」の〔内容〕紹介に先だって、次のような諸点を指摘しておきたい。

1．『喚起泉達録』は、いくつかの（時代ごとないし話題ごとの）ブロックとして、まず書き始められたものではないかということ。2．『喚起泉達録』が、刊行されずに終わったことを考えても、完成形としての『喚起泉達録』――末尾に「大尾」の記載のある「若林家本十五巻（三〜六巻・欠）」がそれに近いものだとしても――が、存在したのかどうか疑問であること。ちなみに、諸伝本の「欠本」が、すべて紛失本ではなく、野崎伝助による整除や断筆、意図的な破棄による消失の可能性も想定されること（伝助の孫・雅明が著した『肯搆泉達録』の「序」で岡田英之が「其ノ書（注・喚起泉達録）散逸、幾《ホトン》ド半《ナカ》バス」と述べたのは、どういう状況を前提としていたのか）。3．通巻形としては「越中之旧事ヲ尋問事」「越中国其洲之姿形ト云事」「越中国其洲之形地ト云事」が、通巻の最初の部分であったことは間違いないとして、それ以降の構成は、必ずしも時代順でなかった可能性もあること。4．「六治古伝承」が別格の扱いをうけていること。5．現在の諸写本間の異同が、写本行為そのものやその保管上で生じた可能性に加えて、各写本の原本が、何らかの目的によって異なった構成・内容の複数種存在する可能性があること。6．完成形態での通巻本の、話題の並べ方は、――これが確定できたとすれば――野崎伝助の歴史観、学問方法を知る上でも貴重なものであること。

このように考えると、この清水家本九冊が『喚起泉達録』の完本でないとしても（明らかに「巻之三」は欠本であろう）、ほかの伝本とは違った構成・内容をもつ貴重なものであり、「清水家本」が、いつ・どのような目的でつくられたのか、紙質や字体といった観点からも、あらためて問うてみる必要のあることがらだといえよう（現在の清水家は、「若林家本」の所蔵者若林家と縁戚関係にあるとのことだが、江戸時代まで婦負郡の若林家と高岡町の清水家という両名家の関係が跡づけられるものなのか、興味深いところである。「清水家本」が若林家からの伝本である可能性も出てくるからである）。

二、内容

「清水家本」の内容と特徴は、今までの流布本「若林家本・喚起泉達録」を中心とする諸本の目次と『清水家本』目次とを照合することで、概要をつかむことができる。（「若林家本」の目次については、本書「文献資料」参照）

この「清水家本」の意義の第一は、「若林家本」で欠本となっている〔巻之三〜巻之六〕を補うと推定される部分――〔2〕「越中之名所ト称テ未其所須名所之事」と〔4〕〔5〕のすべて――が、含まれており、「喚起・肯搆両泉達録」の総合的研究が可能になったことにある。が、さらに特筆すべきは、〔4〕〔5〕の部分が、その内容そのものに注目すべき記述をいくつも含んでおり、「喚起泉達録」の旧事記的世界が広く見渡せるようになったことである（口絵2）。そうした点については、本書の棚元論文が古代部分を対象として詳説しているので、参照とご検討をお願いしたい。

清水家文書・写本『喚起泉達録』（9冊／23センチ×17センチ／和綴本）

〔1〕喚起泉達録　巻之一　［14丁］
越中之旧事ヲ尋問事
越中国其洲之姿形ト云事

〔2〕喚起泉達録　巻之二　［18丁］
越中国其洲之形地ト云事
越中之名所ト称テ未其所頒名所之事

〔3〕喚起泉達録　巻之　［44丁］
大僧正順慶飛越堺ヲ定鵜坂奥之院ヲ窮ル事
各願寺知行所大衆僉議之事并金乗坊之事
水谷蔵人寺院之知行所巡見之事并鵜坂炎上事
水谷兵部丞一揆ト萩野ニ戦事
常法坊法印各願寺之衆徒大田ニ戦事
鵜坂ノ神輿奥ノ院へ入ル事并飛州濫觴ノ聞書

〔4〕喚起泉達録　巻之四　［24丁］
大己貴命船倉ト能登ヲ責給フ事
附旧跡并物之因縁ヲ解事
大己貴命船倉能登ニ神ヲ囚トシ役ヲ授ケ給事
大己貴命国ヲ調祭リ給事并神之辻ト云事

〔5〕喚起泉達録　巻之五目録　［24丁］
日向国ニ都定ル頃当国ニ居住人有ト云フ事
甲良人麿二字楞［榜］ヲ捧都触ニ当国下向之事
槐村ノ縁之事
并薗宮越中御下向之事
神武帝御宸筆二字楞［榜］神ニ祭事
并八幡村八満宮ノ事
布勢之産子阿彦国主之事
阿彦峅父国主之遺魂ヲ一ノ宮ト祭ル事
大彦命越中下向之事
并内裏ト云村号ノ事

〔6〕喚起泉達録　巻　［39丁］
六治古之妻山田川ヲ需テ篠野ニ耕作スル事

六治古之母死テ稲田明神ト称事并大角豆ト松菜ノ事
貞治古小沼ニ駿馬ヲ得事并龍馬ノ事
牛頭社由来并相撲ノ始リノ事
長澤六郎城地ヲ思着事并白滝ノ井ニ蓮蒔事
雲路羽根児古龍舌車ヲ得稲ヲ扶事并六郎母之氏生
問事

〔7〕喚起泉達録 巻　〔39丁〕
六治古カ妻侍農工商之四門ヲ説ク事
六治古カ妻六郎ニ教訓之事
六郎母ニ父之由緒ヲ尋事并彦火々出見尊御事
六治古カ妻龍宮エ帰去事
走影之池之事

〔8〕喚起泉達録 巻之　〔39丁〕
長澤村貞治古翁之事
六治古安住ノ市ニ鮭魚ヲ買取事
附市場三箇所ノ聞書
六治古篠野ニ用水ヲ掘始テ稲ヲ栽事
附踏懸川ニ驕虫有ト云聞書
比〔北〕叡山各願寺開基之事
越宮ノ御所跡并三位長者松森之居所事

〔9〕喚起泉達録 巻之　〔46丁〕
桃井播磨守直常之事
桃井大炊助直久放生津エ退事
桃井直久父直常之廟所ヲ築吊事
黒瀬一郎三郎蟹箇澤之化物ヲ捕事
桃井小次郎直藤之母黒瀬女之事并直藤元服之事
黒瀬村正一位日宮太神宮由来之事
黒瀬村日降松之事
長者禅房篠塚道有之事并茨木宮御事

＊〔1〕～〔9〕の巻数表記は、高岡市立中央図書館の付したものに従った（前述）。文字表記にあたっては、「榜」（「榜《ふだ》」の異体字）を除き、通用字体を用いた。

あとがき

この度、『喚起泉達録の世界―もう一つの越中旧事記―』を出版することができた。これひとえに玉稿をお寄せいただいた諸先生方、監修をお引き受けいただいた成蹊大学浅見和彦教授、編集に携わられた前富山市教育委員会埋蔵文化財センター所長藤田富士夫先生をはじめ多くの方々や富山県立図書館調査課長古沢尋三氏、並びに出版社「雄山閣」のご尽力の賜物と厚く御礼申し上げたい。

思えば、私が『喚起泉達録』に出会ったのは平成一四年一月、畏友・京田良志先生から若林家文書を復刻した『喚起泉達録』（中田書店出版、大正七年）の古代史関係部分のコピーを見せられた時であった。当時、先生は原本に忠実な『若林家文書・喚起泉達録』の翻刻中で、ご自慢のコーヒーを飲みながら「お前の史観で何か書いてみないか」等と勧められ、浅学を顧みず「副読本」作りを考えた。

『喚起泉達録』の古代史相当部分は、越中国の弥生時代後期から古墳時代中期頃（一～五世紀）にかけての伝承を記述したものと思われる。古い伝承には後世の出来事、城跡や寺社などの伝承が混ざり合って、本来伝承されるべき事柄が曖昧になり近代実証史学の対象から外れてしまう。戦後、三百年前・実証史学以前の著作『喚起泉達録』は荒唐無稽な伝説の累積・物好きな架空創作として史的価値のないものとみなされがちであった。しかし、それほど史的価値のない代物なのだろうか。実証できないからとするならば、検証して虚実を明らかにするのが史学者の取るべき手段ではなかろうかと思った。

世に「火のない所に煙なし」という諺もある。先ず著者・野崎伝助に騙されてみようと決心し、『喚起泉達録』が記す土地や神社を訪ね歩いてみた。古い伝承を持つ神社は神域に相応しく独特な雰囲気を漂わせており、あらためて

『喚起泉達録』の記述に親近感を持つことができた。

中田本『喚起泉達録』には「巻之三」のほかに幾つかの欠巻があったが、伝助の孫・野崎雅明の著書『肯搆泉達録』（KNB興産、昭和四九年）の記述から次第に全体像が見えてきた。巻毎の草稿が出来次第、先生宅や入院先の病院を訪ねご指導を仰いだ。また、久保尚文先生、畏友・野村剛氏、古沢尋三氏などからもご助言をいただいた。

平成一五年五月二七日、突然京田先生の訃報が届いた。あたかも拙著『喚起泉達録に見る越中古代史』校了目前の時であった。茫然自失のさ中に久保先生から考古学界で著名な藤田先生や西井龍儀先生を紹介いただき、ようやく平常心を取り戻すことができた。以後、拙稿を両先生のご助言を参考に書き改め同年一二月富山市の桂書房から出版した。

この頃から、『喚起泉達録』を各分野の専門家によって再検討を試みるムードが強くなり、藤田先生の提案により「幾つかの欠巻調査」と「各分野別専門家への協力依頼」が進められた。

平成一六年三月一〇日、野村氏の調査によって高岡市立図書館で『清水家本・喚起泉達録』が発見された。「清水家本・喚起泉達録九冊」中、古代史相当分は「巻之二」越中之名所ト称テ未其所頒名所之事、「巻之四」全巻、「巻之五」日向国ニ都定ル頃当国ニ居住人有ト云フ事、等々であった。

「清水家本」の発見により『喚起泉達録』原本記述の全容を把握できるようになった。また、ほかに未発見の欠巻があるとしても、『肯搆泉達録』の記述から補足できる見通しがついたので、現代語訳と文献資料の再確認作業に取り掛かった。「各分野別専門家への協力依頼」は、藤田先生のご尽力により進められ多くの先生方から玉稿をお寄せいただいた。

諸先生の玉稿から、あらためて三百年前の著書『喚起泉達録』の価値を見直した。まさに『もう一つの越中旧事記』であった。また、当時語り伝えられていた越中の古代伝承の一端を書き残していてくれたことに感謝したい。

『喚起泉達録』は越中三大古代伝承「姉倉比売事件」「大彦命ノ越中下降」「大若子命ノ阿彦討伐」等を富山藩領内中心に記述し、越中全体に残っていた伝承を網羅しているわけではない。しかし、加賀藩領内越中・能登の関係や出雲政権・大和政権との関わりをうかがわせる箇所が多い。今後、朝鮮半島・斯盧（後の新羅国）を含めた日本海文化交流圏内の出雲政権と「高志ノ国」や大和政権の越中進出などの研究が進むことを期待する。

本書は、ここに記したように企画から幾年かの歳月を経て完成した。誠に有難く感謝にたえない。この間、非才な私に長きにわたりご指導ご鞭撻を賜った素晴らしい皆様方に厚く御礼申し上げたい。

平成二五年秋記す

棚元理一

編集を終えて

平成一五年一二月、棚元理一氏による『「喚起泉達録」に見る越中古代史』（桂書房）が発刊された。棚元氏は、これまで江戸時代の好事家が興にまかせて書いた荒唐無稽本と評されてきた『喚起泉達録』を、「古い伝承ほど時々の考え方がまざり、〝変身〟するが、伝承は史実を補完してくれるもの。検証することは歴史を研究する者の務め（談）」（富山新聞・平成一六年四月二七日付）といった視点からの見直しを行っておられた。

発刊を機に、いつしか棚元氏を囲んだ勉強会が発足した。久保尚文（中世史）、野村剛（文化史）、西井龍儀（考古学）、藤田富士夫（考古学）が参加し、それこそ「気心を通ずる」者同志で不定期ではあるが活気ある勉強会をもち情報を交換した。その一人、野村氏の調査によって高岡市立図書館にこれまで欠落していた個所を補う『喚起泉達録』（清水家本）が存在することが判明した。新資料の発見は勉強会をさらに活気づけるものとなった。『喚起泉達録』は、見方によって評価が二分される書である。そこで、「史書としては疑問があったとしても、江戸時代中期の富山藩の野崎伝助が書き残したという事実は変えられない。当時の何らかのメッセージが込められているはず。清水家本の発見もあり、さらに多角的に研究してみたらどうだろうか」といった意見が日増しに強くなった。そこで棚元氏を勉強会代表者として訳出本と研究書の刊行を行い、その価値を世に問うてみようということになった。

その過程で『喚起泉達録』は江戸時代文学の地方版としての性格を兼ね備えた書でもあることから、その分野を専門とする成蹊大学の浅見和彦教授にご指導、監修をいただくこととなった。浅見先生には平成一七年六月にご来富いただき、『喚起泉達録』の舞台となった岩峅寺や芦峅寺（雄山神社）とその周辺の史跡を踏査し多くのアドバイスをいただいた。また勉強会メンバーは独自に、同年一一月に佐伯哲也氏（山の考古学研究会会員）にご案内をいただき富山市八尾町の夫婦山踏査を行うなど、本書刊行への構想を整えていった。

このような経緯を経て、平成二〇年五月に編集子がこれまで親交を重ねてきた古代史や歴史学、文学など多彩な分野の第一線でご活躍中の先生方に執筆を依頼することとなった。何人かの方からは、このような書を論じるのをいぶかしむ声もいただいたが、「史書としては疑問の多い書ではある」ことを承知で、かつ内容の可否それ自体を思うままに論じてもらって良いといった趣旨を理解いただき快くお引き受けいただいた。よって寄せられた原稿は多様な内容となり、改めて面白い書であることを思わせた。このことは『喚起泉達録』が通り一遍の書ではなく、深いものを秘めていることを証していよう。

当初の予定では遅くとも平成二一年五月頃の出版を予定していた。それを目安に玉稿の数々をお届けいただいた。それにも関わらず、編集子の怠慢によって刊行が遅延したことをここに深くお詫び申しあげたい。また本書では執筆者の呼吸を尊重し、文体統一は最低限にとどめた。このことによって読みづらい点が生じたとすればご寛容いただきたい。

なお、煩雑な原稿のレイアウトについては富山市教育委員会埋蔵文化財センターの小林高範主査学芸員から全面的な協力をいただいた。また、野村剛氏には原稿清書を分担していただき、庶務について中村年昭氏（icデザイン）の支援をいただいた。また出版を快く引き受けていただいた（株）雄山閣の宮田哲男社長、編集に携わっていただいた八木崇、桑門智亜紀氏に大変お世話になった。これらの方々に厚く御礼申しあげたい。

藤田富士夫

執筆者紹介（掲載順）

浅見　和彦（あさみ　かずひこ）　別掲

棚元　理一（たなもと　りいち）　別掲

鈴木　景二（すずき　けいじ）　一九六二年生まれ　富山大学人文学部教授

主要著作論文：「気比神楽歌にみる古代日本海交通」『古代文化』第六二巻、第四号　二〇一一年、「佐々成政の浜松往復前後の政治過程―村上義長関係文書から―」『富山大学人文学部紀要』第五八号　二〇一二年

米原　寛（よねはら　ひろし）　一九四三年生まれ　前富山県立博物館館長・越中史壇会会長

主要著作論文：共著『ふるさと富山歴史館』富山新聞社　二〇〇一年、「越中における情報と物流」『地方史研究』第四七巻五号　一九九七年、「日本の霊山信仰と立山」『山の世界―自然・文化・暮らし』岩波書店　二〇〇四年、「明治新政府の欧化政策と売薬認識」『近代史研究』第二九号　二〇〇六年

木本　秀樹（きもと　ひでき）　一九五二年生まれ　木簡学会・越中史壇会会員

主要著作論文：共著『律令制社会の成立と展開』吉川弘文館　一九八九年、『越中古代社会の研究』高志書院　二〇〇二年、編著『古代の越中』高志書院　二〇〇九年

久保　尚史（くぼ　なおふみ）　一九四七年生まれ　富山大学非常勤講師・大山歴史民俗研究会会長

主要著作論文：『越中中世史の研究』桂書房　一九八三年、『越中における中世信仰史の展開』桂書房　一九八四年、『越中富山　山野川湊の中世史』桂書房　二〇〇八年

坂森　幹浩（さかもり　みきひろ）一九六四年生まれ　富山市郷土博物館専門学芸員

主要著作論文：「〝最後の浮世絵師〟尾竹国一（越堂）と弟たち」『Bien 美庵』43号　二〇〇七年、共著『浮世絵大事典』

東京堂出版　二〇〇八年、共著「神通川船橋の工学的考察」『土木史研究講演集』32号　二〇一二年
藤田富士夫（ふじた　ふじお）　別掲
瀧音　能之（たきおと　よしゆき）一九五三年生まれ　駒澤大学文学部教授・島根県古代文化センター客員研究員
主要著作論文：『古代出雲を知る事典』東京堂出版　二〇一〇年、編著『古事記なるほど謎解き一〇〇話』東京堂出版　二〇一二年
岡本　健一（おかもと　けんいち）一九三七年生まれ　毎日新聞社客員編集委員
主要著作論文：『邪馬台国論争』講談社選書メチエ　一九九五年、『蓬莱山と扶桑樹―日本文化の古層の探究―』思文閣出版　二〇〇八年、「卑弥呼の最期」『坪井清足先生卒寿記念論文集』二〇一〇年
内田　正俊（うちだ　まさとし）一九六一年生まれ　大阪府立学校首席兼教諭、日本書紀研究会会員
主要著作論文：「『日本書紀』系図一巻と皇親名籍」『日本書紀研究』第二十冊　一九九六年、「律令成立期の疎遠な皇親について」『日本古代社会の史的展開』塙書房　一九九九年、「『記紀』編纂時の越から見た奴奈川姫」『日本書紀研究』第二六冊　二〇〇五年
麻柄　一志（まがら　ひとし）一九五五年生まれ　魚津埋没林博物館長兼魚津市史編纂室長
主要著作論文：共著『縄文時代の渡来文化』雄山閣　二〇〇二年、『日本海沿岸地域における旧石器時代の研究』雄山閣　二〇〇六年、共著『東アジアのレス―古土壌と旧石器編年―』雄山閣　二〇〇八年
髙森　邦男（たかもり　くにお）一九五九年生まれ　富山県立新川みどり野高等学校教諭
主要著作論文：「戦国大名上杉氏の分国支配」『北陸史学』第34号　一九八五年、「戦国期における北国の政治秩序について」『北陸社会の歴史的展開』能登印刷出版部　一九九二年、「畠山勝王をめぐる諸問題」『富山史壇』145号　二〇〇四年

野村　剛（のむら　つよし）　一九五五年生まれ　地域文化史研究者・堀田善衛の会会員

主要著作論文：「駒込時代の三木露風と三島霜川」『Dio（ディオ）』Dio の会会報第11号　二〇一二年、「堀田善衛生地探訪」『海龍』堀田善衛の会通信創刊号　二〇一三年、三島霜川の足跡」『富山文学の会　第五回報告書』富山文学の会　二〇一四年

■ 編著者略歴

監修・浅見和彦（あさみ　かずひこ）
1947年生まれ。東京大学文学部卒、現在成蹊大学名誉教授。主要編著書に『東国文学史序説』（岩波書店）、『壊れゆく景観』（共著、慶應義塾大学出版会）、『日本古典文学・旅百景』（NHK出版）、『方丈記』（校訂・訳、ちくま学芸文庫）、『発心集』（角川ソフィア文庫）

訳著・棚元理一（たなもと　りいち）
1931年生まれ。富山大学経済学部卒。現在（株）東洋代表取締役。（富山県）大島町教育委員長（元）、人権擁護委員、保護司などに就く。藍綬褒章（2005年）。傍ら、郷土史や文化史の研究を深める。主な著書に『仏谷山誓光寺史』、『大島町史』（共著）、『喚起泉達録に見る越中古代史』（桂書房）等

編著・藤田富士夫（ふじた　ふじお）
1948年生まれ。立正大学文学部史学科卒、富山大学大学院人文科学研究科修士課程修了。富山市教育委員会文化係長などを経て、理事（富山市埋蔵文化財センター所長）を勤め2009年定年退職。現在敬和学園大学非常勤講師（考古学）。主な著書に『古代の日本海文化』（中央公論社）、『縄文再発見』（大巧社）等。著作に「日本海文化から見た国引き神話の世界」『現代思想』第41巻第16号等

平成26年2月25日　初版発行　《検印省略》

喚起泉達録《かんきせんたつろく》の世界《せかい》
—もう一つの越中旧事記—

編著者　藤田富士夫
発行者　宮田哲男
発行所　株式会社 雄山閣
〒102-0071　東京都千代田区富士見2-6-9
TEL　03-3262-3231 / FAX　03-3262-6938
URL　http://www.yuzankaku.co.jp
e-mail　info@yuzankaku.co.jp
振替：00130-5-1685
印刷・製本　株式会社ティーケー出版印刷

ISBN978-4-639-02301-2 C3021
N.D.C.214　432p　22cm